心理学译丛 ·5·

教师心理学

第三版

［英］戴维·冯塔纳（David Fontana） 著

王新超 译　　谢东 审校

北京大学出版社
PEKING UNIVERSITY PRESS

著作权合同登记图字:01-2003-0184
图书在版编目(CIP)数据

教师心理学/[英]冯塔纳(David Fontana)著;王新超译.—北京:北京大学出版社,2000.11
(心理学译丛;5)书名原文:Psychology for Teachers
ISBN 978-7-301-04517-6

Ⅰ.教… Ⅱ.①冯…②王… Ⅲ.教师心理学 Ⅳ.G443

中国版本图书馆 CIP 数据核字(2000)第 04843 号

First published in English by Palgrave Macmillan, a division of Macmillan Publishers Limited under the title Psychology for Teachers, 3rd Edition by David Fontana. This edition has been translated and published under licence from Palgrave Macmillan. The author has asserted his right to be identified as the author of this Work.

书　　　名：教师心理学
著作责任者：[英]戴维·冯塔纳(David Fontana)　著　王新超　译
责 任 编 辑：张弘泓
标 准 书 号：ISBN 978-7-301-04517-6/B · 0190
出 版 发 行：北京大学出版社
地　　　址：北京市海淀区成府路 205 号　100871
网　　　址：http://www.pup.cn　新浪官方微博:@北京大学出版社
电 子 信 箱：zpup@pup.cn
电　　　话：邮购部 62752015　发行部 62750672
　　　　　　编辑部 62753334　出版部 62754962
印　刷　者：北京大学印刷厂
经　销　者：新华书店
　　　　　　850 毫米×1168 毫米　32 开本　15.375 印张　457 千字
　　　　　　2000 年 11 月第 1 版　2017 年 4 月第 11 次印刷
定　　　价：32.00 元

未经许可,不得以任何方式复制或抄袭本书之部分或全部内容。
版权所有,侵权必究
举报电话：010－62752024　　电子信箱：fd@pup.pku.edu.cn

目 录

第一版序言 …………………………………………………… 1
第二版序言 …………………………………………………… 5
第三版序言 …………………………………………………… 6
译者的话 ……………………………………………………… 7

第一部分　幼　年

第一章　早期的社会发展 ………………………………… 3
　家庭中的儿童 …………………………………………… 3
　　父母的风格 …………………………………………… 6
　　依恋对后期发展的影响 ……………………………… 8
　早期社会学习的性质 …………………………………… 10
　　性别差异 ……………………………………………… 12
　　少数民族群体 ………………………………………… 16
　　社会阶层 ……………………………………………… 19
　家庭 ……………………………………………………… 22
　　家庭性质的改变 ……………………………………… 22
　　家庭治疗 ……………………………………………… 23
　　家庭冲突 ……………………………………………… 26
　　家庭—学校冲突 ……………………………………… 29
　特殊的教育问题 ………………………………………… 30
　　语言和社会发展 ……………………………………… 32
　家庭和学校 ……………………………………………… 33
　一些问题 ………………………………………………… 40
第二章　游戏 ……………………………………………… 42
　游戏的目的 ……………………………………………… 42

游戏的性质 …………………………………………………… 43
　　游戏的分类 ………………………………………………… 44
游戏和学习 …………………………………………………… 47
游戏和环境 …………………………………………………… 48
　　组织低年龄儿童的游戏 …………………………………… 49
　　大龄儿童的游戏 …………………………………………… 51
　　运动 ………………………………………………………… 51
　　计算机游戏 ………………………………………………… 53
一些问题 ……………………………………………………… 57

第二部分　认知因素和学习

第三章　概念的形成和认知发展 ………………………… 61
思维和教育 …………………………………………………… 61
皮亚杰的研究 ………………………………………………… 61
　　第一阶段:感觉运动期(从出生到 2 岁) ………………… 63
　　第二阶段:前运算思维(2～7 岁) ………………………… 64
　　第三阶段:具体运算(7～11 岁) …………………………… 66
　　第四阶段:形式运算(12 岁以后) ………………………… 68
对皮亚杰的批评 ……………………………………………… 69
其他的认知发展观点 ………………………………………… 73
　　信息加工 …………………………………………………… 73
　　知识获得理论 ……………………………………………… 75
认知发展和教学 ……………………………………………… 77
　　教师的任务 ………………………………………………… 78
一些问题 ……………………………………………………… 84

第四章　语言 ……………………………………………… 86
语言的开端 …………………………………………………… 86
鼓励早期的语言 ……………………………………………… 92

语言和学校 ·· 93
    教师的作用 ·· 94
    语言的规则 ·· 95
    语言教学的重要性 ·· 96
    语言成分的类型 ·· 96
    技术性语言 ·· 97
    教师的提问 ·· 98
    教师的语言 ·· 99
    方言和口音 ·· 101
掌握语言技能 ·· 101
    教师作为倾听者 ·· 102
    语言游戏 ·· 103
阅读和写作 ·· 104
语言和智力 ·· 105
一些问题 ··· 109

第五章 智力 ··· 111
什么是智力？ ·· 111
智力的测量 ·· 111
    智力测验 ·· 113
智力的模型 ·· 119
    一般智力("g")的测量 ··· 120
IQ可以被提高吗？ ·· 123
    IQ测验的训练 ·· 124
    IQ测验和教师 ·· 125
    智力的改进 ·· 126
    智力和思维 ·· 128
智力是遗传的吗？ ·· 132
    双生子研究 ·· 134

海布和卡特尔的观点……………………………………………136
　　智力和少数民族群体……………………………………………137
　　智力和社会—经济因素…………………………………………139
　　智力上的性别差异………………………………………………141
　　一些问题…………………………………………………………147
第六章　创造性………………………………………………………149
　什么是创造性？……………………………………………………149
　　发散思维…………………………………………………………150
　　创造性和智力……………………………………………………153
　发展思维的测验……………………………………………………154
　创造性活动…………………………………………………………157
　创造性和学校………………………………………………………158
　　鼓励发散思维……………………………………………………159
　　教学的组织和创造性……………………………………………160
　　创造性的教学技术………………………………………………164
　一些问题……………………………………………………………165
第七章　学习…………………………………………………………166
　学习由什么构成？…………………………………………………167
　学习的理论…………………………………………………………168
　　操作条件作用……………………………………………………169
　　工具性概念化……………………………………………………172
　学习者的性质………………………………………………………173
　　情感方面的因素…………………………………………………174
　　动机………………………………………………………………177
　　年龄、性别和社会因素…………………………………………178
　　记忆………………………………………………………………181
　　学习习惯…………………………………………………………183
　学习材料的性质……………………………………………………184

认知领域 ································· 186
　　情感领域 ································· 186
　　心理运动领域 ····························· 187
　评价 ······································· 189
　学习过程的性质 ····························· 191
　学习过程的管理 ····························· 198
　　精确的教学 ······························· 198
　　儿童的学习困难 ··························· 199
　　IQ 分数较低的儿童 ························ 200
　　对 IQ 分数较低儿童的教育 ················· 202
　　学习成绩落后的儿童 ······················· 203
　　帮助学习成绩落后的儿童 ··················· 207
　一些问题 ··································· 215

第三部分　情感因素

第八章　人格 ································· 219
　人格的起源 ································· 219
　　父母的作用 ······························· 221
　　气质的持久性 ····························· 222
　人格的取向 ································· 223
　　尺子或温度计？ ··························· 223
　人格特质 ··································· 224
　　H·J·艾森克的工作 ······················· 225
　　R·B·卡特尔的工作 ······················· 226
　　特质观点的辩论 ··························· 227
　人格特质和学习 ····························· 228
　　外向—内向维度 ··························· 228
　　神经质—稳定性维度 ······················· 230

特质理论与个体差异 ………………………………… 232
　　改变人格特质 ……………………………………………… 232
　　　人格和学业上的成就 …………………………………… 234
　　认知方式 …………………………………………………… 235
　　　认知方式的理论 ………………………………………… 236
　　　认知方式和学习 ………………………………………… 241
　　人格状态 …………………………………………………… 241
　　　对人格持久性的争论 …………………………………… 242
　　　目的—辅助目的行为 …………………………………… 243
　　　状态理论和咨询 ………………………………………… 245
　　心理动力观点 ……………………………………………… 246
　　　西格蒙德·弗洛伊德 …………………………………… 247
　　人格和动机 ………………………………………………… 251
　　　动机和强化 ……………………………………………… 252
　　　马斯洛的动机理论 ……………………………………… 253
　　　归因方式 ………………………………………………… 256
　　教师对儿童成功与失败的反应 …………………………… 258
　　心境 ………………………………………………………… 259
　　　教师也有心境 …………………………………………… 260
　　兴趣 ………………………………………………………… 262
　　态度 ………………………………………………………… 263
　　　态度与自我防卫 ………………………………………… 265
　　　态度和行为 ……………………………………………… 266
　　　认知不协调 ……………………………………………… 267
　　　态度改变 ………………………………………………… 268
　　一些问题 …………………………………………………… 275
第九章　道德和价值观发展 ………………………………… 276
　　什么是道德和价值观？ …………………………………… 276

价值系统的起源 ································· 276
    科尔伯格的道德发展6阶段 ················ 278
    道德发展的测量 ······························ 279
    对科尔伯格的批评 ···························· 281
教师的作用 ······································· 283
一些特殊的道德问题 ···························· 284
道德行为的教育 ·································· 286
一些问题 ·· 290

第十章 自我 ··································· 292
对自我的定义 ···································· 292
    什么决定自我？ ······························ 294
    在自我概念中学习的重要性 ·················· 294
    我们能了解自己真实的自我吗？ ············ 296
卡尔·罗杰斯的自我理论 ······················· 297
    机体与其他人之间的冲突 ···················· 298
对自我的测量 ···································· 299
乔治·凯利和自我 ······························· 300
    构念可以被改变 ······························ 305
自尊 ··· 305
    自尊的发展 ···································· 305
    产生自尊的因素 ······························ 307
    教师的价值 ···································· 308
    其他的影响自尊的因素 ······················ 309
鼓励自尊 ·· 310
    自尊并不是自负 ······························ 311
评价自尊 ·· 312
    自尊和武断/缺乏主见 ························ 313
自我成熟 ·· 314

埃里克森的 8 个阶段和个人成熟 …………… 315
　　儿童的年龄与埃里克森的阶段 ……………… 316
　自我成熟与学校 ………………………………… 317
　　对成熟人格的定义 …………………………… 318
　自我同一性 ……………………………………… 320
　　学习做成年人 ………………………………… 321
　　对青少年的理解 ……………………………… 322
　　角色混乱 ……………………………………… 323
　认识和存在 ……………………………………… 324
　一些问题 ………………………………………… 328

第四部分　社会交互作用，教师—儿童的关系和教师的人格

第十一章　社会行为和社会技能 …………… 335
　双向的交互作用 ………………………………… 335
　　教师和儿童之间的社会交往 ………………… 338
　社会地位 ………………………………………… 339
　　社会地位和学校 ……………………………… 341
　　对教师地位的不必要的维持 ………………… 342
　社会的一致性 …………………………………… 343
　　不一致性 ……………………………………… 344
　　伙伴群体 ……………………………………… 347
　　学校和一致性 ………………………………… 348
　作为社会冲突的一个课程 ……………………… 349
　　教师对社会交往的认识 ……………………… 350
　　5 步骤的情节程序 …………………………… 351
　　交流的性质 …………………………………… 352
　　交互作用分析 ………………………………… 353

社会角色 ·· 357
  角色冲突 ·· 358
  社会学习和角色榜样 ···································· 360
  角色榜样的复制 ··· 362
教学中的友谊模式 ··· 363
  教学中的分群体 ··· 364
  不适当的友谊和缺少友谊的儿童 ···················· 366
  威吓 ·· 367
  合群的儿童 ··· 370
  社会测量学 ··· 371
社会技能 ·· 372
  主见 ·· 373
  对社会情境的评价和反应 ····························· 375
  社会技能训练的正确气氛 ····························· 377
  从角色扮演中的学习 ··································· 378
  社会友情的重要性 ······································ 378
  自我发泄的位置 ··· 379
一些问题 ·· 386

第十二章 教育指导和咨询 ······························ 388
学校中的咨询 ·· 388
  值得信任的问题 ··· 389
  同情的重要性 ·· 391
咨询的过程 ··· 392
  对儿童问题的分类 ······································ 392
  咨询者的作用 ·· 393
  咨询者面对的问题 ······································ 396
  社会力量和冲突 ··· 397
职业指导 ·· 400

职业选择的发展阶段 ……………………………… 400
　　在职业指导上咨询者的作用 …………………… 401
　　性教育 …………………………………………… 405
　一些问题 …………………………………………… 412
第十三章　班级控制和管理 ………………………… 413
　问题行为 …………………………………………… 413
　　问题行为的定义 ………………………………… 413
　行为矫正技术 ……………………………………… 415
　　不需要的目标行为的产生 ……………………… 417
　　明确问题的两个方面 …………………………… 418
　　生态行为观点 …………………………………… 420
　　对行为矫正技术的批评 ………………………… 421
　　成绩契约 ………………………………………… 424
　　行为矫正的总的观点 …………………………… 426
　其他的班级控制和管理内容 ……………………… 428
　惩罚的使用 ………………………………………… 433
　　有效的约束 ……………………………………… 434
　　自然结果的法则 ………………………………… 436
　群体行为问题 ……………………………………… 437
　　身体的对抗 ……………………………………… 439
　逃学 ………………………………………………… 440
　　一些问题 ………………………………………… 444
第十四章　教师的人格,教师的特征和教师的应激 … 446
　教师的有效性 ……………………………………… 446
　　教师特征的评价 ………………………………… 447
　　教师的情绪性保证 ……………………………… 449
　　教师的态度 ……………………………………… 450
　　教师的风格 ……………………………………… 451

教师谈话的价值 …………………………………… 452
　　对不同教学方法的介绍 ……………………………… 454
教师的应激……………………………………………… 455
　　如何控制应激 ………………………………………… 458
一些问题………………………………………………… 464

第一版序言

这本书的目的是使读者获得对教师来说最有实践价值的心理学方面的内容。因此,它不仅直接涉及与教学有关的问题,它也处理有关于儿童的校外背景以及他们自己的自我知觉和自我概念问题。教师的任务只有在他或她将儿童看做是一个完整的个体时才能明确,教师不能只看到儿童从早上9点到下午4点在学校中所发生的事。儿童的人格、学习能力、动机、社会行为,以及对学校的态度所有这些构成了一种因素间相互关联的复杂的系统,它从儿童一出生(甚至更早)就开始产生并在其一生的发展中不断扩展。当你读完这本书之后,你应该比较清楚这些因素是什么,以及它们怎样影响儿童的行为。你也应十分清楚作为教师,你也在部分程度上对这些行为施加了影响,以及你如何才能更好地帮助儿童从学校提供的学习机会中有所收获。

心理学在教育上的应用已有了很长久且负盛名的历史。它可以回溯到成年人最初偶然试图对年轻人行为的影响。但只是到相对较晚的年代,心理学与教育学的结合才有了较坚实的科学基础。我的意思是说只是到了60年代后期,并直到心理学发展出了对儿童行为准确评价的规则和方法后,才给教师提供了必要的在其职业目的的决策和判断上的信息。没有这些信息,教师就只能倒退回到收集轶闻证据的时代中,从人们对儿童的谈论中了解情况。比如,我们听说某些儿童好像是诚实的(或不诚实的),他们喜欢(或不喜欢)严格的纪律,他们具有(或不具有)公正的认识,他们在非正式(或正式)的教学环境中学习最好,他们受到(或不受)电视节目中内容的影响,等等。一种教育的观点认为儿童的行为是环境影响的结果,而另一种观点则允许儿童有自己决策的自由。一方面我们被告知像智力这样的能力主要是遗传的,另一方面我们又得知它们主要是环境影响的结果。有些人认为当面对这些非常矛盾的陈述时,缺少经验的教师可能会感到混乱,最终他们会决定应在这些和其他重要的问题上有自己的观点。

如果认为现代的心理学已在我们在教育中所面对的所有问题上都做出了回答,这种认识是很错误的。儿童(和教师)都是一些个体,因此在对具体的问题进行认真的指导之前应把他们作为个体来研究。并且,在某些情况下,在我们的知识体系中还存在需要填补的空白。人类的行为是很复杂的,对其测量和评价的工作也具有很大困难。事实上正是这种复杂性才使心理学的研究更让人感到魅力无穷。正是心理学家帮助教师认识那些影响儿童行为和学习的因素,并帮助他们发展一些应付教学中所发生问题的策略。进而这也有助于使教师检查自己的总体职业行为,并且明确那些使这一行为本身能对所发生的具体问题有所帮助的领域。通过在本书中反复的强调,心理学家使我们认识到我们若想充分理解儿童的行为,就必须了解与儿童有关的其他人——教师、父母、学校里的朋友——的行为。每个人都处于一个复杂的相互影响的矩阵的中心,如果我们要理解这个个体的生活方式,就必须认识这其中每一影响的作用。这一矩阵对儿童也是很重要的。并且在发展中的早期的形成阶段,儿童对他人行为的依赖性是很大的。比如,当教师对儿童在某一课程上的成绩进行批评时,就会使儿童感到自己在这一问题上能力不足,并会对以后的学习产生进一步的恶性循环。如果我们想帮助儿童改进他们的标准,我们就不仅要了解他们在知识上的差距,而且还要了解教师通过自己的工作潜在的打击了儿童自信的方式,尽管他们并不是有意这样做的。

心理学也帮助我们回答了有关个体差异来源的问题。我们是生下来就有差异的吗,还是由于经验造成了我们的差异?或换一个说法,个体差异是否由环境决定?我们认为个体差异不仅是在智力上,也包括人格、创造性和运动技能上的差异。正如我们将会看到的,这些答案对教师是很重要的,因为它们证明了教育在对我们生活的影响上是有限度的。如果个体差异主要决定于遗传,那么教育对已经存在的差异就很少会有所作为。而另一方面,如果差异主要是环境的结果,则在矫正和改变这种早期发展的不足,并帮助所有儿童达到一个较高的成就标准上,教育将有巨大的潜能。

这本书主要针对从早期,经过青少年时期,直到义务教育结束的儿童问题。但这并不意味着你只应关心你计划要教或正在教的年龄段中儿童的问题。如果一个教师要充分理解中学时期儿童的问题,他就必须对儿童生活早期学习生活中形成的前期影响有所了解,而小学教师则要对儿童在学龄前的一些问题有所认识。这能帮助他们发展必要的技能和策略来应付这些问题。这本书既对教师有帮助,又有益于对学生的训练,并强调这一过程中教师的任务。因此本书避免了那些本身可能是有趣的、但对于教师实际对儿童的帮助则很少的心理学理论问题。因此在书中也特别强调明确性,它可以使非专业人员能够在读完本书后,即使在没有经验的情况下也能理解所讨论的问题而没有困难。最后,本书既可通读也可以分开读,这取决于读者的需求。最重要的是它应该有用。

本书的计划

本书的计划很简单。在第一部分我们分析对儿童的早期影响,如父母—子女关系、家庭规模和社会阶层。第二部分分析认知因素(比如,思维、智力和学习中的心理因素)。第三部分了解情感因素(比如,在人格、态度和价值观中的情感因素)。第四部分是关于社会因素:即在儿童与教师和班级中群体的关系上,教师本人的特征中,人们所认识的成功教师的品质中,以及我们所研究的教师和班级之间交互作用中的因素。

每一章都结合教师的实际工作来认识和讨论已有的知识内容。在每一章的最后我们也会提出进一步的阅读书目,并提出一些问题和讨论的项目。这些问题并不是测验你所掌握的实际知识,而只是希望能引起你对所讨论的一些重要问题的注意并启发你对其进一步的创造性思考。

戴维·冯塔纳
卡地夫大学,1981

第二版序言

我们已对第一版中的材料做了较大的改动。这些材料中有一些是由其他作者提供的,只是为了与《职业群体的心理学》丛书(本书也是其中的一本)保持一致风格而放在了本书第一版中。这些工作在新版本中并未体现出来,我准备将它们写进另一本有关教师训练的书中。第一版中每一章将理论内容与实践内容分开的处理方式在新版本中已被改变。我们在每一章中都很好的将理论与实践相结合。

我们也有机会在新版本中加入两章人格的内容,因为这样做有利于将理论与实践结合。另外也加入了一些更广泛的新题目,比如早期的依恋,少数民族群体,被忽视儿童、家庭—学校的冲突,语言和学校,教师的语言,人格取向,人格状态,自我的测量,社会地位,社会角色,社会技能和教师的应激。另外,本书的每一部分也都被修改和更新,这主要是依据于教育心理学领域当前的发展,和从第一版所收到的学生、实际工作者与书评人的反馈意见。作为出版人、丛书编辑和我本人我们都希望,这些重大的修改会加强这本书对学生和教师的实用性。

戴维·冯塔纳

卡地夫大学,1988

第三版序言

在第三版的《教师心理学》中增加了许多新材料,因为教育心理学是心理调查最丰富的领域之一,但我们只采用了那些在学术上很优秀并对理解和研究儿童有直接关系的材料。同样的,在第二版中所引用的材料如能被更好的研究所替代也被我们删去了,但那些具有持久性的内容则仍被保留。因此,这本书的目的是用心理学研究中最好的内容给教师提供全面的和最先进的指导,并要以有趣的、通俗的和实践性的方式来实现这一目的(如同在前面两版中所做的)。

在准备第三版时,也注意到从教师、教师训练者、师范学生和教育心理学家的反馈。他们提出了有帮助性和鼓励性的意见。我们也做了更深入的调查,有出版者和作者做的,也有那些使用此书的英国各个主要的教师训练机构做的,以及在这些机构中的观察者和评论家做的。出版者和作者的愿望是这第三版的《教师心理学》应继续满足所有那些使用教育心理学的人的需求,无论他们是教育工作者、学生或心理学家。

戴维·冯塔纳
威尔士大学,卡地夫
明湖大学,葡萄牙,1995

译者的话

要想用简单的语言对戴维·冯塔纳的《教师心理学》一书做个总结，这并不是一件容易的事。因为，教师心理学的内容是一个很庞杂的结构，首先说它的意义是很重要的，它不仅是一个学术性的问题，它也具有很重要的社会意义。有关这一点，几乎在全书的每一章中都不断地被重复，这即是教师的责任。他的言行对一个儿童将起到怎样的影响，他的偶然的行为将会怎样决定一个人终生的发展，怎样做才是最合理的，而合理就必定是人道的吗？对于这样的问题，怎能用简单的语言就阐述清楚呢？其次，作者所做的工作的确是很优秀的，心理学的理论往往与实际情况有较大的距离，使实际工作者感到说的对，但却不知该怎样做。而作者却能做到在介绍心理学研究的最新理论和实验材料的同时，生动与紧密的结合教师的职业活动行为，给读者以较强的实用性指导。像这样的内容，若不通过从头至尾的认真研读，仅凭简单地说明，又怎能把握和领会呢？

戴维·冯塔纳通过自己的著作给许多读者，尤其是广大教师，留下很深的印象。这本书在14年间三次再版，并且每一版都多次重印，说明它很受读者的喜爱，正如在序言中所介绍的，它已广泛为英国的中、小学教师所接受，并成为各级师范教育的教材，这也说明了作者的工作是极为成功的。能做到这一点，除去作者在教育心理学研究上的高深修养，也与其丰富的教育实践经验分不开。戴维·冯塔纳曾长期从事于中、小学的教学工作。这使他对教师工作有深刻的理解，并敏感于教师工作的需求和问题，这也就保证了他能从浩如烟海的心理学知识中选取最适当和有效的内容,给教师提供有针对性和实用的帮助。在以往的教育心理学教科书中,作者大多把注意力集中于知识的传授和获得上,较多的分析人类学习活动的过程和特点。而在本书中,作者自始至终将问题的核心指向儿童,他一再重申自己是帮助教师如何给儿童以帮助,他既强调对学习者的了解,又重视对学习者的学习环境,特别是对环境中各种成年人和其他儿童的影响的认识。这种处理问题的独特视角,可能也是与作者对教师工作的深刻认识与理解分不开的。

从本书的章节题目上看,似乎与其他的心理学教科书没有多大的区别。但在翻译的过程中,译者时时刻刻能感受到作者的责任感和其对现存教育制度和教学方法的忧虑与不满。几乎在每一个问题的讨论上,作者都会引申到个体的权利,人的平等与尊严内容上,于是,他经常会抱歉的说到自己离题太远了,实在不愿意浪费读者有限的时间。但译者感到,这些问题到真正是值得从事实际教学工作的教师,尤其是中、小学的教师,认真思考的。学生与教师应有什么样的地位与关系?儿童是否应受到尊重,并且是一种真正的尊重?教师给儿童传授的,更重要的是知识还是做人?正因为教师也都是平常的人,他们也生活在世俗的社会中,他们也有个人的喜怒哀乐,所以,他们对这些问题的认识和回答,特别是如何在实际教学中表现自己的观点,才显得格外的重要。

全书的内容共分为四个部分,基本上涵盖了教师在教学活动中处理学生问题的方方面面,作者并特别在最后的内容中将讨论的中心指向教师本身,对教师应有的资格和行为规范,以及教师本身在教学活动中可能产生的问题加以论述,这在同类的教科书中是较为独特的。

第一部分主要是有关于儿童的早期发展。作者认为儿童的心理发展是一个连续的过程,要了解其在学校中的行为表现,就有必要了解他们在早期的发展问题,尤其像家庭的教育、儿童生长发育的社会环境背景,以及家庭与学校教育在价值观上的冲突,都会对儿童以后在学校中的表现产生一定的作用。由于儿童在学龄前的活动主要是游戏,作者又特别针对游戏的性质和形式进行了分析。这些内容应该说也代表了心理学研究上的最新进展,尤其像依恋行为和它对儿童心理发展的影响,这也是心理学研究上较新的课题。

第二部分也是内容最多的部分,当然也是最主要和最重要的内容,它主要是有关儿童的学习活动和认知性因素。学习任务应当是学校教学工作的核心,也是教师工作的重点,想必也会是产生问题最多的领域。但在处理这一部分材料时,除涉及通常人们所接触到的语言、思维、智力、学习理论和行为等内容外,作者特别提到创造力的教育问题。的确,我们也感到创造能力的培养正是传统与现代教育中比较薄弱的环节。正如作者所说,创造性能力的核心应是发散思维,它要求人们的独特观点和开阔的思维领域,但我们所存在的教学制度和方法,却是强调学生在思考方法和产生结论上的整体化一,我们要求学生得到一个统一性的反应,反映在考试上的标准答案,这会使学生的创造能力受到限制。其实,这种简单化的教育方法,我们甚至能从幼儿园的教学活动中看到其消极性的结果。当我们要求儿童用简单的几何图形去画模式化的动物、房子、汽车等物体时,我们不正在压抑和扼制儿童本身独特的观察、模仿和创造性能力吗?在小学教学中,如果我们不是启发儿童用自己的语言和思考去讨论问题,而是简单的给他们提供一个现成的范式性结论,这又对他们的创造性能力产生怎样的影响呢?我们过于强调儿童反应的正确与错误,过于突出知识上的标准化答案,这是否也是一种急功近利的思想呢?在这种日新月异变化迅速的时代中,我们怎能保证成年人的经验和认识总是合理与正确的呢?我们应该怎样尊重和保护儿童的创造性呢?当然,对这些问题是很难得到一个简单的回答的,但作者所提出的问题是很值得教师思考的。

　　第三部分内容主要是涉及学生的个体因素，像个性、价值观和自我概念问题，这与当前社会上热热闹闹所议论的情商概念有较密切的关系，也是前几年所讨论的非智力性因素问题。其实，这主要与儿童的学习动机和学习热情有关。这并不是说哪一类性格有利于学习，这种性格的儿童定会获得学业上较大的成就，而另一类性格的儿童就不利于学习。作者也通过材料证明了这种认识是错误的。尤其对于那些学习有问题的儿童来说，他们的问题反映在其不良的行为习惯和个性特征上，但这种不良习惯的形成则是外在环境的作用，通常人们更多的认识到这一现象背后的家庭、社会性因素，但作者指出有时教师本人却正是导致这一现象的原因，这就使人感到问题很严重了。具体地说，教师对儿童在学习成绩上的过分重视，教师的情绪反应和其心境，他们处理事物是否公正，他们对一些事情的态度，他们可能不经意的对儿童自尊的忽视或不尊重，这些都将严重挫伤儿童的学习热情，影响到儿童的态度和价值观的形成。在这一部分内容中，作者又一次提醒我们，若要真正了解儿童，先要认识我们自己。

　　全书的第四部分我们感到也是较为新颖，在其他类似的教科书中最少见到的，像社交的行为与技能、教育的指导和咨询、班级的管理和控制，以及教师的资格与教师的应激，这些内容几乎每一章都可以独立成为一本书，并有丰富的内容，完全可以成为很吸引人的读物，而作者却由于篇幅的有限，无法将它们充分的展开加以论述。但正如作者所指出，这些内容对教学工作同样是重要的，而且是那些缺少经验的教师非常需要的，但在任何的师范教育中都没有这一课程，他们也很难从有经验的教师那里得到传授。当然，经验性的东西会有一定的个体差异，有个人独到之处，但如果能将其所涉及的问题集中提出，必能使我们的思考更全面。

　　总之，我们希望能从这本书的翻译工作中，给有关的人士以一定的启迪和帮助,有利于他们将工作做得更好。尤其是当前社会在倡导素质教育,但对于素质教育应如何进行,应培养什么素质,以及用什么手段和方法帮助儿童去发展素质,还有待于人们的充分深入的研究和分析。我们也希望书中的有关内容能给人们以这方面的帮助。

最后,我也要感谢北京大学出版社的有关人士,是他们给我机会参与到这一有意义的工作中,并使我实现了自己的一个心愿,为我们社会的教育真正做了一点工作。在此,我也感激那些培养过我的所有教师,我愿将这本翻译的《教师心理学》献给他们。

译者
1997年12月8日
于北京

第一部分 幼 年

引 言

儿童的社会生活开始于家庭。在最初的几年中,儿童在家庭里的时间远大于在学校中。对于一个五岁的孩子,家庭与学校中活动的比率大约为5∶3,而到了青少年期这一比率会升到2∶1。我们最亲密的关系通常是在家庭里形成,儿童也会在家庭里拥有他或她的最多的生理需要和休闲的兴趣。一点也不奇怪,家庭在儿童的心理发展上具有关键性的重要影响。特别是它帮助个体明确自己的能力如何运用,应形成怎样的态度和观点,以及对学校和自己未来的发展应有怎样的激励。

第一章 早期的社会发展

　　人是社会性的生物。由于个体缺少自我保护能力,尤其是幼龄儿童,这就决定了人类在经过了百万年的进化后,必须紧密团结在一起。我们是在社会的群体中生活和工作,很显然,逃避他人必定会导致严重的认知和情感问题。如果你情愿的话,我们已形成了一种群居的模式。这种模式所具有的一种普遍性的特征就是我们对自己生活的体验,完全决定于我们所考虑的别人对我们评价的方式。我们不仅是需要在社会群体中生活这一形式,我们也需要群体的尊重与支持。如果我们想成为一个快乐和适应良好的人,这一点就很重要。

　　儿童遇到的第一个社会群体无疑就是家庭。对大多数儿童来说,家庭也是他们童年时期最重要的一个群体。除此之外的另一重要群体就是学校,在这里儿童将遇到教师并形成伙伴的小圈子。我们将会看到,对于许多儿童来说,当在一个群体中被教育的社会行为模式(以及这一模式中包含的价值观和标准)明显地有别于另一群体中的教育时,就会产生问题。作为这一类型的家庭与学校的冲突,不仅会使儿童产生混乱和怨恨,而且会实质性的影响到他或她的正规学习活动。

家庭中的儿童

　　年幼儿童最初的社会关系是与他或她的母亲或母亲的替代者(保姆)之间的关系。养育者的声音(大约在两个月左右)和面孔(大约在三个月左右)是儿童能辨认的最初的物体,也伴随着他或她抱婴儿的特殊方式。这种关系的亲密性以及它对儿童社会化的明显的重要意义,也是儿童心理学家研究较多的一个问题。这种儿童与其主要养育者之间这种早期的社会化关系被称为依恋行为,这种关系似乎是天生的(Ainsworth,1982)。儿童针对某一成年人发展出依恋行为的标志是:

- 当他哭闹时养育者比其他人更能使其安定。
- 与养育者在一起将比与其他人在一起更能减少其对陌生环境的不安。
- 当养育者出现并走向他而不是走向别人时,他表现出更多的快乐。

在家庭中,当父母与孩子产生了密切的关系后,依恋行为也会在母亲和父亲的身上表现出来(通常对父亲的依恋行为发展较慢,主要决定于他们相处的时间的多少)。但一个有意思的现象是那些生活在家庭中受到保姆严厉管教的儿童,却比那些生活在幼儿园中并逐渐发展出自由性的儿童,表现出更多的依恋行为(Kagan,1984)。这表明依恋行为在本质上并不标志着在幼年时期社会和人格发展的绝对满足。一个在父母的管教下感到更多紧张和焦虑的孩子,可能对父母有更强烈的依恋行为,但这只是对在不安全的环境中寻求安全性的表现。

这似乎可以说明为什么那些受到忽视或粗暴管教的儿童非常难于摆脱家庭,他们表现出很强烈的对父母的依赖性,至少在幼年时如此。对这些孩子在情感上的伤害可能是非常严重和持久的,所以就倾向于产生依恋行为。根据生存的需要,婴儿产生依恋行为的本质就是对那些能给他或她提供保护的人依附,而不论这种保护有可能是多么的微弱。一些研究人员指出(比如 Sluckin, Herbert and Sluckin,1983)这与动物的印记现象很相似,内在的机制促进一些动物幼仔形成一种与生命初期的关键时期中所看到的运动性物体的持久性的亲密关系。但从观察动物的行为去推断人类的行

为活动会存在危险性,因为在幼年期动物生理上的发育比人类的发育快的多。所以心理学家的观点认为,最重要的问题是,在人类:

- 依恋行为在儿童发展早期是一个必需的过程。
- 依恋行为主要存在于儿童和他或她的最重要的保护人之间,(不管这个人是其母亲还是其他的人)。
- 在儿童的社会学习上,依恋行为是第一步。

在对母亲与儿童之间的依恋行为研究中,艾因斯沃斯(1982)发现18个月的婴儿中有60%表现出适应性的依恋行为,我们可以命名其为安全性的依恋。20%的活动是回避性非安全性依恋(比如,表现出明显的在身体上对其母亲的回避),另有10%的活动是矛盾性非安全性依恋(同时存在寻求接触和避免接触)。麦恩和索罗门最近的研究(1986)证明还存在第四种类型(大约占总体的10%),他们命名为无组织性,这表现在那些具有非指向性和矛盾性依恋行为的儿童身上,并具有抑郁和情绪低落的心境。

艾因斯沃斯(1989)证明安全性依恋的儿童的母亲在反应中对儿童的痛苦有非常快的反应,表现更多的情感,并把自己的行为与儿童的需求相匹配。相反,回避性非安全性依恋的母亲,有一种生硬和冲动的倾向,她们更多的对自己的情感反应,而不是对孩子的情感做出反应,并且,她们也不愿意表现与孩子的身体接触,特别是在孩子痛苦的时候不表现这些行为。另一类矛盾性非安全性依恋的儿童的母亲,在她们的行为上不能保持一致,有时敏感,有时迟钝,有时又干涉。另一项研究证明那些处于无组织分类状态中的儿童,其母亲的反应或是虐待这些孩子,或是有精神病方面的问题。

其他领域中的研究则提供了早期的依恋对以后发展的重要性的证据。安全性依恋的儿童学走路较早,他们表现出更多的积极性和持久性,更愿意寻求成年人的帮助并做出反应,他们较少有挫折感和发怒,相比较非安全性依恋的孩子在这些行为方面的比率均比安全性依恋的儿童有所差异。安全性依恋的儿童在进入学校后也会表现出更多的创造性、参与性和社会领导行为,与其他的孩子具有广泛的接触,并被他们的教师评价为更具有自我指导性和渴望学习(比如,Waters, Wippman and Stoufe, 1979)。这些差异似乎与智力没有关系(尽管在这一年龄阶段很难准确地测量智力)。

父母的风格

在进一步讨论父母的行为与四种儿童的依恋行为的关系时,我先对儿童的抚养与儿童的表现之间的密切关系做进一步说明。对儿童期父母风格分类的一个最著名的模型,是麦克白和马丁(1983)提出的。只考虑正常的、无虐待行为的父母,这一模型由两个行为维度组成,分别被命名为要求/控制相对于无要求/无控制,以及接受/反应/儿童中心相对于拒绝/无反应/父母中心。这两个维度共形成四种儿童抚养方式(见图 1.1)

	接受 反应 儿童中心	拒绝 无反应 父母中心
要求/控制	权威的	独裁的
无要求/无控制	溺爱的	忽视的

图 1.1: 儿童抚养方式(Maccoby and Martin, 1983)

这些父母的行为体现在不同的儿童抚养方式中,它们与儿童的行为相对应,图 1.2 就是对这一方面的总结。

无疑的一些父母在他们的父母风格上是摇摆不定的,这决定于外部环境的因素,他们如何认识此时自己与孩子的关系,以及他们自己的心境和总体的情感状态。有一些父母则可能完全处于我所描述的风格之间。相似的,在儿童中存在气质(第八章)和能力(第五章)的个体差异,这也表明他们本身在前面描述的行为反应上也不一致。但不论怎么说,这一四种风格的模型和相应的儿童表现对于认识父母的行为方式导致典型儿童行为的问题,会提供有价值的指导实践的作用。

父母风格	儿童行为
权　威	
期望孩子在智力和社会性的行为具有与年龄和能力一致的表现。友好的。培养和诱导儿童的观点和情感。对决策做出解释。	独立性,自信性,对同伴友好,与父母合作,快乐,成就激励,成功。
独　裁	
过分的权力和控制,没有温情和双向的交流。设置绝对的标准。要求对权威和传统的服从和尊重。努力工作。	社会上表现孤僻。缺乏自主性。女孩是依赖性的,缺少成就激励。男孩倾向于对伙伴的攻击。
溺　爱	
维持儿童少量的需求。接受,反应,以儿童为中心。	在心境上是积极和有益的,但在控制冲动性、社会责任和自信上不成熟。攻击性倾向。
忽　视	
被自己的活动所吸引,不包括孩子,也对他们的活动没兴趣。避免双向交流,很少注意孩子的观点和情感。	喜怒无常,无法专心。放荡的,较少对冲动和情感的控制。对学习缺少兴趣。较高的逃学率和吸毒的倾向。

图 1.2　父母风格和儿童的表现

　　当然,父母—儿童的交互作用是双向影响的。父母的行为受孩子的影响,反过来也一样。斯塔尔(1988)注意到那些由于出生时体重较轻,难产,有先天性疾病和健康问题,从而被人们认为难于抚养的儿童,更容易受到父母的挫折感产生的结果的影响,这就包括在心理上和身体上的暴力性行为。托马斯和切斯(1984)在他们的纵向研究中(第八章)发现,在父母和孩子之间存在一种他们称为"适应良好"的需求;这也就是父母和儿童之间在气质和其他人格特性上的一致性,它影响儿童是否能在一种没有麻烦的最佳环境中成长。"适应良好"也要求父母对孩子的个人需求敏感,这包括一方面要有丰富的身体运动的需要,另一方面有明显的孩子的个人隐私的需要,还有充分的情感安慰的要求,等等。

依恋对后期发展的影响

我曾提到甚至在儿童和不称职的父母之间也能产生依恋,尽管父母被认为是主要的养育者。但要产生满意的社会性发展,早期儿童与父母的良好关系非常关键。克拉克和克拉克(1976)的研究证明早期对儿童的忽视或不正当的对待所产生的不利后果,通过在儿童长大后适当的补偿性的关怀,可能会得到某种程度的补救,但早期经验无疑对后期的发展具有强有力的影响。哈洛和哈洛(1969)早期的一项经典性研究证明,在对罗河猴的观察时发现,在出生后的前六个月内对父母的替代物的剥夺会造成其成熟后极难形成成功的社会和性的关系,并在它们成为父母后不能对自己的后代提供正常的爱和关怀。当然,我们仍谨慎地对待将动物的实验中表现的行为推断到人类行为上的问题,但罗河猴在发展上与人有许多相似性,似乎有理由相信,在儿童生长的最初两年中(等同于罗河猴生长的前六个月)被忽视或不正常对待,将会影响到儿童随后发展的与他人成功相处的能力。

一些随访研究证明,除非在家庭环境中有非常大的干预性变化,儿童在其早期的几年生活中将保持某种依恋类型不变(Main and Cassidy,1988)。这表明儿童早期有一个社会化学习的关键期。如果儿童在最初的依恋时期中只得到非常不充分的照料(缺少爱、触觉接触、舒适、愉快的社会交往),这会造成他在儿童期和成年期,都很难于去爱和关怀其他人。在这一点上有很不好的事实证明,一个经常打架的儿童通常是在其发展的过程中有一个挨打的历史。在早期被剥夺了爱与关怀,并受到身体上的虐待,那么在抚养自己的孩子时他们也都会处于一种很差的处境中。因此,良好的父母行为的基础对于儿童早期感受性的发展有极重要的作用。

对其他的社会关系方面的研究提供了进一步的支持早期依恋经验的长久效应的证据。一项早期的经典研究让人们注意到婴儿期父母重要性。戈德发伯(1955)比较了在一个机构中被抚养长大的儿童,他们在出生后的前三年中很少得到关怀和支持,与那些在出生以后就得到关怀和支持的儿童相比,他们有很大不同。这些缺少关怀的孩子在青春期较少有成熟的表现,缺少情绪的稳定性,缺少表达和接受情感的能力。尽管很少有权威对这种早期剥夺产生灾难性后果的观点提出疑问,近几年戈德发伯的工作还是受到了挑战。这种挑战主要是针对早期剥夺的结果是不可逆转的这一观点(Clark and Clarke,1976)。泰扎德(1977)证明把机构儿童寄养在条件优越的家庭中,甚至在三岁以后,仍能够产生满意的发展;但在她的样本中确定的儿童接受的早期关怀的标准,似乎比25年前戈德发伯的研究所处的时代机构儿童所受到的关怀程度要好的多。此外,还存在这样一种观点即绝大多数在不良家庭环境中长大的儿童,在他们出生后第一年里并没有受到像在寄养家庭里那样非常良好的关怀。在大多数情况下,他们早期的剥夺又伴随着整个童年期的持续性的剥夺,儿童在这种情况下很少有机会去补救失去的东西。因此,这就被社会工作者所非常熟悉的剥夺循环概念,即忽视或争斗的父母将抚养出以后会变成为忽视和争斗类型的子女。

依恋谁?

我已经说的很清楚,儿童只对早期给予他最主要照顾的成年人产生强烈的依恋,他可能是母亲或父亲,也可能是祖父母或其他亲人,或是一些完全没有血缘关系的人。这一点是非常重要的。这说明了血缘关系并没有什么神秘性。一个儿童完全可以产生像对父母的强烈依恋一样对任何人的保护产生依恋。这也说明由一个好保姆照顾的孩子,在他的母亲外出工作时,并不会受到任何社会性的伤害。这当然也意味着当母亲看到自己的孩子对看护人有着和对自己一样的依恋程度时,她就要与自己的忌妒情感进行竞争,但只要她和看护人对孩子有相似的抚养方法和观念,就会使儿童非常幸福。

但我们绝不应有这样的想法,即依恋只是在儿童早期存在的现象。让我们考虑一个已长大的男孩。由于他已经长大,他就对自己生活中的成年人有越来越多的认识,并能做出他喜欢谁和厌恶谁的选择,但他仍将把自己与那些能满足他的关怀和指导需求的人连结在一起。当儿童对其他成年人的依赖性连结比对他的父母还强烈时,这只能说明他的形成依恋的内在驱力不能在家庭中获得充分的满足。比如在学校中表现为男孩子对教师的过分需求性越来越强,对教师表现出接近的愿望,并带有一种较高的情感成分。而一个来自于安全型家庭的男孩,已具有了较满意的依恋性,他只需求与教师保持良好的关系,但他或她很明显将这种关系置于其家庭关系的后面。在另一个极端的例子中,那些对成年人和其他儿童表现出反感或敌意的男孩,并且也没有与谁连结的迹象,必定是来自于没有机会学习和发展依恋行为的家庭背景,结果使他们处于剥夺循环的状态,就像前面提到的。

早期社会学习的性质

在儿童的抚养中,父母表现出爱、理解,和明确与敏感的指导,会使儿童得到最佳的学习如何与其他人成功交往的机会。儿童了解到其他人是与人为善的,他们会关心你并给你提供乐趣和幸福。但儿童长大以后,他或她了解到其他人也有权利和需求,你也可以转过来认识他们的情感,并给他们送去幸福。如果你的父母鼓励你自由地与别人相处,并接受和尊重你自己在这些社会交往活动中的角色,你就会学会与别人放松的相处,有自信并表达自己的想法,而且能赞赏别人,这些行为同时也维护了你自己的个人自主性和独立性。

这是一种非常有成效的学习,主要依赖于前面提出的原则。但这种以社会交往为驱动力的学习是通过一种模式快速进行的。很显然气质的差异(见第八章)则决定了这种驱力的强度在不同儿童之间是不一样的。有的孩子在很年幼的时期就能从自己的团伙中获得快乐,而有一些孩子只在他们与别人的交往处于最佳状态时才会体验到快乐。也有少量儿童——也可能没有——生下来并没有严重的低能表现,但他们缺少与其伙伴交往的内在能力。因此那些处于过度害羞、冷酷、敌意或攻击状态中长大的孩子通常便不具有这样一种机会来认识到与他人在一起是一种相互丰富和愉快的过程,而且能增强一个人自己的生活质量,以及他周围其他人的生活质量。如同埃里克森(1950)指出的,早期社会学习可以用一个词做最好的概括,这就是信任。如果你作为一个儿童认为你周围的人都是可被信任的,他们爱你、关心你并在行动上始终朝向你,那么你就会很轻松的与他们形成友好的、反应迅速的关系,并最终认识到在这个社会中,你是一个有价值和有用的成员。

这一早期信任形成的基础是发生在父母(或其他保姆)与孩子之间的交流的质量。通过触摸、姿势、眼睛的接触、说话的音调,父母将自己的感情传达给儿童,并使他们感到安全和可靠。不久语言也开始产生重要的作用(见第四章)。一旦儿童能听懂对他们说的话,并能开始用语词表达他们自己的反应,父母和儿童之间沟通的巨大潜力便开始增强。通过语言儿童可以更明确地理解他们的父母对自己的态度,也对其他人如何看自己理解的更清楚,也对他们在家庭和不同的社会群体中的地位理解更清楚。通过语言儿童建立了关于自己的概念和他们与别人关系的概念,并学习如何表达个人与社会的需求。他们的许多早期发展都与他们对获得的语言技能的精通程度有复杂联系。

性别差异

男人和女人是复杂的生物,还没有任何一个心理学理论能单独对他们的社会发展的所有方面做出满意的解释。在这方面性别角色可能是最典型的问题。男人和女人具有更多的相似性而不是差异性,在生理上和心理上都如是,但通常引起我们更多关注的却是差异性的一面。身体上的差别是由生物学上的特点决定的,虽然有时我们也强调穿着服饰的方式、头发的样式、使用或不使用化妆品,以及我们在世界上存在的总体印象。但心理上的差异则完全是另一回事。我们的生物特点能预先决定我们的心理差别吗?从本质上男人就被安排应是统治者的性别,是成功者和攻击者,是领袖人物和创新人物?而女人则被安排为是永远的从属性的性别,是被动的而不是主动的,是跟随的而不是领袖?

在这个问题上已写出了许多的文章,使许多人都清楚对这一问题的争论。简单地说,大多数哺乳动物在其生命最初的几个月里雌性都比雄性的攻击性少。这就说明了生物因素对行为的影响。另一方面,人类的两性之间彼此都反映对方的一些特性,尽管在程度上有所不足。这就引导我们提出这样的问题,通过适当的教育,是否能使女人被教育的更像男人一样的行为,而同时也让男人被教育的更像女人一样的行为。或者更明确的说,我们作为男人和女人的角色能够通过我们所接受的教育的类型被修改吗?

在讨论这些问题的答案之前,有必要指出的是,男人和女人之间性别角色的差别被模糊不清,这并不是一件好事,尤其是在这样做的目的是让女人有更像男人一样行为的时候。有争议的是那些与男性有更紧密联系的品质,像统治性、攻击性和暴力,它们已把世界带到一个它能够发现自己的位置上。尽管这些品质在人类进化过程中很有用,但是否将这些品质容纳到一个意味着让它们自我毁灭的环境中,就将是一个值得争论的问题。现在我们更强烈的要求是将传统上与女人紧密联系的品质注入到世界中,像敏感、同情和和平。因此争论就变成为如何评价女人在社会中的位置,并赋予她们与男人平等的地位,而不是让她们如何变得像男人一样。

然而,除非女人能更有决断性、更自信、更肯定自己的地位,否则社会仍将继续忽视她们的平等和她们对外界事件的影响。这意味着,我们需要了解社会学习是否在安置女人(和男人)的现有角色上起一定作用,以及是否在不平衡的平等地位上社会学习能起适当的修正作用。毕竟在西方社会女人仍处于从属性地位。在政治界、高层次的社会服务机构、高等教育机构、工业和商业领域,在司法部门和警察行业,甚至在娱乐界、艺术和运动领域(这一单子列下去无尽头),男人仍占统治地位。另一方面,许多低下的低报酬的社会上的工作是由女人进行。在大多数西方国家,女人的平均周收入只是男人平均周收入的三分之二。男人有自己在社会上的地位,并控制着大多数的财产。

这种不平等特性的原因可以用女人的抚养子女的角色做部分解释。对于女人来说,如果走出家门并谋求一个职业,是很艰难的。她不得不间歇性的在寻求外界新生活的过程中退回到家中。但我们不能解释的是社会不能对女人的母性角色给予支持,也不能承认女人既对社会有适当的价值,则社会应当对此有必要的补偿机会。这种情况不仅在社会上大量反映出来,而且在家庭和学校中也有反映。对女人的歧视从其一出生就开始了,一直持续在整个童年期。并且更不幸的是,通常女人本身也对这一歧视起着很大的作用。在家庭中的母亲,在学校中的女教师,正是她们教给小女孩更多女人的角色。

我们在列维斯(1984)的研究例子中可以见到这一现象,在婴儿早期,在庭院中玩耍的小女孩通常较少自由,在她们探索外界之前常被她们的母亲呼唤制止,而对小男孩则不是如此。研究还表明女人对女孩和男孩的控制也不一样,她们要求女孩安静和顺从,而鼓励男孩更吵闹和自我依靠(Archer and Lloyd,1982)。在戴维、巴特勒和戈德斯特恩(1972)的一项长期研究中发现,父母更多的要求女孩玩一些与家务活动有关的玩具,并且这种倾向比较持久,而对男孩则没有这种现象。在对学校活动的研究中(Doyle and Good,1982)发现,在教学过程中,当男孩完成一个好的工作时更能受到人们的表扬,而女孩则必须有好的行为表现时才更能让人们表扬。所以,对男孩强调的是学业上的成就,而对女孩则强调社会的和谐性。教师通常对男孩和女孩有关的能力持一种比较陈旧的观念,总认为成功的女孩应是勤奋工作和遵守规则,而成功的男孩则是具有创造性和鉴别力(Buswell,1984)。男孩比女孩更容易被人们关注(由于各种原因,包括破坏性行为)(Kelly,1986),虽然在男女生混合的班级中,教师更喜欢女孩。

这并不意味着对男孩就没有歧视,只是方式不同罢了。对男孩的要求与对其姐妹的约束一样,有一种预先的模式给予他一种压力,强迫他成为一个"男人",强迫他不能表露自己的情感,强迫他不能"温柔"而要表现出身体上的强壮。这种模式也会对人格的发展,甚至对身体健康造成相当大的损害(一个人对自己情感上表达的能力的缺乏会造成今后生活的某些疾病的发生,比如像冠心病)。但从某一方面,至少在社会领域中,男孩具有更多的能导致他们今后生活中成功的优势,而在这些方面女孩则更不利。甚至在最初级的类似自尊(见第十章)的方面,女孩也很少有机会评价自己,这似乎也是为什么成年期的女人有较高神经质和心理问题发生率的一个原因。

为什么男孩比女孩更被人们喜欢,这里并没有智力的原因(我将在第五章讨论这一问题)。事实上,不同性别之间的智力差异是非常微不足道的,也是不明确的。在小学时期,女孩比男孩在语言才能上更有优势,很少有阅读的障碍,而男孩则在数学和几何问题上表现突出。这些差异来自于先天因素或是环境的因素(女孩在家中玩的时间更多,于是就有更充分的语言学习机会;男孩在户外的时间更多,于是就有更多的空间经验)并不明确。但在某些方面,当儿童在学校中年级逐渐提高时,这些差异在重要性上却在减少。在所有年龄段上,男孩都比女孩表现出更多的教育上的落后,也表现出更多的卓越成就,这造成一些专家认为,男孩比女孩受到了更多的特殊对待,而这一切都归因于文化而不是内在的因素。那些学习吃力的男孩会比学习差的女孩受到父母与教师更多的惩罚,而那些学习出色的男孩又比学习好的女孩受到更多的鼓励。

社会学习理论认为儿童所接受的对性别的适宜性与不适宜行为的奖励和处罚,与儿童对成年人行为的观察一起,促使了儿童最初的性别类型的形成(Bandura,1986)。早在两岁时,儿童就开始表现出性别性类型的游戏,并更愿意与同性别伙伴玩。儿童三岁时,自我意识(见第十章)开始出现,这时性别认同意识对儿童自身来说变得越来越重要。父亲比母亲对这种性别身份意识有更多的支持倾向(Langlois and Downs,1980),并且对男孩比对女孩施加了更大的压力要求他们依从。然而,伯姆(1993)指出所有的孩子在其发展的每个转折时期,都被要求以其性别的眼光来认识外部世界。在人们努力给两性提供同等机会的同时,尽管他们的企图本身是很有价值的,他们也在强调两性差异的事实。伯姆的性别图式理论认为,事实上性别类型既不是不能避免的又不是不能改变的,但它却是不能消失的,除非我们的社会文化在其思想观念中逐渐减弱性别取向的差异。

很明显教师是无力单方面改变这些思想观念的。期望孩子只具有不存在性别差异的行为是不正确的,这只能使他们在学校之外受到嘲笑。但在教学中有很多工作可以帮助孩子发展更多更好的态度,尤其是帮助女孩摆脱那些由于性别类型所造成的障碍和困难。最明显的,所有学校中的活动对不同性别的孩子都应该是平等开放的,这就是说,既要求男孩做一些木头和铁器的加工活动,又要求女孩做家务活动的科目,或者允许男孩有机会参与有组织的竞赛,同时女孩也可以进行某种球类的独特的竞赛。平等机会委员会(1986)公布的数字表明,男孩在 GCSE 活动中具有绝对的优势,在运动、专业绘画、计算机和数学一类科目中表现为 A 等级,同时更多的女孩从事家政性科目,社会学,法语和英语。这些可能反映了个人的兴趣,但重要的是在科目的选择上,教师不应给予性别观念的暗示,并要对所有年龄阶段的儿童都如此。同等重要的是,教师也应避免不必要的单一性别的暗示,比如对一个人指示说(在晚餐的争论中,在体育课上,等等)"女孩站在房间的一侧,男孩站另一侧",或者"现在女孩领唱",以及"现在只女孩唱"(在合唱优美的旋律时),然后"现在只是男孩"(在合唱响亮激烈的部分时)。另外,在可能的情况下应该在每一事情上都将女孩看得与男孩同样的重要,并且尽可能在求职机会上也体现这一点。直到目前为止,家庭和教育中都仍存在这种观点,即职业对女孩来说,只是在她结婚前填充和打发时间的东西。甚至女孩本身也持有这种认识,应该对她们指出,越来越多的已婚女人在她们的孩子上学后都希望继续工作,这种工作需求应该像使男人获得的快乐一样,给予同等的鼓励和实现。

少数民族群体

在多种文化的社会中,个体之间许多行为上的社会差异是由他们所归属的少数民族群体决定的。少数民族群体间的差异存在于宗教信仰、习俗和传统、道德标准、穿着和语言,以及在整个生活方式上,它们有非常明显的不同,并与社会经济的差异有明确的关系(Whiting and Edwards,1988)。群体间的任何差异都能导致误解、偏见,甚至是公开的敌意。人们几乎不能忍受与社会规范的分离,而少数民族群体尤其具有受到这种社会歧视的风险。

在出生后的前三年中,儿童很少存在少数民族的意识(Aboud,1988),但四到七岁之间的孩子就开始逐渐认识到其他的少数民族群体与自己的不一样,并且开始形成偏见。如果要求儿童对其他少数民族儿童的照片按自己的喜好排列,并用"工作努力"、"可信任"、"迟钝"或"肮脏"这样的词去评价,则白种人的孩子则倾向于对黑人和其他少数民族的儿童以消极的评价,而黑人和其他少数民族的儿童则倾向于对自己的少数民族群体给予积极的评价,尽管他们反应的差异性要大一些。到八岁以后,儿童在他们的态度上表现出更大的灵活性,对他人的评价开始根据自己而不是群体的观点,所以有时能对早期的偏见进行修正。但是,也正是在这个年龄前后,儿童开始更多的意识到别人对他们这个特殊的群体的已有的偏见。

在正式的学校政策水平上,是不存在社会和种族偏见的。但仅仅是由于误解,尤其在这些儿童的少数民族背景上,一些教育工作者可能会对教学中的行为和学习困难现象做出错误的解释。对这一问题的详细分析应是社会学的工作,而不是心理学的研究问题。但如果儿童的民族身份与教师有显著的差别,他们便可能学会一套与权威打交道的方式和表达尊敬与友好的方式,但这些方式却可能与教师所认为适当的方式非常不同。因此,尽管儿童并没有要触犯什么的意图,但他们说话的方式和使用词汇的类型,都被教师认为是带有明显的挑衅性。相类似的,儿童从他们被接受的文化中带来的剧烈的活力和外向的性格,也被教师认为是破坏性的和挑战性的。

同样的问题也产生在出现学习困难的时候。有时候儿童看上去理解了老师的话,但随后又表明并没有理解,这不是由于他不熟悉老师使用的词汇,而是由于这些词汇在他或她的本民族文化中有完全不一样的意思。同样的,儿童在智力和能力测验中做出的不正确回答，并不是他们对问题阅读的失败，而是由于测验存在文化的不公平，这是由于测验不能摆脱文化的影响，而这一点对不同文化背景的儿童是不利的。因此，某些少数民族群体的儿童有可能被错误地诊断为是智力低下，并在治疗方面被过度的描述，这些都仅仅是由于在我们的教学方法中存在文化的缺陷，或在测验的程序上存在文化缺陷（见第五章）。

随着对文化差别的理解和宽容的增多，儿童被错误的诊断为失调和学习迟缓的风险正逐渐被减少。一个明显的需求是需要有更多的教师——更多的教育心理学家——来自这些少数民族群体，给教师以更多的机会去充分理解少数民族群体的特性。目前为止，在这一方面持久性的和合作性的努力还不多见。其结果是社会教育在很大程度上仍不适宜于多种文化交流的社会生活，那些少数民族的儿童仍在教育系统和劳动市场上受到歧视。由此造成的社会分裂和社会冲突的结果也非常明显的存在。

就如同教师在如何改变性别歧视上很少有所作为一样，在消除种族差异上他们也很少能做些什么。在某些方面，许多种族差异在很大程度上造成了社会的差异性，产生了文化表达上的新概念和新形式。但教师的确负有一种责任即认识到任何儿童都不应因他的种族背景而受到不公正的对待，并努力使儿童相互之间不以肤色或语音或信仰来做判断。儿童有一种倾向，他们对那些不同于自己的个体缺少耐心，尤其在他们长大后，而学校则必须在教育儿童摆脱自己这种狭隘和分离的态度上发挥自己的作用。

进行这种教育的一种方法就是举例。如果学校的教员被认为对儿童是一视同仁的，没有种族偏见，并且对少数民族学生遇到的特殊问题也很敏感，那么就会有更多的学生就将以他们的意向为根据，他们也将接受教师表现出的对这些少数民族的信仰和习俗的尊重，甚至为了做到这一点他们可以改变学校的惯例。在更为具体的教育策略上，应该帮助儿童对少数民族产生移情并充分理解他们曾体验过的疏远和拒绝的情感。那些在学校外面被灌输过种族歧视观点的学生,需要教师帮助他们对自己的态度再检查,并让他们认识到种族仇视会造成本地的、国家的和国际上的危害。

除了这些教育和再教育的过程,另一点也很重要即学校必须对它的评价过程和课程设置进行检查,看它们是否适宜于少数民族学生。我已经强调,这些少数民族学生有可能被诊断为在学习和行为上有问题,而这可能仅仅是由于他们语言上的困难,或是因为在他们所成长的环境中存在着行为规范上的差异。但我们现在能够认识到这一事实,即许多学校的课程设置不适合那些非欧洲文化背景的儿童的特殊需求。甚至对于那些在英国出生的儿童来说,他们也仍深深被他们父母的文化背景以及他们自己的种族群体所影响。因此,一个不能认识到这一事实的环境就不能给他们以帮助,并缺少充分的联系。而与这种文化完全相对的环境(比如,在它对社会行为和态度的教育上,在宗教的礼仪和信仰上,在道德价值观上)则会存在明显的家庭—学校冲突的风险。

与文化问题紧密相连的就是少数民族在求职、不同种族人的婚姻、选择居住地和如何保护基本的公民权利方面所遇到的种族问题。任何一个学校都不能针对少数民族学生而单独设置课程,而在许多方面,学校中的其他学生也应承担相同的义务。正规的教育也有责任支持社会的凝聚性和这种凝聚性中个体的权利。这种责任是不能轻易被放弃的,它通常包括很谨慎的平衡工作,即绝不能让一群人的权利损害另一群人的权利。没有任何学校可以免除这一责任,也没有任何一个教师能免除这一任务,即了解每一个学生并且对他们的文化背景不带偏见。

社会阶层

就像对那些来自不同种族的儿童一样,对于来自不同社会阶层的儿童,教师也会由于无意识中的错误解释造成有差别的对待

(Sugarman,1986)。社会阶层也是一个很敏感的问题,并带有很强的政治色彩。对这些政治意义的讨论已超出了本节的范围。我们无意对社会阶层做广泛深入的分析。一种帮助教师理解社会阶层的结构对教育的影响的方法是了解一下社会注册中对职业的分类项目。这一分类根据父母的职业将不同家庭分为五大类,其范围从较高一端的像律师和医生这种"高级"职业到较低一端的非技术工人职业。一般用字母顺序的"A"到"D"来表示前四个类型,用高级社会和经济地位(USES)概念和低级社会和经济地位(LSES)概念来表示最高的两类与最低的两类之间的明显区分。研究表明在最高两类中的儿童更倾向于在毕业考试上稳定性的通过并比那些最低两类中的儿童有更多继续受教育的机会。并且,他们也会在随后的发展中获得较好的工作并积累更多的财富。

如果我们来分析一下这一现象的原因,最明显的就是较低类型中的儿童来自于一个受到更多剥夺的环境中,因此非常缺少那种能导致教育成功的经验。我们还不能将这一点推论的过于广泛。父母的风格(如同前面提出)远比每个人的社会阶层重要的多。但总的来说,当儿童进入学校后,那些较低社会分类的儿童缺少如何与教师正确相处的知识,也不清楚如何控制自己的行为,以及什么样的行为方式才被教育系统所接受。可能在他们的生活环境中攻击和粗暴才能产生作用,并且学会共享和等待他们改变是很困难的。他们可能有忽视型的父母,他们对孩子在学校中的进步毫无兴趣,对于孩子在学业上的成就也不鼓励和支持。有些人认为,尽管这些孩子有能力,但他们在进入学校时就没有一个好的开始,而且他们可能会继续受到不适宜的课程设置的影响(Eggleston,1990)。

在最初的语言发展上,许多生长于社会剥夺环境中的儿童很少有机会练习如何将自己的思想和愿望转变为语词,或如何去听和反应别人的话。言语能力的贫乏通常会导致认知的贫乏(没有足够的语言能力,我们将无法发展自己的推理能力)。缺少书籍以及早期对阅读作用的认识,将造成今后语言发展落后的问题。相似的他们也会缺少早期的数字经验,这一点又会导致他们在数学上的失败。从任何一个角度的分析中我们都能发现,一个贫乏环境中长大的儿童在正规教育的起点上存在许多不利因素。总体来看学校的工作是朝向于满足具有特权的群体的行为与思维标准,并且将很难理解社会上的不利于儿童的情况。

许多教师和实习教师都反对给儿童贴上标签,并把他们用社会经济类型去区分。他们认为这种标签带有一种不好的判断意义,在任何情况下用阶层取向去分类只能帮助人们注意到社会的不平等。但对教师来说,许多以研究社会阶层对教育行为的影响为目的研究都提供了许多具有指导性的实践内容。对这些问题的深入讨论应属于社会学的教科书,而不适宜于心理学书籍,但这些研究表明,不利的生活条件,经济上的困难,缺少语言刺激的环境,缺少文化和休闲活动的经验,等等,这些在许多困难家庭中存在的社会或经济因素会不可避免的阻碍他们子女在学习上的进步。这些孩子在家庭里通常没有一个安静的地方可以读书和做作业,或在家里根本没有书,一般也限制他们接近游戏设备,接近藏书,和接近像博物馆与剧院这样的文化环境。这些儿童发现他们自己处于一个不强调教育重要性的社会环境中。这很少能给他们提供任何职业指导,这些都显得与学校中倡导的目标和价值系统格格不入。

与这种社会背景的儿童相处时,教师所扮演的角色是很复杂的。他必须坚持学校提倡的价值观,而同时又必须同情儿童的问题,也不能在试图改变儿童对他们生长的亚文化的对抗中使他们进一步被孤立。教师的工作是对儿童说明,学校的目的是帮助他们解决生活中的任务和困难。因此,学校绝不只是热衷于以学业上的标准对他们测量并了解他们的期望,学校最直接关心的既包括他们目前的经验又包括他们今后的发展。学校的目的是增加儿童对休闲和职业兴趣上所需求的范围,即使在儿童离开学校以后并与学校毫无关系的时候,也要认真地思考一种方法使这一目的能被转变并结合到具体的课程设置中。对课程的详细讨论似乎已超出本书的范围,但从心理学的观点上我必须强调,教师和班级之间的关系很大程度上决定于儿童认为学校能提供给他们什么。

家 庭

如同范围较广的种族和社会经济群体所起的重要作用一样,在儿童的社会发展中家庭无疑是最重要的单位。不仅因为儿童在家庭中产生最初的依恋行为,而且也是在家庭中我们学习到许多社会的角色。家庭也自然会受到它所归属的种族和社会经济群体的影响,但即使在这些群体之中,不同家庭在处理和对待其成员的各自方式上也存在较大的差异。由于这一原因对家庭的专业性研究现在已成为一种特殊的专业,并结合了心理学、社会学和社会行政学的知识。

家庭性质的改变

为了理解这种研究,我们需要区分核心家庭与扩展家庭的区别。核心家庭由最初一级的关系组成(父母与子女),而扩展家庭包括二级和三级的关系(祖父母,叔叔和婶子,表兄弟),甚至更多的层次。作为一个组织,核心家庭与扩展家庭近几年在发达国家中都发生了重大的改变。在核心家庭中,这些变化更多是结构性的。那种由父亲、母亲和一到三个子女组成的传统家庭形式现在已不再是惟一的形式了。家庭的破裂(在英国有四分之一以上的家庭现在以离婚为终结)和婚外子女出生的增多(在全国平均水平上是十分之一,在部分农村地区比率更高)导致了单亲家庭和继父母家庭数量的剧增。甚至在双亲家庭中,那种父亲外出工作母亲操持家务的模式现在也越来越少。在学龄儿童中有70%的学生的母亲外出工作,在许多家庭里成年男性的高失业率意味着如果父母白天呆在家里,则父亲与母亲在家中的可能性是一样的。

在扩展家族中,最主要的变化是它的重要性在下降。社会的流动性使许多年轻人离开自己的生长地,其结果是他们远离祖父母和其他的亲戚结婚生育。这种社会流动性,由于造成了扩展家庭的分裂以及小型的紧密联结的社区的瓦解,通常被看做是造成目前社会制约和法律与秩序下降的一个促进因素。在扩展家庭中长大并受到邻居和朋友的相似家庭环境的影响,儿童就将遇到更大的压力使他们产生社会的凝聚性和服从,而不会是现在的情况。由于在关系密切的环境中人与人都非常熟悉,所以儿童的破坏行为就会被人们认识到,并引起二级和三级亲戚的敏感和反对。又由于这些亲戚就在身边,所以即使父母白天或夜晚都不在家,儿童也不会需要代替父母的看护人照顾。

家庭治疗

核心家庭与扩展家庭这种性质上的改变也意味着在父母遇到特殊问题时,也很难像以前那样得到帮助,在这种家庭中的儿童也更易受到忽视甚至可能是粗暴对待。关于儿童被忽视、儿童遭殴打和儿童受到性伤害的报告的增多似乎也证明了这种不幸的现实。社会服务机构现在不得不越来越多地扮演着传统的扩展家庭中的角色,但它们仍发现几乎无法使处于困境中的所有儿童被发现并受到保护。NSPCC(预防儿童暴力国家委员会)认为每周死去的英国儿童中有四分之三是直接导致于身体受虐待。这是一个令人吃惊的数字。而那些受暴力虐待的儿童的数字则要超过这一数字的几百倍,那些受性伤害的儿童的数字也如此(既受男人的伤害也受女人的伤害——男性的施虐者远多于女性,但我们如果只注意男性施虐的信号,那就是十分危险和错误的。一般的来说,人们认为施虐者总是陌生人;但最多的情况总是由家庭成员、邻居、家庭的朋友或同胞兄弟姐妹造成)。

在前面讨论依恋行为时曾指出,那些在儿童时期受到粗暴对待的父母似乎不能对他们的子女给予正确的对待。这不仅包括身体上的照顾也包括情感上的关心。因此,有些父母虽然在物质条件上给予子女非常周到的安排,却会在情感环境中产生一种很严重的神经质或心理问题的障碍,这不仅影响到子女的儿童时期的发展也可能会涉及到他们的成年生活。有许多这类的问题是由家庭造成的,比如像精神分裂症,以及父母对子女过分的冷酷、伤害、指责或变化无常,这些原因都会产生极大的儿童行为障碍。

家庭治疗技术就是为解决这一问题的[首先由斯塔尔(1967)和其他研究者提出],治疗者的任务已不再是只面对有问题的儿童,而且要针对整个核心家庭,这一点现在已引起人们极大的重视。在家庭治疗中,家庭作为一个单元参与治疗活动,由治疗者来观察每个家庭成员如何与别人交往,怎样出现了紧张状态,误解是如何发生的,一个家庭成员是怎样成为其他成员的"受害者",家庭允许每个成员有多大程度的分离性,父母对其子女有多大程度的了解并怎样继续相处,等等。因此,治疗者可以观察到家庭是如何产生儿童所面临的问题,以及反过来儿童又怎样引起其他成员的问题。

家庭治疗也可以解决那些由父母而不是由儿童所出现的问题。比如,在父母之间有一个人是酗酒者,或嗜赌,或暴力行为,或不和睦,也可以在家庭的环境中对其认识和处理。有时候,父母一方不愿和配偶及孩子讨论他们的问题,这可能会使家庭治疗的作用受到限制。儿童吸毒是另一种问题,也能用这一方法做最好的处理。父母对子女吸毒行为的原因理解的可能性,以及他们对子女克服这种行为所能给予的正确的支持与帮助,如果能把它看做是整个家庭的问题而不仅局限在某一成员本身,将会取得更好的效果。

如果家庭破裂了,通常儿童是最大的受害者。儿童是有恢复能力的,在大多数分裂的家庭中,只要他们认识到父母的爱和支持,他们就仍能生活下去。比如,并没有证据表明那些母亲外出工作很少照顾家庭的孩子,会比那些母亲呆在家里的孩子,有更多的情绪障碍(Gottfried, Gottfried and Bathurst, 1988)。家庭环境的质量,社会经济状态和家庭规模是一些非常重要的变量。并没有证据说明那些生活在单亲家庭中的孩子有明显的不利性(尽管由于父母的不完整会使他们在角色模式上有些损失)。但在不幸福的家庭中不安全环境下成长的儿童,由于父母本身彼此间的情绪和身体上的暴力表现,将使子女缺少幸福感并受到伤害。他们不仅得不到父母对自己的正常关心,他们还会经常体验到一种对父母的分离性情感,以及来自于父母的,对自己情感安全性的威胁。所以,家庭的分裂,在其最终发生时,反而对他们是最好的事情;但这又会产生其他的问题,因为父母双方可能会争夺对子女的抚养权,并把它作为一个折磨对方的手段。无疑这种创伤的治愈将是长时间的,由于父母在婚姻中应如何相处不会产生好的角色模式,所以那些在破裂的家庭中成长的孩子,在他们今后的婚姻中,将比那些比他们更幸运的同龄人,更少获得幸福和持续的婚姻。

关于家庭和父母的失调对子女的广泛影响,古代尔(1990)曾做了充分的总结。他指出儿童行为与人格问题的产生是环境的多种因素综合作用的结果,而不是哪一因素单独的作用。父母的风格,家庭的冲突和破裂,社会经济因素和家庭规模,除去所有这些我们已讨论过的方面外,古代尔还注意到父母或子女的敌对性,由于新的弟妹的出生造成的父母与子女之间的相互的分离,亲人的死亡,以及父母的犯罪,所有这些都会产生儿童和青少年的心理问题。

家庭冲突

核心家庭与扩展家庭的角色和成分已发生了很大变化,从这一角度看,教师需要对自己关于儿童家庭背景的先入为主的概念进行修正。由于他或她自己有一个幸福的家庭,教师有可能意识不到一个与父母长期不和谐(也可能受到身体的虐待)的儿童,或一个有着酗酒行为的父母的儿童,或在一个单亲家庭中不得不过早对弟妹承担责任的儿童,他们会有什么样的紧张与压力。教师也可能意识不到那些被专横或情感变化无常的父母对待的儿童会受到怎样的伤害,以及那些由于长期的抑郁而无法处理家庭生活和事务的父母会给儿童带来怎样的压力和紧张。如果对这些伤害有所认识,教师就不难发现,面对这些在不利环境因素中长大的孩子,在学校中存在行为上的问题,是非常可以理解的。这类问题可能仅仅是身体上的疲劳或缺乏动机,也可能是在这些孩子中出现退缩的形式,由于在家庭中形成了忧虑,他们不能接近其他孩子,也不能参与学校的活动。当他们受到的伤害过于强烈时,他们可能会需要教师对他们强烈的关注,或者表现出对周围世界的一种普遍敌对和不满。

对教师的同情的需要

我们在第四部分将更详细讨论与各种行为问题有关的内容,现在我们只强调教师应注意到儿童的家庭背景会潜在的影响学生在学校的表现。当然,教师很难对这种家庭背景做出什么改变。教师不是社会工作者,任何干涉他人家庭的企图都会被视为不友好并产生对抗行为(当然一个人必须主动向校长汇报,并通过社会机构来处理身体上受忽视和虐待的情况)。但对儿童在学校中需求的认识,将对他们在家庭中遇到的问题有所帮助。很显然那些有这些严重问题的儿童在不敏感的学校环境中会受到进一步的伤害,因为在这种环境中当他们不能集中精力去学习,不能完成家庭作业,或不能与其他人良好相处时,没有人能给他们以正确的评价和理解。上课迟到,无故的旷课,与其他同学不广泛接触,突然的发脾气,以及一种整体上的心情不好,所有这些表现都可能是家中的痛苦留下的痕迹,所以在决定采取什么行动之前认真了解这些问题,这应该是教师的任务。教师也必须认识到,出于害羞或对父母忠诚的感觉,儿童也可能不愿意承认家中的痛苦。并且,许多有这种家庭背景的儿童相对来说也有表达上的困难(我已提到这是由于缺少言语的刺激)并发现自己很难用恰当的语言来讲清这些问题,尤其在他们感到无法肯定是否有人会同情地去倾听时,更易产生这种现象。

父母参与的重要性

在教育上,家庭的重要性并不仅仅是为儿童提供一个安全的家庭环境。父母也需要对子女的学习产生主动的兴趣,这种兴趣与儿童的学习进步有密切关系(Lunt and Sheppard,1986)。父母对子女教育的重视使子女认识到他们不仅强调学习成绩上的重要性,他们也重视他或她成为一个人。这种父母的关心对于儿童的课外作业也会提供帮助,这表明父母已在发挥学校的作用,并越来越适应于学校和它的标准与价值观。这意味着父母对子女的教师已开始了解,并愿意接受教师的忠告,与此同时,教师也会发现他们对学生家庭背景有了更多的了解,并能在讨论学生的学习困难问题时得到父母的帮助,这会给他们的工作带来很大益处。

近年来父母的参与已有明显的增多(Pugh and De'ath,1987),但教师仍感到许多他们最需要见的学生家长却不愿意与学校合作,这的确是事实。但即使是这些从不发挥自己作用并且从不与学校的职员见面的父母,也不意味着他们对子女的学习毫不关心。对于这些不与学校合作的家长,学校应反省自己为什么在吸引家长的关注上做得不够。可能这些有问题的家长感到自己被学校和它的能言善辩的职员所威慑。也可能家长意识到自己的孩子在学校表现太差,从而自己也感到难为情而不愿听这些不体面的事。也可能他们对学校和其职员的表现有不好的印象,尤其对学校的中产阶层的文化活动(学校的乐队和合唱队,学校的游戏等等),这些活动常被用于吸引家长的兴趣。

一些学校已认识到这一问题的严重性,并开始做一些工作来吸引家长参与学校的工作,以及加强他们的合作性,像通过活动和舞会使家长与教师有所接触,组织与家庭联系的志愿者,以及设计家庭和学校的阅读活动等。当确立了这些参与活动后,学校也注意到要避免使家长因为子女能力表现不佳的事实而沮丧,或者更糟糕的,让他们感到是自己造成了这种能力的低下。相反,学校应采取积极的做法,应强调能帮助学生做些什么,并肯定学生已得到的荣誉和成功。一旦家长对学校产生信任,并认识到他们从学校组织的活动中所获得的帮助将非常有利于他们对子女学习的帮助,他们的承诺和参与的意识就会增加,这会使各方面都获得极大益处。

家庭规模

另一个关键的因素就是家庭规模似乎与学校的表现有较大关系。戴维和他的同事(Davie, Butler and Goldstein, 1972)在他们的一项纵向研究中发现,无论其社会阶层高低,来自大家庭的儿童在阅读、计算、口头表达和创造性上,远不如独生或一两个子女家庭中的儿童。这些发现也得到近几年许多研究的支持(Mascie-Taylor, 1990)。这可能与一个事实直接相关,即大家庭的父母很少有时间对每个孩子都关心,这就使子女在家庭中缺少言语和其他形式的刺激。戴维也注意到通常那些年长的孩子受损失最多,这完全有可能是由于家中增添了年幼的更需要父母照顾的弟妹后,他们不得不更多的自己照顾自己。当然,教师也无法改变家庭的规模,但他们应该意识到那些有许多弟妹的学生在教育上受到的不利影响,并认识到在学校中可以做一些补救性的工作。从大家庭来的学生也特别表现出对教师关注的要求,这可以补偿他们在家庭中所受关心的不够,而老师若能对此理解,就会更愿意对这些学生给予同情和耐心的反应。

家庭—学校冲突

当教师在学校中的教育标准与儿童在家庭中获得的标准明显不同时,儿童将不可避免的会体验到概念上和情感上的冲突。尤其是那些来自少数民族群体,社会经济状况明显不利的群体,以及充满暴力和攻击行为家庭中的孩子,这种冲突的表现更明显。总的来说,学校教授的是一种欧洲文化并被称作中产阶级的价值观,它强调节俭,自我约束,有抱负,勤奋,为了长远的目标而忽视眼前的满足,对权威的尊重,良好的行为和非暴力性。对于一个来自不同价值观体系家庭背景的儿童来说,他会感到这一切是非常不相容的。如果儿童据此调整自己,并将这种学校的价值观带回他或她自己的家里,儿童将会发现,在最好的情况下就是他们无法做什么事,而最糟的情况下他们将被视为是可笑的或为此而受到处罚。

另一方面,如果儿童将其自己的文化,社会群体,或家庭中的价值观带到学校,他或她也将发现同样的结果:被嘲笑或受处罚。儿童解决这种学校与家庭的价值观冲突的惟一方法,就是两种价值观都接受,在不同的情况中表现不同的行为,或干脆两者都拒绝接受。如果儿童采取两者都接受的办法,他将面临人格认同的问题,如果他采取两者都拒绝接受的办法,则他在两种情境中都会遇到困难的处境。

这种家庭—学校冲突并不是儿童本人造成的。很重要的一点就是学校要尽量发现这种冲突,并尽一切所能减小它所造成的不利影响。一些学校在处理这个问题上非常成功。职员愿意了解学生的家庭背景,避免对学生强加一些他们明显无法相容的规则和标准,同时逐渐和谨慎的引他们接受一些要求。而另一些学校则把一些与校外生活无关的行为强加给学生,而这只能使学生感到他们在实际生活中远离权威。相似的,一些学校尝试尽可能使学校的课程对学生有意义并与他们的校外生活息息相关,而另一些学校则强制性使用一些材料,它们看起来既不能帮助学生了解他们的生活,也不能有计划的为以后的生活理智而现实地做准备。

这就难怪会有两种学校,虽然它们相距很近,而且有相似的教学条件,但在逃学率、出现破坏性和攻击性行为的比率上则有很大差异。一种学校把学生看做是非常重要的人,他们到学校来就是来寻求帮助,了解和克服他们家庭背景的不利因素,而同时存在另一种学校把学生完全不接受的文化强加给他们。这种学校可能并没有制造这些问题,但它的确使问题变得更糟。

甚至在家庭与学校之间并不存在直接的价值观和行为的冲突时,在教学的目的,以及学校能实现什么和不能实现什么等方面也有很多不同的观点。普夫和德阿兹认为最有用的方法不仅是寻求父母更多的参与学校的活动,而且也要让父母更多的了解学校的政策和实践。父母应首先从学校所关心的课外活动中参与进来,比如像资金筹措,然后再被邀请参与学校之中的有组织的活动(比如,帮助图书馆,救助个别儿童,为公开的晚会做事),最后再被引入到父母关系的活动中,这可以使他们共同决策,代表学校巡访其他家长,带领小组活动,以及帮助咨询。一些学生家长有可能会进入到一些新的角色类型中,他们可能成为学校的管理者,官员或评价者。

特殊的教育问题

在讨论儿童和父母及其教师的关系问题时,必须强调每个儿童都是一个个体并有他们独特的反应方式。因此,儿童本身在决定成年人对待他们的态度上也起一定的作用。比如,一个生活的非常满足很少有烦恼的儿童,他对父母的建议也将做出友好和热情的反应。另一方面,如果他或她存在困难和不安,也许将会努力对抗这些建议并拒绝接受。在第八章还会更详细讨论这一遗传上的气质问题,我们在这里所要强调的是,大多数父母从他们的孩子出生后的几周开始都生活在一种更现实、满足、轻松的环境中,而不是一个充满困境、暴躁不安的状态。无疑他们也会将这一切传达给自己的子女。

教师也会发现他们与一些孩子相处比另一些孩子更容易,但如果我们对人际关系有所了解的话,我们将十分清楚每一种人际关系都是相互交往的过程。正是两人之间的相互交往产生了关系,并在这种交往中每个人都可能对抗其他的人。因此,在父母和子女的关系中我们有时会发现,他们的行为在开始是共同对抗的,经过几年后逐渐增多了争吵和困难,直到发展成多方面的失调和误解。当然,最糟糕的结果就是这种关系导致对儿童的身体虐待。而对教师来说最重要的就是警觉这种迹象的发展并以制止。对于那些在家庭中长期处于身体虐待状况下的不幸儿童来说,其在心理上的伤害是无法估量的。在讨论虐待儿童的原因时,我们必须记住,我们应该对儿童及其父母进行同样仔细的观察。有一些很明显的特征可以将儿童作为受虐待者而区分出来,他们通常在贫乏的经济环境中被抚养大,生活环境不利,社会上孤立(伴随与父母关系的紧张),这些因素会打骂儿童更易产生。

当然,并不能以此来原谅打骂虐待儿童的行为,但也不能对儿童责备。我所要说明的是儿童本身的行为因素,通常在出生以后几周内就明显表现出来,但却很少在以后的发展中有改正它们的机会,但它们却会导致父母的挫折感和对抗性。这种对抗性会使儿童产生失落感并因此加重他或她的问题行为,这又会进一步引起父母的反感,并反过来又引起儿童的失落。这种恶性循环不断持续,直到儿童被逐渐推到危险的边缘。如同我们所能看到的,如果父母在童年期也体验过爱的缺失而且没有机会学习表达和接受情感,则这种危险性会进一步加剧。最典型的是,那些打孩子的父母可能是由于有早期情感被剥夺的体验，在许多方面都是不成熟的，所以在与其子女相处时也缺少培养耐心和理解的能力。

语言和社会发展

虽然父母和儿童之间的早期交流多表现为触摸的方式，但语言很快就确立了在社会交往中的重要手段的地位。那些家长言语表达流利和生动的孩子，比在言语环境不丰富的家庭环境中长大的孩子，具有极大的优越性。通过与孩子交谈，用语言的表扬给他们鼓励，对他们玩的物品叫出名称，甚至在他们最初完全不清楚言语意义的情况下对他们说话，言语表达流利的父母很快就帮助儿童建立了一个有用词汇系统。在第四章我们将介绍更详细的言语问题。只有通过言语儿童才能进入到复杂的思维状态中，才能充分的与他们周围的人交流，并能表达自己独特的喜好与厌恶。言语似乎是我们确证为属于智力的许多行为发展的基础，特别是在学校的低年级中，那些被教师分类为学习落后的儿童，其实他们所面临的主要问题可能仅仅是由于他的家庭环境缺少言语刺激所造成。这些儿童有时也表现出在身体行动上比正常孩子有更多攻击性，这是由于他们缺少更恰当的与人相处的言语上的技巧，或不能用言语表达自己的情感。另外，在与成年人产生社会冲突时他们也缺少好的处理方式，也没有为发展与言语有关的技能做好准备，像阅读和写作。

教师应该认识到那些来自于言语贫乏家庭中的孩子在社会交往和智力上的不足。这种认识不仅使教师对儿童的问题更有耐心，而且也帮助教师提出有效的补救方法。言语贫乏的儿童所面临的困难经常会变得更糟，这可能因为在他们的整个学校生涯中，他们更倾向于与另外一些言语贫乏的孩子在一起。他们在言语技能上的缺陷使他们很难与那些口齿伶俐的儿童形成密切的伙伴关系，在群体活动中间他们通常只能吸引那样言语能力也极差的孩子。

教师应该认识到这一点,并设法把这一类孩子安排在每一次的与言语交流有关的活动中,使他们的言语技能得到改进。这就意味着要鼓励他们与言语流利的孩子一起学习和游戏,并让他们在班级讨论和辩论活动中发挥作用。还有比较重要的是,教师应利用每一可能的机会,用正确的语言与学生交谈,并要准备耐心的倾听并鼓励他们的回答。在更多的情况下,一个工作十分繁忙的教师是无法要求自己有充裕的时间以这种方式来倾听一个言语表达不清的孩子来解释问题。教师不仅会去把儿童的句子意义补充完整,以及错误的帮他完成句子,而且他或她还会用不耐烦的暗示来给儿童传达一种意思,即在这个问题上浪费太多的时间不值得。无疑这会使儿童增加对教师的敌对性,感到他或她不感兴趣,并且儿童也会放弃在交流上做任何最简单的努力。无论是哪一种做法,教师在帮助儿童调整早期缺陷的问题上都是失败的。

家庭和学校

这一章的内容已充分证明,在处理社会发展问题时,只有从家庭和学校的环境同时去认识,才能完全理解儿童。作为社会性机构,家庭和学校都在塑造儿童成人的过程中起关键性作用。我们对这些作用越清楚,我们就越能意识到儿童本身只为他们的社会不良行为负部分的责任。他们的发展不充分并不完全是他们自己的责任,而更是他们所生长的社会环境的问题。家庭治疗学家认为,虽然学校不能成为家庭治疗中的成员,但在任何可能的时候如果能使有问题的儿童在父母的陪同下与有资历的学校职员进行一次谈话,这将是非常重要的。通过观察父母如何对子女反应和他们彼此的作用,教师将能洞察造成儿童紧张的家庭中的紧张气氛和压力。至少,学校应从福利机构和社会服务部门尽可能地收集学生家庭背景的所有信息,并必须以这些信息为依据来决定如何管理学生。

我们必须强调不能让那些在家庭中产生问题的儿童在学校中再受到这些不必要的压力的影响。学校应给予他们帮助,并且一定要确定对这些家庭的问题有所认识,而且这种影响不会给年幼的无知的心灵造成损害时,才能采取必要的措施。甚至对于那些在家庭中没有特别问题的学生来说,与他们的生活背景不一致的学校也有可能产生的家庭—学校冲突,从而损害他们的进步。尤其在家庭和学校之间的社会和种族特征有明显差异的情况下,这种可能性极易发生,这一点前面已讨论过。学校无法改变学生从家庭中带来的他们自小被灌输的基本标准,但可以将这些标准以一种不至分离儿童对家庭忠诚的方式来展现。这意味着,从根本上来说,应帮助儿童了解学校标准的目的,以及暗含在标准之中的有关内容,要避免任何以粗暴和不敏感的命令方式将个人标准强加在孩子身上。

参考文献

Aboud, F. (1988) *Children and Prejudice.* Oxford: Blackwell.

Ainsworth, M.D.S. (1982) Attachment: retrospect and prospect. In C.M. Parkes and J. Stevenson—Hide (Eds) *The Place of Attachment in Human Behavior.* New York: Basic Books.

Ainsworth, M.D.S. (1989) Attachment beyond infancy. *American Psychologist*, 44, 709—716.

Archer, G. and Lloyd, B. (1982) *Sex and Gender.* Harmondsworth: Penguin.

Bandura, A. (1986) *Social Foundations of Thought and Action: A social cognitive theory.* Englewood Cliffs, N.J.: Prentice Hall.

Bem, S.L. (1993) *The Lenses of Gender: Transforming the de-*

bate on sexual inequality. New Haven, CT: Yale University Press.

Buswell, C. (1984) Sponsoring and stereotyping in a working—class English secondary school. In S. Acker, J. Megarry, S. Nisbet and E. Hoyle (Eds) *World Yearbook of Education 1984: Women and Education*. London: Kogan Page.

Clarke, A. M. and Clarke, A. D. B. (Eds) (1976) *Early Experience: Myth and evidence*. London: Longman.

Davie, R., Butler, N. and Goldstein, H. (1972) *From Birth to Seven*. London: Longman.

Doyle, W. and Good, T. L. (Eds) (1982) *Focus on Teaching*. Chicago: University of Chicago Press.

Eggleston, J. (1990) The curriculum, contemporary issues, perspectives and ideologies. In N. Entwistle (Ed.) *Handbook of Educational Ideas and Practices*. London: Routledge.

Equal Opportunities Commission (1986) *Women and Men in Britain: A statistical profile*. London: HMSO.

Erikson, E. H. (1950) *Childhood and Society*. New York: Norton.

Goldfarb, W. (1955) Emotional and intellectual consequences of psychological deprivation in infancy: a re—evaluation. In P. Hoch and J. Zubin (Eds) *Psychopathology of Childhood*. New York: Grune.

Goodyer, I. M. (1990) Family relationships, life events, and childhood psychopathology. *Fournal of Child Psychology and Psychiatry*, *31*, 161—192.

Gottfried, A. E., Gottfried, A. W. and Bathurst, K. (1988) Maternal employment, family environment, and children's development: infancy through the school years. In A. E. Gottfried and A. W. Gottfried (Eds) *Maternal Employment and Children's Development*. New York: Plenum.

Harlow, H. F. and Harlow, M. H. (1969) Effects of various mother—infant relationships on rhesus monkey behaviour. In B. M. Foss (Ed.) *Determinants of Infant Behaviour*. London: Methuen.

Kagan, J. (1984) *The Nature of the Child*. New York: Basic Books.

Kelly, A. (1986) *Gender differences in teacher—pupil interaction: a meta—analytic review*. Paper presented at the British Educational Research Association Annual Conference 1986, Bristol.

Langlois, J. H. and Downs, A. C. (1980) Mothers, fathers and peers as socialization agents of sex—typed play behaviours in young children. *Child Development*, 51, 1237—1247.

Lewis, M. (1984) State as an infant—environment interaction: an analysis of mother—infant behaviour as a function of sex. *Merrill—Palmer Quarterly of Behavioural Development*, 18.

Lunt, I. and Sheppard, J. (1986) *Participating Parents: Promise and Practice*. DECP Vol. 3 No. 3. Leicester: The British Psychological Society.

Maccoby, E. E. and Martin, J. A. (1983) Socialization in the context of the family: parent—child interaction. In E. M. Hetherington (Ed.) *Handbook of Child Psychology: Socialization, personality and social development* (Vol. 4). New York: Wiley.

Main, M. and Solomon, J. (1986) Discovery of insecure—disorganized/disorientated attachment patterns: procedures, findings and implications for the classification of behaviour. In T. B. Brazelton and M. Yogman (Eds) *Affective Development in Infancy*. Norwood, NJ: Ablex.

Main, M. and Cassidy, J. (1988) Categories of response to reunion with parents at age 6: predictable from infant attachment classifications and stable over a 1—month period. *Developmental Psychology*, 24, 415—426.

Mascie—Taylor, C. G. N. (1990) Biological and social aspects of development. In N. Entwistle (Ed.) *Handbook of Educational Ideas and Practices*. London: Routledge.

Pugh, G. and De'ath, E. (1987) *Parents and Professionals as Partners: Rhetoric or Reality?* London: National Children's Bureau.

Satir, V. (1967) *Conjoint Family Therapy* (revised edn). Palo Alto, CA: Science and Behavior Books.

Sluckin, W., Herbert, M. and Sluckin, A. (1983) *Maternal Bonding*. Oxford: Basil Blackwell.

Starr, R. H. (1988) Pre— and perinatal risk and physical abuse. *Fournal of Reproductive and Infant Psychology*, 6, 125—138.

Sugarman, L. (1986) *Life—span development: Concepts, theories and interventions*. London: Methuen.

Thomas, A. and Chess, S. (1984) Genesis and evolution of behavioural disorders: from infancy to early adult life. *American Fournal of Psychiatry*, 141, 1—9.

Tizard, B. (1977) *Adoption: A second chance*. London: Open Books.

Waters, E., Wippman J. and Stoufe, L. A. (1979) Attachment, positive affect and competence in the peer group: two studies in construct validation. *Child Development*, *50*, 821—829.

Whiting, B. B. and Edwards, C. P. (1988) *Children of Different Worlds: the formation of social behaviour*. Cambridge, MA: Harvard University Press.

补充读物

Bem, S. L. (1993) *The Lenses of Gender: Transforming the debate on sexual inequality*. New Haven, CT: Yale University Press.

An interesting and informative sociocultural approach to gender issues.

Cole, M. and Cole, S. R. (1993) *The Development of Children*, 2nd edn. New York: Scientific American Books.

One of the most comprehensive textbooks on all issues relating to child development.

Davie, R. (1984) Social development and social behaviour. In D. Fontana (Ed.) *The Education of the Young Child: A handbook for nursery and infant teachers*, 2nd edn. Oxford: Basil Blackwell.

Concise and practical survey of social development in the infant and nursery school years.

Fontana, D. (1990) *Your Growing Child: From birth to adolescence*. London: Fontana Books.

A comprehensive survey of child psychology, child—rearing, and education, for parents.

Herbert, M. (1988) *Working with Children and their Families*.

Leicester: BPS Books (The British Psychological Society).
Very good introduction to most aspects of child—family issues, including family therapy.
Kagan, J. (1984) *The Nature of the Child.* New York: Basic Books.
Good on aspects of child development, and with a particularly good chapter on the role of the family. (Also recommended for Chapter 3.)
Kempe, R. and Kempe, E. (1978) *Child Abuse.* London: Fontana/Open Books. *Good account of the distressing phenomena of physical and sexual abuse with suggestions for prevention and treatment.*
Lynch, I. (1986) *Multicultural Education: Principles and practice.* London: Routledge.
A wide—ranging survey, which includes something of the historical background.
Mussen, P. H., Conger, J. C. and Kagan, J. (1990) *Child Development and Personality,* 7th edn. New York: Harper & Row.
Excellent on all aspects of child development. A deservedly popular text—highly recommended. (Also recommended for Chapter 3.)
Newman, F. and Holzman, L. (1993) *Lev Vygotsky: Revolutionary scientist.* London: Routledge.
Latest in a line of books that serve to give Vygotsky his rightful place in the psychology of early childhood.
Richards, N. and Light, P. (1986) *Children of Social Worlds.* Cambridge, MA: Harvard University Press.

Psychosocial perspectives on development through life.

Rutter, M. (1981) *Maternal Deprivation Reassessed.* Harmondsworth: Penguin.

A comprehensive and stimulating review of the research on the influences of maternal deprivation upon the child.

Scarr, S. (1984) *Mothercare — Othercare.* New York: Basic Books.

A survey of different styles of child—rearing and their influence upon children.

Schaffer, H. R. (1990) *Making Decisions about Children: Psychological questions and answers.* Oxford: Blackwell.

An excellent review of the literature relating to children's development, with particular reference to behaviour problems.

Skolnick, A. (1986) *The Psychology of Human Development.* San Diego: Harcourt Brace Jovanovich.

Very well—balanced account of all aspects of development.

一些问题

1. 依恋行为产生的信号是什么？
2. 为什么一个被过于严厉管教成长的儿童比正常的儿童表现更多的依恋？
3. 童年期是社会学习的关键期的证据是什么？
4. 什么是"父母风格"以及它们为什么重要？
5. 如果一个儿童与教师关系过于亲密，这说明了儿童的家庭生活的什么情况？
6. 解释信任在早期社会发展中的重要性。
7. 性角色是学习的还是天生的？
8. 列举一些导致与女人和女孩产生社会分化的因素。

9. 为什么一些少数民族的学生在学校中有时被错误诊断？

10. 为什么在社会和经济状况较差的家庭中成长的孩子在开始学习生涯时常有一些不利状况？

11. 分析扩展家庭分离的原因。这种分离的社会结果是什么？

12. 学校如何避免产生家庭—学校冲突？

第二章 游 戏

游戏的目的

读者很快就会明白,这一章内容将是后面的认知发展和社会发展内容的准备性知识。游戏在所有儿童的心理生活领域中具有重要的意义(Smith,1982,对已有文献的回顾)。甚至对大年龄的儿童来说,如果认为游戏对他们只是一种无足轻重的,浪费时间的活动,这也将是一种错误的认识。另一方面,如果忽视了这一事实,即从儿童自己的观点看游戏的目的只是为了娱乐,这种认识也将是错误的(Hutt,1979)。一个儿童绝不会意识到参与游戏的目的,是为了了解事物是如何运行的,或是为了扮演成人的角色,或是为了刺激想象力,或是为了去做一些其他的事情。而这些正是以往许多人声称在游戏中发现的不同因素。一个孩子游戏只是因为有趣,对他或她来说,从游戏中学到一些东西根本就是伴随性的。甚至是在参与那种被称作结构性的游戏中(也就是,由一个成年人组织游戏,目的是使儿童获得一种良好的学习经验),儿童仍将游戏看做是一种并不严肃的活动,它只是为了个人的娱乐。

我们应当承认游戏在这一寻求快乐的成分上并没有什么害处。在西方社会过于强调工作,那些以寻找快乐为目的的活动已被人们认为缺少现实价值。但对心理学家来说,任何有利于心理健康的事物都是重要的,在这一意义上讲,那些快乐取向的活动似乎比那些与工作有关的活动更有价值。教师不应忽视这种儿童游戏的快乐因素。如果他或她只把儿童期看做是成年期的一个简单的准备阶段，而不是整个生命的一个阶段，这种认识是不适宜的。在儿童期通常有很强烈的情绪反应，有较多的热情，这些都是以后的成年期所不足的。因此，否定儿童这种快乐经验的存在，也就是否认了这些可能在以后的生活中再也不会以同样方式出现的体验。换句话说，快乐本身就应是一种值得想望的目标，而不应该让他们放弃已有的快乐，转而去寻找所谓的更长久和更值得追求的东西。对于那些认为这种辩解是毫无意义的人来说，他们可能更希望这样来安慰自己，即我们所谈论的快乐的经验可以带来生理上的以及心理上的益处。这一结果给人们带来一种无法估计的价值，它使人们在未来的生活中能保持身体和心理上的健康。认识到游戏对成年人的生活有价值，一个人就可以不再有犯罪的感觉或其他的什么感觉而沉迷于游戏中，而不必去做那些过于严肃的事，这也就帮助儿童发展出对生活中闲暇活动的积极态度，这种态度帮助他或她形成成年期的良好性格。我们不应该忘记奥尔波特(1961)对心理健康的一个最短捷但最让人满意的定义，即一个健康的个体应是能有效的工作、游戏和爱的个体。

游戏的性质

许多种类动物的幼仔都热衷于参与一些不是很严肃认真的游戏性活动(比如，它们并不是被直接地指导如何猎取食物或交配，或练习对领地的控制，或学习躲避危险)。在进化的等级上越高的物种，这种"游戏"性活动变得越明确和有目的性(Yardley,1984)。但在除人类之外的其他物种中，"游戏"只包括剧烈的身体运动，像追逐和跳蹦，并且通常都是朝向伙伴或其他有生命性的物体。动物的游戏很少指向无生命的物体，也很少会随动物年龄的增大而有所发展。相反，在人类的游戏中是逐渐地增加对无生命物体的运用，这些物体许多只是一种符号作用，而不再是其本身，这一点随着儿童的成长而逐渐明显，并且还伴随一个很明显的在复杂性上逐渐提高的发展模式。这些物体的使用即标志人类运用手指和拇指的操作技能,又代表了人类想象力的存在(比如,在物体并不存在的情况下,人们在头脑中对情境、物体或过程的回忆能力)。同时游戏复杂程度的增加也标志着认知能力、与人交流及思考中语言运用能力的发展。

皮亚杰(1951),在第三章中我们将详细介绍他的认知发展研究,认为当儿童成长时在他们的游戏中产生的固定规则和程序是他们的思维能力发展的进一步证明。所以,在经过短短的几年之后,儿童就会从一种类似于动物早期的无思维的游戏形式,也就是完全为小孩子的身体运动性的活动,进入到一种包括许多智力过程在内的游戏类型中。这一点标志着人类与其他物种的很明显的区别。皮亚杰还发现儿童思维能力的发展不仅反映在更为复杂的游戏方法上,而且这种游戏的复杂方法也帮助他或她发展出更复杂的思维方式。

在社会性上,游戏从早期的小孩子的单人游戏(单人的意思是指儿童并不倾向于接纳其他孩子)进入到三岁左右的平行游戏(此时儿童相处在一起游戏,并且还可能相互模仿,但游戏的功能上基本还属于个体性的),最终在四、五岁的时候才出现真正的社会性游戏,这时活动主要依赖于伙伴之间的相互作用。但是在有良好的兄弟姐妹关系的家庭中,一些社会性游戏在儿童二岁时就可以出现(Dunn and Dale,1984)。当然,在这些阶段中,成年人也组织和参与游戏,但在儿童达到社会性游戏的阶段前,儿童只是模仿或对成年人的行为进行反应,而不是与成年人相互作用,或把他们视作游戏的伙伴。

游戏的分类

人们根据游戏的内容,曾对儿童的游戏做出过许多分类。彪勒的早期的经典研究是被人们了解最多的一个。他提出四种主要的类型,分别命名为机能游戏、幻想游戏、感受游戏和结构游戏。机能游戏是最早出现的游戏,它包括对一些相对比较大的具体机能和技能的练习,像踢腿和拍手,但也可能包括手的精细运动。幻想游戏是第二个出现的,通常是在两岁左右,一般包括幻想和假设性的行为,此时儿童会让自己或某一物体与他们一起扮演一种特殊的角色(比如,将一个玩具娃娃看做是一个真正的婴儿)。从这时开始游戏的符号特性已开始增加,这使儿童不仅能增加想象力的发展,也促进了他们语言的发展。在幻想游戏之后,或同一时期,感受游戏便出现了。这时儿童更愿意听故事或看图片。在两岁结束时结构游戏变得明显了,它包括画画、玩沙石或其他的材料。在这四种类型之外还可再加上一类,即规则游戏。它包括一套固定的程序,我们通常称之为比赛。这种活动的出现大约要在上幼儿园的年龄。

另一个按发展顺序而进行的分类(Rubin, Fein and Vandenberg, 1983, and Bee, 1989)则认为儿童的发展过程经历了:

感觉运动游戏,在出生后的头12个月存在,包括运用各种有效的感觉运动策略探索和操纵物体(比如,把物体放到嘴中,摇动物体,将它们扔掉和移动它们)。

初期的假想游戏,在两岁的早期出现,此时儿童开始以他们自己的意图来使用物体,并完全是假想的(比如,用玩具的勺子和梳子来喂和梳理自己)。这种活动的指向仍针对儿童自己的身体。

物体假想性游戏,在15至21个月时出现,儿童的假想不再针对自己,而开始与玩具或其他人进行有关的假想游戏(比如,用玩具勺子喂玩具娃娃,用玩具梳子梳理妈妈的头发)。

代替性假想游戏,两到三岁的儿童可以用物体来代替其他事物而不是它们自己(比如,一个木块成为一辆汽车,塑料瓶则成为一艘船)。

社会戏剧性游戏,在五岁时产生这种游戏,儿童开始扮演一些角色,并假想其他人也如此(比如,一个护士或医生,母亲或父亲)。

角色的知觉,这标志着又发展了一步,儿童大约从六岁开始,产生给别人安排角色的行为,并对角色的活动进行精心设计。

规则性的比赛,从七岁到八岁开始出现并一直发展下去,儿童逐渐开始用特殊的规则的比赛来替代假想游戏。

虽然在七、八岁年龄时期,其他形式的游戏都已达到顶峰,并开始有逐渐下降的趋势,但是,竞赛游戏却变得越来越重要。在被命名以"运动"并纳入课程安排后,这一游戏形式就变为持续终生的一种活动。为了培养学生的兴趣,学校将这种活动作为课程的一部分加以组织和安排,但此时这一活动已逐渐包括了一个新的成分:竞争。换句话说,它已不仅仅是对活动本身娱乐性的追求,而是为了产生胜家和输家,这就出现了自豪和失意的体验。从竞争的引入看,游戏已开始失去了娱乐的性质,人们开始意识到了某些心理上的机能,而我们曾强调过的享乐性作用减少了。在成年人的生活中,运动的职业化味道进一步增多,在这方面更突出了获胜一方在社会和经济上所得到的利益。于是有人就会产生这样的疑问,即这种在高水平上进行的有组织的运动是否仍可被看做是一种游戏了。

早在1949年,惠金格就明确指出成年生活中游戏行为的减少是西方文明的一种不正常的现象,这一弊病在现代则越来越严重,因为电视和其他媒体正在将有组织的体育活动转变为一种巨大投资的产业,在其中团体和个体竞争所遵循的规则已不得不去适应电视摄像和转播日程表的便利。近几年来,心理学家和社会学家已开始对这些偏离于游戏的活动对人们行为的影响产生了极大的研究兴趣,不仅要研究一些行为的变化,像足球流氓的出现和观众的减少,而且也要研究其所产生的社会态度和社会价值。无疑体育运动反映了这些价值甚至帮助了它们的形成但推动很多体育运动的力量现在看来要比儿童期游戏追求快乐的性质可怕。在许多运动的组织活动和许多职业运动员身上展示出的商业性价值观,正给人们灌输一种错误的概念,即任何事情从来就不应有快乐性的作用,而是为了追求外在的奖励(通常是金钱性的)。

游戏和学习

毫无疑问,儿童是从游戏中学习的,不论是有意识的还是无意识的,他们是从所有形式的经验中去学习(Rubin, Fein and Vandenberg,1983)。在认识这一学习的性质时,很重要的一点就是学龄前儿童对于游戏和成年人对工作的理解之间并无真正的区分。在花园中或家庭里帮助父母干活对儿童来说都是一种游戏,就像是用玩具游戏一样,这种参与只是为了娱乐的目的。两三岁的孩子很愿意与父母一起在厨房里做蛋糕,但这种行为并不是为了做一些供喝茶时吃的美味食品,只是因为揉面、添加牛奶和投入其他配料这一加工过程本身使他们快乐。事实上,在这种时刻儿童已完全失去了他们在餐桌上面对蛋糕时的所有兴趣。有时我们会发现他们在厨房中花费几个小时的时间在盘子中准备一些很好看的物品,仔细安排它的形状,并利用多彩多样有柔韧性的材料。只有在儿童长大一些并把某些类型的活动(比如,帮助做一些家务劳动)与奖励联系在一起时(比如,父母的表扬),他们才开始认识到他们现在的行为不再是寻求立刻的满足,而是寻求长期的利益。这是奖励强度和奖励本身的一种功能,也是儿童的认知技能发展的一种功能,这使他们能更清楚事物的因果关系。

正如在本章开头所指出的,以往的许多评论者倾向于把游戏简单地看做是儿童的一种学习方法。他们提出了一个被称为游戏驱力的概念,并认为它与饥饿的驱力和其他生存取向的驱力一样,是一种内在的机制,它引导儿童与环境交互作用(与此相对的是被动的躺在床上)并从而认识到它们工作的方式。这一观点与儿童参与游戏是出于享乐性的观点显然是不一致的(尽管这一概念还不会让我们看不到儿童游戏是为了享乐性的事实)。但至少在生命的最初几个月中,游戏似乎只是一种的作用,而不是一种习得的活动,因此,它可以与其他的驱力机制被归类在一起。它也是一种很强的促进活动的力量,它会在某一方面推动儿童,在这时也会产生学习。正如皮亚杰指出,当他们努力去认识他们所摆弄的物体的运动方式时,会有利于他们发展更为复杂的思维形式。另外,当儿童在游戏中发现什么是可被接受的,什么不被接受,这也会促进他们产生社会性学习。

很明显,一个儿童在游戏期间被提供的机会越多,发生新的学习的可能就越大。在一个可操作的物体匮乏的环境中长大的儿童,比如只有少量的像沙土一类的可利用的材料,缺少像木块或绘画材料这样的结构玩具,在材料的质地和颜色上很贫乏,并且也缺少社会交往的环境,在这种环境中长大的儿童将比那些刺激丰富的环境中成长的儿童学习慢得多。当然,我并不是说丰富的环境中的"刺激"是一个装满昂贵的机械玩具的小柜,它能发出彩色的光亮和闪光;或是一个像真人一样大小的玩具娃娃,它们的每一面都是温暖的;或是一把塑料的像真的一样的机械枪,它们逼真到完全能装配给抢劫银行的人使用。我所指的是自然的物体(首先要安全)的丰富。儿童通过它们可以充分利用其去探索,去安排和重新组合。这些自然的物体应是能被混合、被变形、被注入水的玩具而不用担心它们会把家里搞得一团糟而使父母发火。此外同样重要的是,还应包括一个乐于将自己投入到孩子们游戏世界中的父母。

游戏和环境

详细的探讨如何在学校的环境中最佳的利用游戏的方法,这应是教学法书籍中的内容,而不是心理学书本的范畴。很明显,作为幼儿园与小学的教师更感兴趣于我们前面提到的游戏分类中的前四种(比如,机能、假想、感受和结构),而中学教师则更感兴趣于第五种(竞赛)。因此,我们首先讨论一下低年龄儿童教育的一些问题,然后再讨论对高年龄儿童的教育。

在幼儿园中,游戏构成环境的一个主要成分。但这并不是说儿童可以放纵的打闹,或做他们想做的任何事,而教师只是看护他们不受到伤害。尽管幼儿园(托儿所)的教师更注重游戏的快乐因素,他们的目的也是要提供给儿童某种类型的学习经验(不仅是认知的,也包括社会性的)。在这一点上,他们与高年龄儿童的教师并没有什么差别。我们认为幼儿园与其他类型学校的区别主要在教学方法上,而不是在教学目的上。在幼儿园,教师的任务是给儿童提供多样性的游戏活动,并帮助儿童在活动中充分的探索。有时这包括参与到具体的活动中与儿童一起探索,有时则只需要仔细观察儿童自己选择的活动并鼓励他们对这些经验进行调整和发展,从而使儿童充分认识到自己的学习潜能。最重要的,教师应鼓励儿童叙述他们所做的活动,也就是要描述他们的活动,说明为什么要这样做,并试着判断这些活动为什么会产生一些结果。通过这一点,可以帮助儿童发展语言和认知能力,也使他们获得一种正确使用词汇结构的信心,同时,也扩展了他们对物质世界是如何运动的一些知识并培养了他们与之交往的技能。

组织低年龄儿童的游戏

教师应该在多大程度上对儿童的游戏进行组织的确是一个问题;也就是说,在给儿童提供固定的活动方式上,在游戏中具体设计的技能和技术的指导上,应有什么样的范围。一种观点认为对于低年龄儿童的游戏应保持较大的自由度和自发性,教师的任务只是提供一些机会,儿童可以根据自己的爱好和发展的水平去选择。但另一种观点认为将一种基本的组织(并不是一种过于强迫性的因素)引入游戏中,教师就将不再是偶然的去指导儿童的学习,这才会使游戏更有效率。这种组织包括安排一些特定的时间段来进行特定的活动(数字游戏,语词辨别竞赛中,运动活动,讲故事时,作曲游戏等等），或者只是提供一些游戏用的设备，它们是被设计用来学习具体的心智技能的。

很明显，在儿童长大后，这种教学活动中的模式化程度会变得更突出，而在游戏上的强调将减弱。（有的人认为这是一种不良的倾向，理想的情况下一个人在一生中都不应在工作与游戏之间有明确的区分，而应该从它们之中体验到同样的快乐；否则的话就会使人们感到在工业化社会中，工作是单调的并把它看做是另外的一些事物）。然而在幼儿园中，现存的情况是更强调增强游戏的组织程度，并使用一些有商业性质的游戏设备做组织的准备，其目的是用来训练更大范围内的重要的早期能力。这似乎是一件有益的事情，只要我们不否认游戏在促进儿童快乐天性上的内在价值，并重视儿童有对活动进行选择和创造的需要。

除了来自于游戏的学习外，教师也可以从儿童对游戏经验的反应方式中观察到儿童的学习。在前面我们已讨论了游戏的发展因素，以及游戏和认知发展之间的关系。因此，一个总是从事固定的、无想象力的游戏的儿童，就应引起教师的注意，要了解他是否在认知上发展迟缓。通过观察儿童的游戏，教师可以评价一个儿童的分类能力，匹配颜色、大小和形状的能力，再认相同物体和符号的能力，确认因果关系的能力，在解决新问题时使用和调整已有知识的能力，以及利用铅笔、画笔、剪刀和结构玩具发展基本操作技巧的能力。另一个重要的作用是，教师还可以了解到儿童人格和社会化的发展。一个总是单独游戏的儿童，或一个明显有破坏性和攻击性表现的儿童，或一个似乎不能与人共享和等待的儿童，或一个总需要成人关注的儿童，以及一个不能忍受极小挫折的儿童，都是有某种心理障碍的表现。更为精细的是，在做模仿家庭活动的游戏中，一个儿童对角色的扮演可以使我们了解他与父母或兄弟姐妹的关系。在任何时候对儿童游戏的观察，都能帮助教师倾听儿童对语言的使用，这不仅是对思想表达的一种手段，也是与其他人进行流畅和灵敏交流的一种方式。

大龄儿童的游戏

再看一下大年龄组儿童的教师,他们更强调竞赛(运动)而不是游戏。在这里也存在一些基本的心理学原则,它们具有实际帮助的作用。首先,竞赛不仅仅是运动场上才存在。越来越多的证据表明在学校的大多数科目中,竞赛是促进学习的有力助手,就像它已被发现在商业和工业上极具价值一样。竞赛也有助于在管理技能和技术上的学习。我们将在第七章谈到在教室教学中使用竞赛的问题,特别是在模拟练习中的竞赛。我们现在将要提到的是,这些竞赛给儿童和教师都带来极大的兴趣,并能被用于模仿现实生活的情境中,这也是今后儿童把教室中学到的知识运用于实践的情境。在不同层次上的教育都面临这样一个问题,就是大量的教与学活动都是存在于教室这样一个人造的环境中:这是一个与外部世界分离的环境,而在学校中学到的知识又必须运用到外部世界的情境中。如果我们利用精心组织和计划的竞赛,就可能使这一问题得到部分解决,因为儿童可以看到他们的学习任务与今后他们职业活动中面对的问题有直接联系,也与他们每天的社会生活直接联系。在第七章我们将强调,学习活动的进行最好使学习者认识到他们所学的内容与什么事物有直接的关系,这时可以让他们实际运用所学的知识,或是将这些知识与他或她已认识到的(或能够认识到的)重要性问题有所联系。

运　动

当我们现在从教室转到运动场,我们就发现在过去的几年中,人们越来越强调一种观点,即运动不仅有利于身体的发育和健康,它也有利于人格的健康发展。我们被告知运动能培养"性格",它传授团体意识和合作的价值,它传授公平竞争和其他一些好的品质,这些被人们称为"运动者道德",它教育人们具有无私精神,并帮助人们积极的生活,等等。如果运动的确有利于人格的发展,那么我们就有足够的理由让它存在于学校的环境中,因为教育不仅重视知识的传播,也重视人格的发展。但是,并没有一致性的证据表明运动确实具有这种直接的作用。在运动场上,运动可能确实具有这种作用,但没有证据表明它们可以被推论到运动场以外的情境中。人们已注意到在现代社会中游戏活动正显著的减少,而许多有疑问的价值正影响着许多有组织的运动。我们似乎有充分的理由相信,即使这些价值可以被推广到其他方面,它们的影响也并非总是有益的。

之所以在教育中运动的价值被人们鼓励的如此动听,其原因大概是由于,从那些认为西方社会过于强调工作而忽视游戏的观点看,在运动最初被引入学校环境中时的确被人们发现很有必要。由于快乐被人们认为不是教育的必需成分,所以它不会仅仅因为多数儿童都喜欢它而引起人们的重视。又由于人们认为中学的教育应以智力发展和心智"才能"的训练为主,所以它也不会因为它能带来身体发育上的好处而受到重视。作为西方文化的一个例子,在英国就存在一种自相矛盾的现象,这既是一个热爱运动的民族,他们非常肯定运动所带来的快乐,但他们在教育中又不能给这种快乐的体验以其应有的地位和作用。

随着现代社会中雇佣模式的改变,以及人们对休闲活动的重视,人们越来越多的看重运动的社会益处。因为运动具有潜在的给个人带来更多快乐的作用,它们也能提供身体的活动机会,这些都有利于身体和心理的健康。运动也为人们聚集在一起提供了机会,这会加强人们之间的相互合作与支持。当这些好处被得到充分的肯定之后,人们就会意识到,游戏不仅对低年龄儿童有益处,它同样对青少年和成人也有益处。这样也会产生一种观点,即如果一个人在运动上没有更好的才能,这也将会影响到他们在学校活动中的表现,因为从这些活动中他们获得了一种标准,这既是一种与伙伴比较的标准,也是一种衡量他们自己的体验中真正能产生多大快乐的标准。

计算机游戏

在第七章中将更多的讨论如何用计算机帮助学习的问题,但计算机正普遍的被用于作为一种竞赛游戏活动的手段,特别对男孩子是如此。现在关于计算机游戏对儿童心理上的影响作用还没有结论性的研究,但一些孩子对计算机游戏的迷恋程度已引起人们的重视。计算机游戏在形式和内容上有很大的差别,在它们之中存在的一些暴力性的情节的内容可能会产生一些不良的影响,就像电视节目中的暴力内容对儿童的影响类似。在第十一章中还要讨论这一点。但现在人们关注的是这一类活动和游戏所产生的使孩子们脱离社会的影响。计算机游戏造成儿童对社会交往不感兴趣,其可能的结果不仅是对社会学习和交流技能的发展产生消极影响,也会对儿童感受别人的情感与需求的发展产生不利影响。教育工作者现在还觉察到一种场地竞赛游戏减少的结果,尤其在大龄儿童中间。与看电视所产生的一种普遍结果相似,计算机游戏也妨碍了儿童视觉性想象力的发展,因为完成这些游戏根本不需要这种想象力。

当然,计算机游戏也的确有其积极的作用。儿童从这种游戏中体验到极大的快乐,这有助于发展一定的思维能力,快速的反应性,并有助于控制冲动。在这种游戏上的成功也会加强儿童的自信心和自尊,并促进他们对正规的计算机教学活动有一种积极的态度。现在人们感到必须强调的是,计算机游戏不应该挤占儿童其他活动的时间,要有一些更多社会化的活动,也要对游戏内容进行检查和筛选,这样才能使儿童不会将过多的时间花费在这些具有明显重复性的活动上,也使他们避免许多暴力的产生。

参考文献

Allport, G. W. (1961) *Pattern and Growth in Personality*. New York: Holt, Rinehart & Winston.

Bee, H. (1989) *The Developing Child* 5th edn. New York: Harper & Row.

Buhler, C. (1935) *From Birth to Maturity*. London: Kegan Paul.

Dunn, J. and Dale, N. (1984) I a daddy: two year olds' collaboration in joint pretend with a sibling and with mother. In I. Bretherton (Ed.) *Symbolic Play: The Development of Social Understanding*. New York: Academic Press.

Huizinga, J. (1949) *Homo Ludens: A study of the play element in culture*. London: Routledge & Kegan Paul.

Hutt, C. (1979) Play in the under—fives: form, development and function. In J. G. Howells (Ed.) *Modern Perspectives in the Psychiatry of Infancy*. New York: Brunner/Mazel.

Piaget, J. (1951) *Play, Dreams and Imitation in Childhood*. New York: Norton.

Rubin, K. H., Fein, G. G. and Vandenberg, B. (1983) Play. In E. M. Hetherington (Ed.) *Handbook of Child Psychology: Socialization, personality and social development*, Vol. 4. New York: Wiley.

Smith, P. K. (1982) Does play matter? Functional and evolutionary aspects of animal and human play. *Behavioural and Brain Sciences*, 5, 139—184.

Yardley, A. (1984) Understanding and encouraging children's play. In D. Fontana (Ed.) *The Education of the Young Child*

2nd edn. Oxford: Blackwell.

补充读物

Bruner, J. S., Jolly, A. and Sylva, K. (1976) *Play: Its role in development and evolution*. Harmondsworth: Penguin.

One of the most significant books to appear on play in recent years. It contains a wealth of reference and research material, and spans all aspects of play in humans and animals.

Brickman, N. A. and Taylor, L. S. (1990) *Supporting Young Learners: Ideas for Pre—School and Day Care Providers*. Ypsilanti, Michigan: High Scope Press.

Covers much more than play, but one of the best practical surveys of work with young children.

Dunn, L. M., Horton, K. B. and Smith, J. O. (Eds) (1968) *The Peabody Language Development Kit*. Circle Pines, Minnesota: American Service Inc.

An approach to the learning of language and other skills through structured play experiences.

Garvey, C. (1977) *Play*. London: Fontana/Open Books.

A good general text.

Gersie, A. (1987) Dramatherapy and play. In S. Jennings (Ed.) *Dramatherapy: Theory and Practice for Teachers and Clinicians*.

An excellent introduction to the role of play in the child's psychological life, and to its value in remedial work.

Hohmann, M., Bernard, B. and Weikart, D. P. (1979) *Young Children in Action*. Ypsilanti, Michigan: High Scope Press.

A first—class examination of the way in which play can be used to produce learning experiences in young children.

Manning, K. and Sharp, A. (1977) *Structuring Play in the Early Years at School*. London: Ward Lock/Drake Educational.

Informative treatment of the place of structure in children's play drawing upon the Schools' Council Pre—School Education Project. Something of a classic.

Opie, I. and Opie, P. (1959) *The Lore and Language of Schoolchildren*. Oxford: Oxford University Press.

The student interested in the verbal content of children's play and games will enjoy this classic.

Prosser, G. (1985) Play—a child's eye view. In A. Branthwaite and D. Rogers (Eds) *Children Growing Up*. Milton Keynes: Open University Press.

A stimulating look at the function play has for children. (Also recommended for Chapter 3.)

Roberts, V. (1971) *Playing, Learning and Living*. Oxford: Basil Blackwell.

Looks closely at the way in which learning experiences can be provided through play.

Wood, D., McMahon, C. and Cranstoun, Y. (1980) *Working with Under Fives*. London: Grant McIntyre.

This has a particularly good section on how teachers can "tutor" young children's play. Part of a series arising out of the Oxford Pre—school Project, it contains much of practical value for teachers of young children.

Yardley, A. (1974) *Structure in Early Learning*. London: Evans.

A good examination of the use of structured play experiences with young children.

一些问题

1. 为什么这一章内容被看做"是包括在认知发展和社会发展的内容中"？
2. 你同意西方社会更强调工作这一观点吗？你回答这一问题的根据是什么？
3. 我们所说的寻找快乐的意思是什么？
4. 为什么"快乐本身就应是一种最终的需求"？
5. 成年人怎样最好的帮助儿童"发展生活休闲的积极态度"？你怎样定义和确定这些态度在儿童和成年之中的表现？
6. 尝试定义一种对儿童和成人都有积极意义的"游戏"。
7. 列出儿童迷恋的游戏与动物迷恋的游戏之间的差别。这些差别能告诉我们这两组分别有什么样的心理能力？
8. 单人游戏、平等游戏和社会游戏的差别是什么？
9. 心理学家提出的游戏类型是什么？你能提出一种你认为对教师更有用的新的分类吗？
10. 在游戏中提出建议的方法可以使幼儿园中儿童的游戏在学习范围和安排上得到组织。这些组织的方式会有什么潜在危险？
11. 游戏和竞赛之间的主要区别是什么？
12. 你认为西方社会在游戏的变化上有什么意义？你能提出一些抵消这种变化的方法吗？
13. 提出一些理由，为什么儿童在长大后对游戏和工作之间会产生一种逐渐加大差别的现象？
14. 讨论一下计算机游戏的优点和缺点。
15. 列出一些你认为在幼儿园中好的玩具设备应有的品质。

第二部分　　认知因素和学习

认知概念一般都被认为是来源于拉丁文的"cognitio",泛指与思维和求知有关的所有的心理能力。这些能力在教育领域引起极大关注,因为它们有助于确定儿童在学习的哪一方面可能是有优势的,或在哪一方面他们会有学习困难的体验。认知能力包括儿童被测量的智力,他们思维的水平,甚至在某种程度上还包括他们的创造性,以及他们产生人际关系的方式。由于语言是产生思维的中间媒体,许多智力和创造活动也通过语言表达,所以语言也被看做是一种认知活动。

第二部分将对这些认知功能的每一方面都进行分析,也要对学习发生的过程进行分析,因为学习和认知是密不可分的。我们首先从思维和儿童发展和使用概念的能力为起点。

第三章 概念的形成和认知发展

思维和教育

清晰和灵敏的思维能力,这包括按一定的路线推理的能力,掌握概念和产生个人好奇性的能力,很明显应是儿童教育过程的核心。无论学习什么科目,如果不能认识所需要的是什么,不能确认和抓住其中包含的问题,这无疑会影响任何真正的进步。虽然人们都认识到了这一点,但一些教师仍不明确他们应该合理的期望某一年龄阶段的儿童表现什么水平的思维(或认知)能力。的确,许多教育的失败,就是要求儿童使用他们实际上不具备的思维形式。

皮亚杰的研究

在对儿童思维的研究工作中,最能经受检验并被人夸赞的工作,就是皮亚杰的研究(1896—1980)。他是瑞士人,早年研究生物学,后转到心理学研究。皮亚杰的发现帮助他提出了一个在思维过程中儿童如何形成概念的基本发展理论(Piaget 1952;Piaget and Inhelder 1969)。这一理论就是,它假设儿童复杂的思维模式主要是随着儿童的成熟并按一种预先设置好的模式和稳定的时间表而发展的。他的理论在细节上是很复杂和费解的,但它的基本内容完全可以被人们理解。

在我们了解皮亚杰理论的基本内容前,我们需要明确"概念"这个词的含意。概念的意思是指一个人对事物进行的具体分类(也包括对无生物或事件的分类),并以事物所从属的基本性质进行归类。正是通过概念我们才形成对世界的认识。由此,一个小孩将产生"大事物"、"小事物","湿的"和"干燥的","我喜欢的"和"我不喜欢的",等等的概念。当遇到新的事物和体验,或者遇到其他类问题时,儿童就尝试用已有的概念范围来寻找最适合它们的意义。如果这些概念被证明不合适,他或她可能就要对它们做一些修改,或者尝试再形成新的概念(比如,在他们第一次见到狗或暴风雪时)。一般来说,即使是一个新的概念也是与已有的概念有某些联系的(比如,狗具有自主性的运动这与人的运动相符合,而雪则像是凉的水),但如果儿童发现的关系不正确,他就不能对新的事物做出正确的解释,他也就不能产生对这一事物正确处理的概念(比如,儿童可能会撕毁一张10英镑的借据或一张很重要的支票或便条,只是由于他把它们归于巧克力包装纸或报纸一类的事物中,而这些物品他们知道是可以被撕掉的)。

皮亚杰的理论引起人们较大的批评,这一点在后面将谈到。现在很少有心理学家再同意他的理论的具体细节,比如,他认为儿童的发展是非常一致的,并且这些发展阶段是很明确并相互分离的。对此,人们现在都持否定的观点。但人们普遍认为,皮亚杰提出的儿童的认知发展是主动的,并且是一种寻求信息的过程,则是很正确的。而且,他所强调的儿童的发展是生物的成熟与环境之间交互作用的结果,而不是像他之前的众多研究者所假设的,或过于强调成熟,或过于强调环境,这一点现也被人们认为是正确的。最后,他的探索儿童思维发展的研究方法,以及他所提出的术语和他所确定的发展阶段,都对这一领域的研究工作有广泛的影响,并开创了一个新的研究途径。如果我们赞誉他为本世纪一个杰出的心理学探索者则一点也不过分,他的理论也应该被人们更认真的研究。这能使我们对儿童从出生到青少年时期智力的发展有一个最完整的认识(Beilin,1992)。

这一理论的基本作用是使我们形成并掌握了一种从儿童到青

少年概念变化的过程和方法。儿童的思维并不简单的是一种与成年人思维比较的不成熟,而是在一系列关键和重要的方面与成年人思维有本质差别的现象。这些方面被表现在不同的发展阶段上,人们认为这是一个从婴儿的思维模式过渡到成年人思维模式的过程。皮亚杰认为这些阶段的发展是受生物性的成熟过程决定的,它们都按顺序大致出现以下的几个年龄段。在每一阶段上发展的速度,虽然也受环境和丰富性及其他所提供的条件的影响,但仍主要决定于生物的成熟。每一个阶段都有一个特殊的认知结构为特征:这也就是儿童在试图组织和形成他的经验时所操作的策略。下面我们就结合皮亚杰对每个阶段的总结,将这些阶段以其发展的时间顺序加以介绍。

第一阶段,感觉运动期:大约从出生到 2 岁

在出生后的几周内,儿童的活动以反射性特征为主。当受到惊吓时,他们会吸吮,抓物体,哭,挥舞胳膊并蹬腿,等等。这些活动完全是不随意的。只要儿童受到一个刺激(比如,给一个可吸吮的东西或一个可抓的物体)就会引发他的一个反射。这对于婴儿本身来说,并不需要思维,就好像我们如果抓住一个烫的东西会放开手,或一个东西进到我们眼睛中就会闭上眼一样,这并不需要思维活动。

最初,这些反射活动是被指向婴儿自己的身体的,但到 4 至 8 个月时,这些反射活动就开始逐渐被指向外界的物体。这是一个重要的发展,它意味着目的性的成分正被引入婴儿的行为中,这使他能很明显的利用有顺序的运动朝向他要到达的明确目标。皮亚杰称这一顺序为图式,并认为它们是认知结构的证据。这种认知结构使儿童能将活动连接成一种稳定的和可重复的单元。在 12 到 18 个月时,这些图式在儿童将自己与所要达到的目标进行连接的尝试中,变得越来越复杂和精细。

皮亚杰认为,在感觉运动时期,儿童所使用的图式主要是一些循环反应。这些循环反应被打破后就进入反射活动早期才发生的初级循环反应中,然后再进入儿童开始有目的性活动时产生的二级循环反应中,最后进入到这些活动开始变得更复杂和有计划性时才存在的三级循环反应中。循环反应的概念意味着在感觉运动阶段,儿童的活动是公开的并具有身体性的。这就是说,儿童并没有思考去做一件具体的活动,它只是简单的去做。皮亚杰的理论认为,儿童与活动的关系并不是一种智力性的,而完全是限制在活动本身。而只有到他或她能够将活动内化后(比如,在头脑中想像这些活动,并有意识的决定做 A 而不是 B),并有思维活动,才能够不仅是简单做活动本身。

在这一阶段中一个很重要的发展就是对物体恒常性的认识的形成。在出生后到 18 个月时,当把物体掩盖而不能再看到时,儿童就不能认识到物体仍存在,但两岁前这种恒常性认识则逐渐明显。

第二阶段,前运算思维:大约 2～7 岁

这一时期皮亚杰分为两个分阶段,前概念阶段(大约 2～4 岁)和直觉阶段(大约 4～7 岁)。

1. 前概念阶段:2 岁到 4 岁期间儿童的认知发展逐渐以符号活动的出现为主导。儿童开始能够用符号代替活动,并因此能自己来代表这些活动而不用再真正做它们(比如,内化活动成为可能)。在儿童的游戏中,我们能看到这一变化,此时玩具娃娃被代表为婴儿,玩具汽车代表了真实的汽车,儿童还可以假设自己扮演"妈妈"或"爸爸"。随着言语能力的发展,儿童也开始具有了皮亚杰所称作信号的能力,也就是说,声音虽然与物体和事件还没有内在本质的关系(不同的语言利用完全不同的声音),但它们可被用来代表物体和事件。数学上的标志是一种信号的例子。

我们应注意到皮亚杰做出了符号与信号之间的区分是很重要

的。儿童可以在掌握信号之前使用符号,所以我们也不必要把符号活动的发展与语言的发展相提并论,尽管这两种趋势在儿童长大后更倾向于联系在一起。皮亚杰则坚持认为,符号活动的出现并不标志着儿童能够形成与成年人和大孩子一样的概念(因此他用前概念期命名这一阶段)。比如,儿童不能形成普遍性的概念,这也是一种对物体分类的概念(比如,他或她可能将所有的男人都称为"爸爸"),他们也不能进行转移性的推论(比如,A 比 B 大,B 比 C 大,因此 A 大于 C)。这时使用的推理形式被称为传导推理,因为它是从一个具体的物体推论到另一具体物体(比如,因为在这里 A 是跟随 B 的,那么就代表了 A 总是要跟着 B;因为我们坐车到镇上接爸爸,那么每一辆车都到镇上接爸爸)。虽然这种传导推理是错误的,但它明显的证明儿童正尝试形成对外界的经验。

2. 直觉阶段:直觉性是一个被皮亚杰及其同事,在所有阶段和分阶段上进行最深入研究的一个现象,又由于它存在于学龄早期,因此也引起教师的特殊兴趣。儿童在这一阶段所使用的主要认知结构分别被皮亚杰命名为自我中心主义,中心性和不可逆转性。

• 自我中心主义的特征是一个人只能以自己为中心的、主观的观点看待外界世界。因此在这一时期的儿童在思维上是不具有批判性、逻辑性和现实性的。这并不是说儿童自私,而只是由于儿童还意识不到能从其他的角度观察,而只知道存在自己的观点。这一点可以通过实验来证明,比如,你可以要求儿童说出假如能够看到的话,则教室的另一侧是怎样的(最典型的反映,儿童将完全从自己看到的这一面去描述),或者你要求儿童说出他或她自己家庭里兄弟姐妹的名字(面对这一问题儿童典型的只以一个个人观点来回答,并将自己的名字从名单中去除)。

• 中心性则包括只将注意力(中心)集中于情境的一个特征,而忽视其他特征,不管它们是否有关。有许多实施来检验中心性的存在。在一个最经典的实验中,给儿童呈现两个他们承认有同样尺寸的粘土球,然后将其中一个揉成长条状,再问他们现在哪一个大(或哪一个有更多的粘土),他们一般都指出长条的大。换句话说,他们只注意到了问题的一个方面来做为他们回答的根据,也就是长条状有更长的长度。作为中心性的结果,儿童不能掌握皮亚杰所称的守恒的概念,即在上面的例子中,他们不能认识到粘土的重量是守恒的(保持相等),而不管形状如何变化。另一个不能掌握守恒的例子是,如果我们排列两列同样数量和同样长度的纸条,然后将其中一列的纸条间的距离拉大,让它比另一列显得长,然后再问儿童。他们不具备守恒性的表现是,这时将会告诉我们被拉大距离的一列中比另一列有"更多"的纸条。类似的,如果我们用两个一样的量杯并都装上同样刻度的液体,然后将一个量杯的液体倒入一个又高又细的玻璃杯中,这时儿童就会认为我们有比以前"更多"的液体,并且也比我们在另一量杯中保留的液体也多,这仅仅是由于液体的水平面升高了。如果我们再将液体倒入一个比较宽的量杯中,液体的水平面就比较低,则儿童就会认为现在的液体比以前"少"了。

• 不可逆性是指不能重新返回到一个事物的起点。也就是说,如果经历过一个三阶段的过程,则儿童感到很难再退回到第二阶段,更难以回到第一阶段。因此,他们虽然能将 2 与 3 相加得到 5,但他们认为不能把这一过程反过来,即从 5 中去掉 2,以获得 3。这并不是说,如果分别给他们呈现不同的数量,他们不能进行运算;而只是讲他们不能掌握,由于 2 和 3 相加是 5,因此 5 减去 2 就必然是 3。相似的,他们仍然不能掌握传导性的推论,这也是他们在前概念阶段无法解决的问题。

第三阶段,具体运算:大约 7~11 岁

这一重要阶段基本包括了小学的时期。儿童此时已具有了一种有组织的和一致性的思维的符号系统,这使他们能够对周围的环境预期并控制。这一系统仍与成年人的系统有较大差别,因为它是与具体经验紧密相连的(所以称之为具体运算)。这说明虽然当他们面前并不存在具体事物时,儿童仍然能够形成假设,甚至能通过抽象推理做出至少一两步的事实推测,但无论如何他们必须在过去对这一事实的形式或其他具体特征有过体验,虽然他们并不一定必须去做。从本质上看,他们仍然在思维上有所限制,并更倾向于描述环境,而不是解释环境(这也是为什么他们认为举例子说明一个概念,比对这个概念定义更容易的一个原因)。他们也感到检验一个假设的现实正确性很难,他们通常去改变一个现实中非常正确的观点,以使它看上去更合适,而不是去改变假设。比如,如果他们认为自己支持的球队是联赛中最好的,则他们就会继续保持这一观点,而从不去考虑它输多少球(不用说这也是许多成年人免不了的错误!)。

但在这个阶段中,儿童的思维的确有相当大的进步。它不再是自我中心主义的了,他们具有了去中心化(与中心化相对立)和可逆性的能力。去中心化产生了守恒,皮亚杰认为守恒的出现是遵循一定顺序的,质量守恒首先产生大约在7或8岁,其次是重量守恒大约在9到10岁,最后是体积守恒大约在12岁。

在这一阶段所产生的这些变化和其他的一些进步所包含的主要认知结构就是分群(或范畴)。儿童能够再认真正的逻辑分类的成员,并因此把物体和事件组织到他们的具有普遍特征的概念体系中。分群的增多使他们能够产生经验的认识,解决问题,并朝向一个更现实和准确的世界的认识而发展。分群能力也产生了皮亚杰所提出的序列的概念:即以某种概念为顺序对物体排列的能力,比如,以尺寸或重量。由此也可总结出分群和序列说明儿童已能正确认识事物间的关系,并利用这种认识解决问题。由于这一点与第五章中所要谈到的智力的定义很相近,我们似乎可以指出对皮亚杰来说智力的确是我们这一章所讨论的不同阶段由活动所决定的不同普遍性的一个结果,他还认为智力本身也与许多内在特征的成熟有关。

第四阶段,形式运算:大约 12 岁以后

青春期一出现就能观察到皮亚杰称为形式运算现象的产生,这也是发展过程中的最后阶段。虽然此时儿童的思维仍与成年人的思维有某种程度差异,但现在已能将它们视为同一类型。儿童已能理解辩论的形式,或不再需要具体物体的真实经验以及它所依靠的情况来产生假设。同样重要的是,他们在对发展的最初阶段中产生的互相分离的个体概念或范畴有所理解后,能够认识到这些概念实际上在很多情况下都是互相关联的。比如,他们可能认识到在解决一个具体问题时,必须考虑到速度、重量和时间这些方面,或者维持其他因素不变而改变其中某一项因素,等等。

皮亚杰将形式运算中包括的认知结构称为格群结构,它表明在这种思维形式中每一事物都能与其他任何事物相关联,这就保证了个体在认识问题或可能的进一步事件中,可以尝试各种假设性建议的组合。由此所产生的推理类型也被称作假设演绎推理,因为个体能够提出假设并从结果进行演绎,因此对将被处理的材料就有了更进一步的理解。

皮亚杰的思想还有另一个更重要的方面,只有注意到它才能对他的理论有较好的认识,这就是被他称作功能恒定的过程。我们目前为止所讨论的所有思维的形式都以年龄和发展为基础。儿童在他们长大的过程中不断改变他们的认知结构(因此有时皮亚杰定义这一过程为功能变式)。但他们也有其他的认知过程是天生的并一生维持不变(因此定义为功能不变式)。这些过程中已知最重要的有调节、同化和组织。从生物学借用的调节这一概念指明个体会不断的使他们的功能与自己所面临的事物的某些具体特性相适应。外部世界存在许多事情,甚至很年幼的儿童也能认识到他们不能改变这些事物(比如重力,水和火的性质),因此他们只能去调节自己对这些事情的行为以使它们更适合于自己。另一方面,同化(这也是从生物学借用的概念)是指将物体或它们的属性结合到个体已有的认知结构中的过程,通常在这一过程中也要把这些结构的某些方面加以变化和发展。同化和调节总是结合在一起的,虽然在有些时候,它们之中的某一方面可以比另一方面显得更重要。它们结合在一起的原因,是个体只能同化那些环境中他们能够调节自己来顺应的元素。如果不能进行调节,则同化也无法进行。比如,儿童在调节像水这一类物质时,在这一过程中表现出对水的同化则是,水是湿的,你不能呼吸它,它会使干净的地板被弄脏,等等。

皮亚杰提出的第三个功能不变式为组织,它是指认知活动被分群和安排以形成顺序或图式的方法。在任何智力活动中总有一些已存在的图式,并有一些个体用以帮助解决所面临问题的认知计划。如果证明某一图式不适于解决某一任务,那么个体就要对它进行重新组织,即对它所包含的认知活动进行改变、增加或减少及重新安排,然后再做更成功的尝试。很明显,儿童的组织能力,与他们的调节和同化能力一样,是随着他们的长大而逐渐发展的,但这三种功能在从出生到成熟的过程中是一直存在而没有变化的。

对皮亚杰的批评

对皮亚杰的理论的批评不仅集中在这些阶段的现实性及其顺序,也在于他低估了儿童的能力和它们的发展速度。如果一个儿童不能顺利完成,皮亚杰用于评定儿童认知发展阶段的测验这并不一定表明他在思维过程发展上的不成熟,而很可能是由于语言或经验的不够,或者是缺少区分相关与无关信息的能力,或是由于没有记住,或是由于不理解实验者提的问题,以及其他的各种可能性。比如,在一个证明物体恒常性的实验设计中,典型的方法是给婴儿呈现一个玩具,然后将玩具藏起来,看他或她的反应并由此判断他或她是否认为玩具仍存在或不存在。近来的实验结果证明影响婴儿表现的因素似乎是记忆发展的不成熟,而不是认知问题。皮亚杰本人则指出在8个月的时候物体恒常性的表现就已经出现了,表现在当玩具被藏起来时,儿童会寻找它。但也有一些表现说明了这种刚刚出现的能力的局限性,这就是儿童只知道在他们最初看到玩具的那一地点反复去寻找,尽管他们已经看到玩具被藏在别的地点。然而,现在的实验则发现如果允许儿童立刻开始寻找刚被藏起来的玩具,他或她也会到一个新地点去寻找,甚至在强制延迟几秒钟以让他们"忘掉"新地点而只能到原来的地点中去寻找,则结果也是一样。因此,我们认为儿童已具备了所需的能力,但缺少一种支持性的技能(但在实验的情境中,将此忽略了)。这一实验和相类似的实验说明,婴儿获得物体恒常性的时间比皮亚杰所设想的还要早4到5个月,甚至可能在3个半月时就能表现出这一现象(Baillargeon,1987)。

在我们前面提到的关于自我中心的实验中,要求儿童从其他的角度来描述事物。儿童不能正确反应的原因可能并不是他不具备去中心化的能力,而只是由于他无法在脱离了他即时经验的情境中去中心化。去中心化有赖于同时考虑多个观点的能力,现在有证据表明,甚至在皮亚杰的前运算时期的儿童也能做到这一点,只要儿童能真正将自己投入到实验所安排的活动中。唐纳逊(1986)指出甚至当一个3岁的孩子被要求将一个玩具娃娃放到另一个玩具娃娃视线看不到的地方时,他们也能正确的做出反应。从他们的位置上只能看到玩具娃娃所放置的桌子的一部分,但他们能够看到两个玩具娃娃的位置,而且他们知道如果将一个玩具娃娃放在一个分界线之后,则就能"藏"在另一个玩具娃娃看不到的地方。小孩子完全能理解"藏"的意思,因为这是一个他们经常参与的游戏。其结果是,他们在去中心化上没有困难,很容易就能认识到第二个玩具娃娃的视角,这是一个使第一个玩具娃娃被掩盖的界线的视角。

由此可见,我们不能简单地认为幼小的儿童只能进行自我中心式的思维,而应该说他们的思维通常是自我中心主义的。

同样重要的是,儿童在皮亚杰测验中对问题的回答可能受到这样一种现象的影响,即他们并不以概念的一般意义对字词进行理解和解释,而有可能以情境中他们自己对概念的理解进行解释。因此,他们在这种测验中的失败常可归因于这些测验经常使用像"有别于","相同于","少于","较长","较短"等词汇。这些字词可能被儿童仅以表面特征进行解释,而不是以真实的尺寸。因此,在前面所描述的守恒实验中,我们询问儿童当把一个标准的量杯中的液体倒入一个高的、细的玻璃杯中时,是否我们现在有了"更多"的液体,而儿童的错误回答有可能来自于他们头脑中将"更多"与液体的变化的、延长的特性之间相结合起来了,而并不能由此判断他们不具备质量守恒概念的能力。根据他们自己的概念,儿童感到自己的回答是正确的。卡米洛夫史密斯(Turner,1984)认为儿童明显的非守恒性实际上是由他或她试图对问题的解决造成的。如果儿童接受了一项任务,并且他们并不知道自己需要做出一个"答案",那么他们有时就会很自然的表现出守恒,就像他们有时也表现出去中心化一样。

这一点在席尔瓦和卢特(1985)的一些实验中也得到证实。比如在前面的排列纸条的实验中,如果儿童的注意力有一部分被一个故事的线索引离问题本身,这是一个有关于"淘气的玩具熊"受到恶作剧捉弄的故事,则他们通常能正确的解决问题,指出扩展了的纸条的排列仍保持相同的纸条数量。甚至没有淘气熊这个内容,我仍记得我的两个4岁的孩子告诉我纸条仍保持相同数量时的轻蔑的表情("它们当然是相同的了"),那种没说出来但明显表露出来的神情是,可怜的爸爸连这个都不懂,竟问这些蠢的问题。

如同去中心化和守恒一样,对于儿童思维的其他方面,波威和希尔(1975)认为如果对前概念阶段的儿童用图画材料呈现而不是用言语材料,则他们似乎不仅能形成具体的概念而且也能形成一般性的概念。比如,他们有一个具体的"狗"的概念,因为他们能够辨认出一定背景的画面中的狗,甚至在这一画面对他们来说相当陌生他们仍能辨认出来,而且他们也有一般化的"食物"的概念,因为他们从许多不同的可食性物体中都能辨认出食物。

相似的,布莱安特和特拉巴索(1971)证明在前概念阶段的儿童能掌握传导性推理,只要对他们进行适当的训练,并采取一定的手段以防止他们在做比较时出现记忆上的问题这说明了在"A大于B,B大于C,那么A比C大"这一类型的叙述中,儿童能够理解其中包含的推理,如果首先使他们充分地理解前面的两个比较,并在要求他们说出A和C的关系的同时,测试他们对前两种比较的记忆。

有证据表明皮亚杰过高估计了儿童在形式运算水平上的发展速度。在他的观点中大多数青少年在12或13岁到达这一阶段,这在形式思维的某些方面可能是事实,而现在则有一致性的结论认为甚至到16岁也只有少部分人才能达到最高级的水平(Coleman and Hendry, 1990)。在许多情况下,这些水平是很难完全被获得的。即使到成年人的认知水平上能做更多的事情了,我们仍不能肯定他们的发展就完全了。

正如本章前面指出的,即使有上面的这些发现,也仍无损于皮亚杰在认知发展领域上的开创性的思想家和研究者的地位。就像格莱特里(1985)所指出的,皮亚杰的研究为所有后继的探索者奠定了一个舞台。他的巨大贡献在于他尝试进入儿童的世界,并从儿童的观点去认识它。那些受到皮亚杰的鼓舞而产生出的大量的文献都集中于对皮亚杰的理论或实验研究进行改进,而不是去建议产生一个实质上完全不同的方法。还没有人对皮亚杰的基本发现提出挑战,即儿童的认识是由专门知识决定的,根据它们可以形成概念并建立一个与外部现实大致相似的内在模式。从教育的角度上看,这一意义是非常巨大的。儿童对成年人给他们提出的问题、指导和说明的理解上的"失败"并不能归结于他们自己的缺陷,而是由于成年人不能将他们自己要沟通的内容以一种与儿童的概念性的功能水平相适当的形式来呈现。

其他的认知发展观点

尽管皮亚杰的研究在教育领域上吸引了众人的注意并一直占据了近几十年的时间,但我们对儿童思维发展的认识上也存在许多其他理论。美国的心理学家杰洛姆·布鲁纳,在许多有影响的出版物中指出,儿童在他们获得成年人所具有的成熟思维的发展过程中,经历了三个阶段。它们是表征(这时思维是以动作为基础),图像(这时开始逐渐增多想像的作用),和符号(这时开始使用复杂的符号系统,包括语言)。这些阶段无疑与皮亚杰的那些阶段都是平行的,但明显不同的是布鲁纳坚持认为尽管这三个阶段是按生长顺序来发展的,但我们在一生中从来不受限制的可以使用三种不同的形式。不同于像皮亚杰模型所强调的,布鲁纳认为我们不会在早期阶段"之后生长",虽然在成年人思维中更强调的是符号水平,但在情境适宜的时候,我们仍能使用表征和图像思维。

我们还将在有关学习的内容中(第七章)讨论布鲁纳的理论,以及他的观点对教师工作的意义。另外两个对认知发展有很重要影响的研究观点,分别是信息加工和知识获得观点。

信息加工

信息加工观点的内容在许多方面与皮亚杰的观点很相似,一些信息加工理论还被称作现代新皮亚杰主义。但信息加工理论强调,皮亚杰低估了幼儿的能力,他不能从自己试图评价的认知能力中区分出其他的技能(比如像前面提到的物体恒常性的实验)。在信息加工观点中也存在争论,即是否发展是产生于皮亚杰所确认的阶段中(Case,1985),还是产生于一种更连续的过程中(Klahr,1982)。也有其他的理论者认为阶段是存在的,但有可能针对不同知识领域所要求的不同思维形式而不同——比如,数学的,语言的,和社会理解的(Mandler,1983)。

本质上,信息加工理论是关心于儿童如何对信息再认、编码、贮存和提取,从而解决认知任务。在信息加工理论的观点中,认知是由数量相当少的以结构化的方式进行的基本认知过程组成的。因此在学校中,教师的任务最重要的是精确的确定,什么是儿童在掌握学习材料上需要的关键元素,这些元素如何被最佳的组合在一起并纳入到现有的知识结构中,以什么样的形式才能使它们被最有效的存贮于记忆中,以什么方法才能使它们被选择并提取出来并用于帮助解决新问题。根据这一模式,儿童在一个给定的任务上的失败通常是由于他或她不能在上面的四种智力过程中得到一种或多种适当的帮助。

这些智力过程的每一种又包括一些分支过程,比如分类(将在第五章中详细介绍),排序(以逻辑的顺序解决问题的每一个步骤),以及联合(明确新任务和已知事情之间的相似性)。信息加工模型强化了皮亚杰的发现,即我们不能将认知看做是一个将材料转入到记忆中并被用于解决问题这样一个简单的过程,认知是一系列内在相关的因素所构成的,它完全依赖于儿童成熟的水平与生活经验。

许多信息加工的理论家认为儿童在很小的时候就可以完成许多复杂的认知活动。因此他们并不认为在感觉运动期的儿童其认知只与其躯体活动有关(Butterworth,1994)。在他们看来发展更是一种精细的预先存在的认知过程,而不是对经验的反应所产生的。但在这一精细发展过程中也存在着一些性质上的变化,它们也会引起信息的大量增加。儿童长大后,他们具有了范围更广,更灵活的认知策略,并能更系统更精确地使用这些策略。但这些变化都应归结于更多的实践和经验,而不是因为与年龄有关的个体本身的成熟变化。因此,新生儿的大脑似乎比我们曾想像过的还更近似于成年人的大脑,并且它受不成熟的限制可能会相对较少,而只是受到知识不足的限制——一种引人好奇的思想!

知识获得理论

我们最后要谈到的观点也是受到人们很多强调的观点,就是认知发展的知识获得理论。这种观点认为儿童所缺少的只是成年人的知识基础以及对如何组织信息的认识。比如,对于在直觉分阶段中儿童没有表现出守恒的现象,知识获得理论者认为虽然儿童可能会同意通过剃去它的鬃毛,画上斑纹,并将其放归到野外,这就可使一匹马转换为一匹斑马(无守恒),但他们不会同意可以用任何办法将一头豪猪转变为仙人掌(守恒)。因此,他们在守恒上的困难似乎是由于知识不足,而不是推理技能的不足。他们已认识到了在较大分类之间的区别,像动物和蔬菜,但对于较小的分类之间的精细差异,像马和斑马,他们还不能掌握(Keil,1989)。

像这些发现对于教师具有相当重要的意义。我们不应该错误的将儿童的失误归因于能力不够,而是他们现有的思维和信息加工水平问题。知识获得理论则提出如果给儿童提供适当的知识基础,这些水平他们都能达到,因此,我们应将注意力集中于这些知识基础是怎样正确构造和应用的过程上。

最后,信息加工理论和知识获得理论都强调我们必须考虑儿童生长的文化背景。不同的文化都训练其成员以不同的方式去认识世界,以及加工和利用信息。人们认识、加工和利用信息的习惯性方法可以成为认知功能的一部分,以至于人们会真实的感受到印度人或土著的美国人或日本人,他们具有与欧洲人完全不一样的对外部世界的观点。人们已充分认识到这一发现对教育的深远影响。在认知发展上最重视文化和环境影响的一个著名权威就是俄罗斯的心理学家维戈斯基(1896—1934),他的研究对近几年的研究工作影响越来越大。维戈斯基(1978;1986)不同意皮亚杰的观点,即人们头脑中存在一种独立于情境、任务内容和社会因素的心理结构。他认为儿童的认知能力是与环境所提供的机会和指导相互交互作用而建立起来的。有能力的成年人可以从对儿童有关行为的不断指导上给他们以帮助,从而给儿童提供一个"工作的平台",使儿童好像也具有了这种能力和顺利解决问题的所需策略。

因此,儿童的学习是通过模仿,通过把别人提供的认知过程内化,以及不断的重复这些技能。维戈斯基认为认知发展在很大程度上是以文化和社会为基础的,其结果在很大程度上是依靠于语言的(Kozuliu,1990),但目前对这两者之间所存在的精确的发展关系还有待证实。

维戈斯基的实验材料是由许多木头块组成,在它们的底部写着无意义的音节。每个木块都有两个高度(高或矮)和六个形状(圆、半圆、正方、梯形、三角形和六边形)的变化。实验者翻开木块,让儿童看到底部写的无意义音节,然后要求他或她挑出其他他们认为写有相同的无意义音节的木块。因此,儿童被要求找出与特定音节相对应的形状和尺寸的各种组合(或者用更专业性的术语讲分离出言语概念中的空间属性)。

维戈斯基确定了儿童思维发展的三个重要阶段,并分别把它们命名为模糊音节阶段(此时儿童完全依靠行动,他们以随机性的尝试错误方式来换不同的木块,直到其发现正确的木块),复杂阶段(这时儿童已可以使用不同复杂程度的策略,但仍不能明确所要求的属性),以及前概念阶段(这时儿童已能处理木块的每一个有关的属性,但还不能在一次和同时对所有这些属性操作)。当儿童可以这样活动时,则形成概念的能力就被认为已经成熟了。

与皮亚杰一样,维戈斯基的观点也很复杂,因此,在关于他的三阶段与皮亚杰的发展阶段之间的关系还存在相当多的争论。然而,从教师的实践立场上看,人们很容易发现模糊音节行为与皮亚杰所强调的在行动被内化为思维之前所需要的身体运动之间的联系,也很容易看到维戈斯基所说的成熟思维与皮亚杰认为在形式运算阶段儿童出现的格群结构之间的关系。两个观点都强调儿童同时操作多个概念以及认识他们之间的关系的能力。维戈斯基赞成皮亚杰而不同意布鲁纳的一个观点是,他也认为儿童的思维发展要经历一些早期阶段,而不是在毕生发展中总维持一些能力(但在皮亚杰的阶段中也承认回归到早期发展的可能性,这是在面临极为困难的问题并有压力时出现的不成熟的思维形式)。

认知发展和教学

对于皮亚杰来说,智力的认知活动在很多方面具有基本的生物学特性。事实上,他把整个智力功能看做是一种特殊形式的生物性活动。这一因素,结合那一与它有关的四阶段发展模式,可能诱使一些观察者认为在皮亚杰的观点中教师的作用相对来讲是不重要的。儿童应对环境和解决问题的能力,基本上依赖于成熟,这似乎说明教师很难影响儿童在每个阶段上的发展的速度。其实这一结论是错误的,至少有两方面的不正确。

首先,皮亚杰的研究主要集中于儿童如何处理信息,而不是我们所选择并提供给他们的信息类型。只有教师来决定选择什么样的信息给予儿童,并且也是教师决定儿童用于应付外部世界的认知结构的内容,这一点已由维戈斯基的研究得到证实。第二个原因是,皮亚杰所确定的每个阶段和分阶段的年龄只是一个大概的估计。如同我们前面看到的,有充足的证据表明皮亚杰低估了每一发展阶段中儿童的能力表现。的确,这些阶段本身只是一种对儿童能力发展分类的便利方法,只是为保证在不同情境的研究中具有合理的适宜性和一致性,而绝不是一种不可变更的本质性的标准。事实上,许多评论者只把它们看做是心理年龄,而不是一种生理年龄,其原因就在于此。有一些儿童可能在某一些或全部的阶段上比正常儿童发展更快,另一些儿童则可能在这些方面发展较慢。还有一些儿童可能就无法达到形式运算阶段,甚至是成年人也可能仍停留在具体运算水平的功能上。考虑到这一发展程度参差不齐的事实,不可避免的会使人们产生一种疑问,如果给予适当的教育上的机会,是否能加速儿童在不同阶段上的发展;如果这种加速被证明是可能的,教师的作用很明显将是实现这一任务的关键。信息加工理论家和知识获得理论家的研究都建议,加速是完全可能的,特别是如果我们对儿童加工、编码和提取信息的加工方式有更多的了解。

教师的任务

教师可以加速儿童在不同阶段上的发展的范围是很大的,只要将材料以适当的方式提供给儿童。只有在决定什么适合及什么不适合时,教师才会发现持有各种认知发展观点将是最有帮助的。这些观点认为儿童在解决问题时所犯的错大多是由于这些问题不适合他们的思维水平。这些被教师看起来是不可饶恕性的错误,其事实上仅是由于儿童在尝试以自己现有的认知结构来理解这些材料的表现。

下面是对教师提出的建议的总结:
• 在与任何年龄的儿童相处时,教师应认识到从儿童能够将材料概念化的方式来看,他们产生的答案可能只有他们自己才能理解。因此教师应对儿童的思维水平非常清楚,并询问是否学习材料是以儿童所适宜接受的水平来呈现的。
• 虽然应该给儿童一种机会,使他们能在高于自己生理年龄的思维水平之上进行概念化,但是如果在这种机会中他们失败了,则不能视为是儿童本身的不足(或缺少兴趣)。不能让任何一个儿童感到混乱或觉得自己应受到责备,尤其是在呈现的材料与儿童的概念化水平之间不一致时。

- 儿童的概念发展水平应在设计教学方法时加以考虑。比如,在低于形式运算阶段的所有阶段中,儿童的概念化能力明显与他们的身体运动密切相关,他们也就更需要在一个具体的形式中面对问题(或对那些核心特征有一定的体验)。如果处于一个过于形式化、教师控制过强的环境中,儿童将缺少实践经验,而这正是他们思维的原材料。如果我们限制了他们的经验,也就是限制了他们的概念化。

- 除了经验的作用,儿童在其概念发展中也非常依赖符号化作用,特别是对语言的利用。在下一章将对语言多加讨论,在目前的内容中对语言需求的强调是指应给儿童提供一个丰富的语言刺激环境。教师应努力认识到这一点,并理解自己在教学中使用的每个字的正确意义。同样的道理也适用于数学中的符号(比如,数字本身就包括加号和减号等)。

- 所有的思维发展模式都强调,儿童如果要在思维上向前发展,就必须掌握前期的图式。这并不是一个儿童在某一具体科目中"缺少基础知识"的简单问题,而是一个非常本质性的问题,它使儿童无法掌握思维所必需的模式,而这将决定于他们在教育努力上获得成功的范围。

- 从这上面最后一点中,我们引申出一个概念,即教育上的智力落后只局限于儿童思维的水平。学习困难的孩子是指他们当前的思维水平低于他们的生理年龄发展,而确定这一水平应是什么并确定将材料以与儿童的水平相一致的形式呈现,这正是教师的任务。

- 针对形式运算时期的儿童,教师的工作在某种程度上相对容易一些,他们只需要更多的处理抽象的知识,但这本身也会产生潜在的问题。比如在青春期时一些儿童争辩的内容常是由一些抽象的概念，像"自由"、"公正"、"真理"、"利他"等等。这些概念对他们来说太陌生并且意义太深奥，并且常会导致他们对自己以前的标准进行判断和拒绝。因此理想的青春期发展应被看做是理解人性美好一面的真正的尝试，并应受到成年人的欢迎与尊重。成年人在这个问题上可能曾有过他们自己的理解，但由于受问题和困难的影响而变得迟钝了，因此许多年以来，他们都有一种调解的需要。

• 在所有的认知发展水平上，教师都需要考虑儿童的信息加工和处理方式。错误的产生可能是由于儿童在学习或完成任务时误读了关键因素，或是与他们现存的知识进行了不正确的联系，或者是对以前记忆的信息做了不正确的提取和应用。所以，儿童的错误，不管是什么样的，都不应该被视为是普遍性的，而要看到他们所产生错误的具体的方面。

• 许多学习都依赖于教师提供的"平台"。这就要求将儿童安置在一种情境中，使他们有可能模仿，内化（比如，与已有的知识联系起来）并对可能的认知过程做实践。

最后，提一些忠告：我已经说过与皮亚杰的不同阶段相关连的生理年龄只是大概的，但也必须强调儿童的发展是参差不齐的。他们有可能在思维的某些方面与一个具体的阶段相符合而超越了其他方面上所处的阶段水平，或者在一个应激情境中面对困难的问题时，他们又可能在推理上暂时倒退到更早的阶段中。对儿童的错误也应认真的研究（在学习一章中还会再强调），它们会帮助教师认识儿童的思维。一个错误绝不仅是偶然的，也不应以此责备儿童；它可以给教师一个反馈，了解儿童是否理解了这一具体问题，或者找出其他产生失败的原因。

参考文献

Baillargeon, R. (1987) Object permanence in 3 ½- and 4 ½- month-old infants. *Developmental Psychology*, 23, 644—655.

Beilin, H. (1992) Piaget's enduring contribution to developmental psychology. *Developmental Psychology*, *28*, 191—204.

Butterworth, G. (1994) Infancy. In A. M. Coleman (Ed.) *Companion Encyclopedia of Psychology*, *Vol. 2.* London: Routledge.

Bryant, P. E. and Trabasso, T. (1971) Transitive inferences and memory in young children. *Nature*, *232*, 456—458.

Case, R. (1985) *Intellectual Development: A systematic reinterpretation.* New York: Academic Press.

Coleman, J. C. and Hendry, L. (1990) *The Nature of Adolescence*, 2nd edn. London: Routledge.

Donaldson, M. (1986) *Children's Minds*, 2nd edn. London: Fontana.

Gellatly, A. (1985) Development of Thought. In A. Branthwaite and A. Rogers (Eds) *Children Growing Up.* Milton Keynes: Open University Press.

Keil, F. C. (1989) *Concepts, Minds and Cognitive Development.* Cambridge, MA: MIT Press.

Klahr, D. (1982) Nonmonotone assessment of monotone development: an information processing analysis. In S. Strauss (Ed.) *U—Shaped Behavioural Growth.* New York: Academic Press.

Kozulin, A. (1990) *Vygotsky's Psychology.* Brighton: Harvester.

Mandler, J. (1983) Representation. In P. H. Massen (Ed.) *Handbook of Child Psychology*, *Vol. 3.* New York: Wiley.

Piaget, J. (1952) *The Origins of Intelligence in Children.* New York: International Universities Press.

Piaget, J. and Inhelder, B. (1969) *The Psychology of the Child.* New York: Basic Books.

Povey, R. and Hill, E. (1975) Can pre-school children form concepts? *Educational Research*, 17, 180—192.

Sylva, K. and Lunt, I. (1985) *Child Development: A first course.* Oxford: Basil Blackwell.

Turner, J. (1984) *Cognitive Development and Education.* London: Methuen.

Vygotsky, L. S. (1978) *Mind in Society: The development of higher psychological processes.* Cambridge, MA: Harvard University Press.

Vygotsky, L. S. (1986) *Thought and Language.* Cambridge, MA: Harvard University Press.

补充读物

Branthwaite, A. and Rogers, D. (Eds) (1985) *Children Growing Up.* Milton Keynes: Open University Press.

Reviews by expert authors of children's cognitive, social, personal and biological growth. Strongly recommended (also recommended for Chapter 2).

Bruner, J., Goodnow, J. and Austin, G. (1956) *A Study of Thinking.* New York: Wiley.

Bruner is easily tackled through his own writings, since he presents his ideas clearly and engagingly (and see Chapter 7 for other references to his work). This book deals particularly with cognitive development. (Also recommended for Chapter 8).

Flavell, J. H. (1985) *Cognitive Development* 2nd edn. Englewood Cliffs, NJ: Prentice Hall.

An excellent survey of the whole field, including the work of Jean Piaget.

Gelman, R. and Galistel, C. R. (1986) *The Child's Understanding of Number*, Cambridge, Mass: Harvard University Press.

A comprehensive examination of the field concerned, with due regard to Piagetian concepts.

Inhelder, B. and Piaget, J. (1958) *The Growth of Logical Thinking from Childhood to Adolescence*. London: Routledge & Kegan Paul.

A classic text that provides a comprehensive outline of Piaget's ideas on cognitive development for the non-specialist.

Meadows, S. (1993) *The Child as Thinker: The Acquistion and Development of Cognition in Children*. London: Routledge.

One of the most readable and up-to-date surveys of the whole field of cognitive growth.

Modgil, C. and Modgil, S. (1984) The development of thinking and reasoning. In D. Fontana (Ed.) *The Education of the Young Child*, 2nd edn. Oxford: Basil Blackwell.

Comprehensive resumé of the work of Piaget and of Bruner.

Modgil, S. and Modgil, C. (Eds.) (1982) *Jean Piaget: Consensus and Controversy*. London: Holt Rinehart & Winston.

Modgil, S., Modgil, C. and Brown, G. (Eds.) (1983) Jean Piaget: An interdisciplinary critique. London: Routledge & Kegan Paul.

Mussen, P. H., Conger, J. J. and Kagan, J. (1984) *Child Development and Personality*, 6th edn. New York: Harper & Row.

The chapters on cognitive development and allied topics, like the rest of the book, are first class. (Also recommended for Chapter 1).

Piaget, J. (1983) Piaget's theory. In P. H. Mussen (Ed.) *Handbook of Child Psychology Vol. 3.* New York: Wiley.

Piaget's final statement on the nature and implications of his work.

Sutherland, P. (1992) *Cognitive Development Today: Piaget and his Critics.* London: Paul Chapman.

An excellent overview for teachers of current approaches to cognition. Highly recommended.

Tizard, B. and Hughes, M. (1984) *Young Children Learning.* London: Fontana.

A highly informative summary of the authors' own research which supports the view that Piaget underestimated the thinking capacities of young children.

Vygotsky, L. (1962) *Thought and Language.* Cambridge, Mass.: MIT Press.

Sets out his own ideas fully, but not an easy book for newcomers to the field.

一些问题

1. 我们所说的"概念"的意思是什么? 为什么概念在思维发展中这样重要?

2. 一个儿童对新的物体或经验产生认识的过程是什么?

3. 列出皮亚杰提出的认知发展阶段, 并指出每一阶段的大致年龄。

4. 在感觉运动阶段思维和行为之间的关系是什么? 当一个目的成分被引入儿童的行为中时, 我们如何确认它?

5．为什么在思维的前运算（和以后）形式中符号活动如此重要？

6．区分"符号"和"信号"的差别。

7．考虑一些方法使你能从儿童的游戏中认识到他或她的符号活动水平。

8．举出一个皮亚杰说明中心化的实验类型的例子。儿童行为的哪些方面证明中心化的存在？

9．总结一些对皮亚杰研究的主要批评意见。

10．简单写出自我中心主义、不可逆性和传导性推理的定义。

11．为什么你认为在具体运算阶段儿童倾向于描述他的环境而不是解释环境？

12．什么是"信息加工"理论？

13．列出布鲁纳提出的儿童在获得成熟发展过程中的三个主要阶段，并对它们定义。

14．为什么"知识获得"理论认为儿童的大脑比我们所设想的更接近成年人的大脑？

15．对维戈斯基来说，儿童的活动的哪些方面能证明他或她已具有了形式成熟概念的能力？

16．维戈斯基提出的"模糊音节行为"和皮亚杰强调的在儿童将活动内化到思维中之前其对身体活动的需求之间的关系是什么？

第四章 语言

如果你被要求想像一个没有语言的世界,你马上就会反应出这可能是一个缺少充分交流手段的世界。没有语言,个体就无法与其他人进行任何交流,也无法交流那些最起码的事物。但如果进一步的思考你将会认识到一个没有语言的世界也是一个没有思想的世界。就更谈不上具有复杂的思想了。没有语言也是可以思维的(用想像,用感觉),但这不是我们所提到的思维水平,因为即使在最简单的日常活动中的思维都离不开语言。当人类产生了语言时,他们在进化上向前发展了一大步,这不仅是个人与他人一起在交流思想的能力上的进步,也是在思维性质和范围上的进步。

语言的开端

咿呀学语。婴儿的语言发展总是从一个前语言阶段开始,人们称之为咿呀学语期。对于大多数婴儿来说,这一时期自发的产生于出生后的 4 个月到 6 个月之间。在这一阶段,婴儿开始不断的发出许多令人快乐的声音,这些声音完全是出于快乐。这些声音中包含有元音和辅音,但与他们听到的周围的声音毫无关系,因为不论在哪一国家出生的婴儿,他们咿呀学语所发出的声音是非常相似的,他们甚至能产生那些只有在其他的非其用语的环境中才会出现的声音。咿呀学语并不是一个社会现象,对于婴儿来说他们只要快乐就会发出这种声音,有时只有他们自己,也有时有他人在场。

婴儿何时及如何从咿呀学语转向于真正的语言,这一点目前还不清楚。因为偶尔也有一些婴儿从不咿呀学语,但他们通常也不能获得完整的正常语言。一些权威人士认为在这两者之间并没有什么关系;但对于大多数儿童来说,似乎有一个从这个阶段发展到另一阶段的顺序。这证明在大多数情况下,儿童语言的发展来自于其早期的发声练习(Werker and Tees,1984),这一部分是社会强化的结果,另一部分则是由于儿童具有一种掌握语言结构的先天倾向。

从全部技能中排除语音

有一点是肯定的,我们不能低估语言发展中学习和适应交替出现的情况。能用字来表达含义是一个复杂的过程。它们是我们用以代表我们周围物体或事件的语音。对于婴儿来说,能用语言来代表他们的真实体验(包括后来的个人情感体验)是一个言语理解上的奇迹。在完全描述的水平上,所发生的事实是婴儿意识到他们在咿呀学语期间所发出的声音与其他人发出的语音建立了相应的联系。于是,他们开始保持和重复这些语音,并排除掉他们没有听到的语音。在咿呀学语阶段,他们可以识别任何一种语言的语音并非常准确的发出这些语音,而一旦他们开始从全部的技能中排除某种没听过的语音(这大约在 10 个月左右,这时语言学习开始替代咿呀学语),则他们再识别这些语音就逐渐变得困难了。因此,如果以后我们要求儿童学习一种语音曾被排除在外的语言时,则他或她很难再能很好的掌握它们。其结果是儿童很难做到在发出这一新语言的语音时而不受其母语语音的影响(Bates,O'Connell and Shore,1987)。

如果婴儿生下来是聋的,尽管他们也经历了咿呀学语期,但由于他们听不到周围的任何声音,则会逐渐变得完全寂静。因此,对这样的儿童做出尽量早的诊断是非常重要的。如果他们只是听力非常微弱,而我们能有效的将语音放大,则聋儿的咿呀学语也代表了一种能发展为正常语言的可能。排除了在咿呀学语期听到语言的机会,则聋儿获得的任何语音都将只是一种努力劳动并非自然的结果。

在全部技能中加上语音

在咿呀学语阶段,婴儿通常按照一种固定顺序在其技能中加上语音(Rogers,1985)。对这一精确顺序的详尽介绍已超出本章内容范围,但通常在"mama"之后首先出现的是"baba",然后是"dada"和"nana"。这些语音被纳入到婴儿最常用的英语字词(baby,ma,dad 和 nan)中绝不是偶然的。一旦婴儿发出了这些语音,他或她就会从父母的欣喜中受到鼓励,父母以为自己的子女就是在试图叫自己的名字,于是这种社会性的强化帮助使这些语音被确立为最早的语言部分。

复制语音的能力

这一点似乎与婴儿最初字词的产生是有关的。当儿童自发的产生类似字词的语音时,就会受到父母的赞赏,于是经过操作条件反射(第七章)逐渐将这些语音用于与具体的人和物体相结合。但语言获得过程似乎并不是这么简单。儿童似乎有一种内在的模仿别人语音的能力(Bower,1982)。婴儿可以复制呈现在他们面前的成人的面部表情和姿势,这可能就是这种先天能力的表现。(换句话说,不要小看这种能力;婴儿是如何知道使用哪些肌肉就能模仿出我们所制造的效果呢?)这种复制能力比语言中的复制能力表现更明显。婴儿本能的知道如何在我们对其说出语音或他们听到我们交谈时发出这些语音,并且,通常在他们第一次尝试时就非常准确。

语言获得装置和语言制造能力

在开始复制我们的字词,并将它们与其所代表的事情相联接后,儿童就开始用这些字词建造短句。这时他们就比简单的复制更前进一步了。比如他们会产生一些从别人那里没有听过的语法错误(像将"ed"加到不规则的动词后面形成过去式,出现了"tooked","sawed","eated"这些字词,因此似乎表现出一种内在的对字词尾端特别注意的程序化现象）。对这些儿童语法结构的进一步讨论也超出本章的范围，但针对这些特点乔姆斯基(1980)认为儿童是根据一种遗传的机制用特殊的方法获得语言的。将这种内在能力用一个概念表示就是语言获得装置(LAD)。人们认为正是通过这一装置使儿童能够在很大程度上操作其他的成熟技能发展语言。当然，如果他们不能听到周围人的谈话也将不能学会交谈，但这种预先的内在的语言结构则是首要的条件。如果没有这一装置语言就不能产生。

这一观点被斯洛宾(1985)进一步加以发展，他认为儿童所具有的语言生成能力是由一系列操作原则和信息加工策略组成。这些原则给儿童提供一种天生的固定"规则"，它们决定了儿童倾听他人谈话的方式。比如，前面曾提到过的促使儿童特别注意字词尾端的"规则"，还有引起他们注意一些字词串重复被使用的"规则"（比如，"thank-you-very-much"），以及对专有名词的定冠词和非定冠词使用的"规则"（"the"和"a"）。这些原则，斯洛宾认为，在儿童早期的语言发展过程中有许多相似的地方，它们既表现在一种语言内，也表现在不同的语言之间。

然而，在不同的语言沟通之中儿童获得语言的方式之间也存在许多不相同的地方。库扎兹的研究证明(1982)除了儿童的基本语言生成能力，我们还必须注意到语言的输入，比如，儿童的语言经验。对那些在12岁以前被剥夺了语言经验的儿童的研究证明，在这一年龄之后儿童学习第一种语言的句法将变得越来越困难。这可能是由于大脑在达到这一年龄时已经成熟，不再具有学习语言这一可塑性的能力了(Newport,1990)。输入的性质也是很重要的。儿童听到的语言越多，他们的词汇的发展越快，但反应性也是很重要的。如果父母用语音或其他行为对婴儿做出反应，则这一婴儿的语言发展要快于那些缺少父母反应的婴儿(Olsen, Bayles, and Bates,1986)。

第三个重要的因素是儿童对他们听到的做什么反应。儿童似乎有一种能力,可以根据听别人谈话对他们生来就有的语言生成装置进行调整。由此,我们在语言发展中就产生了三个步骤的过程,分别为:

1. 内在的语言生成能力(提供儿童最初的接受和加工语言的"规则");

2. 输入(提供儿童别人是如何使用语言的经验);

3. 规则的创造(儿童在对输入的反应中改变最初的"规则")。

被动的和主动的词汇

从教育的观点看,我们的兴趣并不在语言发展的机制上,而在于描述这一发展发生的方式,以及如何对此做最好的促进。为了这一目的我们必须将儿童的词汇分为被动的和主动的,前者主要指对字词理解的数量,后者指可以实际运用的字词数量。很自然儿童能理解的字词量肯定要多于他们实际运用的字词量,但也很难有一个详细评价的方法。但根据心理学家对儿童主动词汇增长的认真记录,可以使我们列出主动词汇发展的平均水平。

13个月——第一个可被确认的字词。

17个月——10个字词。

18个月——40到50个字词。

2岁　——300个字词。2至3个字的短语(表达意思的平均长度)。

6岁　——14000个字词。像成人一样的短语(表达意思的平均长度)。

对我们来说这些标准很有用,但在不同个体身上会存在较大差别。有一些儿童在两岁多时还不能说话,而另一些儿童早就发展得很好了。但这些差异并不能给我们提供更多有关儿童今后会取得多大进步的信息。只要不存在其他方面的障碍,那些在两岁多还不能开始说话的儿童到他们开始上学时就可以赶上他们的同伴,而那些在二岁半时就表现出超常的语言发展的孩子也不过就在 5 岁时达到平均水平。与许多其他的发展因素相似,语言的获得具有时断时续的不规则的特征,快速发展与稳定巩固交替出现。然而,在 3 岁时一般儿童都能流畅的交谈,这也难以准确的检查他或她的主动词汇的使用情况,到 4 岁大多数儿童都具有了接近成年人的运用日常语言的能力。

  如同我们可以检查儿童主动词汇在早期的增加,我们也可以了解他们使用语言不同成分的方式。一般来说,总是先掌握名词,然后是掌握动词,在 2 岁到 2 岁半之间开始掌握简单的代词("me"、"I"和"you")。代词的使用标志一个很重要的进步。儿童不得不认识到一个非常复杂的观念,即当我谈论我自己时,"I"意味着"me",但当你谈论你自己时,"I"意味着"you"。形容词和副词的最初出现有所不同,但它们一般要到 3 岁时才能出现。儿童对它们的使用则表现了相当大的学习上的成就。儿童必须了解形容词是一个比较性的概念,即"大"的物体只是在与同类物体中比较时被看做是大的。因此,一个"大"的钥匙事实上仍比一个"小"的娃娃要小的多。副词也是如此。一个"快速"跑的人仍比一个"缓慢"运动的汽车要慢得多。如果我们仔细的想一下这些问题,所有的事情都是非常复杂的,这也进一步证明一个小孩子所能做到的多了不起。然而令人奇怪的是,当他们进入学校后,有些孩子却被归类于是有学习问题的儿童。

  儿童语言学习也存在其他一些重要的标志,表示他们在语言上的重要发展。我们可以注意到的最突出的特征就是在大约两岁半他们提出"什么"和"谁"的疑问,在 3 岁或以后不久提出"哪里"和"为什么"的疑问。复数、其他代词,以及简单的介词("在上面","在旁边","在中间")也大约出现在 3 岁,而且出现了在心中重复短的旋律和歌曲的能力。大多数儿童在 2 岁半时知道自己的名字,在 4 岁时知道自己的家庭地址和生日。在 4 岁时,他们的儿童式的语法结构消失了,他们可描述事件,命名基本的颜色,并至少能表达一些类似"过去"和"未来"一类的复杂的语言概念。儿童一旦进入学校,他们的语言表达范围就会迅速扩大。

鼓励早期的语言

儿童的语言,像他们大多数的学习活动一样,对成年人的鼓励是有反应的。我们似乎无法提前每个孩子最初对字词再认识所出现的时间,但他们一旦开始使用语言,则环境中的语词刺激越多,他们言语发展就会越好。他们听到别人使用的字词越多,以及别人对他们讲的和对他们的反应越多,他们运用自己的语言的努力也就越多。他们的词汇量一旦开始增加,而且如果他们处于一个流畅并灵活使用语言的家庭和学校,则这种词汇量增加的过程就会加速并变得丰富。如果缺少这样一种有利的环境,则词汇量的增长就会受限制。词汇量的增加会提高在思维发展中使用字词的机会,它反过来又进一步促进了语言的发展。如果儿童能够在使用语言表达和交流他们的情感时得到父母和教师的支持,则他们情感的发展也会受到较大的促进。

在认识儿童的语言环境和其语言发展之间关系的重要性上,人们曾努力研究从一种社会性情境到另一种社会性情境中儿童运用语言的不同方式。在某一时期,人们认为生长于中产阶层环境中的儿童既能使用精密言语编码又能使用局限性言语编码(前者比后者具有更为复杂的语言结构),而劳工阶层环境中的儿童只能使用局限性编码,因此也就使其思维的复杂性受到限制。如同斯塔伯(1983)指出,这种社会——语言理论现在被认为是一个过于简单的认识,甚至是这种理论的主要提出者伯恩斯坦也这样认为。它一方面很少得到其他研究证据的支持,另一方面在许多方法上也无法被检测。另外,对不同语言的比较(比如英语和俄语)表明在一种语言中被认为是不正确或不精密的语法结构,却在另一种语言中被认为是标准的运用,而且对认知能力的发展没有任何的不良影响。伯恩斯坦的理论导致了"语言剥夺"儿童这一概念的出现,而这并不是他最初的意图,因为事实上生长于不同背景中的儿童仅仅是在用不同的方式使用语言,而其意义是完全相同的。然而,虽然在语言和认知发展之间的精确关系上人们还认识不清,但高度局限性的词汇量,或忽视如何用语言来表达和传达意义,则无疑是对儿童的交流能力,以及学习和思维发展的严重阻碍。

鼓励语言发展上的一个关键因素是使儿童在使用字词上有客观的需要。如果成年人总是去"猜测"儿童的意思,而不是促进他们将自己的意思有效的转化为字词,或者成年人在儿童试图表达较难的概念时不能给予注意并奖励,或者成年人总是帮助儿童说出句子并完成儿童的句子,那么儿童就不会受到刺激去发展超越基本语言使用的更复杂的语言能力。另一方面,如果成年人以超出儿童理解能力的方式使用语言,也会使儿童感到混乱和挫折。这任何一种方式都会使发展言语能力的动机受到阻碍。

语言和学校

对语言功能的许多研究,如同对语言成分的其他领域的研究一样,主要集中于对童年早期和学龄前儿童的研究。然而这些研究给教师提供的不仅仅是关于儿童语言发展的背景知识,它们对了解儿童在随后的儿童期是如何使用语言的也具有重要意义,因为这种语言上的使用是对早期言语经验的发展,而不是与它们分离的。学龄儿童在他们的语言技能发展中是积极的参与者,即语言对他们来说不是别人作用的结果。他们会主动寻求改善自己的语言技能,这种技能是其社会交往的有机一部分,而且儿童这种提高其语言技能的努力也反映了他们想更多地了解世界并对周围环境予以控制的需要。而教师的反应对决定儿童的这种努力是否成功则很重要。如果不能提供儿童所需要的语言信息(比如,物体的命名,字词的意义),或不能提供一种他们能接受的形式,或不能全面和适当的回答他们的问题,这都会对儿童的发展速度产生消极影响。教师有可能对儿童语言的要求上打击了他们的积极性,比如在他们尝试用新字词时表现得不屑一顾,对他们的错误给予过强的指责,或强调必须在安静中完成任务而不允许有小组的交流和讨论等。

在所有的情境中,儿童将更愿意掌握一种新的语言单位,如果它们与其学习有关,并且能帮助他们交流他们想交流的事情,或理解他们想理解的问题,具有这种刺激性学习环境的儿童将比那些没有刺激性的学习环境的儿童有更强烈的语言获得的需求,因为对于前一种儿童来说他们周围将有更多的事情被提出问题和去理解,因此更多地使用词汇并能正确理解它们的客观需求也就越大。

教师的作用

在语言发展的早期,儿童经常使用被心理学家称作的过渡性句法结构:在试图掌握新的和更复杂的句法时,他们使用已知的(在新的情境是不正确的)句法结构。如果经常提供给他们正确的例子,儿童将放弃这些过渡性结构而代之以更高级和适宜的句法形式,但如果儿童不能很快地掌握这些新的句法结构并从中获益,则教师持续纠正儿童不正确的句法结构的努力将有害无益,因为这可能使儿童放弃他们现在使用的过渡性句法结构,而退回到他们更了解但却是更原始的句法结构上。

研究工作已确定了4种那些言语能力高度发展的儿童的母亲所具有的特征,它们也被看做是教师用以促进儿童语言发展的一般性的"黄金规则"。我们在下面用一种适合于教学的方式对这些规则加以总结:

1. 将任何新的语言结构嵌入一些已被儿童所熟悉的结构中介绍给儿童。

2. 以一种相关的、准确的方式来回答儿童对语言的提问。比如,给儿童提供一些新的字词或句法结构被如何使用的例子,也可以要求他们自己想一些这样的例子,或者将他们的注意力转移到那些与他们询问的字词有相似意思的字词上,或给他们提供一些记住这些刚获得的新语言技能的有效方法。

3. 不论儿童的表达是否正确或错误,都给儿童提供有帮助反馈(虽然要记住儿童已经达到的水平,要非常小心避免由于表现出对他们的错误的不赞成而使他们失望)。

4. 在对个体或整个班级谈话时,都应保持一个语言上主题(比如,通过对儿童进一步的表现加以鼓励来维持一个谈话的主题,而不应简单的给予简短的回答来结束讨论)。

语言的规则

除去这 4 个规则外我们还可以加上第 5 个规则,即教会儿童语言规则。从很小的年龄开始(在某种程度上说从他们入学开始)大多数儿童意识到在他们所说的句法结构中存在一些规则,但他们对这些规则的忽视阻碍他们使用新的语言功能来处理新的情境。一段时期以后,通过倾听别人的说话,他们逐渐对这些规则更敏感,这使他们能不再有意识的设计也能使用这些规则(比如,他们对规则的使用已变成自动的技能),但这是一个缓慢的过程。通常父母,甚至教师,都不能像他们应该做的那样去帮助儿童,这是因为他们自己也不能形成这些规则,并且更重要的是他们也不能设计一种情境使儿童去实践这些规则。因此,语言的学习变成一种完全偶然性的过程,以学习某一具体规则的大量例子为基础,而不是学习这些规则本身,更谈不上通过直接经验去了解交流技能有多大程度的提高。

语言教学的重要性

很明显这是指特定的语言教学的重要性。我所指的这种教学并非那种理论与实践相脱离的正规的语法课程，而是要求理论性与实践性紧密结合的课程，这时规则要与儿童的理解能力相关联，并与他们具体的发展阶段的实践需求相关联。一旦给儿童介绍这些规则后，成年人就要使用这些规则帮助儿童用这些规则去发展新的甚至更高级的言语表达。这些表达将帮助儿童以更清楚并更易理解的方式交流他们的观点和情感，并给他们以自信，使他们感到自己有能力应付新的情境和新的语言的挑战。

保持语言教学中这种理论和实践之间的平衡，并帮助儿童认识到语言流畅性的重要性，这不是一件容易的事。通常儿童将语言的作业看做是"枯燥"或"琐碎"的，而不把它看做是获得既有实用性又有审美性的重要的语言工具的手段。指导如何进行语言教学属于教学方法和技术的书籍的内容，但我们应在头脑中记住的重要的心理学原则是儿童应体验到一种由于其言语技能的提高而带来的奖励，他们应该能够看到他们学会的语言技能可以帮助他们更完整和准确地表达他们想要表达的内容，而不是简单的帮他们完成教科书中的作业练习。语言应该成为表达他们问题与感情的工具，成为他们叙述自己观点，充分理解书面文字和思想的工具。

语言能力的类型

教师对儿童不断发展的语言能力的了解也是很重要的，这些成分由4种相互关联并有所区分的内容组成。它们是：

1. 语法能力，它使语义以一种准确的、清楚的并完全被社会所接受的方式被表达。

2. 社会—语言能力，它使儿童以一种与被交谈者的地位和理解力相适宜的方式与之交流，并遵循社会环境中的规范和习俗。

3. 论述能力,它的作用表现在对语言成分连接的能力,并表现在语言的连贯性和进行性上,它避免了矛盾和无关的语义表达,从而使意义以一种清楚和流畅的方式传达。

4. 策略能力,它使修辞手段得以正确运用,比如像隐喻、比喻、语调和音高等等。

有一些人在这四种能力之外又加上了分析能力,它是有效思维的内部语言需求,它使儿童能够创新,并使用和发展问题解决的策略。

正规的教育有责任去发展所有这些语言能力。许多儿童在他们的学校学习生活中都需要得到正确的帮助,有一些儿童甚至在离开学校时仍在某一个或更多的语言能力上不足。所以,这一工作显然绝不仅是小学教师的任务。

技术性的语言

在所有课程上,不论是艺术的或是科学的,交流活动都应该能保证儿童理解并以与这一学课有关的技术性语言进行交流。儿童需要实践来探索和操作这些技术性的词汇和表达方式,从而在使用它们时变得自信和流畅。这些活动包括给儿童提供某些不完整信息的片段,然后让他们把这些片段连接在一起形成完整连贯的陈述。也可以要求儿童找出预先设计的在专业性术语上的错误并加以改正。还可以让他们判断某些专业性主题的表达方式是否合适并让他们将技术性段落用非专业的语言来表达。

除非儿童能自由的和准确的使用这些要求他们掌握的专业的语言,否则他们将停留在不利的状况,不仅仅是无法用这些概念表达和交流,也无法理解这些概念,更无法形成并发展新概念,产生新的观点。

教师的提问

儿童在学校中获得的进步,使他们越来越依靠语言作为他们的主要交流手段。并且他们在学业上的进步也更多的受到他们说话和写字能力的影响。甚至他们在智力上的言语推理能力依靠他们这些能力的表达。学校常被看做是一个重要的语言环境,但如同斯塔伯(1983)指出,我们非常惊奇的发现人们仍对教师和学生以及学生和学生之间语言上发生的事情所知甚少。这明确的表明需要用大量的交互分析方法(见第十一章)来研究语言的交流,从而给我们提供语言是如何在教室中传播和引发思想,表达态度和情感,以及确立和发展人际关系的可靠信息。

目前已取得一些研究成就的领域是对教师提问的研究。尽管由于儿童年龄的不同,所教的科目不同,教学的风格不同,但教师和学生之间的语言交流有40%到60%是以教师提问的形式进行的(Hargie,1978),大约教师平均每70秒左右便会提出一个提问。有意思的是,许多研究证明这些提问中绝大部分是关于事实和回忆类型的。儿童只是被简单的要求给教师回忆一些信息,并按照信息最初传授给他们时的精确的形式。要求儿童提供评价性回答的提问则很少,而那种被称为"跳板"式的问题就更少了。既然大量的提问是有关于事实性的,那么研究证明的很大比例教师的提问(在一些研究中证明是40%以上)是由教师自己回答,对这一结果也就不足为奇。

这种对事实提问的较大依赖证明在教学中语言只有非常少的成分被用于促进儿童的思维并发展他们的语言表达能力。事实上教师在对待他们教学提问的功能的观点上倾向于对这些技能相对的比较轻视(Turney et.al., 1974)。应注意到这不仅对儿童的语言技能的获得会起一种阻碍作用,而且它也会限制儿童对教育目标的完整认识。如果教师只要求事实上的回忆,而不强调评价性或创造性思维,儿童就会得出结论认为教育并不对探索所提供的信息之外的能力感兴趣,而只将记忆看做是首要重要的。

教师的语言

教师对儿童使用的语言应尽可能与儿童的语言相似,这使他们能理解教师的意思,而同时又要有足够的新的字词和语言概念来拓宽儿童的理解。几年前,在一项研究中巴纳斯(1971)发现许多教师都不能完成这些基本性的需求。换句话说,他们使用的是一种规定性的语言形式,无法在儿童掌握不了所传达的内容时进行调整。比如,在教学中当需要对一个不熟悉的概念定义时,许多教师只是使用一些同样(甚至更加)复杂的概念。他们似乎不能根据儿童现有的经验和理解力水平对他们表达最初的概念。布朗(1973)提供了一个类似的例子,他报告在他研究的儿童中有40%的提问都收到他们教师的无关的回答。

教师经常犯的一个错误是他们认为既然儿童"知道"某一具体字的意思,所以就以为这个词对学生和对自己有同样的意思。这一点尤其被体现在抽象概念(像"公平"、"正确"、"理解"、"兴趣")和那些有相对意思的概念(像"高"、"近"、"快"),在一些像"时间"和"空间"的一类较重要的概念上也存在这种情况。教师以为这些词对儿童的意思与成人一样,但这妨碍了儿童掌握一些基本的科学和数学概念。换句话说,如果教师认为不能将事物转化为字词就是理解的不够,那么就会产生错误。比如,儿童可以在允许的情况下用数学符号表明他们已经掌握了复杂的逻辑关系,或用情感反应如同情、快乐、愤怒来表达他们的意思,但他们却无法用语言来表达这些事情。甚至那些在写作上很少能遵守拼写或语法规则的儿童(在诵读困难的情况下)有时也能读懂这些概念,这表现了他们对这些概念的理解。

但在语言上有一句忠告。在西方社会,我们生活在一种非常语言化的环境中,这种环境很强调语言的流畅性,而对一些非言语的活动和交流则不重视。这在一定程度上是很不利的。语言在我们的生活中具有很重要的地位,应对儿童正确的获得和使用语言进行经常的鼓励。但与字词有关的技能通常有可能使意思并不明确。这一点在科学家和社会科学家使用的专业术语中表现较明显,在司法语言中有时故意让意义不明,在政治家的语言遁词中,在公共事务的过分掩饰中,以及在社会管理者的有意安排下,也都会表现这一特征。就像矮胖子对艾丽丝所说的,我想要它有什么意思它就能表现什么意思。

与这一点相联系的,在西方社会还存在一种普遍的信念,即除非将其一事物转化为字词否则它就是无效的,相反如果这些事物能被转化为字词它就是有效的。这就忽视了这一事实即许多最重要的生活经验,从幸福到深深的相爱,从精神的直觉到对艺术、音乐和日落的赞赏,通常是根本无法用适当的语言表达的。这些经验对个体本人有较深的意义,并且可能强烈的和永久的改变他们生活的方向,但它们却无法用准确的语言来评价。只是由于它们的非言语性就不考虑他们而认为它们是无意义的,这就使人类心理和教育过程的很大一部分被忽视了。

对语言的批判性思考。因此,在教育儿童如何使用语言的过程中,教师也应该帮助儿童对语言进行批判性的思考。我们需要帮助儿童辨别对他们做出回答的人们在语言上的错误。帮助儿童对别人表达的意义进行整理——或对缺失的意义整理。还要帮助儿童区分那些言语性经验和非言语性经验。简单地说,他们需要认识到字词只是对现实的代表而不是现实本身,并且它们只是对使用它们的人来说才是可靠的。即使由著名的人物说出的话或印在书本上的话,也不能就自然的被认为是真的。即使一些事物不能被表达为语言,也不能就自然的被认为是错的。语言是我们的一个有用的工具,它具有极大的力量和潜在的美感,但它即不是排它的也不是能包罗万象的。教育的任务是展示给儿童语言的力量,当然,也不能忽视它的弱点。

方言和口音

在方言和口音的问题上成年人通常无法区别儿童在语言上的缺陷和语言的社会认同方面的差别,也就是和那些标志着儿童家庭和亚文化背景的特点的语言之间的差别。后者的语言习惯在某种程度上属于标准英语中的"不正确"表达,但儿童使用这种方言并不是由于知道它们不好,而是这些习惯可以帮助儿童被其家庭和朋友更易接受。如果教师对这种语言习惯过于吹毛求疵,那么他们的工作就会有产生家庭——学校冲突的危险,如同在第一部分中提到的,在这种冲突中学校的价值观和家庭的价值观之间存在尖锐的对立,而儿童被迫在这两种价值观之间做出选择。学校当然要教标准的语言,但也应该认识到儿童既能学会这种标准语言也能学到他们自己的方言,并能在他们自己认为适宜的情境中使用任何一种语言。儿童需要具有两种语言形式,这使他们在社会生活中不同的情境里能充分和适当的交流。对于在每个儿童的语言技能中能同时存在两种语言技能,学校应该感到高兴。

这一点在处理口音问题上也是同样的。人们通常根据别人的口音做出常常是不正确的判断,儿童也需要用不止一种的发音方式来处理同一字词,因为这样他们才能发现自己可以被不同群体的人们完全接受。重要的事情是儿童应该理解为什么要有这种多种发音形式的需求,而不要有一种感到自己的家乡语言比其他语言低一等的认识,或有一种使他们感到被"影响"或"无知"或"可笑"的感觉。

掌握语言技能

语言是基本的教学媒介。尽管科学科目、数学与艺术都有属于自己科目的语法，但口头语言仍是交流的核心。因此，不论是哪一科目的教师，他们都是语言的教师，要传授与语言有关的技能，像阅读和写作。优秀的教师从不放弃任何教学的机会。他们的一个特征是他们会利用每一个发生在其主要教学领域以外的但却极具教育潜质的机会，这一点在言语这一领域上表现得尤为重要。大量的言语技能都是在讲授其他课程而不是英语课时学会的，这样可以使儿童能够认识到语言是日常生活的一个基本内容，我们对它掌握的越好，我们在生活中有效活动的潜能就越大。

因此，优秀的教师总是注意抓住任何一个机会教授语言。虽然不断纠正儿童的语言是一件令人厌烦的事，并有可能让他们失去使用字词的兴趣，但有同情心的促进和指导却无论如何都能适当的帮助儿童认识到语言对他们是开放性的。对正确使用语言的奖励和鼓励能帮助他们认识到从这些可能性被转变为现实后所产生的自然增长的利益。语言帮助一个人形成自己的思想，并帮助表达这些思想和情感以及与之相联的需要。语言不会给儿童带来其他危害，也不会使事物恶化。语言只会给他们自己带来好处。只要语言是以相关的和支持性的方式出现，他们很快就能发现其实践性的价值。

教师作为倾听者

优秀的教师，不论是哪一科目的，在儿童谈话或阅读时都应认真倾听，并发现他们可以促进儿童发展的机会。优秀的教师也应认真倾听自己的语言，并确认它对教学活动是适宜的。本章前面提到的事实证明教师不得不回答他们自己提问的很多问题，以及他们经常使用某种固定的语言形式，这在儿童不能掌握所传授的内容时很难进行调整。甚至在对不熟悉的概念定义时，所使用的语言也是难以理解的。对这一性质的发现再一次证明了教师与儿童语言之间的差距。除非在儿童已有的理解力水平上与他们交流，否则教师是不能成功地发挥自己的作用的。用磁带对讲课进行记录和认真听自己的语言,这会在很大程度上帮助教师评价他们使用的语言是否恰当。确定在课程中使用的关键字词,然后要求学生写出这些字词的定义,也会有同样的作用。最重要的是要鼓励儿童提出问题并在他们不能理解字的意义时给予指导。在很多情况下,是教师对儿童的提问的批评而不是回答限制了儿童提出问题("如果你注意听讲,就不会提出这种问题";"我不明白为什么你不懂,它非常简单";"我已经解释过了,我们没必要再在这个问题上浪费时间。")。或者是在儿童正准备说的时候简单的打断提问或参与进去,而不是允许儿童用自己的话说完。

这反映出在许多课程中我们教学的一些问题,即教师的提问远超过儿童提问的数量。而且语言的绝大多数内容是来自于教师而不是班级中的学生。在任何社会交往中,大多数的参与者都有需要发言的欲望,需要参加到辩论中,澄清困难的问题,发表自己的观点,并且一次又一次地表达自己的不同意见。班级教学是一种特殊类型的社会交往,并且许多学习机会只能来自于社会性交往。交互分析的结果表明在许多课程中的这些交往活动很少是由儿童发起并有适当的解决,儿童也很少接受到对自己的提问所做出的满意的回答,或得到适当的帮助来提出新的问题。这种将教学气氛转化到一种成功的语言环境的能力是教学艺术的一部分,这种能力仅依赖于同时倾听自己和儿童的语言,并将这两方面结合到一种适宜的和谐境界中。

语言游戏

我们在前面提过,在鼓励儿童使用和发展语言的技能上一个最关键的成分就是给儿童提供一种语言的客观性需求。有一些儿童从一开始就喜欢字词,对语言很少有畏难情绪。但对许多儿童来说,一旦他们掌握了足够的语言来表达自己眼前的需求,进一步的发展就有赖于使他们清醒的意识到他们目前的技能还不足以应付他们被要求去做的许多任务。对西印度生活背景的儿童进行的研究证明运用语言游戏可以鼓励这种意识(Wight,1979)。这些游戏由许多具有挑战性的活动组成,比如要求儿童对同伴描述一个指定物体的形状,然后要求同伴根据所描述的形状来画出整个物体。

这种游戏产生的兴趣和乐趣促使儿童使用他们已有的所有有效的语言策略,并不断去创造和实验新的策略。通过这种游戏活动,儿童不仅能看到他们已经拥有的语言工具的多样性,也能发现这些工具的不足以及他们需要对此做出改进。这种游戏的另一种形式是让儿童以录音或书写的形式将他们描述形状和其他项目的过程记录下来,这样便可以更仔细地观察他们的言语以及其中还要改进的地方。这一类型的活动不能代替正式的课堂上的言语交流或具有创造性的写作课程,但它们可以加速和丰富语言的发展,并给儿童表明,语言既是有用的又是有趣的。

阅读和写作

伴随语言发展的是与语言有关的阅读和写作技能。这两种技能都有它们自己的专业性领域,我们在这里不能对它们做充分的论述。但在阅读上的教学与语言本身的教学有非常相似的原则。首先,要给儿童提供正确的阅读环境。因此,要由父母给儿童读,使他们能从书中交流到有刺激性的观念和事件,他们看到父母在自己的生活中利用阅读,他们已经开始愿意接受书中的字词了,并将阅读看做是一种拓宽和丰富生活的技能。他们逐渐理解了字词可以带来的力量和快乐,并有欲望要开始着手自己去获得阅读的乐趣。

其次,要给儿童提供具体的阅读方法。这一方法的细节在许多方面与阅读专家宣称的不同策略是相符的,但他们却忽视了像停顿、暗示、提示、奖励这些基本原则中的大多数成分。儿童在一个不熟悉的字上停顿下来,教师也要停顿一下给他或她一个说出它的机会,如果他们还不能做就给他们一个提示,最后当他们成功的将这个字重复出来就奖励他们。研究证明停顿应该持续大约5秒,这可以给儿童留下充裕的时间,使他们集中注意这个字的视觉形状,在听到教师的暗示和提示之前凭记忆产生它的印象。而立刻做出反应的教师,没有留下停顿的时间,打断了儿童自己的过程,从而妨碍了对这个词及其上下文情境的注意。这种阅读教学的简单要求,是要求教师有耐心和热情,并保证阅读的书有较大的乐趣并对儿童有一定难度。

　　写作的教学是在阅读教学的基础上开展的。儿童一旦认识到印刷的文字带有语言的意义,他们要复制这些文字的天性便会发挥作用。成年人提供给他们一些简单的字母和字词使他们能够临摹或复制,当他们的技能发展了,他们就开始能以记忆写出这些字母和字词。最后他们开始根据自己的创造性写出字词,由此写作的基础就奠定了。与阅读教学相似,在这一基本的方式上也存在许多变化。我不希望对这两种重要技能的教学过于简单化,但如果把它们过于复杂化也会产生误导。许多教师(还有父母),特别对那些年龄较大的儿童,不能给那些学习慢的儿童提供他们需要的帮助,他们有一个错误的印象,即阅读和写作只能由那些经过一定专业训练的教师来教的。但实际上这些技术所包含的心理原则是比较简单的。只要教师有快乐和鼓励性的态度,同时结合刺激丰富的学习环境,掌握了这些原则就能使大多数成年人对儿童在这些方面的进步做出贡献。

语言和智力

　　在下一章对智力讨论的时候将进一步涉及与语言有关的内容。我们这里对语言的讨论只是将它看做是一种功能,它是儿童和世界之间交流的一种方法。但从这一讨论中我们也可以看出语言在智力行为中的作用,言语流畅的儿童在概念形成和问题解决时,会表现出较大的优势。我们在讨论下一章的内容时,必须要考虑到语言的背景知识的作用。

参考文献

Barnes, D. (1971) Language in the Secondary Classroom. In D. Barnes, J. Britton and H. Rosen *Language, the Learner and the School*, revised edn. Harmondsworth: Penguin.

Bates, E., O'Connell, B. and Shore, C. (1987) Language and communication in infancy. In J. D. Osofsky (Ed.) *Handbook of Child Development*, 2nd edn. New York: Wiley.

Bernstein, B. (Ed.) (1975) *Class, Codes and Control. Vols I-III*. London: Routledge & Kegan Paul.

Bower, T. G. R. (1982) *Development in Infancy*, 2nd edn. San Francisco: W. H. Freeman.

Brown, R. (1973) *A First Language: The early stages*. London: Allen & Unwin.

Chomsky, N. (1980) *Rules and Representations*. New York: Columbia University Press.

Drummond, M. J. (1990) The curriculum of early childhood. In N. Entwistle (Ed.) *Handbook of Educational Ideas and Practices*. London and New York: Routledge.

Hargie, O. D. W. (1978) The importance of teacher questions in the classroom. *Educational Research*, 20, 2, 99—102.

Kuczaj, S. A. (1982) On the nature of syntactic development. In S. A. Kuczaj (Ed.) *Language Development, Vol. 1: Syntax and Semantics*. Hillsdale, NJ: Erlbaum.

Newport, E. L. (1990) Maturational constraints on language learning. *Cognitive Science*, 14, 11—28.

Olson, S. L., Bayles, K. and Bates, J. E. (1988) Mother-child interaction and children's speech progress: a longitudinal study of the first two years, *Merrill-Palmer Quarterly*, *32*, 1—20.

Rogers, D. (1985) Language Development. In A. Branthwaite and D. Rogers *Children Growing Up*. Milton Keynes: Open University Press.

Slobin. D. I. (1985) Cross-linguistic evidence for the language-making capacity. In D. I. Slobin (Ed.) *The Cross-linguistic Study of Language Acquisition: Vol. 2. Theoretical Issues*. Hillsdale, NJ: Erlbaum.

Stubbs, M. (1983) *Language, Schools and Classrooms*. London: Methuen.

Turney, C., Cairns, L. G., Williams, G., Hatton, N. and Owens, L. C. (1974) *Sydney Micro Skills: Series 1*. Sydney: Sydney University Press.

Werker, J. F. and Tees, R. C. (1984) Cross-language speech perception: evidence for perceptual reorganization during the first year of life. *Infant Behaviour and Development*, *7*, 49—63.

Wight, J. (1979) *Dialect and Reading. Appendix to Supplementary Readings for Block 4, PE232*. Milton Keynes: Open University Press.

补充读物

Aitchison, J. (1983) *The Articulate Mammal*, 2nd edn. London: Hutchinson.

In spite of the intimidating title, provides a comprehensive ac-

count of child language and of the main controversies and issues in the area.

Carroll, D. W. (1985) *Psychology of Language*. Monterey, CA: Books/Cole.

A standard text, with good reviews of research.

Francis, H. (1982) *Learning to Read: Literate Behaviour and Orthographic Knowledge*. London: Allen & Unwin.

A comprehensive introduction to literacy skills in children.

Kennedy, A. (1984) *The Psychology of Reading*. London: Methuen.

A thoroughly practical and informative book. Written from no particular theoretical standpoint, it covers all approaches and is good on writting and speaking too.

Osherson, D. N. and Smith, E. E. (1990) *An Invitation to Cognitive Science, Vol. I: Language*. Cambridge, MA: MIT Press.

A stimulating recent survey of the field.

Stevenson, R. J. (1993) *Language Thought and Representation*. New York: Wiley.

Links together the development of language and the way in which it influences both thought and the way in which the individual builds internal representations of the world.

Stubbs, M. (1983) *Language, Schools and Classrooms*, 2nd edn. London: Methuen.

Excellent short introduction to the relationship between language and educational progress, with a welcome practical orientation.

Stubbs, M. and Hillier, H. (Eds) (1983) *Readings on Language, Schools and Classrooms*. London: Methuen.

Excellent collection of papers covering nearly all areas of interest to the teacher.

Trudgill, P. (1975) *Accent, Dialect and the School.* London: Edward Arnold.

Argues the case for linguistic diversity and emphasizes the extent to which schools cause problems for children by their insensitivity towards this diversity.

De Villiers, J. G. and de Villiers, P. A. (1979) *Early Language.* London: Fontana/Open Books.

Straightforward and highly readable account of language acquisition. Those who wish to study the subject in more detail might like to go to the fuller account given by the same authors in their Language Acquisition, *Cambridge, Massachusetts: Harvard University Press (1978).*

Wells, G. (1985) *Language Development in the Pre-School Years.* Cambridge: Cambridge University Press.

An alternative to de Villiers and de Villiers, and equally good.

一些问题

1. 什么类型的思维有可能不需要语言?
2. 在语言发展中,咿呀学语和语言之间有什么联系?
3. 为什么对聋儿尽可能越早诊断越重要?
4. 在语言发展中模仿的作用是什么?
5. 儿童有一种内在语言生成能力的证据是什么?
6. 语言的能力表现在哪几个方面?
7. 列出尽可能多的鼓励儿童语言发展的方法。
8. 在大多数对儿童教授阅读的方法中包含的简单原则是什么?

9. 什么证据能告诉我们大多数教师提问的有效性?
10. 想出一个帮助儿童语言发展的简单的教学游戏的例子。
11. 为什么教师的语言通常对儿童帮助不大?
12. 强调语言对其他交流手段的排斥的危险是什么?
13. 方言和口音是如何造成教师对儿童语言能力的不正确认识的?

第五章 智 力

什么是智力?

在所有心理学的内容中,没有比像智力这一内容在教育中受到如此高度的重视。其原因是显而易见的。如果我们将智力定义为认识关系的能力,以及运用这些关系解决问题的能力,那么我们就能看到几乎一个儿童在学校中的所有活动都受这种能力的影响。如果再加上这一事实,即智力的高低将在社会和职业上有重要的影响,则我们就不会奇怪为什么父母和教师会对这一问题给予特别的兴趣。也可能正是这种极大兴趣造成了在智力的性质和测量上的许多错误的概念,而其中的一些概念又损害了儿童在教育上的进步。

智力的测量

首先让我们从测量的问题开始,因为如果我们不能理解这一点,我们对在研究智力起源及其发展方式等方面存在的缺陷就无法有一个清楚的认识。由于智力是一种不能被直接观察的现象,它与人的身高或体重不一样,我们只能从观察人的行为上推断它的存在。如果我们记住这一事实则我们就将明白我们对智力的任何测量都比人们实际做的要少。如果我们用跑步做一粗浅的类比,我们能说一个人跑得快而另一个人跑得慢,但跑步才是他们实质上正在做的事情,而不论它是发生在跑道上还是在家中。事实上,跑步是由某些特定的生理特性所产生的,就好像智力行为应是由大脑的神经生理特性产生的,但却不能说在这一活动本身之外还存在任何主体。

这就使我们很难在任何绝对化的意义上对"优秀的"和"不良的"跑步者的意思做一概念化的总结。这种绝对化的意义表现在我们说身高的人所以高是由于在任何时候和任何条件下,他完整的身体从头到脚都比他周围大多数人的身体要长。我们如果说"优秀的"跑步者只是比他周围的大多数人跑得快,那么我们是测量他在50米中的速度,还是测量100米、500米以上、一公里或26公里的马拉松长度中的速度呢?我们只是测量他们在平地上跑的速度还是测量上坡与下坡跑的速度?是测量在一定海拔高度上的速度或是在水平面上的速度?是测量在热天的速度或是在冷天的速度?是在吃饭以后的或是之前的?很明显甚至对同一组跑步者,在这些不同的条件下测量的速度也将产生不同的结果,第一种情况下某一人跑得的确快但另一条件下又是其他人最好。除非我们对这些人在所有条件下跑的结果加以平均才能得到有效的结论,否则我们很难说一个人是"最好"的,因为他可能在100米中被别人超过,或可能在一公里以上被另一人赶上。我们甚至不能选拔出最佳的短跑者,因为一个在100米上跑得快的人,可能在距离缩短为50米或距离加长为120米时被其他的人超过。

我在一开始就声明在智力和跑步之间的类比是很简单的,千万不要以为我在暗示它们在能力上是属于相同的类型的。但作为一种类比它使我们认识到如果我们以这种方式对行为进行测量和判断,那么对"谁是最好的?",或"这个人与那个人相比有多好?"这一类问题的回答,在很大程度上决定于我们确定的这一行为必须发生的条件。但在这些条件上很难有一个公正的因素。我们暂时再回到跑步的例子上,为什么正式的成年人室外竞赛的最短距离应取100米?为什么它不能是我们喜欢采取的99米或105米或其他的距离?这也是智力行为中遇到的问题。智力测验的设计者所指定的条件（比如，他们设定的问题，完成这些题目的时限，以及决定的什么样的回答是"对"的和什么样的回答是"错"的）就是操作智力行为的条件；但如果我们愿意也可以设制完全不同的条件，当然也会产生完全不同的记分标准。这一标准是否更合适则决定于它是否能更好地说明在现实生活中当个体需要用智力行为解决面临的问题时的表现。但这些问题的范围太广泛了，并且它们的解决经常依赖于许多智力之外的其他因素（比如，机会，别人的鼓励，动机，焦虑的程度），所以并不可能让这些问题总是表现的非常明确。

所有这些并不是在辩论智力的重要性或对智力的测量的努力，正如同这也不是在辩论赛跑以及用这种结果如何更好预测一个人在现实生活中需要赛跑时所能跑的有多快一样。它只是试图突出那些与测量有关的问题，并指明我们做出的如何对这种能力进行测量的决定会不可避免地影响我们对这一能力本质的认识。正是因为这一原因一些心理学家只简单的将智力定义为是智力测验所测的能力，这是一个绝妙的循环定义，它不能给我们任何真正的帮助，但却使我们牢记我们所面对的困难。

智力测验
起源
如果我们退回到本世纪初了解一下智力测验在实际运用上产生的起源，并结合其他的重要因素，我们对这些问题将会认识得更清楚。事实上，在1905年法国心理学家阿尔福雷德·比纳和他的同事西奥多·西蒙被巴黎的教育机构要求设计一些方法来鉴别那些在正规的学校教育中可以表现得"较笨"的儿童。比纳根据自己对这个问题的认识，明智的决定收集一系列简单的语言和实际问题来设计测验，用以检验理解、推理、判断和适应的能力，所有这些问题都被设计为大年龄的儿童比小年龄儿童做得更好，并且那些教师认为"聪明"的儿童比被确认为"笨"的儿童做得更好。比纳做的另一个明智的决定是将测验分数标准化,这使每个儿童的得分可以与其同年龄的常模进行比较。这就产生了智力年龄(或 MA)这一概念,儿童的智力年龄是指在这个年龄上的大多数儿童都能获得与他或她的分数相同的分数(比如,一个 8 岁的儿童获得了一个通常只有 10 岁儿童才能获得的分数,则他的智力年龄就是 10 岁)。

后来,在 1916 年,智力年龄的概念由美国斯坦福大学的心理学家刘易斯·推孟进一步发展,成为现为人们所知的智力商数(或 IQ)。一个儿童的 IQ 是用智力年龄和生理年龄的比率乘以 100 而获得。因此,生理年龄是 8 岁而智力年龄是 10 岁的儿童的 IQ 为:

$10/8 \times 100/1 = 125$

这种方法的好处是如果儿童的智力年龄与他们的生理年龄相同(不论这不同的年龄是什么)则他们的 IQ 就永远是 100,而这一 IQ 可以告诉心理学家或教师一个基本的事实,即所测量到的儿童的智力发展就其所在的年龄段上属于"平均"水平。这种计算 IQ 的方法被使用了许多年,但它存在一个重要的缺陷。经验表明在大约 15 岁以后智力年龄似乎就不再变化了(比如,至少在智力测验的得分上,15 岁左右人们似乎达到了顶峰)。而此时生理年龄还在继续增长,这将意味着,如果继续用这一公式计算人的 IQ,那么一个人在 15 岁以后其 IQ 分数就会自动的逐年减少。比如,一个 30 岁左右的人他的 IQ 将仅有 50,这已经变为"低能"的类型了!因此,很明显这一公式只适用于对那些年龄很小的儿童进行的智力测验上。这使我们现在开始使用离差 IQ 的概念,它表明了一个人的分数与他同龄人的常模偏离的程度,我们可以将常模的分数等同于习惯上的 100 分,或者称为标准年龄分数,它表示了在一给定的年龄上的人们所得的分数超过或低于每个测验分数上的百分比。

以后的发展

虽然我们可以说系统的智力测验最初是以一种偶然的、不精确的方式发展起来的,但对这一领域上随后的研究与发展并不能做这样的评价。最初的比纳—西蒙智力测验后来在斯坦福大学被做了大量的认真的验证修订(斯坦福—比纳量表,最新的版本是1988年版),并且还制定了许多其他类型的测验,现在都已被广泛使用。我们没有更多的篇幅来详尽论述这些测验的结构,但如果老师希望了解这些测验的真正性质,他们就需要知道这些结构中包含的一个基本原则。这一原则是以这样的一种假设为基础的,即认为在总体人口中智力是呈现正态分布的,这一点与许多生理特性的分配相似,比如像身高、体重和脚的尺寸。正态分布意味着,举例来说,如果我们测量英国每个成年人的脚码,然后将测量结果点在一张图上,则我们会得到一个近似钟形的曲线,中间的峰代表大多

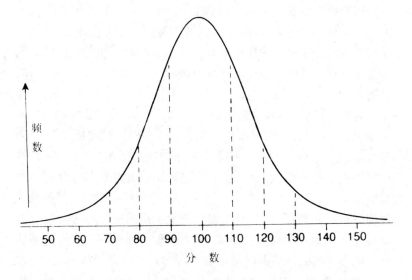

图 5-1 正态曲线

数的人，在平均数两边的分布也是规则的、对称的，如同图 5-1 表示的。这种对称性表达了这样的事实，即比平均数值大的脚码的人群分布与那些比平均数值小的脚码的人群分布是相匹配的。

我们假设智力也是一种正态分布，这意味着如果用所设计的智力测验去测量大量的有代表性的样本人群，则其测验分数将呈现这种钟形曲线分布（通常称之为正态曲线）。如果分数的分布不是如此（比如，得高分的人多于得低分的人，或完全相反）那么就应该把测验的难度水平调高或降低直到我们所需要的分布结果出现。当然，也存在一种意外的情况，即在所测验的人群中他们的智力分布根本不是正态的。有可能确实有更多的人的智力水平处于平均分数之上而并不低于它（如果平均分数是对少数得分较低的个体的结果计算而来，则完全可能存在这一现象），或可能更多人的智力水平处于平均分数之下而并不高于它。因此，我们在建构测验时所依据的原则有可能会把 IQ 分数分布的模式强加于事实上没有基础的人群。这一点在选拔性测验中可能是很重要的，在另一些测验中也有这样的假设，即只有得分高于某一标准的人才能获得被选拔的机会，或才能掌握成功完成某一任务的必须的技能。

当然，这仍然不是对智力是否是正态分布的问题进行辩论。从人类其他的特征上得到依据来看（比如像前面提过的身高和体重），我们也很难发现有其他假设存在的可能，但在解释 IQ 分数时应特别小心不能太刻板，也不要以为两组儿童在测验分数上的细微差异会有多么大的实际意义。测验的分数最好参考其他测验的情况进行解释，如果我们要做教育上的决策则应参考与学校的课程相适应的相关性测验结果，如果我们关注于职业指导的某些方面则最好测验一下人格与动机。

在美国，对于个体的智力测验得分处于正态分布中不同位置有一些特别的概念来描述（Atkinson etal.，1993）。它们是：

IQ 分数	描述概念
130⁺	非常优秀
120～129	优秀
110～119	超常
90～109	正常
80～89	低常
70～79	临界状态
55～69	轻微智力落后
40～54	中度智力落后
25～39	严重智力落后
0～24	极度智力落后

这些概念可帮助决定对于那些学习困难的儿童应给予什么程度的治疗处理或关怀,以及决定对于那些 IQ 非常高的儿童应提供什么。但如果这种作法引起人们对儿童进行分类,并产生对自我实现预测的风险,则这些概念就不必使用。更严重地,如果这种作法给那些分数低于正常值的人带来了什么耻辱,它无疑会有很大的消极作用并不会被接受。

标准差的重要性

根据正态曲线对智力测验进一步标准化的结果使我们认识到标准差的重要性。标准差是一种量度,如果我们在平均数上下各取一个标准差则我们将包括样本的大约 68%,而如果我们在平均数上下各取两个标准差我们就将包括样本的大约 95%。因此标准差是对离散性的一种测量,它告诉我们代表性样本得分的分布有多宽。下面举的例子可以使这一点变得更清楚,它说明在我们对测验分数进行解释之前,我们必须首先了解这一测验的设计者所使用的标准差。假设一个智力测验(测验 A)使用了标准差为 10 而另一测验(测验 B)的标准差是 20。从正态曲线上我们知道在测验 A 中我们可以期望有 68% 的儿童的分数处于 90 和 110 之间,因为这两个分数分别代表了平均数上下各一个标准差(当然平均数是100)。然而,在测验B中,由于标准差是20,我们就能了解到68%的儿童的得分应处于80到120之间,这两个分数代表了在这一测验中平均数上下各一个标准差。如果我们现在来了解一下某个儿童在两个测验上的得分,并且发现他或她在测验A中得110分而在测验B中得120分,我们就能认识到这两个分数虽然完全不同,但事实上它们给予我们的是相同的信息。它们都告诉我们这一儿童是处平均数周围68%的人群的上端。

如果我们假设这个儿童要转学,则我们会看到这将造成某种程度的混乱。让我们设想这两个学校都以儿童在测验中的结果来记录他们的IQ,而第一个学校中对儿童使用测验A,而他或她将要转入的学校却使用测验B。第一个学校的校长将这个孩子的记录转交给第二个学校的校长,后者看到这个孩子的IQ水平是110。而在测验B中110分的IQ将证明这一儿童的分数是处于平均数左右分布的68%人群之中的,于是这一校长就认为他已从这一IQ分数中得到他所需要的信息了。其实,如果校长对测验A有详细的了解,并知道标准差的意义,他将发现情况完全不是这样,这一儿童的得分应该相当于测验B中的120分。

群体测验和个体测验

智力测验的另一个特征是有一些属于个体测验而另一些是群体测验。前者是由测验者对一个儿童施测,有时还使用一些结构性的工具像木块或卡片,而后者基本是纸笔式的测验并且是在某一时间对许多儿童同时施测。个体测验更费时间,而且由于儿童不得不做出口头的反应,测验者在活动中便成了一个重要的变量,因为儿童可能会在测验者面前表现得紧张,或由其面部表情或点头等动作中得到一些暗示。然而,这种测验却有能避开儿童不具备阅读问题或写出答案的能力的优势,特别适用于年幼的儿童和那些在基本科目上较迟纯的儿童。一个最有名的个体测验就是韦克斯勒儿童智力量表（WISC），它最新的版本是 1991 年的并且还有成年人的量表（WAIS，1981 年版）。我们前面讨论过的最早的比纳量表现仍在使用并有 1988 年的新修订版本，还有对比后制定的英国儿童标准化的英国能力量表，它能提供智力能力范围中许多不同的分数，而不是一个总的分数。

在儿童诊断指导范围之外被广泛而可信使用的是群体智力测验。它们被如此广泛的使用以至于已超出了教育的范围，而被引入职务选拔、职业指导和管理训练领域中（与个体测验一起，它们也被运用在军队中）。仅在美国每年就大约要使用 2 亿次的智力测验或成就测验，当然这种时间和金钱上的巨大投资是否合适则是另一个问题。目前所使用的群体测验中最有效的测验是由剑桥大学艾丽斯·海姆设计的测验，它有不同的版本被用来对学龄儿童和高等教育的学生进行测试（分别为 AH4 和 AH5）。

在美国，有两个应用最广泛的群体测验，一个是 1994 年版的学业能力测验（SAT），另一个是 1989 年版的美国院校测验（ACT）。它们都是针对大年龄学生的。美国的大多数高等教育机构都要求其申请者通过一个或另一个测验，以此作为不同学校之间的测量标准。心理测验必须由合格的使用者来施测和解释结果。而不同的测验就需要有不同的使用者资格，测验的出版人和发行人也有责任只对有适当资格的人出售标准的心理测验。在英国有英国心理学会制订的更详细的要求。

智力的模型

与智力测验的发展一样，人们在建构智力模型上的努力也帮助我们更好的了解智力是怎样活动的。在比纳在巴黎开始他的实验的同时，卡尔·斯皮尔曼也提出了现在被称作双因素理论的智力模型。如果我们再回到前面举的那个跑步的例子，我们就可以知道他的理论是如何解释的。人们可以假设在跑步活动的每一个操作中都存在一种共同的能力并有一些更为特殊的能力因素，它们只在特殊类型的跑步任务中才发挥作用（短跑、中距离跑和长距离跑等等）。在智力上也同样是如此，斯皮尔曼提出存在一种一般智力因素（他称为"g"）和许多种特殊能力因素（他称为"s"因素）。因此在任何智力活动中都包括"g"，再将适宜的"s"因素加到特别的活动中。斯皮尔曼强调，特殊能力在彼此之间是相互分离并有区分的，在认知能力之间只有"g"与所有的因素都有相关。

一般智力（"g"）的测量

斯皮尔曼的"g"理论的重要历史意义在于它对智力问题的认识产生了近半个世纪的影响。但在如何测量"g"上则产生了问题。比如，对"g"的测量是文字智力测验比图形智力测验更好呢，还是反过来更好？斯皮尔曼认为相关的程度（比如，一个儿童在两种测验中获得的分数之间的一致性程度）将决定于"g"的存在，但如果我们想直接测量"g"，用哪种测验更好呢？我们不得而知。但似乎我们不可能设计一种专门测量"g"的测验，因为我们知道，每种智力活动都是由"g"再加上一种或多种"s"因素组成的。因此，文字型的智力测验是包括了"g"和与文字能力有关的"s"因素；图形型的智力测验则是"g"与图形能力有关的"s"因素组成；机械型的智力测验就是"g"再加上与机械能力有关的"s"因素；等等。所以，似乎无法直接得到"g"本身。

由于这一原因，也就有人提出了其他的智力模型，认为智力由许多不同的智力能力群组成，它们有可能相互关联或没有相关，但在测量方面更容易将它们区分（比如，言语能力，计数能力，空间和机械能力，以及记忆能力）。总的来说，目前的观点，尤其在美国，倾向于接受这些修正后的模型。虽然这些能力是被分别测量的，但大多数智力测量都以不同的方式将它们组合在一起从而组成一个 IQ 分数。最新版的斯坦福—比纳量表就是由四种能力构成，分别是言语推理、抽象/视觉推理、数量推理和短时记忆(Sattler,1988)。WISC有两个量表,一个是言语量表,它测量词汇量和理解力,数学能力也以文字性题目呈现。另一个是操作量表它要操作和安排一些木块、图片或其他材料。这些分量表的方式都比只提供一种"g"分数的做法要好。一个在某些智力能力方面似乎表现较差的儿童(当然也就会有一个相对较低的IQ分数)仍然可以在一个或多个其他的分量表上获得较好的结果,这也使我们更清楚他在某些领域上的天赋。分量表分数也能使我们更明确儿童在问题解决上存在哪方面问题,以及他们需要哪方面的支持。而且有证据表明(Vernon,1979)随着儿童年龄的增长,儿童的不同智力能力也在不断分化。在非常年幼的儿童中不同能力的表现都比较一致,但在青少年和成年人中间则在不同的能力上表现出更大的差异性。这一结果的部分原因可能是儿童在学校中逐渐增多了专业上的压力;但也可能是我们的思维能力变得更复杂的结果,所以使我们的能力在处理某些类型的智力问题上发展的更快一些,而在处理另一些问题上的能力更差一些;或者是由于我们天性中对自己更成功的领域格外关注,这一倾向也进一步促进了在这一领域上的发展。总之,只有那些能对不同能力程度分别测量的测验才能使个体这些能力表现得更明确。

因素分析的使用

赞同使用不同分量表测验分数的观点也得到因素分析研究的支持。简单地说,因素分析只是一种技术,它通过对许多分数进行检验从而确定某些组分数之间的相关是否比它们与另外一些组的分数的相关更高。比如,我们对一群分数用从A到Z的字母命名,我们可能会发现A、D和G的分数形成一组并代表一种性质,而J、L和P形成代表另一性质的组,R、T和W又形成代表第三种性质的组。我们就可以说这三组每一个都包含一种基本因素,它使组内的这些分数彼此相互关联。将这一方法用于智力测验,如果确实存在一种"g"因素,则我们可以预测所有的测验分数不再被分为不同的组,而是形成一个单一的组(这些分数之间彼此有很强的相关,这是因为它们都包含着一个共同的基本因素"g")。而事实上,从来没有获得这样的结果。当我们对不同的智力测验的结果进行相关分析时,我们并未发现一个共同的因素,而是存在几个相分离的因素;因此,在智力模型中也就产生了多因素的观点。

最有影响的一个多因素观点是瑟斯顿提出来的(Thurstone and Thurstone,1963),他发现智力由 7 个因素组成,分别为言语理解(对字词意义的理解)、词语流畅性(快速的语词思维性,通常包含在字谜游戏和对字词韵律的认识上)、数字、空间(视觉再现空间模式之间的关系)记忆、知觉速度(快速地掌握细节),以及推理(发现一般性的规律)。在瑟斯顿之后,又有许多心理学家宣称已发现了 150 种以上的不同智力因素,并且在这一方面的研究还在继续(Comrey and Lee,1992)。然而,对多因素观点的强调会导致人们用静态的观点来认识智力活动,当我们在讨论信息加工内容时将发现,许多理论也认识到智力活动的动态性质。

尽管智力的单一因素观点已受到人们的怀疑,但这一概念仍以一种调整后的形式存在,我们现在称之为一般能力,而不再称为一般智力。由于儿童在斯坦福—比纳和 WISC 测验中的分量表上的分数之间确实存在某种显著性的相关,因此也有必要认为这三个分量表提供的组合分数就是对一种总体(一般)能力的测量。"IQ"这一概念现在已被普遍用来代表这一组合的、一般能力的分数,并且研究证明它也是我们对学业成就所能做的最有效的心理预测指标。在斯坦福—比纳和 WISC 测验上一般能力较高的儿童,同那些分数较低的儿童相比,他们有较好的学习成绩,也体验到更多的快乐,并倾向于在毕业以后升入更高一级的学校,而且最终也在职业中获得更大成功(Barrett and Definet,1991)。

IQ 分数与学习成绩之间的相关在小学阶段高达 0.6 和 0.7,

在中学为 0.5 和 0.6。但到大学期间这一相关下降到 0.4 和 0.5，而在研究生中只有 0.3 和 0.4 了(Linn,1982)。这说明在儿童成长过程中一般能力的作用逐渐减小而其他因素的作用逐渐增加(比如,动机,群体压力,学习习惯,创造性,注意力的集中,父母的期望)。另外,大学生与研究生都是高 IQ 的人群,而且在任何类型的心理测验上他们的分数都集中分布在一个很窄的范围内,并与其他任何变量的相关都很低。这也说明了一种阈限效应,即一旦达到了某一 IQ 水平,在少数几个方面产生的差异就不会对总体的成绩产生影响。

基于一般能力上的 IQ 分数也与教师的评价有很大相关,其等级相关在 0.6 到 0.8 之间(Atkinson etal.,1993)。其实这种相关可能还要更高一些,如果不是教师倾向于在能力因素上过高估计女孩而过低估计男孩(与第一章讨论的性别差异的内容相比,这是一个很有意思的发现),并在班级中过高估计小年龄孩子而过低估计大年龄孩子。教师也过高估计那些积极的、合作的、社会性强并自信的孩子,而过低估计孤独和安静的孩子。这些教师的偏见——不论它们产生什么不良影响——都表明我们在解释 IQ 分数时,必须要考虑客观性。

IQ 可以被提高吗？

我们已看到所测量的智力似乎是遗传与环境因素共同作用的结果,既然教师的关注是与后者有关的,那么马上就会产生一个疑问,就是测量的 IQ 可以在多大程度和以什么样的方式可以经由教育来提高?对这个问题的前一部分当然很难有一个精确的回答,但遗传学家与心理学家几乎一致的认为,有着相同遗传基础的儿童如果在环境刺激分别是非常丰富和非常贫乏的情况下生长,则在他们成熟时似乎可以存在 25 个 IQ 分数值上的差异。比如,这意味着一个在 4 岁时具有 95 这样平均水平 IQ 的儿童,如果在学校中接受了适宜的刺激,在他离开学校时 IQ 可以达到 100～105 的范围,而如果没有这种刺激环境,他就会下降到 80～85 的范围。这也代表了那些需要较高技能的工作和那些低管理性工作之间的差别。

学校本身是否能保证儿童达到他能力范围的较高一端是另一个问题。由于存在许多社会性和学业上的因素,如果没有家庭和必要的社会服务机构的帮助,学校在它所能做的工作上便会受到限制。从 1962 年以来人们在学龄前和幼儿园教育的基础上设计了许多干预性的计划来帮助那些贫困环境中的儿童,虽然它们不能完全补偿儿童早期被剥夺的经验,但也被证明能做一些改进。最近的一项计划就使 4 岁的环境不利儿童的 IQ 分数提高了 27 分(在斯坦福—比纳测验上从平均分 78 升到平均分 105),这是在他们加入这一计划中第一年取得的成果。而那些没有参加这一计划的控制组中的儿童其 IQ 分数只提高了 4 分(从 IQ 80 分到 84 分)。接下来的实验证明这些实验组的儿童在 10 岁时仍比控制组的儿童的 IQ 平均分高 9 分,并且在 15 岁时他们不仅有明显低犯罪率,还有较好的父母——子女关系和总体上的社会调适性(Schweinhart, Weikart and larner, 1986)。因此,高质量的早期教育确实能有效的帮助落后的儿童更多地实现其智力潜能,还会产生可测量到的社会性收益。

IQ 测验的训练

教师经常问的一个问题是,如果让儿童练习回答一些智力测验的题目是否会提高他们的 IQ 分数。对这一问题的回答是,系统训练会使分数有一定的提高(而聪明的孩子通常表现出获得更大提高的特性),但这种改进是否能促进儿童处理这些智力测验题目所模拟的真实生活中的问题的能力,则并没有清楚的结论。在某些情况,这种改善也可能只是儿童有较强的自信心的结果。在第七章我们将看到,焦虑对学业成绩有很大的不良影响,当一个儿童在做测验的过程中伴随有这种焦虑,就会对标准答案的获得产生影响。训练也可以帮助儿童熟悉测验程序,并改进他们对时间控制的能力(比如,不要在某一难度大的题目上浪费过多的时间)和回答问题的技巧(比如,在面对多重选择题目时不再是选择第一个看来正确的,而是认真思考所有的回答)。在某些情况下,训练也可以帮助儿童认识到处理特殊问题时所必需的特殊思维技巧,也可以改进对字词的认知。但在美国所做的对经过训练和未经过训练的儿童的比较研究中证明,训练所能产生的改进效果只在 4% 左右(Der Simonian and Laird,1983)。6 个月以上的长期训练计划可能产生这种效果(一些研究证明这种改进也能达到 8%),但长期的这种训练是通过提高学生的整体教育水平来达到这种效果的,而这正是学校所要做的(Jones,1984)。

IQ 测验和教师

教师有时也怀疑,在 IQ 测验中所花费的时间与金钱,是否在教育活动中真的有更多的价值。我们在前面已提到过这一问题,其答案是这一结果的确是对教育成就进行预测的最精确的因素之一(如果它不是最精确的那个),因为测验分数与儿童目前及未来的学业上的成功都有很密切的关系。因此,它们的确是很有用的诊断工具。比如,在智力测验上儿童获得了高分,但在学校的学习上表现较差,那么他一定是受到了其他问题的影响而不是由于缺乏认知能力。他们可能遇到了家庭中的问题,或可能与教师或同学有矛盾,或可能由于缺课而错过了对关键知识的学习。一个非常高的 IQ 分数可能表明儿童对学校的课程感到厌烦,因为它们可能限制了他的发展。也可能他们有一些未诊断出的身体状况问题,像听力差或视力弱,也可能由于来自少数民族群体从而有语言上的障碍(可能表现在他们在非言语性题目上的得分高于言语性的题目),

也可能是为了与朋友在一起而故意降低自己的标准，或由于某种原因使他们缺少自信。

因此，智力测验也可以使我们对儿童的问题的真实原因有所警觉，并使我们制定正确的干预方案。但对 IQ 测验的诊断作用必须强调两种限定条件。第一个就是，在对那些已经表现很好的儿童的 IQ 水平进行诊断将是什么也得不到的（还可能会失去很多）。有时一些校长和教师之中存在一种观点，即有必要经常的对儿童进行智力测验并记录他们的结果。但我已经指出，教师对每个儿童学习成就的期望会受到对他们 IQ 分数认识的影响，所以这就存在一种危险，教师将对那些分数低于全班平均分数的儿童降低所要求的学习标准，甚至在他们已经能毫不困难的达到这种标准时仍低估他们的能力。我们前面已强调，智力并不是影响学业成绩的惟一因素，而且一个儿童的 IQ 比其他孩子低 5 分对说明他能否很好地完成功课没有任何意义。

第二个条件是，IQ 测验的诊断价值会在下面这种情况下表现得最好，即要使用个人测验而不是群体测验，并且要由教育心理学家和经过训练的教师来施测和分析。许多群体测验的完成依赖于儿童的阅读和词汇技能，所以不能有效准确和全面地反映儿童的认知能力。并且，需要声明的，甚至是个人测验的结果也必须谨慎对待，并且要参考其他不同诊断测量的结果进行分析。

智力的改进

在 IQ 测验另一个有关的问题时，学校如何改进这些测验所测量的人们的一般的问题解决能力，也就是对我们前面讲过的一般能力的改进。在某种程度上，这一问题的答案已经在优秀教师的工作中体现出来了；即给儿童提供有趣的和刺激性的学习材料，呈现给他们一些需要认真的思维策略的问题，鼓励他们使用言语技能，尤其是言语推理的技能，并激励他们尽可能地运用自己的认知能力。但除此之外还有更多值得做的。

首先最基本的是要丢掉这样的观点,即智力是环境所影响的儿童的一种固定的品质。智力的多因素理论有时会提倡这种观点。事实上,智力或 IQ,作为一种一般的能力(不管我们用什么概念)是一种流动的、可变的、问题解决的认知过程,一个与外界环境不断发生交互作用的过程。因此,这种能力的使用和发展并不决定于儿童本身的静态的成分,而是决定于这种交互作用的形式和品质。教师改进儿童智力的任务也就不能只是一种"使已经存在的东西表现出来"的工作,而应该使儿童能产生新的认知结构,调整、增长,在必要时还要放弃已有的思维方式,并越来越全面地理解外界和他们自己。正如在本章开始所明确提出的,智力包括认识事物、技能、信息项目、事件、观念、符号和行为之间的关系,并运用知识和对这些关系的了解来解决问题。

我们生活的环境并不是一个固定的、孤立的、生物与非生物的世界,而是一种各事物内在相互关系不断变化的动态环境,其中所有的经验都在以无数的精细与复杂的方式相互影响。智力在很大程度上,也正是我们了解并学习如何应付这一变化性,并且对其施以影响的过程。

很明显,儿童的内在潜能是很重要的,而不同儿童之间这种潜能并不一致,而我们最多只能使用我们潜能的很小的一部分。因此,教学活动在很大程度上就是发现一些方法,通过提供给他们一种对他们个人更有意义的经验来使其实现自己的潜能。进一步的,教学活动应使儿童表现出他们个人的能力,使他们不断产生新的和更适宜的策略从而得以更成功地生活。信息加工理论(见第一章)是目前思考这些问题的一个最有用的观点。它认为智力包含以下的过程(Sternberg,1990):

元成分:较高等级的过程,比如像计划和评估,它主要被用于做出复杂的决策和找出完成任务所需要的策略。

操作成分：执行由元成分过程所选择的计划和做出的决定，它包括推理、语言和空间策略。

知识获得成分：这一过程包括学习新信息，对以前的有关学习进行评价并将其应用到目前的任务中。

保持成分：这是将信息从记忆中提取出来的过程。

迁移成分：把一个任务中的信息带入到另一个任务中的过程。

现有的智力测验都能相对有效的对上面后四个过程中的某些方面进行测量（尽管也存在一些差距），但在对第一个过程的测量则相对差一些，尽管它包含了许多很重要的策略。

从教师的观点看，斯特恩伯格所确定的五种成分在确定儿童的能力问题上是很有价值的。它也有助于帮我们摆脱"智力"是一个单一的整体因素的观点的影响，这种观点使我们很难依据它做什么工作。

智力和思维

当我们面对解决问题和认识环境的需求时，智力对我们的思维影响极大。心理学家对思维有详细的研究，我们不可能对他们的发现做过多的介绍，但从教师的观点看这些工作最大的实用价值就是它们与我们运用思维来处理经验的各种方式有关（Ornstein and Carstensen，1990）。这一类型的思维包括分类和决策的策略。下面就是对这些策略中最重要的策略的介绍，并对分类和决策本身加以说明。

分类

将信息进行分类是我们在处理并简化大量数据过程中很重要的一步。没有分类我们就不能针对我们所面对的每个观念、每种情感、每个事物和每件事件分别做出决策。举一个极端的例子，人类的视觉系统可以辨别 7 到 50 万个不同颜色，而为了实际应用我们只将它们分成 8 个颜色类型（Coren and Ward，1989）。然而，儿童经常做出错误的信息分类,这会导致使他们产生不正确的假设。他们或者只运用了太少的分类,或者或看不到某种分类的典型特征。

我们用于分类的策略包括:

·典型化。观念的形成是以我们对类别典型化的原型为基础的。比如,海格立斯(大力神)是"强壮的男人"类别的原型,维纳斯是"漂亮女人"类别的原型。

·概括。某一类别中的信息适用于所有的事物(比如,门铃都带有共同的意义,而不管它们的外表形状和它们所发出的声音有什么样的差别)。

·启发式。在对策略分类时我们产生一般性的规则,它们在我们头脑中形成"捷径",排除了不断进行分别判断的需要(比如,足球是有关于射门得分并阻止对方得分)。

·有效性。分类是对进入头脑中的有关信息进行简化时的典型反应(比如,我们可能将政治家都划分为不可信任的人一类,因为我们回想到许多例子证明他们对公众的许诺总是不能兑现)。

·比较。我们经常通过比较来进行分类和判断,这种比较总是在变化的(比如,冬天"温暖"的天气到夏天就变得"寒冷"了)。

决策

决策包括选择行为,使之能实现我们所需要的结果。在决策时我们要使用分类,但也要运用其他策略:

·交替。我们寻找和确定在我们面前可能存在的不同的行为方式。

·结果。我们尽量对不同行为方式的结果进行预测。

·偏好。在不同的结果中我们考虑自己的偏好。

·概率。最后我们确定概率性,也就是我们偏好的行为方式可能会成功的机会,然后我们据此做出决定,或者采取行动,或者放弃任务。

这一四步骤的过程并不总是严格的按顺序实现的,比如,在评定偏好前,我们可能就评价其概率性。但这四个步骤在决策中总是存在的。

儿童思维过程的缺陷有可能发生在分类或决策过程中的任何一方面,如果我们想对儿童给予适当的帮助,就必须明确他们在这方面的缺陷。比如,他们可能在定义类别的原型上有错误的认识(把流行的明星错误的类推为是有智慧和自我实现的人的原型!)。他们可能过度的概括化,也可能错误的使用启发法从而得出不成熟的结论,或为了加快思维速度而忽视了其精确性。他们可能被外在的特征所误导,而忽视了内部的更重要的精细特征。他们可能进行了错误的比较,或没能认识及探索所有可能的行为方式,也不能对结果进行正确的预测和判断。在偏好的选择上他们可能过于主观,对概率的大小也缺乏现实的评价。这些不足都能导致重大的错误,而优秀的教学艺术则不允许对这种思维上的错误不加以诊断。

侧向思维

许多情况下早期的错误或错误的假设会使儿童置身于一种完全错误的方向中。虽然每一个分步骤都可能被正确的操作,但任何初始的错误都会使我们无法达到预期的目标。爱德华·德·波诺长期以来就强调帮助儿童多进行侧向的思维是很有用的。它与通常人们所进行的直向思维是相对的。德·波诺认为儿童所需要的是将顺序分解的方法,从而形成一种新的形式。他将这一方法称为侧向思维,它与按步骤顺序而进行的直向思维相对立。

德·波诺的观点认为从本质上看直向思维和侧向思维都有自己的作用并都存在于智力行为中,但通常我们更多的使用直向思维,而实际上侧向思维才是更适宜的。他还认为在学校中我们只传授直向思维而很少尝试对侧向思维的教学。我们应帮助儿童认识到当一个直向思维的序列无法继续进行下去时,他们需要侧向移动,寻找并采用另一种直向思维的方法在另一个方向上处理问题。他们可能要做多次这样的尝试,并最终达到解决问题的目的,但每一次他们这样做就会出现一种更好的认知模式,这既包括朝向问题解决的方向前进,又包括对问题中包含的重要事物的理解,而这种理解会在以后解决新问题时被推广。

　　侧向思维也允许观念的并列存在,这些观念可能没有明显的逻辑或顺序上的联系。这种并列在最初看起来其本身并没有什么必要性,但它会激发其他的事情产生一定的意义。读者肯定会从自己的经验中发现这种思维的价值,不论是在学业上还是在日常生活中。一个很好的例子是我们最近邮购了一种小装置。我们试图根据制造商提供的说明将其组装起来,但这个说明写得很少,很不详细。每一次我们按说明上列的每一个步骤操作,都无法将其组装,而且我们稍一用力,它就会发出令人讨厌的噪音。在这个时候,我们已经无可奈何,于是只好试一下这个装置正面的一个东西,把这个东西倒过来或从里面往外面地折腾一番。这看上去很可笑,但却让我们松了一口气,因为我们现在已经可以把这个装置装好了。现在回顾一下,我们不知道我们为什么没有在一开始就想起这种做法,按照这种做法,这一安装过程竟是如此的简单。答案是由于按照不完备的指令操作使我们产生了一些错误的假设(比如,看起来像是顶部的地方就是顶部),这使我们每一次都以错误的直向思维方式处理问题。而只有当我们引入了一种侧向思维的成分,比如将问题倒过来看,我们才能够按照正确的直向思维过程进行下去。

　　无疑掌握侧向思维的一种最好的方式是处理一些"脑筋急转弯"之类的问题,这些问题通常置传统的思维者(或一个让自己以习惯的方式思维的人)于一种错误的直向思维方式之中,而只有探索侧向思维的可能性,一个人才能最终实现目标。只有在对许多这类智力难题的解决中,一个人才能发展侧向思维的能力;并处于一种解决问题的更好的位置上。通过给儿童提供非常认真设计的问题(这类问题可以在学校中的任何科目的情境中被设计),才能使儿童的智力潜能得以真正灵活的发展(de Bono,1993)。

智力是遗传的吗？

早期的研究者大多认为智力是一种遗传的能力。不同个体的智力发展速度上可能存在差异（就好像一个儿童的生理成熟快，而另一个成熟慢），但其性质是很稳定的，甚至在儿童期就可以被准确地测量并是一个对其今后学业和职业上成就的可靠预测指标。这种观点在教育上和社会上产生了很大的影响，因为它强烈的支持这样的观念，即如果一个人在出生时不聪明，则他或她也不能做得更好，这样就产生了一种对人分等级的认识，认为每个人一出生就确定了一个生活中的位置。

如果认为这些早期的研究有意识的去强化这种人群的社会分化观点这将是极错误的。相反，他们在智力测验发展上的一个主要的争论，特别是如何在教育情境中将这些测验用作为升学的选拔测验上的争论，都是如何使这些测验鉴定出那些生长于经济贫困环境中但却是天生就具有某种能力的儿童，并使社会给他们提供一种机会，通过奖学金，使他们的潜能得到充分的使用。但他们对遗传的重要性的强调无疑十分适合当时社会和政治上最有影响的观点，而且确实帮助建立了这样一种教育制度，即同 IQ 分数较高的学生相比，那些 IQ 分数较低的学生只能得到较差的设备和较少的关注。

在 1930 年代，由于行为主义运动的结果，在心理学研究中开始产生变化，这就是强调如果心理学家想以一种精确的科学方法对其被试进行研究，他们就必须研究人类行为中可观察的现象（人们实际做的是什么），而不是那种内省的和意识的问题（人们报告给你的他们自己的心理世界的现象）。由于这种变化人们开始对学习问题有了更大的兴趣，因为学习的效果会立刻表现在个人的行为中。一旦我们认同了学习对人的行为的巨大影响，我们也就产生了一种对人认识的新模式，它使我们感到自己在很大程度上是一种学习经验的结果（在智力行为和所有行为上），而这种学习在我们一出生就开始在起作用了。其结果是，智力在本质上是先天的观点开始被改变，而人们更倾向于认为它是一种习得的品质。对天性的强调被对养育的强调所代替。

很明显，这种改变将使教师更感兴趣，因为他们更关心儿童的学习能力。儿童从学习中发展的能力越多，教师的工作范围就越广泛。虽然目前对学习在心理发展上的重要作用还未引起过多的争论，我们仍不清楚我们称作智力的一般能力（或能力）是更多的属于习得的，还是属于内在遗传的作用。近年来这种争论非常强烈的被重提出来，一些评论者认为似乎钟摆已偏离的太远了，我们有可能忽视遗传特性对不同儿童间行为差异的影响，而这是很危险的。当然，从某种意义上来说，这种争论会使我们忽视了这一事实，即天性与养育的作用并不是分离的，更重要的是在两者之间存在的交互作用。不论儿童的内在潜能是什么，如果忽视了他们发展中环境刺激的必要性，这种潜能也不会起什么作用。同样的，不论环境刺激是什么，如果儿童缺乏必要的潜力，他们将永远也达不到其他有更好遗传素质的儿童所能做到的标准。再回到我最初举的跑步的例子，我们已经看到没有正确的训练经验一个运动员是不能打破1500米的世界记录的。另一方面，不论我们提供怎样的训练，我们大多数人都无法打破这一记录，因为我们不具备完成这一任务的生理上的遗传特点。

不管怎样，对于天性和养育在儿童智力发展上的作用的相对重要性的争论已引起人们极大的关注，并对制定国家教育政策产生了重大的影响。教师必须对这一争论两方面提出的重要问题都要认真思考。下面就让我们先看一下更强调天性重要的研究，又称为双生子研究。

双生子研究

双生子通常有两种类型,人们分别称之为同卵双生和异卵双生。同卵双生(是由单一受精卵发育而成,简称 MZ)是由相同的卵子与精子构成,因此有完全一样的遗传物质,而异卵双生(是由两个受精卵发育而成,简称 DZ)是由不同的卵子和精子构成,因此在遗传物质上并不比其他的兄弟姐妹之间有什么更相近的地方。因此研究人员认为如果在智力测验上 MZ 的双生子比 DZ 的双生子明显地表现出更多的一致性,则这就明确证明遗传在智力上的重要作用,因为一般来说双生子在其家庭和学校中都有非常相近的环境因素。(但人们通常认为事实并不是如此的,家庭和教师对 MZ 双生子比对 DZ 双生子有更一致的态度,但这一点只对所测量的智力上的差异有相对很少的影响。)另一些研究者采取的方式是研究那些一出生就被分开并在不同家庭中养育的 MZ 和 DZ 双生子。在这种情况下 MZ 双生子和 DZ 双生子都接受不同的环境影响,因此如果 MZ 双生子仍然在智力测验分数上有明显相同的地方,则这将再一次明确的证明遗传的作用。

在过去的时间里这两类研究都积累的许多资料,伯切尔德和他的同事(Bouchard 等,1990)总结了 100 多个与 IQ 测验分数相关的平均数的结果。他们的结果列在表 5-1 中。

由于没有亲缘关系并且被分开养育的儿童之间的相关大约为零,因此表 5-1 给我们提供了遗传和环境相对影响作用的有趣的结果。两个家庭成员在基因成分的一致性上越高,他们的 IQ 之间平均的相关越大。并且表 5-1 也表明环境起了很重要的作用。同胞兄弟分开养育的相关只是被一起养育的同胞兄弟的相关的一半,甚至同卵双生子由于被分开养育他们彼此之间也表现出差异。如果我们再考虑这一事实即分开养育的双生子和同胞兄弟通常被寄养机构安置在相似的家庭中,则环境的作用似乎就更重要了。如果双生子和同胞兄弟被抚养在非常不同的家庭中,环境的作用无疑将更加明显。

关系	相关
同卵双生子(MZ)	
一起养育	0.86
分开养育	0.72
异卵双生子(DZ)一起养育	0.60
同胞兄弟姐妹	
一起养育	0.47
分开养育	0.24
儿童/父母	0.40
儿童/养父母	0.31
表兄弟姐妹	0.15

表 5-1 不同亲缘关系之间智力测验上的相关

遗传学家有时利用一种更复杂的程序来估计在人口中的总变异中有多大变异成分可归因于遗传的因素(被称为 H 或遗传因素)。比如,身高有 0.9 的 H 值,表明在给定的人群中在身高的变异上有 90% 可归因于遗传而 10% 是环境的作用(主要是营养)。在智力方面,非常精确的估计这一点是不可能的,因为我们没有效度是百分之百的智力测验(已公布的研究结果表明 H 值的分布是在 0.1 到 0.87 之间)。但表 5-1 中总结的数据提供的 H 值是 0.5,这一结果是相当准确的。但值得注意的是这并不能说明每个人在所测量的智力上 50% 是归因于遗传而另 50% 是环境的作用。这些百分数只能用于整体人群,而个体在这一数字上可以表现出很大差异。

海布和卡特尔的观点

我们将不再花更多的时间讨论在人类的智力上天性和养育的作用所占的精确的百分数,我们现在将转移到半个世纪以前由加拿大心理学家 D.O. 海布提出的假设:为了区别于我们讨论的总体意义上的智力测验,我们将称之为 A 智力,这是一种天生就有的潜能并且是我们无法测量的,以及 B 智力,这是 A 智力中的一部分受环境影响而发展来的。因此,一个在 A 智力上比其他人强的儿童,会由于环境的剥夺而在 B 智力上落后于他人。这一模型在几年后被英国心理学家 P.E. 弗农所发展,他认为既然智力测验是不完备的工具,那么我们也可以命名一种 C 智力,它是我们实际测量到的 B 智力中的一部分。

另一个与此十分相似的模型是卡特尔(1971)提出来的,他提出了流体智力(gf)和晶体智力(gc)的概念,前者代表了生物学因素在智力发展上的影响而后者代表了环境经验的结果。卡特尔与海布—弗农模型的不同是,它宣布 gf 和 gc 都可以被测量,因为它们是经由对许多能力测验的结果进行因素分析得到的。他认为这些测量表明随着年龄的增长 gf 在下降,这一点是非常重要的,因为我们已经指出,所测量的智力的确在大多数人 15 岁以后并没有增长,事实上在成年早期以后还有可能下降。卡特尔的模型引起了人们的兴趣,因为它表明智力所包含的生物机制在这一年龄上达到了彻底的成熟,并进入了衰退的过程,而此时晶体智力(gc)可以随着生活经验的增加而继续发展。在天性—养育的争论内容上这似乎表明,如果给予适当的经验,在离开学校后人们能够在智力行为的某些方面增长他们的能力,这也有助于解释为什么有许多成年学生尽管在他们的童年正规教育期间学习并不好而在成年教育中却能获得较大成功。

在结束这一内容之前我必须强调,虽然我们谈论了天性—养育的争论并且它也对教育政策可能产生了影响,但智力只是影响儿童在学校中进步的众多心理因素之一。动机、创造性、职业的抱负水准、儿童与教师的关系、人格、自尊、伙伴压力和许多其他因素都会产生一定的影响作用,当然,我们会在本书的适当章节中讨论这些问题。

智力和少数民族群体

许多年以来人们一直在争论在世界上不同的少数民族群体之间是否存在由遗传决定的智力上的差异问题。由于许多因素产生了少数民族群体间的不信任和不喜欢,我们完全可以忽视这一内容,但由于存在这种争论,所以让教师了解这些问题就是很重要的。

我们的出发点仍要从对智力定义和测量上的困难开始。如果智力是解决问题的能力,那么澳大利亚的土著居民或卡拉哈里的游牧部落人就将认为西方人普遍是智力极差的,因为在他们那种极为恶劣的环境中西方人普遍没有能力在长时间无援助的情况下生存。而爱斯基摩人也会有相同的观点。这些例子可能过于极端了,但它们却说明了这一问题,即由于历史的原因,不同的少数民族面对了不同的问题,因此如果一群人宣称它的智力测验是在世界各个地方测量智力能力(问题解决能力)的最正确的方法,这是不合适(不公平)的。一个土著的儿童在心理学家期望他们对西方的智力测验中一个标准项目的回答(如"完成 8,20,50,125 这一数字顺序")时会认为这很可笑,因为这并不能帮助他们找到最近的水源从而将自己从死亡线上救助过来。同样的,一个佛教徒也会对整个西方社会的智力产生疑问,因为它强调对物质的占有并贮备了巨大破坏性的武器,这都无法解决使他们自己及伙伴和平生活的问题。

因此,我们的智力概念和测量智力的方法都是有文化局限性的,并只适用于西方的白种人社会。根据这样一种观点,我们也就不会感到奇怪为什么在一个早期的重要研究中发现了美国白种人儿童的样本比美国土著人儿童的样本在言语推理测验上高 14 个 IQ 分,而在使用古德依纳夫—哈里斯画人测验进行非言语的智力测验时两个样本的得分正好相反(Gaddes, Mckenzie and Barnsley,1968)。由于这后一个测验是强调视觉的精细性,它更适宜于美国土著人的文化,而言语测试更强调语言的技能。

在智力的种族差异上已做了大量的调查,不仅针对美国的白种人和美国的土著人,也包括对美国的白人和黑人。在上半个世纪中使用这两种人群比较的研究有大量的文献积累,而它们所产生的共同的结论是,平均来看,黑人的 IQ 比白人的 IQ 低 10~15 分(Atkinson, Atkinson, Smith and Bem, 1993)。一些权威(如 Jensen,1985)认为这种数量上的差距不可能只是由环境引起的,并且还指出即使对黑人社区的环境加以改善,这种差距仍不能完全消失。

这是否意味着智力上的种族差异是客观存在的,并且那些造成皮肤颜色上以及其他表面特征不同从而标志着不同种族之间区别的基因也在某种程度上与智力发展有关系?不是的,它所强调的并不是如此。许多权威人士都不赞成詹森的结论,并断言环境因素对这些差异可能有更多的影响,而且遗传因素与环境因素相互之间的内在联系如此复杂和混乱,以至于使目前的争论毫无意义(Neisser,1986)。这些断言得到了许多让人信服的证据的支持,可对它们总结于下:

• 如果白人的基因比黑人的基因更多地与高智力有关,我们就应该期望那些有部分白人基因的黑人比没有白人基因的黑人有更高的智力。但并没有证据证明这一点。在有或没有白人基因的黑人之间所存在的任何差异都可以被轻易的判断为是环境因素的影响。

•欧洲的白人和非洲的黑人并不代表两个生物学上不同的群体。更大的基因上的差异似乎只存在于不同的种族之中而不是种族之间。

•二次大战后在德国黑人军人生下的私生子其 IQ 分数与那些白人军人生下的私生子的 IQ 分相比并没有什么差异。

•在 1 岁前由中上层收入和受教育良好的白人家庭收养的美国黑人的孩子,比那些由自己亲生父母带大的黑人孩子 IQ 高 15 分。

•由于传统的原因在自己的国家中也生活贫困的美国黑人,他们与美国白人之间 IQ 上的差异与其他国家如印度生活贫困和生活优越的人之间的差异是相同的。

•美国黑人与白人之间 IQ 分数上的差距近些年来正在逐渐变小,因为黑人的社会和经济状况正在被改善。

通过这些及其他一些研究的结果,我们能明确的得出这种结论,即在黑人与白人之间或其他种族之间在智力上并不存在遗传上的差异。这些在测量上的确存在的差异似乎更多的受环境因素的影响,我们并不能将它们视为是遗传上的原因。西方社会的白种人文化在其流行的取向上有较高的语言特点,那些能够流畅的并在复杂水平上使用语言的人在生活中会取得更大的成功。而那些对语言的重要性不太强调的群体(由于语言并不是惟一的交流形式),或者那些没有机会在高标准下获得和使用语言的群体,也就不可避免的缺少测验所需要的语言推理和其他的语言技能。只有在我们发展出一种普遍的文化公平的测验,或者我们决定将花在探索智力种族差异上的钱投入到人类需求的其他方面时,我们才能做一些更有用的事情。

智力和社会经济因素

从教育的立场看,似乎不同群体之间在智力测验上的最重要的差别都是那些与社会经济因素相联系的内容。社会经济地位(简称SES)通常是由父母的职业背景决定的。在第一章曾对此有说明,在英国的全国登记分类上将职业分为5个群体,第一个群体包括像医生、政治家和大学教师这样一些杰出人材,往下依次是管理者、技术工人、半技术性工人,直到第五个群体的非技术工人。研究的结果一致表明在这些群体中每向上提高一个群体,则其IQ分数就提高一个档次,这种提高表现在父母和儿童的测量结果上(比如在父母的职业为第一群体中的儿童他们IQ的平均数为115,而那些父母职业为第五群体的儿童IQ平均数为92)。

这些差异的原因也是不明确的。当然,来自SES低水平家庭的儿童将更缺少那些能刺激其智力活动的物质,比如像书和可组装玩具。也很少有人为他们读书,也缺少可以安静学习的房间,也无法从其父母和兄弟姐妹的言语中听到复杂的语言结构,也不会受到有较高期望的父母的鼓励。但是还有一种观点认为遗传也在起作用,那些较低智力的人更倾向于集中到第五群体的SES中,并将其较低的智力潜能传给其子女,而较高智力的人倾向于向上集中于第一群体的SES中,并将其较高的智力潜能传给其子女。由此人们就认为在这两个群体之间的差异会越来越大。遗传学家认为我们应该注意到一种有趣的现象,它被称之为子女向平均数的复归(这一现象本身引起了人们的注意)。简单地说,这一现象代表了儿童的一种趋势,即在许多由遗传决定的因素上,当其父母的得分很高或很低时,他们的分数比其父母更接近于人群总体的平均数。比如,在身高上尽管父亲的个子很高,但他们的儿子的平均身高有50%比其父亲的身高更接近于平均数,而那些父亲身高较矮的儿童也会在平均身高上比他们的父亲更接近平均数,并且这一比例也是50%。这是一种自然的法则,如果你愿意的话,我们可以肯定不同种族都是相对一致的,不会存在巨人族和侏儒族。如果子女对平均数的回归也存在于智力内容上(有证据表明这也是一个激烈争论的话题)这将意味着在第一群体中的父母将比其子女们有一个平均较高的IQ,而第五群体中的情况正相反。

但并没有明确的证据来支持这些遗传的观点,在这方面并没有比种族之间遗传差异上所争论的有更多的实质性内容。另一方面,有令人信服的证据表明社会经济状况较差的群体所具有的不良的营养状况可能是造成IQ成绩较差的一个因素。在一项对婴儿的研究中,由于他们是早产儿因其饮食受到格外的注意,其结果是儿童在此时的营养上的差异与他们8岁时IQ分数的变化有相关,差异之大可达10分之多(Lucas et al., 1992)。研究表明缺课(在较低社会经济状况背景中的儿童由于健康和其他原因而更经常存在这种现象)也是一个关键因素;出勤率较差的儿童在IQ上也会有稳定的下降趋势。上学晚或过早辍学的儿童也会有IQ下降的趋势,每失学一年其影响的效果会减少1/4到6个IQ分数(Ceci, 1991)。

智力上的性别差异

性别上的IQ差异也引起研究者的关注。马可伯和杰克林(1974)对这一研究的大量早期文献进行了总结,结果发现在特殊的智力技能上的确存在显著的性别差异。教师更感兴趣的主要是在阅读和数学能力上的差异。在阅读能力上,人们发现在美国被诊断为"落后"的儿童中男孩的数量是女孩的两倍,在英国可能有相似的结果。女孩也比男孩有更强的语言和写作能力,而男孩在机械推理和空间关系上要优于女孩,在童年晚期和青少年早期语言上的差异变得更为明显,到了青少年后期这一差异又减小了。跨文化的研究表明这一现象并不是在所有的社会中都存在,这则证明了它似乎是文化引起的一种现象。在西方社会女孩在室内活动的时间比男孩多,她们更在意父母的赞许。因此,她们就有更多的语言刺激的环境并有良好的阅读习惯。由于她们缺少生理上的运动,便更多的以阅读的方式消磨时间。而男孩则相反,他们在室外活动多,具有更多的机械与空间的经验。

有一些证据支持了这种文化取向的观点,即当给男孩提供一种内容非常有趣的书阅读时,(更能符合男孩的"典型"的需求),则在阅读能力上男孩与女孩的差异似乎就不存在了(Stanchfield,1973)。还有一些并没有被肯定的证据表明,在学龄早期由男人教育的男孩,更倾向以男性化而不是女性化来认同学校,他们在阅读和其他的语言技能上都能达到女孩同样的标准。

近年来的研究证明性别差异的现象已与马可伯和杰克林时代的情况有了很明显的不同。现代的分析证明甚至在他们的研究之前的年代中这种性别上的差别已有逐渐减弱并消失的趋势,并且这一趋势在过去二十多年中有了加速变化的趋势(Linn and Hyde,1989)。只是在最高水平上的数学测验和视觉—空间能力上存在的性别差异(男孩优于女孩),没有太大的变化,但这一现象的原因,一方面可能是测验内容更多表现了对男性的偏好,另一方面则可能是与中学教学经验有关。但也有一些专家认为男性的优势可能是由性激素的影响造成的,男性激素中的睾丸甾酮使得男性大脑右侧半球发展出更特殊的功能(Benbow,1988)。

总的来说,我们可以做的恰当结论是,在智力成就上任何性别差异(这一点也适用于在结业考试中表现优秀的女孩)在很大程度上,或者说全部的,都决定于环境因素的作用。重要的是应该对两种性别都提供平等的教育机会。我们应该注意不应以自己的期望去处理儿童,即让男孩在某一方面比女孩更强,而让女孩在另一方面比男孩更强。很少有教师是有意识地带有性别偏见的态度,但对男孩与女孩在相对的能力上的错误概念(或者兴趣上,或者情绪和志向上)无疑会使学校中存在大量的无意识的偏见,因为这些偏见也的确存在于一般的社会人群中。

参考文献

Atkinson, R. L. , Atkinson, R. C. , Smith, E. E. and Bem, D. J. (1993) *Introduction to Psychology*, 11th edn. New York: Harcourt, Brace, Jovanovich.

Barrett, G. V. and Depinet, R. L. (1991) A reconsideration of testing for competence rather than for intelligence. *American Psychologist*, 46, 1012—1024.

Benbow, C. P. (1988) Sex differences in mathematical reasoning ability in intellectually talented adolescents: Their nature, effects and possible causes. *Behavioural and Brain Sciences*, 11, 169—232.

Bouchard, T. J. , Lykken, D. T. , McGue, M. , Segal, N. L. and Tellegen, A. (1990) Sources of human psychological differences: The Minnesota study of twins reared apart. *Science*, 250, 223—228.

Cattell, R. B. (1971) *Abilities: Their structure, growth and action*. Boston: Houghton Mifflin.

Ceci, S. J. (1991) How much does schooling influence general intelligence and its cognitive components? A re-assessment of the evidence. *Developmental Psychology*, 27, 703—722.

Comrey, A. L. and Lee, H. B. (1992) *A First Course in Factor Analysis*, 2nd edn. Hillsdale, NJ: Erlbaum.

Coren, S. and Ward, L. M. (1989) *Sensation and Perception* 3rd edn. San Diego: Harcourt Brace Jovanovich.

De Bono, E. (1993) *Water Logic*. Harmondsworth: Penguin Books.

De Simonian, R. and Laird, N. M. (1983) Evaluating the effect of coaching on SAT scores: a meta-analysis. *Harvard Education Review*, *53*, 1—15.

Gaddes, W. H. , McKenzie, A. and Barnsley, R. (1968) Psychometric intelligence and spatial imagery in two northwest Indian and two white groups of children. *Journal of Social Psychology*, *75*, 35—42.

Jensen, A. R. (1985) The nature of the black-white difference on various psychometric tests: Spearman's hypothesis. *Behavioural and Brain Sciences*, *8*, 193—263.

Jones, L. U. (1984) White-black achievement differences: the narrowing gap. *American Psychologist*, *39*, 1203—1213.

Kamin, L. J. (1974) *The Science and Politics of IQ*. Harmondsworth: Penguin.

Linn, R. L. (1982) Ability testing: individual differences, prediction, and differential prediction. In A. Wignor and W. Gardiner (Eds) *Ability Testing: Uses, consequences and controversies*. Washington, DC: National Academy Press.

Linn, M. C. and Hyde, J. S. (1989) *Gender, Mathematics and Science*. Paper presented to the annual conference of the American Association for the Advancement of Science, San Francisco.

Lucas, A. , Morley, R. , Cole, T. , Lister, G. and Leeson-Payne, C. (1992) Breast milk and subsequent intelligence quotient in children born pre-term. *The Lancet*, *339*, 261—264.

Maccoby, E. and Jacklin, C. (1974) *The Psychology of Sex Differences*. Stanford: Stanford University Press.

Neisser, U. (Ed.) (1986) *The School Achievements of Minority*

Children. Hillsdale, NJ: Erlbaum.

Ornstein, R. and Carstensen, L. (1990) *Psychology: The study of human experience*. New York: Harcourt Brace Jovanovich.

Sattler, J. M. (1988) *Assessment of Children*. San Diego: Jerome H. Sattler.

Schweinhart, L. J., Weikart, D. P. and Larner, M. B. (1986) Consequences of three preschool curriculum models through age 15. *Early Childhood Research Quarterly*, 1, 15—45.

Stanchfield, J. (1973) *Sex Differences in Learning to Read*. Bloomington, Indiana: Phi Delta Kappa Educational Foundation.

Sternberg, R. J. (1990) *Metaphors of Mind: Conceptions of the Nature of Intelligence*. New York: Cambridge University Press.

Thurstone, L. L. and Thurstone, T. G. (1963) *SRA Primary Abilities*. Chicago: Science Research Associates.

Vernon, P. E. (1969) *Intelligence and Cultural Environment*. London: Methuen.

Vernon, P. E. (1979) *Intelligence: Heredity and environment*. San Francisco: W. H. Freeman.

Werner, E. E. (1972) Infants around the world: cross-cultural studies of psychomotor development from birth to two years. *Fournal of Cross-cultural Psychology*, 3, 111—134.

补充读物

De Bono, E. (1985) The CORT thinking programme. In Segal, J. W., Chipman, P. F. and Glaser, R. (Eds) *Thinking and Learning Skills Vol. I: Relating Instruction to Research*. Hillsdale, NJ: Erlbaum.

Details an organized programme of thinking that increases fluency and flexibility in problem solving.

Fancher, R. E. (1985) *The Intelligence Men: Makers of the IQ Controversy.* New York: Norton.

Discusses all the relevant issues in the debate as to the meaning and role of IQ.

Kail, R. and Pellegrino, J. W. (1985) *Human Intelligence: Perspectives and prospects.* San Francisco: W. H. Freeman.

A good survey of the present position, and with interesting pointers for the future. Highly recommended.

Kaplan, R. M. and Saccuzzo, D. (1989) *Psychological Testing* 2nd Edn. *Principles and Issues.* Pacific Grove, CA: Brooks/Cole.

Good both on individual differences and the methods of assessing them.

Plomin, R. (1990) *Nature and Nurture.* Pacific Grove, CA: Brooks/Cole.

Thorough survey of the nature/nurture question in intelligence and other areas.

Scarr, S. (1982) *Race, Social Class, and Individual Differences in IQ.* Hillsdale, NJ: Erlbaum.

Covers the whole field of IQ and social and ethnic factors in a readable and objective way.

Sternberg, R. J. (Ed.) (1985) *Human Abilities: An information processing approach.* New York: Freeman.

A useful overview of human cognitive abilities. More comprehensive but not so practical as de Bono's books. (Also of relevance to Chapter 7).

Sternberg, R. J. (1990) *Metaphors of Mind: Conceptions of the Nature of Intelligence.*
One of the best surveys of current thinking on intelligence.

一些问题

1. 你能说明为什么多年以来教育工作者和父母在智力问题上表现出极大的兴趣吗？
2. 目前在智力测量上存在什么特别的问题？
3. 我们在讨论智力测量时使用"跑步"作为一个类比。你能想一个另外的类比的例子吗？
4. 为什么一些心理学家只简单的将智力定义为"智力测验测量的能力"？为什么这一定义对我们只有很少的帮助？
5. 正式的智力测验的起源是什么？为什么在讨论教育中的智力概念时了解这些起源对我们有帮助？
6. 智力年龄的意思是什么？它是如何被开始用于计算IQ的？
7. 这种计算方法的缺点是什么并且优于它的方法是什么？
8. 智力是正态分布的概念如何影响到对智力测验结构的设计？
9. 在我们解释智力测验的结果之前为什么必须了解这一智力测验的标准差？
10. 为什么"一般能力"这一概念对教师有用？
11. 为什么用"多因素"一词来描述某些智力模型？
12. 检验在智力上没有种族差异这一结论的理由。
13. 为什么关于智力起源的天性—养育的争论会引起教师的兴趣？
14. 举一些心理学家用来解决天性—养育争论的方法的例子。

15. 举一些对用双生子来研究天性—养育问题所得数据的反对性意见。

16. 当我们说我们测量智力的方法有"文化局限性"时我们的意思是什么？

17. 举出原因说明为什么在社会经济恶劣环境中生长的儿童比正常儿童在智力上表现差。

18. "子女对平均数的回归"是什么意思？

19. 在男孩与女孩之间存在明显的智力和能力上的差异吗？

第六章 创造性

什么是创造性?

创造性是一个熟悉而难以理解的概念。我们都以为自己能发现他人身上的创造性(甚至有时对自己也能了解),并且这被认为是一个优秀教师应有的能力之一。但实际上我们根本无法提出一个被所有学者所接受的创造性的概念。一个人能否在科学领域中具有像在艺术活动上的创造性,能否在家中表现出像在陶艺工作室中的创造性,能否在抚养孩子上表现出像在写作上的创造性,对这些问题我们会发现有很多不一致的看法。如果我们再转而讨论对儿童创造性的培养,则会产生更大的概念上的分歧,甚至这种培养是否可能也存在歧义;有人会认为创造性根本就是学习的,有人则认为它就是与生俱来的一种素质(也可能不是,只是个别的现象)。

发散思维

对创造性的一种认识,是将其视为思维的一种特殊类型,一种包括独创性和流畅性的思维类型,它既是从已有的思维形式中分离出来,又引入了一些新的内容。很明显,在这一范畴上德·伯农的侧向思维(见第五章)就包括创造性的成分,但从1960年代吉尔福特的早期研究工作之后,发散思维的概念就成为一个与创造性行为关系最密切的概念。吉尔福特对创造性的重要性一直十分重视,他认为发散思维所起的作用,是对一个具体的问题产生许多可能的解决方法,特别是针对那些不是简单地只存在一个惟一正确答案的问题(类似于列出 bolt 一词的所有的意思。校者注:bolt 是英文中的一个多义词,它有"平头锣线","门栓","卷成筒状的布","一种又短又沉的箭","突然奔跑","快速吞咽","脱离","陡直地","过滤"等意思。)很显然,这种能力在创造性活动中起到一定的作用,像艺术家经常需要探索不同的方式去创作一幅画,或是设想以不同的方式作为小说的结局,或是创作一首诗,直到他们找到自己最满意的方式为止。我们当然也认为创造性活动应有独特性的标志(至少在某种程度上,创作者不应想到以前的观念),但这并不否定发散思维所起的作用,因为我们能产生的可能的解法办法越多,它们之中的某一种解决方法将会产生的独特性就越大。

创造性和智力

吉尔福特还提出了辐合思维的概念。在辐合思维中个体针对某一问题产生一个可行性的解决办法,而不再是尽其所能发散性的提出尽可能多的解决办法。一般认为,传统的智力测验只是针对辐合思维的,每一个项目只有一个正确的答案。对发散性思维的测查,只能反映在那些开放式类型的题目中。事实也是如此,通常是对儿童提出一个有趣的问题,或让他们看一些智力测验的项目(特别是那些"把那些你认为奇怪的人画出来"一类的题目),并看他们是否能发现更多的解决这一问题的方案。在做这一练习中,我们要求他们进行发散性而不是辐合式的思维,这些结果完全有可能是智力测验的设计者所意料不到的。

当然,我并不是强调发散性思维在某些方面优于辐合思维,也并不认为在学校教育中过多的强调辐合思维是一种错误。辐合思维通常更适用于一些具体的问题,因此,我们最好将发散性思维看做是辐合思维的一种完善和补充,而不应把它们看做是相互竞争和排斥。吉尔福特和其他研究人员试图说明的是,在以往我们强调辐合思维的同时,忽视了对发散思维的重视,其结果是在学校的教育中,我们没能充分的培养(或发展)创造性。

但也存在一个很重要的问题,就是我们还不能肯定在发散思维测验上(后面将会更详细谈到这一点)表现优秀的能力,与艺术、写作和作曲等这些创造性较强的活动中成功的能力之间,存在多大程度的相关。在吉尔福特的开创性研究之后经过了三十年,人们仍不能明确,辐合思维与发散思维是否如他所假设的是两种独立的操作,或者它们只是同一组智力能力中的一些组成成分。在一项早期的研究中,盖洛尔和杰克逊(1962)对一群儿童进行观察,其中,一组儿童有较高发散思维测验的分数,但在智商分数上相对较低("高创造性"组);另一组儿童则有较高智商分数,但发散思维的测验分数低("高智商"组)。每一组儿童都在学校中有相同的学习成绩,但高创造性组的儿童被认为不如另一组的孩子那样遵规守矩,他们与教师的关系也不融洽,更容易达到更高的成就(例如,超过人们的期望),并有较多的幽默感。但从我们的观点看,最重要的是在这一研究的样本中并没有发现发散思维与智商分数的显著性相关。

并且,我们也并不清楚这一研究结果是否适用于不同能力的儿童,因为盖泽尔和杰克逊是从那些智商分数明显高于平均水平的儿童中取样的。事实上,以现有的知识来判断,辐合思维与发散思维能力之间的连接似乎在那些智商分数中等或较低的儿童身上表现更强,更适宜于用一种简单的线性关系来代表它们之间的关系。但当智商分数高于平均水平之上某一范围,大约是在110～120分之间,这种关系则变得较为复杂,甚至表现出一种随机性。这也正是我们无法预测是否一个智力较高的个体也会在同等水平的发散性测验上获得高分的原因。然而,在这一范围之下,当智力水平提高时,通常发散能力上也提高,但在110～120分之上的个体,其智商分数上的提高并不意味他们在发散思维能力上也有相应水平的提高。假设发散思维确实与艺术中创造性能力有关,那么一个智商分数为 130 的画家,并不一定比一个比他智商分数少 30 分的画家更能成为一个艺术大师。

我们当然也不能忽视这一事实,即有些活动需要同时具有较高的智商和发散性思维的能力。这一点尤其在一些科学领域中很重要。在这一章开头的一段话中,我们曾指出人们对是否在科学活动中存在像艺术活动中一样的创造性会有不同的争议,在某些科学领域中存在的创造性活动的事实表明创造性在科学领域中的确是很明显的,尤其在科学研究和发明的某些领域上。在较高的科学成就与艺术成就之间的一个最大差异就是,前者需要更多的辐合思维的能力来理解科学的规则,明确研究的问题,以及发现问题间的关系。

读到这里,读者将认识到我一直在回避给创造性下一个准确的定义。确实存在一种回避这一问题的倾向,因为任何定义都是不完善的。以往的一些定义,由于强调认识关系的能力,所以只关心那些与智力有关的事实,而另一些定义则比较模糊,它们几乎包括了每一种不规范的思维和活动。一种较有价值的定义是将创造性看做是一种能够产生流畅性和独特性的方式来处理问题和组织材料的能力。这一定义很明确的说明一个人完全有可能在家庭中表现出像在艺术工作室中那样的创造性,在装饰商店的橱窗时具有与创作一首交响曲一样的创造性,在教育儿童方面也有与从事科学理论与实践活动一样的创造性。但我们在此必须强调的是,我们所说的创新是对个体而言的。因此,一个正愉快地发明某一事物的儿童,就可以被认为是有创造性的,尽管这一事物可能已在一年前就有人发明出来了。他或她经历了这一创造性过程,就像那个最初的发明者所经历的一样,而且具有同样的价值(当然并不是商业上的)

发散思维的测验

我已经指出如果我们希望测量发散思维,我们就需要利用不同的开放式测验的形式:这就是,测验不应存在固定的正确和错误的答案。这种测验可以是文字类的,也可以是空间的,甚至是音乐的。在每一种情况中,要求儿童思考对每一具体问题他们所能想到的尽可能多的适宜的解决方法。比如,我们可以使用一种被称为"物体用途"的测验,这时,要求儿童写出他们所能发现的一些常见物品的尽可能多的用途,像一块砖、一个别针、一个桶、一个篮子、一本书等等。另一个例子是"字词意义"的测验,这时,要求儿童尽可能多的写下他们能想到的每个字词的恰当的意思,像"iron"、"carpet"、或"bolt"。(校者注:iron,carpet,bolt 均是英文中的多义词。例如 iron 有"铁"、"熨斗"、"坚强不屈"、"使平整"等意思。)还有一种方式是"结果"测验,这时,要求儿童想出在正常的事物发展变化过程中,某一具体变化的尽可能多的结果(例如,看管人丢了学校的钥匙,或每个活到 100 岁的人的结果)。

再谈到非文字测验,吉尔福特的"环形"测验就属于这一类,给被试呈现一个由一些小的相同尺寸的环组成的链子,让他们用铅笔画出尽可能多的能被认知的形状。也可以用直线组成的随机图形代替圆环来做这一测验,或者用简单的音乐测验,要求被试根据给定的音乐短句想出尽可能多的结尾。商业测验(Torrance,1974)也有很大的应用。但教师也可以没有太大困难地发明他们自己的测验,这也很重要。在记分上是较简单的,通常是使用流畅性(被试做出的正确反应的数量)、独特性(这些反应的新颖程度)和灵活性(它们的多样化程度)。通常计算独特性分数的方法是把每个孩子的反应与班级中其他孩子的反应比较,然后予以奖励,比如,5 分意味着每种反应只有一个孩子提出,4 分则代表每种反应有两个孩子提出,以此类推,直到零分。灵活性的记分是通过将一组反应分类来实现(例如,"家禽","运动","动物"),然后计算每个孩子分类的数目。在大多数情况中,最好的成绩出现在没有压力的情况下,而且测验没有时间限制,并是在一种游戏的气氛中进行的。

由于发散思维测验强调反应的个体性,因此,在测验的标准化工作方面还远不如智力测验。结果有许多人认为这只是一种粗糙的技术。人们也批评这种测验有些单调,抑制了被试的完整的创造性反应。目前为止,并没有证实这些测验结果与在创造性活动中已取得的成功或与对创造性的同级评定有很好的相关,可能正是由于这个原因,这一研究领域在经过了1960年代和1970年代的高潮后,现已开始冷落下来。目前这方面急需新的研究动力和研究方向。

创造性活动

现在我们将从对创造性的定义与测量的问题上,转到对创造性活动本身的讨论,一些对有创造性的人的研究表明,典型的创造性活动包括四个阶段(Perkins,1981)。

• 准备期,这时初步地认识到一个值得研究的具体问题,或一个适宜于一本书或一幅画或一段音乐的特殊主题。

• 酝酿期,在这期间对问题或主题做仔细的思考,通常是在无意识水平上进行的。

• 探索期,此时有关于问题的可能解决方案,或关于书的大量观点等突然出现在意识状态中。

• 澄清期,此时将对解决方法进行检验,或将观点写在纸上或画在画布上。

奥斯特恩和卡斯特恩(1990)提出了另一个四阶段模型,它包括准备期,生成期,评价期和实施期,但这一模型与前面的模型并不矛盾。生成期是与探索期相匹配的,而评价期则对应于澄清期。只有实施期是一个补充的阶段,它指将创造性的观点落实到实践中。但奥斯特恩和卡斯特恩忽视了酝酿期,我们将会看到,这其实是一个很重要的时期。

如果我们将这两个模式结合在一起,我们就将有准备期、酝酿期、探索/生成期、评价/澄清期,以及实施期。

这五个阶段都有其重要的意义。高创造性的人能够认知到问题或主题的重要性,而别人却无法认识到这一点,当然这一认识过程也要经过若干年,甚至还会有一些传奇性的成分:巴甫洛夫发现了狗的唾液分泌的反常,它们一听到喂它们食物的工作人员的脚步声就分泌,而不是看到或嗅到食物才分泌;弗洛伊德发现了婴儿期性欲的存在;塞万提斯发现了中世纪骑士制度的荒谬性;德沃夏克认识到了单调的青蛙鸣叫中的潜在的和弦;事实上,任何一个艺术家的探索活动或科学家的研究工作都会给我们留下一些疑惑,"为什么同在地球上,而我没想到那一点?"

在准备期中,有创造性的个体能够明确问题或主题,探索与其有关系的各种可能性,并且经常会出现一些犹豫。解决的方案或精确方法很可能并不会在头脑中产生,于是就需要进入后面的酝酿期,这时创造性的个体通常会将整个问题放在一边,有时这一过程只是几分钟的停顿,而在有些时候这一停顿可能会有几年的时间。我们只能去猜测在酝酿期的阶段中所发生的事情,但如果弗洛伊德和其他的心理动力学心理学家所提出的无意识假设是正确的,则思维过程是可以在无意识水平进行的,并且与意识状态下的思维特征不一样,它不是逻辑性的。这一非逻辑性的特征似乎与上一章中介绍的伯纳的侧向思维研究假设有一定的相似性。摆脱了逻辑性的、连续性的思维过程,头脑便能够从它已积累的知识的影响中解放出来,尝试新的排列和重组方式,直到完全产生再认知的感觉并受到创造性兴奋的刺激,然后以阐明/生成的形式进入到头脑意识状态(Nierenberg,1982)。

这种阐明的闪光(或探索,可能这一概念应该用于整个的创造性活动中)曾被诗人霍斯曼举例说明,他宣称他的大多数诗句是以一种"预制"的状态进入他的头脑中的;数学家庞加诺是在一系列探索性的闪光之后解决了与福克斯函数(Fuchsian fuctions)有关的问题的,这些闪光的产生是在他参加一个完全不相干的一些活动中,在一些奇特的时刻产生的;而化学家凯库勒创造性地发现了笨分子的化学结构,是在梦境中感受到这种闪光的。阐明之后则伴随澄清/评价阶段,并对由阐明/生成所产生的灵感的价值进行评价。最后,进入实施阶段,这是整个创造性活动产生作用的阶段。如果是有关科学的理论,就要在这时被放在实验室中去检验,一般来说要经过几个月甚至几年的时间,如果是小说或交响乐就要详细的写出来,并经过反复的修改。

对这一创造性活动的五阶段模型也有一些人表示怀疑,他们认为,特别像科学家的研究工作,都是小心的以数据为根据,并且只有当他或她的工作完成后,才能通过演绎推论的过程形成新的理论。在现实社会中,科学与艺术活动一样,大多是依靠无数思维的创造性跳跃而向前进步的。很明显这种跳跃是惟一正常的可能(我说"正常"是由于存在意外),因为此时的科学家已经处于他的研究领域的前沿,并积累了相当的知识。这种知识上的积累不仅对我所提到的发生在无意识水平上的排列组合很重要,而且对于人们的阐明/生成以及澄清和实施过程的进行都有潜在的价值。但人们对酝酿期和阐明/生成期的重要性则没有太多的怀疑。如果读者想自己检验这一事实,则只需要回忆一下这一情境,当你在写一篇文章时因为一个具体的字词或观点难住时,你会暂时将它放在一边并将它从意识中清除出来,但不久后你又会发现自己重回这一曾产生争议的地方,而这时问题已毫无困难的迎刃而解了。

这是否意味着创造性活动必不可缺酝酿过程呢?我们将会看到,创造性几乎分布在范围很广的人类的各种努力行为中,并且每个个体在创造性的实施上或多或少有程度上的差异,若将这种程度总体来论是不明智的。酝酿的过程在某些情况下通常表现很短暂,尤其在我们处理很熟悉的材料或解决相对较简单的问题时更是如此。撰稿人通常要在编辑定的截止日期前交稿而不可能有一个很长的酝酿期,一名教师在试图有创造性的应付各种各样的教学问题时也不可能有一个太长的酝酿期。一些有创造性的人比其他人的工作速度快,他们把创造性观念从概念转化到最终书面语言(或其他形式)的时间相对较短。但作为对人们思维的创造性过程的描述,以及为制定一些策略来帮助儿童发展其创造性,五阶段模型似乎最能代表那些从事创造性活动的人们的感觉。这也使我们感到困惑,在正规性的测验中,受测者只有短短三小时的时间来完成,他们既要阅读题目,又要写出答案,这种测验能否给人们留出充裕的创造性思维的机会。正是由于测验情境中神经的高度紧张,再加上缺少足够的酝酿时间,才造成所有最完美的回答总是在我们离开考场后才会想到!

创造性和学校

对于所有的教师来说,不管他们教什么科目,正像他们都是语言的教师一样,他们也都是创造性的教师。这一点对于科学知识的教师与艺术领域的教师都是一样的。在吉尔福特开创性的研究工作之后,休森(1966)发现在第六形式水平上存在着思维在艺术专业上倾向于高度发散而在科学活动中高度辐合的分化趋势。这一差异主要是由于鼓励和机会的差别造成,而不是存在于学术领域和学生中的固有差异。至少在某些学校中,艺术科目的学生更多的比科学学科的学生从事于发散性思维的活动,因为他们学习的内容具有更多主观性(可能更具有"灵感"),而科学学科的学生在这方面较少被要求。如果给科学学科的学生提供一些用发散思维方法解决问题的例子,他们在发散思维测验上的分数也会有所提高。如果我们认为这些测验是对创造性的较好测量,这将证明科学学科的学生并不缺少创造性能力,只是需要激励它们产生。

鼓励发散思维

所以,教师的头脑应具有的第一个观念,就是不管他教什么科目,他都应主动地去鼓励学生的发散思维。布鲁纳曾指出(第三章中我们曾提到过他,我们还会在下一章详细介绍他的研究)我们在教育中倾向于奖励"对"的回答而处罚"错"的回答。这造成儿童不敢于去尝试新颖独特的解决问题的方法,因为这样做不可避免的会增多犯错误的机会。换句话说,他们是在为安全性而游戏。然而一个富有想象力的思维跳跃,产生一个与标准答案不同的答案,愿意承受一种认知上的风险,这些与创造性的努力都是分不开的。教师应该创造这样一种气氛,使这种创造性的努力得到鼓励和奖励,而不应只是支持小心、辐合性的解决问题的方式。

当然,这并不是说我们要忽视正确性和精确性。我们应注意到创造性活动也包括澄清/评价。解决的方法必须被检验,以证明它是否有用。如果失败了,就必须将它放弃,尽管如此,儿童仍能在想象力的努力上得到赞扬。甚至这一失败也能激发出新的观点,这又会进入新的检验过程中,并找到一个理想的解决问题的方式。在德·伯纳的术语中,创造性活动常被称作偏向的努力,它使我们的思维走出狭窄的路径,而转向新的方向,布鲁纳则称创造性思维是整体性的(例如,反应的结果要比其各部分的总和要多),而辐合性思维是算法式的(例如,反应的结果与其本身没有差别)。这两种类型的思维在游戏中都有重要的作用,但它们应该相互补充和支持,而不是相互排斥。

在我们断言我们已明确了两种思维形式在教学中的价值并保证不对儿童的创造性努力进行处罚之前,我们应注意到盖泽尔和杰克逊的发现,同那些更具发散性思维特点的学生相比,那些具有高度的辐合式思维特点的学生似乎更招老师的喜欢。学校有它的规则和制度,有它的运作模式,而且那些遵从的儿童比那些不遵从但有较大想象力的儿童更易相处,另外,发散性的观点通常是独特的并有价值,但它们也可能是古怪的和愚蠢的,它使教师怀疑这个孩子只是在自我表现。不幸的是(或很幸运的),创造性是一种无法预测的事物,我们无法期望它总是以一种适合于当前环境的形式出现。通过了解儿童的反应,特别是将最初表现为很愚蠢的观点与实际产生的结果结合起来观察,教师就能很快认识到什么时候儿童在尝试使用他的想象力,什么时候他们只是在给老师找麻烦。如果忽视了这些研究,教师就会陷入一种危险中,他们在压制了不好的观点的同时也压制了好的观点,而当他一出现,便会给学生这样一种印象,即独特性并不受欢迎。

教学的组织和创造性

如果在教学活动中已确立了鼓励创造性这第一个观点后,我们就必须考虑教学组织的性质这第二个观点。创造性是否会在一种非正式的、鼓励学生自发地进行自己的工作的课堂气氛中发挥得更好,或是它更适合一种正式的,结构化的教学情境?在我们赞赏前一种教学组织方式之前,我们也应注意到许多艺术家提到的在他们的科目中对艺术规律的要求,对固定的工作程序的要求,以及对努力工作和不断应用的要求。许多艺术教师,不论他是从事于舞蹈、音乐或绘画哪一科目,都坚持自己的学生应学习本科目的语法,并将他们的创造性才能建设性地加以运用,而不是没有限制或毫无目的地把它们挥霍掉。鼓励创造性的表现只是一方面,把握住这种表现,并尽可能公正地使它塑造成一定的形式又是另一方面。

意识到这一点,则我们对没有证据明确无误地支持非正式的教学活动是最有利的培养创造性的方式就不会感到奇怪了。哈顿和莱登(1971)也的确发现在发散思维上非正规小学的孩子比正规小学的孩子有更出色的表现,并且这种差异一直持续到他们进入中学以后,但在本耐特(1976)的一项更深入的研究中发现,当用真正的创造性努力(比如写作的创作中)代替发散思维测验时,在正规和非正规小学的孩子之间并不存在显著的差异。这些矛盾的研究结果完全可以用实验中使用的不同的变量来解释,比如有的研究使用的是发散思维测验而另一些研究则采用创造性思维等等,但也可以说明教师本身的作用,远比教学活动的组织更为重要。瓦莱士(1970)证明,那些创造性高的成年人总体上都在儿童时期都有一个能提供各种体验的环境,他们经常被鼓励提出问题并通过实验来验证自己的想法,他们也能将自己的兴趣与业余爱好和发展其特殊的才能结合起来。因为这一点无论在良好的正规教学中和良好的非正规教学中都能够实现,因此,我们应首先了解教师在他们的工作中的总体取向。

创造性的教学技术

我们已经证明教师在他们对儿童的教育中应鼓励他们提出自己的观点,但上面的建议又暗示我们也应询问每一个教师将何种个人的兴趣和努力引入到教学中?如果教师本身也有广泛的兴趣,愿意在教学活动中和业余时间里与孩子一起分享他们的这些兴趣,乐于探索并且也喜欢提出问题和倾听问题,那么这样的教师将比那些古板和僵化的教师更能促进他们的学生的创造性的发展。另外,教师应该帮助儿童沿着"如果……将会发生什么?"(或"如果……就可能发生了什么?")这样的思路思索,并告诉孩子们每个人都有创造性的潜力,并不是极少数杰出的人物才具备。

波内斯(1967)提出了头脑风暴的方法,这一方法已被证明在管理培训中非常成功,并在教育上有突出的应用。他认为在问题解决时,人们有时需要以一个群体的形式来活动,并要求大家在完全自由的状态中产生想法。任何想法都不应该被看做是缺乏逻辑或不合适,并且也不能进行任何方式的批评和指责。这一过程要用磁带录下来,在活动结束时再重放磁带,并进一步刺激新的探索,或开始澄清/评价类型的活动。这种方法常用于解决一些难处理的问题,它使每一个参加者都能从小组其他成员身上获得创造性想法的启示。无评价的气氛使每个人都能使自己的思维在不受到检查和责难的情况下面对问题,在学校活动中,这一过程与问题解决一样,具有教育上的价值。

这种开放式取向的重要性由戴维斯(1976)进一步加以强调,他让三组学生面对同一问题(如何对门把手改变或改进),然后用三种不同的方法去刺激他们的创造性思维。第一组被呈现一系列可能使问题得到解决的具体例子,第二组则被提供有许多可能性的一般策略(比如,试图思考改变门把手的材料),而第三组则被提供一个活动的矩阵,这一矩阵以某一变量为其中一轴(比如,门把手的不同制作材料),另一变量为第二轴(比如,门把手可能的不同形状),然后它就可能组合成不同的新的变化形式。

无庸置疑,根据我们现有的观点,第三组中的个体将会产生最多的想法,而第一组中的个体将只能产生最少的想法。这些表现最差的个体事实上也是将大量的时间浪费在如何从给定的具体解决办法中寻找可能的方案,而不是去设想一些新的可能。这一发现在教学中的意义是,如果我们只是不断给学生呈现我们自己的观点,那怕是一些很简单的例子,那么教学情境也将变得不是那么开放,因为学生会将注意力集中到这些由教师提出的观点上,而忽视了产生他们自己的新观点。因此教师要以一种能够重新安排和组合的形式,用各种方法给学生提供学习材料。即使是在简单的课堂讨论或辩论活动中,教师也要避免对学生的讨论做过多的总结或总是提出自己的观点,否则活跃开放的课堂气氛就有可能被破坏。因为这种做法传达了他们作为教师的权威性,这些解决方法会被许多学生认为是一种"正确"的回答,从而阻碍了个体的进一步的思维活动。甚至在辩论的结束时候,教师也要避免对那些已提出的观点做出自己的评价。最好是让事物仍保持一种变化性和开放性,让孩子仍有进一步思考的机会,而不要给学生这样一种印象,即现在我们已将话都说完了,再没什么好说的了。

最后,还应帮助儿童分清不同思维类型之间的区别,并能决定在某一特定的情景中运用哪一类型更适宜。许多研究证明,面对同样的问题,如果要求他们一方面考虑解决问题的方法的创造性和独特性,而另一方面又要考虑到方法的实际可行性,那么他们就会产生不同类型的解决方法。实际可行性通常被认为是"与已知的方法紧密相联的",而创新性则促进儿童使用他们的想像去寻找新的事物。在创造性活动中,就像许多其他的教学活动一样,我们从儿童中获得的并不仅决定于他们自己的能力,也决定于我们提问时语言的明确性。

参考文献

Bennett, N. (1976) *Teaching Styles and Pupil Progress*. London: Open Books.

Davis, G. (1976) Research and development in training creative thinking. In J. Levin and V. Allen (Ed.) *Cognitive Learning in Children: Theories and strategies*. New York: Academic Press.

Getzels, J. and Jackson, P. (1962) *Creativity and Intelligence: Explorations with gifted children*. New York: Wiley.

Haddon, F. H. and Lytton, H. (1971) Primary education and divergent thinking abilities—four years on. *British Fournal of Educational Psychology*, 41, 136—147.

Hudson, L. (1966) *Contrary Imaginations*. Harmondsworth: Penguin.

Nierenberg, G. I. (1982) *The Art of Creative Thinking*. New

York: Simon &. Schuster.

Ornstein, R. and Carstensen, L. (1990) *Psychology: The Study of Human Experience*, 3rd edn New York: Harcourt Brace Jovanovich.

Parnes, S. (1967) *Creative Behavior Guidebook*. New York: Scribner's.

Perkins, N. D. (1981) *The Mind's Best Work*. Cambridge, Massachusetts: Harvard University Press.

Torrance, E. (1974) *Torrance Tests of Creative Thinking*. Windsor: NFER.

Wallach, M. (1970) Creativity. In P. Mussen (Ed.) *Carmichael's Manual of Child Psychology*, 3rd edn, *Volume 1*. New York: Wiley.

补充读物

Anderson, B. F. (1980) *The Complete Thinker*. Englewood Cliffs, New Jersey: Prentice—Hall.

Tackles the whole field of thinking, with a good chapter on creativity.

Bransford, J. D. and Stein, B. S. (1984) *The Ideal Problem Solver: A guide for improving thinking, learning and creativity*. New York: W. H. Freeman.

Full of relevant information and practical examples and exercises. Excellent in every way.

Foster, J. (1971) *Creativity and the Teacher*. London: Macmillan.

Remains a useful guide to creativity at school level. Its date indicates the lack of recent good work in the field.

Ghiselin, B. (1952) *The Creative Process*. New York: New American Library.

A classic in its field. The creative process as experienced and reported first—hand by creative individuals in the sciences and arts.

Hayes, J. R. (1989) *The Complete Problem Solver*, 2nd edn. Hillsdale, NJ: Erlbaum.

An interesting excursion into the whole area of problem solving.

一些问题

1. 你如何定义创造性？
2. 在"辐合"和"发散"思维间有何差异？
3. 你如何将一个辐合思维型的提问转换成一种发散思维型的问题？举例说明。
4. 辐合能力与发散能力之间存在一定关系吗？
5. 创造性的重要性在科学活动中与在艺术活动中一样吗？
6. 什么是一个"开放式"的测验？
7. 在发散思维的测验中常用什么变量来记分？
8. 列出与创造性活动有关的不同阶段。
9. 在创造性活动的酝酿阶段中会发生什么？
10. 再举一些例子，说明有创造性能力的人能发现那些普通人长年累月也视而不见的重要问题。
11. 创造性的科学家在他们的实验中系统地研究，但最终他们产生新理论时只有一个是正确的，这种说法对吗？
12. 如果说培养儿童是一种创造性活动，并且教师的工作中有创造性，或者说创造性仅局限于艺术家的工作中。这些说法是否恰当？

第七章 学 习

尽管学习在教育上有极为重要的地位,但它是如何发生的,并有哪些因素影响它,这些问题到目前为止还不清楚。教师以及教育界人士经常在这一点上对心理学家责备,认为他们给自己提供了关于学习的许多非常矛盾的观点,这些观点每一个都以不同的心理学理论为基础,而且有时心理学家又提供一种非常一致的关于学习的观点,但却又不能为其他的心理学家所赞同。这些指责尽管完全可以理解,但却有些不公平。因为学习实在是一个极为复杂的活动。我们每一个人从觉醒的那一刻起就接受对事物的持续的不断变化的各种各样的体验,而且每一种渠道都有潜在的学习产生,但它们之中绝大部分都没有在我们的意识活动中留下痕迹。是什么造成了一些事情被记住而另一些事情被忘记?为什么某一具体事件能促进一个人的学习而对另一个人却没有什么作用?为什么一个人从某一教师身上可以学习而从另一教师身上却学习不到东西?我们如何能够认识到自己的经验,并在处理新情况和新问题时使这些知识发挥很好的作用?这些问题和其他许多问题使得心理学家面临着了解和解释学习活动的任务,更重要的是他们还要建议在各种条件下不同的学习者如何能获得更有效和更持久的学习,这实际上是一个十分艰难的工作。人们的不满不是由于通过50年的研究并对学习现象做了大量系统的研究之后心理学家仍不能对上面的问题做出回答,而是由于他们提供了太多的答案。

学习由什么构成

从定义开始理解一个概念总是会有所帮助的,我们不妨首先指出大多数心理学家都赞成的对学习的定义,即学习是在个体的潜在行为上由于经验的作用所产生的一种相对持久的改变。这一定义使我们注意到三个内容:第一,学习必须对个体有所改变;第二,这种变化是经验所产生的结果;以及第三,这是一种对他们的潜在行为的改变。在这三方面中只有第一点是非常明确的。如果我们没有任何变化,就不能说学习确实已经发生了。当然,这一变化既可能是一种较简单的(比如,当我们学会了系鞋带)又可能是较复杂的(比如,当我们第一次能欣赏一件杰出的艺术作品),但它们的原理都是相同的。产生这种学习的个体与没有产生这种学习的个体在某些方面应有明确的不同。第二点所强调的是这一变化必须是经验的结果,而不是由于生理上的成熟与发展的结果。第三点强调的是尽管学习确实发生了,但它只是一种潜能而并不一定表现出实际的活动。我们可以学习某些内容,但有可能直到数月或数年以后才在我们的实际活动表现出学习的作用(比如,一个儿童在电视上看到外国的一些情况,有可能在以后课堂上学习到有关这个国家的内容时,他的关于这个国家的知识使每个人都感到惊奇)。

根据这一定义,我们现在来了解一下心理学家是如何努力发展一种明确的理论来说明学习这一现象的。在这一点上我们必须认识到在心理学家中存在许多不同的观点,这使他们有时形成两个对立的阵营。我们并不想过多的涉及这两个阵营分裂的问题,而只是指出一种观点采纳了传统的行为主义(或联结主义)的观点,而另一种观点则采纳了认知(或认知领域)的观点。行为主义观点起源于 1930 年代,它特别强调如果心理学要想成为一门精确的科学,它就必须关注于对可观察的行为的研究:即研究个体做出的反应和这一反应发生时的条件。这种观点从一开始就将学习看做是在环境提供的刺激与个体做出的某种反应或奖励之间的联结,或者说是这一反应和强化之间的联结,因此,它更强调环境所起的作用。它认为建构了相关的环境就会产生学习,这与学习者的意志是无关的。这种极端的观点现在已不被大多数心理学家所赞同,因为人们了解到在学习的活动中我们必须考虑个体是怎样认识刺激和自己的反应之间的关系,或者这一反应和它随后带来的强化之间的关系。这一点尤其在我们讨论工具化概念论内容时更明显。

另一方面,认知观点则认为如果我们希望对学习有所认识,就首先要关注学习者对经验(如对概念内涵的理解,记忆等)进行重新组织的心理能力。因此,这一观点更强调个体解释和理解所发生的现象的方式。这一观点认为个体并不是由环境所产生的机械性的产物,在学习过程中他是一个主动的活动者,他在学习过程中产生有意识的努力并对其从外界接受的信息进行加工和分类。

这两种观点并不相互矛盾,并在它们之间确实也存在相通的地方。教师作为一个学习活动的参与者,可以从这两种观点中获得一定的帮助,并能看到它们彼此之间或多或少有一定的关系,这决定于学习是在什么水平上发生的。为了明确这一点,我们应该就每一种观点中举一例子来说明,这是一些与教育过程有更直接的实践关系的例子,它们也能够加强我们对这一章所涉及的理论的认识。

学习的理论

我们尽管称之为理论,但这两种学习观点所讨论的只是描述性的。它们更多的是描述学习发生时确实产生了什么,而不是去推测为什么和如何发生。这也就形成了教师的一种观念,即他们普遍抱怨这些非常复杂的学习理论在他们帮助学生学习的实践活动中,的确不能给予更多的帮助。另一方面,对学习的描述也有更多即刻的好处,因为它们对学生和教师同时参与的活动类型进行了描述,这无疑会促使老师帮助学生提高学习的水平。它们也会帮助教师制定教学策略,观察学生的学习活动,并找出可能会造成学习成功或失败的因素。

我们首先介绍行为主义学派的观点对学习的描述,它们被称之为操作条件反射,其次我们再介绍认知学派的描述,它们被称为工具性概念化。

操作条件反射

操作条件反射的原理是由美国的心理学家 B.F. 斯金纳 (1904—1990)提出的,他用了50年的时间进行学习的实验研究。斯金纳(尤其在最近的1982和1986年)认为学习包括三个明确的阶段:第一,是学习者面临的刺激或情境(S);其次,是从学习者引发出的行为(B);第三,是这一行为之后的强化(R)。他认为教师提供的最好的强化应是紧随在B之后的结果。很明显这些结果可能使学习者满意(在这种情况下它们被称为正强化或R+),也可能使学习者不满意(在这种情况下它们则被称为R−)。R+会增强学习者在以后的情境中再出现同一行为的可能性,而R−则会减少这种可能性。举个简单的例子:教师要求男孩写出法语 avoir 的分词形式(S),男孩的回答是"ayant"(B),教师说"正确"(R+)。当以后面对相同的问题时,他回答"ayant"的可能性就会增加。但如果他回答"avant",教师将说"不正确"(R−),他就不再做出这样的回答。R−是一种惩罚的形式,即使它并没有惩罚的意图。有时它被看做是负强化,但这并不正确。事实上负强化是在将某种不被人欢迎的反应去掉时发生的。比如,如果一个总让儿童站在班级前面使儿童感到不愉快并从而孤立儿童的教师,当她突然不再采用这一办法时,她的学生就会发现这一"奖励",其结果使他们改变了对她的态度。

很明显 R＋和 R－并不一定总来自于教师。学习者可以发现很多种方法来判断自己在某一任务或问题上的回答是否正确或错误。但 R＋增加行为再现的可能性而 R－减少这种可能性的原则是相同的。读者可能认为这一点在自己身上是明确的,但斯金纳和他的同事们则认为大多数学校在教学方面之所以不是很成功是因为没有掌握 S-B-R（或操作条件反射）模型本身和它在教学方面的作用。

从教师的角度看,操作条件反射模型最有用的一种应用就是它使人们注意到必须对实际影响儿童行为的因素进行认真的分析。比如,在教师认为是 R－的事物有可能它的实际效果是 R＋。教师对儿童的坏行为进行斥责,但这种行为并不会减少——原因很简单,斥责给儿童提供了一种他们想要的关注,而他们用其他的方式无法获得这种关注。这一例子特别适用于那些在学业上很少得奖励的低成就的学生(Curwin and Mendler,1988;Fontana,1994)。操作条件反射理论提醒我们不要对儿童行为的原因作随便的猜测。我们必须从儿童的角度认识这一问题（并认识到有时我们将会大吃一惊）。

工具性概念化

这一多少有点吓人的题目是布鲁纳所使用的,这是他用以从认识角度来描述学习的最重要的概念之一,而且也是目前对教师最有用处的概念之一(Bruner,1966)。布鲁纳的观点主要继承了认知学派的传统,他认为学习不仅仅是由刺激引发的一种被动的行为单元,并受到强化的加强和减弱,它是一种主动的过程,学习者在这个过程不断推导出原理和规则并验证它们。换句话说,学习不是像操作条件作用模型描述的那样仅仅是发生在个体身上的事情,学习是学习者主动使其发生的,他们用这种方式收集信息并使用信息。对于教师来说,布鲁纳和斯金纳的模型之间的主要差别是，在肯定 S-B-R 模型中刺激与强化的潜在重要性的同时，布鲁纳认为斯金纳对 S 和 R 之间的一些因素的关注不够，忽视了学习者本人的知识和行为(B)。行为并不是简单的一个被刺激所"激发"并被随之而来的强化所加强的事物，事实上，它是一个极为复杂的活动，其中包含三个主要的认知过程，分别为：

- 信息的获得
- 将这一信息转换或操作到一种适合于解决当前任务的形式中
- 对这种转换进行验证和检验(Bruner，1973；Bruner and Anglin，1973)。

学习者通过对输入的信息整理和分类来获得这种转移，也就是说使之适应于(有时也会做修改)他或她已有的用以了解世界的信息类型中。因此，这一整理和分类包括一种外在行为赖以存在的内部中介过程。通过年龄和经验的增长这一过程也得到发展，学习者逐渐增加对刺激的改造并最终从刺激的控制中摆脱出来而获得自由。如果我们想认识斯金纳和布鲁纳之间的全部区别，我们就必须认识到这一点，即斯金纳将刺激看做是一种相对无联系的单位，是客观的事件，它与学习者有明确的区分，并产生一种机械性的反应，而布鲁纳将刺激看做是一种由学习者以其自己的个人和主观的方式来确认和再认的事物。因此，在某种意义上，刺激成为个人的事情，个体依据他们以前的经验、思维和志向，以他自己喜欢的方式做出个人的解释(或错误的解释)和转换。所以，学习不再是一种机械的反应，如果一个刺激被认为是不适宜的，他们完全可以忽视它的存在，或者被个体用来帮助建构内部的假设和模型(布鲁纳称之为"期待类型")，从而对未来的事件进行预测并反过来影响对新刺激进行接受和转换的方式。同样的，学习者也能逐渐的独立于即刻的强化(R)，并能为了一个长远的目标而努力，因为这种目标是一种期待类型性质的，它可以使学习者通过对未来事件的预测而获得极大的满足。

在停止这种理论性的讨论而开始更实用性内容之前,我们必须再谈论一下学习者转换输入信息的方式。布鲁纳认为这一转换过程与三种表征的方法相联系(比如,用以表征记忆中过去经验并用它们处理目前问题的系统)。一个成熟的人可以利用所有这三种系统,它们是在童年期的特定年龄上一个个获得的,这即取决于环境中的机会,也取决于儿童生理上的成熟。根据这三种系统通常被人们获得的顺序,布鲁纳将它们命名为(Bruner, Goodnow and Austin, 1965)动作式表征、图像式表征和符号表征(参见第三章)。

动作式是一种操作性很强的方式,它既不用意象也不用文字。它主要是以行动来表现的,在运动技能学习中很明显,即我们是通过活动来学习并获得运动技能的,我们很难用语言或图像把它表征出来。

图像式方法更多的是通过利用意象来形成,但仍不使用语言。这种依靠视觉或其他感觉经验组织的意象表征了一种不需要对其定义的概念。比如,一个5岁的儿童可以有许多内心的和听觉上的事物的意象,他可以再认并使用它们,虽然他无法用文字来定义和描述它们。在成年人中也有同样的情况,比如他可以有一个机器运转的很清楚的图像,但他感到很难用语言来描述它。

最后,行动和意象之后就是符号的方法,它是利用语言来表征的。这种表征使人们的思维和学习更加抽象和灵活,有了它,人们可以进行反省式的思维,即能考虑到理论的前提条件,也能考虑到具体的例子,并能够将概念以等级结构的方式来排列。当然,符号表征也能使用语言之外的符号系统,比如像数学的和科学逻辑性的符号系统。

我们可以用简单的例子来说明成年人如何使用这三种表征方法。假如有一陌生人询问你从A地到B地的路径,你可能会说你无法给他描述这一路径,但你可以陪他走并指明道路(动作式)。或者你可能表示自己说不清楚但能给他画一张地图(图像式)。或者你可能说你可以给他讲清楚,然后就用语言给他详细的描述(符号式)。这三种解释的水平是一个比一个更复杂,但每一个都有其各自的价值。因此,根据他们个人的知识水平,以及他们对三种方式使用的熟练程度,成年人将使用这三种方法中对他们最适宜的方式来处理学习经验并与别人交流其结果。相反,年龄较小的儿童将局限在动作式方法中,而只有在他们的思维能力发展之后才能获得图像式与符号式的方法。

布鲁纳认为(1966)斯金纳的操作条件反射模型只是在学习者以表演式方法学习时才适用,它对我们了解图像式与符号式的活动帮助甚小。不论这一点正确或错误,对于帮助学生完成抽象的学习任务,教师们将会发现布鲁纳对学习的描述比斯金纳的描述对他们更有实践上的指导作用,虽然我们可以看到,在教师以不同的难度水平安排学习时,这两种理论都有其各自的作用。

最后,布鲁纳和阿格林(1973)认为当我们着手做这种学习计划时,或我们开始思考学习活动的问题时,我们必须思考三个重要的变量,它们分别是学习者的性质、要学习的知识的性质和学习过程的性质。虽然我们在本章内容中并不是以布鲁纳的理论为主要依据,但对这三个问题的划分却为我们思考实际的学习问题提供了方便有效的帮助,所以,我们下面就依此详细分析每个变量。

学习者的性质

学习者本身有许多因素影响到他们的学习能力。人们对这些因素了解最多的是认知因素,它包括像智力、信息加工和创造性,人们对这些因素进行了充分的研究(第一、五和六章)。但还存在许多其他的我们不太了解的因素,了解这些因素对教师来说也是很重要的。这包括情感方面的因素(像情绪)、动机、成熟因素、学习者的年龄、性别和社会背景,学习的习惯和记忆。

情感方面的因素

焦虑。简单的讲,"情感"的概念主要指情绪,但心理学家倾向于将这一概念用于更广泛的与人格有关的内容。在我们看来这些情感因素中最重要的就是学习者的焦虑水平。从一般的教学经验中教师很快就能发现适度的焦虑水平对学习是有帮助的,而焦虑水平过高则会对学习产生抑制和干扰的效果。准确的说被激发的焦虑程度和其抑制性的程度在不同的儿童身上及不同的学习任务中是不一样的(任务越难,高焦虑的抑制性作用越大)。在儿童中间潜在的最大的焦虑来源就是害怕失败。我们尤其能在考试中看到这一现象,特别是在那些利害攸关的考试中,或者在一种不愉快的教学气氛中,此时学生的失败通常会招致教师的责备和其他同学的嘲笑。但即使在正常的教学气氛中,一些儿童也会体验到高水平的焦虑。这主要是来自于教师和学生之间紧张的人际关系,时间的压力,以及评价的过程(Biggs,1990)。一些儿童在气质上比其他儿童更易焦虑(第八章),有一些儿童则会从学校外的压力上产生焦虑,像父母的期望。

自我概念。与焦虑关系比较密切的是自我概念的问题(特别是自尊和我们对自己的看法)。在许多研究中,库伯斯密茨(1968)证明有较高自尊的儿童比那些有同等能力但自尊较低的儿童有比较好的学业成绩(第十章)。他们还会给自己设置较高的目标,并较少需要成年人的赞同,也很少被失败所吓住,并对自己的能力有更为客观的认识。较高的自尊似乎决定于父母的关注、鼓励、爱护、坚韧性和民主性的行为(比如使儿童感到自己是家庭中的一个有价值、有地位并有责任感的成员),如果教师善于给儿童创造成功的机会,在他们失败时去鼓励他们而不是去责备他们,那么就可以帮助他们确立对自己能力的自信。

外向—内向。自尊的高低可以被看做是人格的一个维度。另一个影响学习的因素是外向—内向(第八章)。一个典型的外向型人乐于变化和有差异,并朝向于外部世界的人和经验,而内向型人更倾向于稳定及内在的思维和情感世界。我们每一个人都处于极端的外向与内向维度之间的某一位置上,对儿童的研究(Entwistle,1972)证明在小学阶段成功的儿童(主要强调群体活动和社会活动)大多表现为一定程度的外向型,但在中学则这种平衡更朝向于内向(女孩比男孩转变的更快),而到更高水平的教育这种倾向更显著(此时更强调独立的学习习惯)。罗威尔和瑞纳(1975)的研究证明外向型人更喜欢无结构的学习环境,而内向型人喜欢将学习环境结构化,而莱维斯和凯(1973)证明如果内向性格与高水平的智力结合在一起,那么它们对学校的学习和成就是最有价值的。

我们应该注意到内向型学习和外向型学习在学校活动中所取得的成绩,至少在部分程度上,并不是决定于他们本身的某些性质,而是决定于我们给他们提供的对学习环境的组织方式。对于教师来说就像他们对于具有不同认知能力的儿童要采取不同的方式一样,他们也应该针对儿童的不同人格特点来组织学习环境。教师应该明确内向的学生更喜欢安静的学习环境和结构化的任务,而外向的学生需要更主动、社会性取向的活动。特别是他们应避免规定一种教学环境(和个人价值系统),这只能使那些在人格上与他们相同的儿童感到这一环境更适合自己的学习。

动 机

缺少足够的学习动机是不可能在学校的学习中获得满意的结果的。我已经提到了一个动机的可能来源,即焦虑,但还存在许多其他因素。习惯上我们将它们分为内部动机,这主要是来源于个体的,以及外部动机,这主要是环境强加于个体身上的。

内部动机

现在心理学家普遍认为(Atkinson etal.，1993)动物和人类存在一些本能的探求性驱力,这种驱力似乎并不是指向于满足个体的物质需求,而是在个体很小时就驱使他们对外部世界进行探索。在儿童成长的过程中,其他人对这一驱力的反应决定了儿童这一驱力的发展。如果他们在探索上的尝试得不到成年人的赞同并产生挫折感,那么操作条件反射的观点认为这种尝试行为就会减少,而被冷漠或可能是随机的无目的的活动所代替。另一方面,如果他们不断被他们所发现的东西及由此带来的兴奋和成年人的赞同所奖励和强化,他们就会持续这种尝试,并变得更有方向性和成就。

与儿童的这种探求性动机密切相关的是学习经验中产生的兴趣的程度。如果我们想了解为什么有些事情能抓住儿童的兴趣而另一些却不能,我们似乎只能说前者与日常生活有更直接的关系。它们既有趣又能去除头脑中不愉快的想法,或它们能使一个人更有效的与他们所遇到的人和事打交道。当他们长大后,这些事情又能帮助他们了解自己并有助于形成协调一致的生活观。但许多学校面临的问题是其学习活动缺少与日常生活的关系,其学习环境脱离了外部世界,所传授的知识更多是为未来的事情做准备而不是为应付眼前的事情(或者只是一些儿童在学校中遇到的问题,而不是在其他环境中面对的问题)。通过了解了自己所教的科目和学生的兴趣之后,一个有生动想象力的教师可以使学校的活动与儿童的兴趣直接相关。从本质上,这就要求从认识儿童已经掌握的知识开始,了解他们的探求性,他们的志向,他们的问题并向他们说明这一切与学校的学习有怎样的关系,以及这种学习如何能帮助他们更好的生活。

外部动机

无论教师提供怎样的刺激,总会存在一些儿童内部动机缺乏的情况,因此,我们要帮助儿童建立一种外部动机。这类动机通常包括分数、学校的报告、测验、考试,当然还有教师的赞同。在这些方面的成功可以帮助儿童建立起他们在自己眼中和教师、伙伴、父母眼中的威望,并由此帮助形成成就动机(Lynn,1991)。儿童发现成功受到奖励,于是就产生了一种更有目的指向于成功的期望。但外部动机也可能会产生一些问题(除了它可能引起焦虑以外),下面就对最重要的问题加以总结。

- 一些儿童只体验到失败而不再是成功(Fontana,1984)。这种情况使儿童产生了较低的自尊,或者对学校产生厌恶情绪(此时儿童会表现出一种"如果这一工作值得做,我就能做好"的防御意图)。为了消除因持续失败而带来的消极影响,教师最佳的选择就是给儿童提供一个成功的机会,无论是在何等低的水平上。通过这一成功的经验,可以使儿童产生一个新的自我形象,并鼓励他设置进一步更高的目标。

- 有时动机会由于儿童不得不长时间等待他们工作的结果而减低。操作条件反射模型指出作业和结果之间的延迟越长,学习的效率就越低,儿童在这一任务上失去兴趣的可能性就越大,他们努力于去完成这一任务的可能性就越小。

- 儿童之间的竞争也是一个常用的动机因素,但如果竞争太激烈了,就会使失败产生不良的情绪和有害的效果。一个儿童能够与其自己竞争并能稳定地提高其成绩的情境会更有帮助,这使儿童能够保持一种合作精神,通过团体合作来完成任务。

- 如果外部动机的压力太强了,儿童就有可能采取像欺诈、旷课,或称病的策略,来逃避可能的失败结果。

- 一些教师没有意识到表扬的微妙的效果(Desforges,1990)。表扬对儿童来说是很高的奖励,也有助于在教师和其班级之间形成温暖和有建设性的人际关系。但表扬也可以对儿童具有高度的指向性,特别是当表扬总是与一些很具体的事物相联结的时候。在这种方式下使用表扬,会使儿童放弃其他的想法,而只是集中于教师积极反应的某一事物上。因此,表扬不应仅被用于评价现有的成绩,也应用于刺激儿童进一步用更富于思考和创造性的方法来完成任务。

年龄,性别和社会因素

年龄变量在学习上表现为一种他们在什么时候才能干什么事情的概念。这一概念表明对于某些类型的学习任务(不论这是一种简单的颜色分辨,还是更复杂的分类和排序工作),只有在他们的认知过程达到一定的成熟水平才能完成。皮亚杰提出的感觉运动操作、具体操作和形式操作的发展阶段(它们之中又有分阶段)和前面布鲁纳提出的动作式、图像式和符号系统都能很好地帮助我们理解年龄在学习中的重要性。皮亚杰和布鲁纳都强调学习是与思维密切相关的。一旦儿童具有更复杂的思维能力,他们学习的性质也会有很多重要而细微的变化。皮亚杰的理论与布鲁纳的理论之间的重要差别是,布鲁纳认为我们是按照一个固定的顺序获得他所提出的三种表征手段的,而且我们在一生中都会使用它们,而皮亚杰则认为通常我们在达到下一个更高的阶段后,我们的进步就将前一个低级的阶段取代了。教师则应该对皮亚杰和布鲁纳的观点都加以了解,并保证使学习经验以一种适合儿童思维水平的形式呈现给他们。比如,如果一个儿童处于具体操作阶段(皮亚杰的观点)因此他只有图像式表征的能力(布鲁纳的观点),对他就不应该使用复杂的语言去传授知识和那些较为抽象的概念。布鲁纳特别强调只要以适合其思维水平的形式将问题提供给他们,他们便有可能解决任何问题。

如同学习的能力受年龄因素的影响一样,它也受到性别因素的影响(见第五章)。我们在第五章曾提到,在智力能上存在的性别差异似乎正在消失,但穆森、孔格和卡岗(1990)对美国的研究的总结证明,有时男孩子在一开始接受正规教育时表现出在学习上落后的现象,是由于大多数小学的教学是由女教师提供的,因此使男孩子将学校与女性价值联系在一起。而在那些由男教师进行教学的学校中,这种最初的差别则不存在。但几乎在有所有的年龄段上,女孩子都倾向于比男孩子有更低的自尊水平,有时为了遵从传统社会中女性应是弱者的角色,她们甚至于不得不人为地压低她们的成就水平。

在第五章曾讨论过,社会经济和少数民族上的差异对儿童的进步可能是一个很重要的影响因素,这不仅是由于语言的问题和生存环境的不利,而且也由于这些学生持有与学校或教师不同的生活观念和态度。

记 忆

很明显,学习与记忆是相互依赖的。从实用角度出发,一些心理学家认为存在两种记忆类型,分别为短时记忆和长时记忆(还可以进一步划分出瞬时或感觉记忆,但它对教师没有多少实践意义)。所有进入我们的感官并被我们注意到的信息都会进入短时记忆,但只能保持相对很短的时间,然后它们或者被忘记,或者进入长时记忆,而只有这时它们才能被更持久的贮存起来(当然,这时仍会产生进一步的遗忘现象)。无疑这种从短时到长时记忆的转换对学习是很关键的。有证据表明这其中包括一些对这些信息加以巩固的过程,很典型的是当这些信息仍在意识当中时,大脑会有一个短时的停顿以巩固对这些信息的记忆。甚至在一个很有趣的课程之后儿童也只能记住很少的信息,这可能是由于每个信息都是很快的跟着下一个信息,所以使儿童没有时间对它们进行巩固。但存在许多策略可以帮助记忆巩固和逐渐增加长时记忆的效率。

• 停顿、重复和提问。这些方法都能促进儿童将材料充分的保留住,从而有充足的时间使信息从短时记忆转换到长时记忆。

• 组块。如果将材料分成一些可组织的单位就能使它们被更好的记住。短时记忆通常只贮存7个项目(在此基础上,可根据个人的能力增加或减去2个,即5—9个项目)以保证它们能被转换到长时记忆中。比如,短时记忆只能记住7个数字(加上或减去两个,这决定于个人的能力),然后,最初的那个数字就开始在记忆中模糊不清了。在拼字字母时则只能记住7个字母(加上或减去两个)等等。

• 相关和兴趣。儿童记忆得最好的是那些与他们自己的经验和情感直接相关的事情。

• 注意的广度。对于有些儿童而言任何需要长时间集中注意的任务都是一件困难的事。他们的注意力不能集中,因此对要学习的材料即听不进去也记不下来。一般来说,儿童的年龄每增加1岁,他们所能集中注意力的时间就会增加1—1.5分钟(比如,一个10岁的班级其注意力大约能维持10分钟到15分钟)。

• 实际运用。如果将材料用于实践活动其记忆的效果将好于不去运用的材料。

• 意义。儿童对自己理解的材料的记忆要优于他们不能理解的材料。

• 过度学习。儿童对于已能很好使用的技能或知识继续练习和复习(对材料的过度学习)将比那些不这样做的材料有更好的记忆效果。尤其是在应激情境需要记忆的材料更是如此(比如在考试中,或在舞台上)。

• 联想。如果将不熟悉的材料与已经熟悉的事情联结在一起会使记忆效果更好。这一真理的现实意义体现在一些传统的(优秀的)小学的格言中,即学习总是从已知到不知;这就是对新的材料的学习必须用它和已知材料之间的联系来提供一些参照的线索。视觉的联想也是非常有用的,它并不一定要与所学材料的意义紧密联结(我们可以在非常成功的电视广告上看到这一点!),但必须要与这一材料同时呈现,这才能建立较强的联想。

• 视觉呈现。图像可以使材料更具可记忆性,并有利于巩固要记忆的内容。但仅仅用图片呈现材料的细节其记忆效果并不如把它们写出来或读出来。有一少部分儿童(少于5%)具有生动的意象能力(被称之为图像记忆),他们对事物仅看一眼之后就能在头脑中保持一个极为复杂的精确意象达几分钟之久,但这种能力在10岁以后就逐渐减弱了,在成年人中已很少能存在了。

• 再认和回忆。在再认(当一些刺激呈现给我们时,我们确证它们是熟悉的)和回忆(我们只能根据记忆重新恢复一些文字或事实)之间存在功能上的差异。再认似乎比回忆更容易一些(比如,再认一张脸比回忆一个名字要容易,对一个外语字词的再认比从记忆中回忆它要容易),因此,在实践中,教师应通过提供适当的再认线索帮助儿童回忆。

帮助长时记忆的因素有如此之多。但也有一些因素对长时记忆产生干扰。焦虑就是我们已经了解的这些因素之一。在放松状态下可以回忆出的材料在应激状态下就容易被忘记。另外的两个重要的干扰因素分别是倒摄抑制和前摄抑制。倒摄抑制是指最近学习的材料干扰了对以前学习材料的回忆。这一现象在所有的学习水平上都可能发生,比如,一个为了考试而死记硬背的学生会发现他在试图对一个星期中早些时候背过的知识回忆时,却总是想起昨天晚上记住的事实。另一方面,前摄抑制是指以前学习过的材料影响了对后来学习的材料的回忆,比如,当学生开始学习第二种外语时,发现自己不能记住他们想记住的字词,因为第一种外语中相同意义的字词总出现在头脑中。在下面介绍学习习惯的内容时,我们将讨论减少倒摄抑制影响的方法,但在教学环境中,我们对前摄抑制对新的学习任务的干扰却无能为力。这种干扰在所学的两种材料之间具有某些共同内容时表现更强烈,但它的抑制作用一般比倒摄抑制要轻,并在对新材料更为熟悉和进行了过度学习后,这种干扰会逐渐消失。

记忆训练。下一步,我们将谈论记忆训练的问题。一些教师仍然认为,当他们要求学生学习长篇的诗歌时,他们就是在"训练"儿童的记忆,就好像是记忆活动本身的效果被改善了。但事实上并没有一致性的证据证明这是有效的。确实,演员和其他一些在其职业生涯中需要记忆材料的人,似乎变得在记忆上有更好的表现,但他们只是获得了一种如何记忆的技能却不是改善了记忆的本质。我们已经提到一些这样的技能,下面我们还会讨论一些其他的方法。我们将在这里提到有关记忆术的手段,这是一些特别被设计出来帮助回忆的手段。记忆术包括一些很简单的技巧,比如像在手帕上打个结和使用短的有韵律的句子,也包括一些专门在舞台上表演记忆的人所使用的精心设计的手段。这种手段之一是被称作标定字词系统的方式,这是用从 1 到 10 的数字(或更多的数字)与一些有韵律的字词一一对应(比如,1 是面包,2 是鞋,3 是树,等等)。先学习这些联结,然后把被记忆的事情再反过来与它们联结,最好是利用视觉想像的方法。比如,如果我们希望记住(由于某种原因)在新西兰出产的农产品,我们可以利用视觉首先是一个沾满黄油的面包,其次是一只穿着鞋的羊,等等。这种手段在学习一系列事物的任务上是特别有效的,但除此之外在其他类型的任务上其作用则很有限。

学习习惯

当儿童长大后并对自己的学习更有责任感时,一个好的学习习惯将变得越来越重要。这些习惯包括像喜欢在一种安静不被分心的环境中学习,还有一些我们已提到过,像过度学习。下面对其他的一些方面做一总结:

• 现实的工作目标:学生认真地计划现实的工作目标,将比那种无法实现的志向或模糊的承诺更有效。最好是将这些目标明确表达出来,这使学生为了维护自己的信誉而坚持去做。

•奖励:在工作进度中,学生可以设置一些小的奖励作为强化物,比如在艰苦工作一小时后可以喝杯咖啡和休息5分钟。但是在无法得到这些奖励时,学生应具有足够的忍耐力。

•守时:应在约定的时间中开始工作。这可以防止我们养成一种随意拖延我们要完成的任务的习惯。

•整体和部分的学习:对新材料的学习一开始应将它从整体上阅读一遍,对它的大体状况有个了解,然后再将它分为小的单元并更有针对性地去学习。

•材料的组织:通常教科书(或讲演者)并不是以最适合学习者自己经验和理解力的方式来呈现材料。我们花一些时间来记笔记并以一种更适合自己的方式来重新组织材料是很重要的。同样的,用一些时间将笔记做的更吸引人更整齐也是很值得的。潦草的笔记,页码也没有秩序,对学习是一种很不利的影响。用于复习的笔记也应该包括所有重要的参考和以后需要的信息。有许多事情好像不会被忘记,但随着时间的推移不久就会在记忆中消退,这就好像一些学生所使用的速记符号或其他一些自创的窍门,虽然当时知道它们的意思,但过后很快就会忘记。

•口语与视觉记忆:将要复习的材料录下来,然后重新回放将比仅阅读它会有更有效的记忆。

•复习:在一门功课学习期间有一个分阶段复习的计划将比在考试之前的最后时间里对所有的内容死记硬背更有效果。在这种死记硬背中倒摄抑制是不可避免的一种结果。而分阶段复习则会使学生在以自己的方式学习这一内容时逐渐熟悉并掌握整个的内容,因为每一个新的知识都被安排在一个适宜的上下文中。在最终为考试所做准备时,学生只需要回过头来对已经过度学习的内容做一回顾。复习最好在材料开始被遗忘之前进行。这被称之为保持性复习。

恩特维斯特(1988)认为针对学习技能的特别训练(比如,开设专门的技能训练班)并不如教师努力使学生形成自己的思维和学习习惯的效果更好,教师的这种努力可以促使他们更好地了解学生,比如每个人的学习内容,已经获得的相关知识,如何克服困难,如何观察自己的进步并决定下一步该做什么。

对好的学习习惯及系统的学习方法的强调可以确使儿童将注意力集中在学习内容和学习过程上,并能使他们发展更高等级(元认知)的学习技能。在一系列的研究中比格斯(最近的研究是1993)提出了 SAL 模型(学生的学习途径模型),这是指学习中的表面途径和深层途径的问题。前者的特征是在学习任务上时间和努力的投入都少,并很少去理解,而后者则是在学习任务上有内在兴趣,并通过策略产生最大程度的理解。后一个途径的特征是努力在一个高度普遍化的水平上处理信息,即明确这些信息内部所包含的主要观念、主题和原则,而不是仅仅去处理那些在概念上毫无根据的具体细节。

学习材料的性质

我们一次又一次的听到人们在强调这样一种观点,即有经验的教师可以教任何一种课程,不管他对此内容多么生疏,只要他保持比学生多提前看一页教科书就够了。布鲁纳(1966)很明确地指出了这一观点的谬误之处,他认为教授一门课程的最终目的是帮助儿童理解其中的结构,即有助于定义这一课程的基本原则,对其加以认同,并使其他事物与之产生意义上的联系(这就是比格斯提出的深层途径)。如果老师不具备对这一课程的专家般的知识,那么他们就不能理解这一结构,也无法帮助别人获得这种理解。了解了这一结构教师就能以适合班级理解力水平的方式对材料进行概括,并呈现整个课程的一致性的、逻辑的和有意义的内容。于是,这些材料也就可以与明确的学习目标相联系,即每一课的学习都有其目的性。

操作条件反射的理论也特别强调这种学习目标,他们认为,学习目标应被表现在行为中,这样就可以通过观察行为是否改变来判断学习是否已经发生。换句话,这一目的应明确的说明在成功的学习了这一课程后学生应能够做什么(Pearson and Tweddle,1984)。许多年前布卢默(1956)和卡洛斯沃尔等人(1964)领导的委员会已就学习目标的准备做了大量的指导性工作,他们的研究方向分别是认知领域(关注于智力结果的学习问题)和情感领域(关注于情绪情问题)。他们的工作产生了一系列的一般性与特殊性的学习结果的类别,包括了所有在课堂和讲座活动中可能出现的学习结果。这些类别被排列为层次等级,从最简单的到最复杂的。每一个高层次的类别都包括了其低层次中的层次类别的结果(比如,第二层的结果就包括了所有第一层的结果),现在就从认知领域开始,按由低到高的顺序对它们加以总结。

认知领域

在认知领域上的类别(Bloom etal.,1956):

1. 知识:在事实、概念和理论等方面的简单知识。
2. 理解:对这些知识的意义的理解。
3. 应用:在新的和具体的情境中对这些知识和理解的应用能力。
4. 分析:将材料分解为其构成的成分并认识它们之间关系的能力。
5. 综合:将这些成分重新组合成一种新的有意义的关系,并形成一个新的整体的能力。
6. 评价:使用一种清楚的和一致性的标准判断学习材料的价值的能力,这既可以是自己设计的标准,也可以是从别人工作中引申出的标准。

有了这一分类教师就可以检查在他们所期望的学习结果之间是否保持了一种平衡。比如,他们是否过于强调分类中的第一层(将注意力主要集中在要求学生记住具体的事实和数字)而忽视了更复杂的学习结果?更重要的是,他们是否能将教学过程(所期望的教师和儿童的行为)与教学结果(在学习任务结束时儿童的行为)相区分?当然,教学过程也是非常重要的,我们将在后面的内容中再讨论它。而这种将过程和结果混为一谈的趋势是造成许多教师尤其是无经验的新老师产生模糊和几乎是毫无意义的目标的最根本原因:他们只是在简单地向学生介绍其教学笔记上的内容。比如,一个教师可能声明他的目的是向班级说明一种具体的技能(不论它是科学上的、艺术上的、运动上的或其他)。但这其实根本不是学习的目标。这仅仅是对教师计划去做的内容的一个说明,因此它只属于过程分类(或方法学上的)。它无法说明为什么这一技能必须被说明,以及作为一种结果儿童的行为应该如何被改变。因此,为了避免做出这种错误的目标,教师应该指明目标是以下内容中的一项或多项(取决于根据布卢默的分类所计划达到的工作水平)。在课程结束时班上的学生应该能够:

1. 再认和确认具体技能中的不同成分(这些成分应是很具体的:这是知识水平上的目标)。

2. 定义这些成分并了解它们在具体技能中所起的作用(理解水平上的目标)。

3. 使用这些技能(应用水平上的目标)。

4. 说明在这一使用过程中会发生什么和为什么会发生(分析水平的目标)。

5. 利用这一技能的成分去解决新问题(综合水平上的目标)。

6. 评价在这一问题解决上所获得的成就并提出进一步的修正(评价水平上的目标)。

应提醒的是,如果我们使用多个水平上的目标则我们不必总是按它们的等级顺序处理问题。因为严格按照这种顺序去做会导致形式化和固定模式化的教学。有时,我们完全不必先提供知识再组织实践活动,而可以先从班级所遇到的问题开始,然后提出在解决这一问题过程中所需求的知识(和理解)的目标。还要提醒注意的是老师在写出他们的目标时所用的文字必须简单、明了和清楚,而不能模棱两可。布卢默和其他在这一研究领域上的研究者更强调这一需求。对教师来说最好写出他们希望班级"理解"的具体事物,或者在某些事上"变得更精通",但当这些词转换为在儿童行为上直接可观察到的变化时它们的实际含义是什么呢?为了避免这种不精确性,布卢默提出了一些我们应该使用的具体的动词,它们与我们所处的水平是相适应的。因此,如果我们处于第一水平上(知识),我们就应该用班上学生可以陈述、罗列、确认或再生的词汇来表达目标;在第 2 水平上(理解),我们就应用他们能解释、区别、推论或举例的方式;在第 3 水平(应用),我们就应期望他们能说明、操作、展示、解决或使用;在第 4 水平(分析),就应该是描述、分解、辨别或选择;在第 5 水平(综合),就应该是结合或编辑、设计或创造,在第 6 水平(评价),我们就应期待那些能表现赞成、对立、批评和审定的行为。

情感领域

情感领域的类别与认知上的类别完全不同,它不仅与教学内容有关,而且也与学生在所在群体中产生的价值和态度有关。因此,情感领域不应被看做是与认知活动完全无关的。我们下面对卡拉斯沃尔与其同事提出的情感的类别做一总结,其中每一类别都包括了一些用于表达目标的具体的动词。

情感领域的类别(Krathwohl etal.,1964)

1. 接收(参与的愿望):学生倾听、询问、坐得很直,或注意观看。

2. 反应(主动参与的愿望)：学生回答或遵从、帮助他人、遵守制度、阅读，或写作。

3. 评价(对事物进行价值判断的能力；与认知领域中的评价的区别是，这种评价包括态度和伦理，以及社会的判断，而不再是对给定的课程或科目的具体原理的应用)：学生加入、证明、声明、或对自己表态，或承担。

4. 组织(对价值做出比较和连接它们的能力)：学生修正、连接、组织或接受。

5. 通过价值和价值体系完成的个性化(使组织的水平进一步发展并建立一个对一个人的所有行为都具有指导意义的生活哲学和价值系统的能力)：学生服务、行动、影响，或表现自我认识。

心理运动领域

布卢默和卡拉斯沃尔的研究意图被其他的研究小组所接受，而后者在进一步的研究上，在认知和情感领域之外，又在教育目标的分类上提出了第三个领域，心理运动领域。这一研究从未被完成过，但人们做了许多尝试来补救这一遗漏，最有影响的是辛普森的工作(1972)。心理运动领域是有关于运动技能，比如那些在运动中、在机械和设备操作中和在书写这一类的操作活动中有关的技能。按照从简单到复杂的顺序，辛普森的分类包括：感知(利用感觉线索获得对运动活动的指导)；定势(进行某一具体活动的准备状态)；被指导的反应(复制指令或用知识指导的能力)；机械性(自信并熟练的完成简单运动模式的能力)；复杂的外在反应(流利和精确的完成更复杂的运动模式的能力)；适应(修正已确定的运动模式以适应具体的情境和问题的能力)；最后是创造性(创造新的运动模式的能力)。

目的和目标

如果认为所有的心理学家和教育理论家都认为根据上面的（或任何其他的）分类就可以写出所有学习情境中所需要的具体目标，这种认识是很错误的。比如，教师并不总能预知学习经验对儿童心理和行为上的影响。而且，即使教师能做到这一点也未必是好的事情。学习在某种程度上是个人的经验，教师的工作并不是通过对班级上施加过多的他自己的反应来限制这种经验。在大多数学习情境中，教师应该很好地了解哪些类型的儿童的反应是适宜的，哪些不是。他或她应该期望学生对所学习的材料有一些认识和理解，他们能再认这些观念、技能和技术，并且能提供一些有关这些材料的评价，参与有关的辩论。

因此，教师仍会发现适宜的教学目的的规划会帮助学生们集中注意力并能帮助老师确定其教学是否成功。那些由布卢默和卡拉斯沃尔明确的目标也帮助教师在语文、数学和科学这一类课程中将其工作排列顺序，也帮助他们了解他们希望从儿童那里得到什么样的学习结果。

但我们却不应忽视这一事实，即大多数学习应是一种更高水平上的活动即，学会如何去学习（有时称之为元认知）。这包括要认识如何处理学习任务，如何将信息结构化，如何评价自己的绩效，如何请求帮助，以及如何发展这些信息之外的新知识。在学校水平上的学习也包括教育者在广泛的范围上决策教学目的。这些决策有时被表达为一种目标的形式，它与一般具体的目标所不同的是它们并不针对某一具体的结果，而是关于整个教育过程背后的总体的意图。这种目标的一个最好的例子是由教育科学部提出的(DES,1985)。这些目标是：

• 帮助学生发展一种生动的、探求性的心理，这是一种提问和进行理性辩论的能力，以及将它们用于完成任务和身体技能的能力；

- 帮助学生获得与成年人生活和职业有关的知识和技能；
- 帮助学生有效的使用语言和数字；
- 灌输对宗教的信仰和道德伦理价值的尊敬，以及对其他种族、宗教和生活方式的宽容；
- 帮助学生理解我们所生活的世界，以及个体、群体和社会之间的相互关系；
- 帮助学生重视人类的成就和志向。

还必须要牢记的是我们可以在目标的行为方面增加活动的水平和质量等因素，也可以增加一些在创造性活动中表现出的流畅性、灵活性和独特性的因素，以及那些有利于创造良好的课堂气氛并能激励学生学习的因素，如学生的兴趣、热情和合作精神等。虽然判断这些因素是否存在在一定程度上依赖于教师的主观性，但进行这一类的判断练习无疑是很重要的。

评 价

具体学习目标的准备工作在帮助教师组织教学经验并评价其成功性上起一个重要作用。这种评价不仅只是教师坐下来并观察儿童是否明显表现出了期望的行为类型。通常他们需要给儿童提供具体的产生这种行为的机会，这就使我们必须考虑不同形式的评价问题。

首先要强调的一点是教师对评价技术的选择很大程度上受学习水平(前面讨论的分类概念)的影响。特别在艺术和社会科学学科上，评价经常是采用写一篇文章的形式，这最适合于测量更复杂的认知和情感水平上学习的进步(比如，综合和评价，或评价和组织)，但对在知识和理解这一水平上的学习却只能做有限的测量。并且学生对老师喜欢哪一类的文章也缺乏了解，他们也不清楚给定题目的准确意义以及将使用的记分标准。因此，他们的文章也很难反映他们真正所学到的东西，以及他们怎样将所学的用于教学环境之外的现实环境中。如果教师能注意以上这些问题,并让学生明确地了解他们对学生的期望,以及详细地解释他们所用的记分方法,那么这种以写文章来评价的方式的价值就会提高。

对文章的主要替换方式,至少在认知领域上,是被称作客观性测验的方法,它的每一个题目都有一个惟一正确的答案。建构这样一个测验的原则是:

(a) 对于教师希望评价的不同课程的目标,列出这些课程所要求的学生行为的清单。这些行为包括了被测验的全部范围。

(b) 根据这些课程的内容列出我们期望的能在学生的行为中体现出来的知识和理解(或其他事物)。比如,课程的目标可能说明学生应能复述与某一具体技能有关的概念,或讲演的片断,或程序,同时课程的内容将说明这些不同的事物具体是什么。这些知识和理解的内容构成了测验的主题。

(c) 根据上面两点,排列出所有要测量的问题的相对重要性。这可以指导在建构测验的题目时,每个项目上题目数的多少。

(d) 最后,准备测验题目。在一个客观化的测验中这些题目常使用多重选择的形式,要求学生在提供的可能的各种答案中选择出正确的那一个:比如,"联结理论最初是由谁提出的:赫尔巴特/威廉·詹姆斯/弗兰西斯·高尔顿/其他的人。"但有一些操作条件反射的理论家认为如果在多重选择问题上做出了错误的选择,就会使学生不知不觉中形成了在问题和不正确的反应之间的心理联结。为避免这一现象,人们有时就建议应只留下问题内容本身,而不再附加上可能的答案。读者又会看到,这种提问的形式将是对回忆的测验,而以多重选择形式呈现问题时是对再认的测验。

对此所提出的普遍的反对意见是,这种测验形式比写文章类型的测验形式在建构测验上要花费太多的时间。这一点是不能否认的,但在另一方面它们在判分上却快得多,并且教师对能从测验中充分了解学生的知识、理解和应用也非常满意。进一步的,这种测验还可以促进学生去掌握知识,因为他们认识到这是一种综合性的测验,而不再是像写文章的测验那样零散取材的。他们也确信好的分数的确意味着他们掌握了这一科目的知识和基本语法。

我们不能忘记的是,评价的一个最基本的目的是为了诊断。教师希望清楚地认识到儿童不知道什么,他们为什么不知道(比如,他们在知识和技能上的差距是什么),他们的错误概念和错误的理解是什么。有证据表明(Bennett,1990)教师通常只是做出评价却很少诊断,其原因在于时间的压力以及过于强调儿童学习的结果而不重视产生这些结果的过程和策略。诊断依赖于促使儿童表达他们的学习过程和策略("你是做了什么才获得这一结果的?"),并且它在决定每个儿童所适宜的学习任务上起重要的作用。没有诊断的评价其价值是有限的,并且在事实上如果给儿童提供了较低的分数和反面的评语但却不能让儿童清楚地认识到为什么会产生这些结果,以及在以后该做些什么来改善这种情况,那么这种评价就会产生消极的影响。

学习过程的性质

学习活动

对实际学习过程的考虑使我们认识到教学方法和技术的问题。有许多方法和技术对于具体的科目或所教的科目是非常特殊的,因此它们并不属于心理学书的范围。但我们可以对一些具有普遍性的问题加以讨论。盖纳(1974)根据斯金纳的操作条件反射模式并结合(尽管很少量)与布鲁纳的模型有关的概念,提出典型的学习活动是由 8 个事件的链所组成,它们有的是学习者的内部活动,有一些是外部活动。根据它们一般的发生顺序,可列为:

1. 动机(或期望)
2. 理解(学习者接收学习材料并将其与其他无关的但可能吸引学习者注意的刺激加以区分)

3. 获得(学习者对知识编码)
4. 保留(学习者将知识贮存于短时或长时记忆中)
5. 回忆(学习者从记忆中提取材料)
6. 普遍化(材料被迁移到新的情境,并促使学习者发展新的应付策略)
7. 操作(这些策略被用于实践)
8. 反馈(学习者从结果中获得知识)

盖纳认为如果在学习的过程中存在失败,也就是在这8个水平中的某一环节产生失败,教师的任务就是查明哪一水平出了问题。我们已经对动机进行了一定的讨论,但盖纳认为(1979)教师可以在其他水平上帮助儿童避免失败,只要他们应记住一个学习过程应包括的9个步骤:

步骤1:抓住学习者的注意力
步骤2:刺激对信息的回忆
步骤3:说明指导语的目的
步骤4:呈现有关的刺激(学习材料)
步骤5:提供指导(这包括提供一些线索,使它们能帮助学习者将学习的内容组成一个概念链)
步骤6:引发学生的活动
步骤7:提供反馈
步骤8:评价学生的活动
步骤9:保证新学到的信息能够保持和迁移(转到新的学习任务中)。这包括以一定的方式对学习者提问,使他们能对学习的(或推断的)规则进行说明。

要注意的是步骤2和步骤4都将采取提问、规划任务、发现学习以及在教师方面来说所需要的文字表达的方式,在这一方面我们需要从盖纳的观点上再回到布鲁纳的理论上(1966)才会得到进一步的帮助。布鲁纳认为通常我们给学习者提供步骤5中的线索时我们都是用学科中的"中间语言"去处理:即以事实、公式、技术、观念等这些由其他人发展出的内容。学习者不被允许自己去发现这些事实。当然,如果我们允许他们去发现这些事实,他们并不感到自己是"新"的发现者,但布鲁纳认为这并不是问题的关键所在,重要的是这一切对学习者都是新的,通过这一发现的过程他们能更好的掌握这些事实之中的概念和结构。

发现学习

布鲁纳认为如果让学习者使用发现的方法,我们就可以减少基础知识与高深知识之间的差距。毕竟大学教授和高年级的学生都使用发现的方法,但是如果我们认为那些在相对低级的功能水平上的学习者就不能使用这种方法,我们就会妨碍他们在其试图学习的科目上获得真正的经验。一门学科不仅包括它多年所积累的知识,也包括了许多用于积累这些知识的方法。如果我们仅仅教授了这一学科的中间语言,则我们就没能给学习者传授其他的事实,并因此而抑制了学习者的理解才能。

布鲁纳认识到人们常用发现学习来解释那些模糊的和偶然发生的事情,而无论是老师还是学生都不能确切地知道将会发生的事情。这也是他强调学习的目的性的一个主要原因。教师应把学习目的自始至终贯穿在学习过程中,同时提供一种框架,在其中意义可以用适合于学生思维和概念化水平的方式来加以阐述。比如,在讲解一个电路的工作情况时,教师应对需要学习的原理非常清楚,他不能只是简单的把原理写出来,而应该给班上的学生提供所需要的电线、灯泡和电池,并用它们设置一个问题情境,只有学生把电路正确的连接才能解决这一问题。在做这些连接时,还应要求学生们讲出那些来自于他们经验中的规则(前面提到的盖纳的学习过程中的步骤9)。也有一些人反对这一方法,认为它不适宜于艺术和社会科学的课程,而只适合于数学、技术和科学的课程,但布鲁纳强调模仿练习的作用。这种练习是将那些历史人物、经济学家和社会工作者所面临的问题模拟给学习者,并让他们给出自己的解决这些问题的答案,然后将它们与真实例子中的答案相比较,由此促进进一步的讨论,增强对问题的理解,以及使记忆更有效地发挥作用(Van Ments, 1990)。

反省性思维

当然我们不可能在教学过程的所有学习中都使用布鲁纳提出的活动方法。但不论课程的性质如何,教师应该保证呈现给班级的学习问题(不论是口头提问形式还是文字写出的形式)都应包含一定比例的能促进反省性思维活动的成分,这对发展更高等级(元认知)学习技能也是十分重要的。人们经常使用的提问和作业方式(比如"英国的人口是多少";"什么是水的分子式?";"这一首诗的格式是什么"?)只能产生中间语言的反应。这种反应在其本身的水平上是有用的,但它只需要从学生那里听到一个以他们一开始听到或读到这一信息时的方式给出的回答。但是,反省性的提问和指定作业(我们经常称之为起点性的提问)通常包含一种对立或矛盾的成分。它们所介绍的材料可能并不适应于学生的知识和信念,因此能刺激他或她做出一个更具有个人性和创造性的回答。一个好的起点性提问和作业形式通常带有"为什么"这个词。比如,"北极和南极距离赤道是同样的距离,但南极却更冷一些。为什么?""基督教教育你要爱你的敌人,但许多最恐怖的大屠杀都是在基督教的名义下进行。这是为什么?""飞机飞得越高,它离太阳就越近,但空气却变得越冷。为什么?"它们可能也采取陈述的形式,比如"你要想在经营上成功就只能选择不道德","密尔顿是一个比莎士比亚更伟大的诗人",或"并不存在科学的法则"。

当然,对反省性提问和任务的设计,最好由一个在所教科目上较具权威性的教师来做,因为他了解这一科目的结构和其难点。它们的本质特征是,通过使学生对所学课程的关键内容进行反省性思考,来帮助他们理解这一课程活动的精细方式,其间的因果关系，所应用的程序和方法等。因此它们有助于主动的加强学生对课程内容和结构的理解。其结果，不仅使学生获得了知识，也使他们掌握了产生知识的方法，以及知识如何被推广用于解决新问题的方法。

但事实上许多教学材料并不是以这种方式呈现给学生的。本耐特等人(1984)发现在小学教学中像数学和语文这样一些重要课程中，教师的典型做法就是介绍书本，将注意力集中于具体的点和程序，说明常规的用法，然后观察学生将所学的内容用于实践。这种做法很难使儿童在更大范围上理解他们正在做的事情的意义；他们仅把自己的任务看做是对教师所演示的事情的重复。这种做法很难对智力有什么挑战，也不能激励儿童通过自己去进行思考，更不能扩展他们在更高学习等级上操作的能力。

相反，程序化的学习和一些计算机辅助的学习则倾向于给学习者提供一种简单的知识单元，然后再检验对它们的记忆。这主要是属于斯金纳的操作条件反射技术，它强调学习的小步骤原则和对学习结果的立刻认识。下面所举的在电路程序中一个题目的例子就说明了这一指导形式中的原理。

阶段 1(信息)：在一个 13 安培灯泡连接的电路中，棕色线接在灯泡的正极上。

阶段 2(提问)：什么颜色的线接在 13 安培灯泡的正极上？

阶段 3(反应)：A. 蓝色的

　　　　　　　B. 棕色的

　　　　　　　C. 黄绿的

阶段 4(答案)：棕色的。

学生则要求观看这每一个阶段，如果他们的回答是错的，还要回到头重读阶段 1。程序教学本身就是一门庞大的学科，我们在这里对它不能做详尽的介绍。但它所包含的原理是非常简易的，教师可以很方便的选择一个适合自己班级的程序，或自己设计一个可以使学生个人操作的程序。

程序教学理论家批评发现学习的方法,因为它允许学生经常产生错误,这会在学生的头脑中长久的留下一些不正确的联结。而相反,发现学习方法的倡导者则声称错误是学习的一个基本成分,因为错误会促使学习者对他们本人提出疑问,试图发现为什么他们错了以及他们产生了怎样的错误。通常教师给儿童灌输了一种对错误的恐惧,并使他们不敢表示出自己在理解上的失败,这会导致一种保守和刻板的学习模式,它不利于反省性思维以及对知识原理的掌握。很显然读者都希望加强自己在这方面的能力,这就需要对学习被预期所要发生的水平有一个相当深入的了解,即如果我们的目标是直截了当地获取知识,那么程序教学的方法就比较有效,而如果我们想要激发我们的思维去做进一步的探索,那么反省性的方式就会更有用。

计算机辅助教学

自从1960年出现机器教学以来,教育逐渐受到技术革新的影响。目前,这一现象最明显的表现就是教学中对计算机的使用。计算机辅助教学有许多明显的优势,它们可总结如下。

- 它使儿童可以根据自己的进度来学习。
- 它使错误在一出现时就被确认,引起儿童的注意,并在很多情况下指出问题的原因。
- 它能吸引并保持注意力。
- 它可以建立布卢默和卡拉斯沃尔分类中提出的学习目标,并测查这些目标是否得以实现。
- 它能完成像盖纳所倡导的小步骤学习过程,并且提供强化。
- 它能将视觉与书写和听觉经验联结。
- 它能通过对成功的确认来加强学习者的自信。
- 它允许儿童只在自己的范围内产生并改正错误,而不是使错误公开化。

・它能使儿童迅速正确的收集参考信息,并提供详细的资料。

・它可以以交互作用的方式进行,使儿童与计算机成为学习活动中的伙伴。

泰勒(1980)认为计算机在教育中可以起到一个三重性角色的作用。首先,它是一个导师,提供信息、学习任务、反馈和支持。人工智能的运用又使它可以改变人们的认知过程,收集关于学生操作的信息,明确他或她在解决问题时使用的假设,并决定根据他或她的思维水平应采用的指导策略。其次,它可以作为一种工具,放大、施展和加强儿童本人的能力。第三,它又可以作为一个学习者,对学生用程序化的方法解决问题的努力做出反应,由此帮助学生发展重要的分析能力和与任务相关的技能。

但所有这些作用都决定于计算机使用的软件是否合适。如果软件不适宜或不完备,如果它使计算机的显示器就像书页一样,如果它不适合儿童的能力和兴趣水平,如果它不能有效地保持学习者的动机,如果它所产生的计算机界面很难被操作,那么这都将很快导致学生的挫折感、厌烦感和混乱状态。当这种状况再加上计算机教学产生的社会交往缺乏的事实(虽然它也包括一定的群体活动,但它限制了教师与学生和学生与学生之间相互交往的范围),人们必须认识到如同它的极大优势一样,它也存在潜在的不利性。

对计算机教学方法的有效性的研究(Kulik and Bangert-Drown,1990)证明当计算机表现出导师角色的作用时,会使学生的成绩产生明显的改变。而当计算机被用作工具时,其作用的结果则不太明确,似乎并不比传统的教学方法效果更好,当然它也会使计算的速度获得较大的提高。而对于计算机的学习者角色的作用还很少有研究,但有初步的研究认为在这方面将有很大的作用和价值。

最后还必须指出,目前计算机只是更适合某些方面的学习,而不是学习的所有领域。比如,在一些艺术性的课程上它们的作用是有限的,但在作曲和设计工作上它们也能发挥较大作用。它的文字处理程序会对语言学习、语法和拼写提供很大帮助,甚至也有助于发展创造性的写作技巧。

学习过程的管理

精确的教学

在了解儿童是如何学习的问题之外,好的教师也应该了解一些使学习获得最大效果的好的管理技术。一种好的管理方法是被称为精确教学的一类方法(Raybould,1984)。精确教学强调对学习的不断测量和评价,从而给教师提供了一种反馈,以使他们对教学过程做适当的改正和发展。这也使教师的行为在某种程度上更像一个成功的企业的管理者,不断监测他们的工作质量并有意识的促进它的发展和改善。我们不能在这种商业性的比喻上过度发挥(儿童和教师都是人,不是商品和机器),但通过对学习进行管理,无疑会使学习过程更有效和更愉快。

精确性教学提倡如果要使好的管理发生,教师必须要回答以下5个重要的问题:

- 学生是否在兴趣和能力方面做着正确的任务?
- 我们应期望什么样的成就水平?
- 学生正在学习吗?
- 学生是否有必要的学习速度?(如果缺少必要的基础时这一点很重要。)
- 如果学生没有在学习或学习的速度太慢那么应该做什么?

为了回答这些问题,教师应能够使用4种具体的策略。

1. 具体化。将学习任务的性质明确的告诉儿童(比如,具体的学习目标)并且指出他们要熟练掌握的成就水平。

2. 定期系统的记录学生的成绩。这需要经常使用评价调查

(使用"调查"而不是"测验"的概念,是强调不要对儿童做判断;教师的目的只是明确什么已被学会了和哪些还要去学习。)调查应该在一种非正式和没有压力的情况下在班级上进行。

3. 记录与成绩有关的教学安排。这使教师有可能对自己的教学活动进行评价。并使他们认识到哪些方法发挥了作用而哪些是无用的。

4. 定期对资料进行分析以了解需要什么样的变化。这是教师角色中属于质量控制和生产改进的部分。通过保持和进一步发展成功的方法,去掉或改进不成功的方法,教师使自己的工作逐渐适宜于他们所教的儿童的需求,并适应他们所教科目的要求。

一个在保持记录,评价学生进步和自己的方法上没有条理的教师,很快就会在他们自己和他们所教的班级上产生困难。缺乏组织,以及由于这种缺乏所产生的疏忽和不适当的重复,会造成一个缺乏效率和效果的学习环境,这样的教师也将对儿童的学习困难缺少必要的了解或理解。毫无疑问,在这种无效的环境中教师也会面临着对班级失去控制的危险,以及失去儿童对自己尊敬和与自己合作的危险。

儿童的学习困难

大多数心理学家和许多教师都不愿意对儿童贴上标签,他们更愿意从儿童的特殊需要和能力方面去了解所有的儿童,因为儿童在不同的领域上有可能表现得很不一样。每个儿童都以自己的进度学习和工作。所以每个儿童都是在与同伴相比较时才在某一时刻或其他时刻表现出学习困难,因此对他们贴上标签并不能给我们提供更多的帮助。一个"学习困难"的儿童可能仅仅是落后于其他能力较强的伙伴,或在掌握新概念上慢一些(但以后还会赶上)。但有一些儿童总也不能在他们这一年龄阶段的学习任务上使教师满意,因此他们的困难越早被得以诊断,就越有利于给他们提供适当的帮助。我们在前面已强调过,持续的失败本身会给儿童带来不利的影响,因为它降低了儿童在自己眼中的自尊,也降低了他在教师和同学眼中的自尊,这通常又会造成自信心和抱负水准的降低,以及其努力程度的降低,因为此时他确信自己"不能"完成要求的工作而不得不放弃努力。

在确定了一个儿童有学习困难后,下一步工作就是要使用合适的测验来验证这一确定,并明确这个儿童为什么有问题。在这一点上智力测验通常是很有用的,教育心理学家通常把它与其他的诊断工具结合起来使用。在与儿童在这一年龄上应达到的分数比较之后,这一测验的结果将帮助说明儿童在两个分类上的位置,一个分类是低或非常低的 IQ,另一分类是学习成绩的落后。一个 IQ 较低的儿童将被视为是一个智力能力相当有限的儿童,并且他也不能以其伙伴相同的速度学习,这与所提供的教育环境无关。另一方面,在学习成绩上落后的儿童,他们的智力潜力处于平均水平之中或之上,但他们的学习速度却受到其背景环境因素的制约。如果给予适当的帮助,这些儿童将能补上落后的基础,并重新加入班级中的学习。我们下面将对这两种类型分别做详细的介绍。

IQ 分数较低的儿童

许多教师和心理学家拒绝使用"IQ 低"的称呼(我这里所说的是那些教年龄较低的儿童的教师,因为这种诊断通常在儿童学习的早期做出的)。但我们已指出,一个儿童被诊断为属于这一类型的时间较早,避免持久性失败所造成的心理上的损害的机会就越多。

有一些 IQ 低的儿童在适当的时候可以被转到特殊的班级中,其中学生对教师的比率比较低,而教师则受到特殊的训练。在 IQ 测验上,这些儿童大多处于 50~80 分之间。若低于 50 分,就将视这一儿童有更为特别的困难,在正常的学校中教师很难遇到这类儿童。通常这种儿童由于表现出很严重的障碍（一般包括身体上的障碍），在他们达到入学年龄之前就被诊断出来了，并且被安置在特殊的环境中，这种环境专门被设计来处理这些特殊问题。现在一种中间类型的能力落后儿童已被确认出来，他们是 IQ 在 50～70 分之间的儿童。一般来说，在 IQ50 分以下这一类儿童千分之 3.7，千分之 10 的儿童处于 IQ50～80 分之间。

IQ 较低的儿童有特殊的需求，也就需要有特殊的帮助。对于那些 IQ50～80 分群体的儿童来说最好在正常的学校中给他们提供这种帮助，而不要将他们放到特殊的学校中去。特殊的学校不管如何好，它们都存在一个问题，就是给儿童打上了一个标志，他们自己会这样认为，其他的儿童和成年人也会这样认为，并使他们感到自己在很多方面不如其他伙伴。这一烙印会给儿童和他们的父母带来额外的负担，一想到这一切竟是我们在组织儿童的正规教育过程中所必然产生的，就不禁让人感到具有讽刺意味，因为不管怎样说教育的目的都应是促进儿童发展而不是进一步伤害他们。

在正常学校中设立的治疗班能在某种程度上减轻被称为"IQ 低"的烙印的影响，尤其是允许儿童在尽可能的情况下参与学校的各种活动，而只在某些课程上参加治疗班的学习。的确，他们仍会被他们的伙伴在某些方面另眼看待，但这已是学校所能做的了，它的总体价值和行为系统都在尽力减小这种烙印的影响。在这里一个最重要的变量是让每一个人都看到在学校中这种儿童受到鼓励。这意味着他们应该被信任和赋予责任感，作为个体他们的才能和品质应在每个机会中得到鼓励。教育他们的教师也应是在学校所有成员中受尊敬和承认的人，这些教师也应该在学校工作中充分发挥作用并积极参与学校的各种活动。因此，对于治疗班级不应在任何时候将他们视为"分离"于学校其他群体的一个单位；比如，将他们安排在学校的另一座楼房中，让他们有特别的课间休息和午饭时间，对他们的运动会或运动活动安排特殊的时间表，不让他们使用像实验室和活动室一类的设施，或在其他学生可自由选择的事情上不允许他们有自己的观点。很明显，在这些情境中IQ低的儿童更需要特殊的支持和帮助，但又要将他们视作与学校的所有成员一样。

对IQ分数较低的儿童的教育

在本书范围中无法详细讨论对IQ分数较低的儿童所需技能的教育问题，但最重要的是教师必须记住无论在多么低的水平上都要使这些儿童体验到成功，这一点前面已强调过。成功体验的本身就是重要的事情，而不必考虑所取得的绝对的标准。通过这种体验儿童获得了自信，摆脱了"我不能做"的症状，并通过这种鼓励而逐渐提高他们对自己的认识，直到他们能表现出自己最大潜能。教师还需要记住在皮亚杰的概念中（见第一章）IQ分数低的儿童只是在低于他们的生理年龄的概念水平上操作。比如，他们可能永远也达不到形式操作水平的阶段，这意味着如果我们期望这些儿童能掌握抽象概念，或掌握那些在教师看来是非常简单明确的分类原则，都将是无意义的。如果教师没有经过针对治疗工作的特殊训练，那么当他们看到一个儿童在面对一个非常简单的概念时也表现得很笨时，就会很恼火。但这种恼火只会使事情变得更糟，它最终将使儿童产生严重的挫折感和被挫败的感觉。教师应时刻提醒自己这样一个事实，即如果儿童能够学习，他们就会去学。坐在教室中面对失败并不是一件有趣的事，尤其当学习任务对其他人很容易时。因此，在儿童体验到特殊的问题时，教师首先需要了解材料呈现的方式，以及它是否适合儿童的思维水平。

IQ分数较低的儿童，由于在概念化方面处于较低的发展阶段，并且存在抽象观念上的问题，因此他们特别能从实践活动中获得益处。他们喜欢做一些事情，不仅是艺术和手工活动，也包括音乐，他们较低的IQ分数似乎并不会妨碍他们进行这种高水平的活动。他们也喜欢在户外饲养动物和种植植物的活动,并愿意参与运动和身体活动。事实上,我们可以把学校的课程设计得更具有趣味性,以使学生在学校中获得特别的快乐,并使他们认识到他们正在进行的活动的都是与自己有关的并在社会上有用的技能。没有了考试的压力,而且治疗班中教师与学生的比率也比较合适,那么在这些儿童和老师之间便具有了一种比那些在正规班级中更亲密和非正式的关系,而且他们能感到老师是喜欢和尊重他们的,因此,这就会提高他们的自尊与自信。

这一密切的关系也意味着儿童有着更多的与言语流利的成年人进行交流的机会。在前面的内容中我曾强调,语言在认知发展上起一个重要的作用,我在这里也希望读者记住,IQ 较低的儿童大多都是来自于缺少语言刺激的家庭,大多都是与其他语言发展迟钝,阅读和理解有困难的孩子在一起生活,所以,他们很少有在教室之外改善自己语言技能的机会。因此教师负有一种特别的责任,他们要给这些儿童提供一些适当的语言交流的好例子,鼓励他们做出自然的反应。良好的语言发展不仅帮助儿童智力的发展,它也将帮助儿童避免由于不能与他周围的人进行有效的交流而产生的挫折感。这种挫折感经常表现在 IQ 分数较低儿童通常出现的许多行为问题之中。

学习成绩落后的儿童

我已经指明属于学习成绩落后类型的儿童他们的失败并不是由于智力低。这些儿童的 IQ 通常都在 80 分以上,甚至有些人属于智力很优秀的群体。因此,在确定这些儿童不属于"IQ 低"的类型之后,教师的首要任务就是找出造成他们落后的那些因素。学校的心理学服务机构,主要是对儿童进行评价并对他们的能力和问题提供说明,它与社会工作者和学校的福利工作人员一起,在这一工作上提供帮助,但只有教师才最了解自己的每一个学生,因此在这一诊断过程中教师的作用是很重要的。在导致学习成绩落后上的主要因素包括下面几个方面。

1. 生理问题。儿童可能存在某些方面失调的问题,正是这一因素造成他们长期休学,或造成他们在完成某些与学习有关的运动技能上存在困难。在辅助类型上的失调(比如,视力差、听力差、气管的问题,或影响运动协调性的大脑的轻度损伤)有可能在很长时间内不被人所发现,甚至儿童本人也不了解。而且在口吃的情况下,他们可能将受到其他儿童的嘲笑,或者(不可原谅的)受到他们的老师的嘲笑。

2. 个人问题。这些问题可能只包括很简单的因素,比如像频繁的转校或调换班级,也可能包括更复杂的因素,像注意的范围有限和注意力难以集中。频繁更换学校导致对新教师调整的问题,还要适应新的教学大纲和新的教学方法,以及新的伙伴和周围的其他事物。这种变化,再加上由此而带来的认知的紧张状态,会使儿童感到情感上的不安全和伤害。他们不得不在新的环境中重新确立自己的地位,对陌生的教师证明自己的能力,学习新的规则和标准(正式的和非正式的),并寻找新的朋友。这就不奇怪他们为什么总感到自己在挣扎和斗争,这时教师的工作就是使他们尽可能快的融入到新的学校生活中。这意味着要保证使他们尽可能快的拿到有关的课本和练习书,了解他们已经知道什么,还要在哪些方面改进;鼓励他们在活动中表现出他们的兴趣,并且让他们感到他们是受全班同学欢迎的,而且有一些同学会带着他到处看一看来熟悉新环境,并不让他们在午饭和午休时感到孤单。

对于注意广度有限和注意力难以集中的问题则并不那么容易解决。面临这些困难的儿童将发现他们很难开始工作,很难将注意力集中足够长的时间,因此也很难成功的完成学习任务。在一些情况下,当注意力不集中表现得很明显并伴有持续性的身体活动时,这种儿童被称为多动的儿童,而且会表现出一些特殊的问题。在某一时期人们认为这种多动是脑损伤的一种症状,但人们对此还不十分清楚。很明显儿童在其活动水平上有遗传上的差异,但有时这些问题是由于这样的事实所产生,即多动的儿童可能是由于在学校或家中被要求保持一种不自然的安静状态,从而导致挫折感和随机的无目的活动的大量出现。对这种儿童的治疗比较简单。对他们不要要求他们有太多的被动行为。给他们的活动和能量以更多的自由发泄的机会,并尽可能提供更多的有趣和有刺激性的材料,他们会随着年龄的增长而逐渐增加注意力的广度,他们也会证明自己能很好的处理学校的问题并满足其要求。

但对于其中一些儿童来说,情况却不是这么简单,似乎存在一种遗传上的心理问题,并需要给予特殊的帮助。这种儿童(他们是真正属于"多动"这一类型的)典型的表现是在早期就表现出在语言和阅读这些重要技能上的落后,并无法在任何事情上集中注意力(或甚至不能在一个位置上呆上一会儿),无论时间是多么短。他们会给父母和幼儿园的教师带来很大的麻烦,以至于在经过专家诊断之后,最后不得不建议把儿童转入到一个特殊的机构。在这样的一个环境里给儿童提供更多的表现多动行为的机会,使他们不必害怕自己会干扰班上其他同学。一些特殊的治疗方法通常能最好的解决这些问题。

但如果儿童对他们的行为结果没有感到更多的挫折感或犯罪感,这种多动现象在他们年龄增长后会减轻,大约在 8 岁以后它已不再会产生什么严重问题了。在语言和阅读上的落后通常在这一年龄之前就会消失,这使儿童能最终回到正常的班级中。这就是说如果多动只是由于神经发育的不成熟,那么它自己就能矫正这一现象,并且只要我们及时阻止儿童心理问题的进一步发展,并保证在他们需要发展才能的领域上不落后其伙伴太远,则这些儿童的长远教育前途仍是有希望的。

3. 环境问题。这包括学习背景的贫乏,儿童得不到阅读和使用语言上的鼓励,也没有做家庭作业和个人学习的条件,学校的价值观被拒绝并且有可能被嘲笑。也可能存在真正意义上的生理剥夺(食物的短缺或睡眠极端的不足),身体上的虐待或性虐待。这种情况通常出现在破裂家庭或父母一方或双方是酗酒者的家庭中。这些问题在第一章曾讨论过,教师的任务则与前面讨论的范围有关。

4. 情感问题。情感问题的产生和处理我们将在第十二章做详细介绍,并且在第十三章我们还会提到这个问题。轻度的情感问题有可能被前面所提到的三类问题中的任何一种所引起。它们也可能是由于儿童感到自己不被同学或教师所喜欢或被他们拒绝,甚至也可能是他们碰巧对某一老师有着特别深的厌恶感,并发现自己很难在他或她的班上相处(这种明显的非理性的过度反应是较普遍的,尤其在青少年之中)。这种厌恶有可能来源于真实的或想像中的不公正,或者产生于教师的说话或穿衣戴帽的方式。与此相反的,儿童也可能会产生对某一教师的过分的喜好,他们可能非常渴望得到老师的表扬,而轻微的批评性的建议都会让他们感到过分的伤害。更有极少的儿童会对某一教师有强烈的身体上的恐惧感觉,并对他或她或其所教的科目产生惧怕的反应,并进而发现学校的整个气氛都成为他们情绪不安和焦虑的来源。

不论原因如何,情感问题都能成为学习的主要障碍,如果对此不做处理就会使儿童和他们的教师变得越来越疏远。由于对儿童在学校中进步太慢而不满,这些儿童的父母又给他们施加了压力让他们努力学习,这无意中使问题变得更糟糕,这使儿童感到没有人理解他们的困难或有兴趣帮助他们解决的问题。因此,有可能一开始仅是一个很小的问题,只要对有关的方面给予适当的处理就能解决的问题,最后却变成了一个严重的危机,它可能永久性的影响到儿童在其学校生涯中取得成功的可能性。

帮助学习成绩落后的儿童

在诊断了儿童学习成绩落后的原因后,教师就要在某些方面提供解决问题的方法。生理问题通常是比较容易被解决的,比如,介绍给有关的医疗专家,安排他们在班级的前排就坐,给他们更充裕的时间以完成任务,或给他们以更多的帮助来补回落下的功课,等等。经常变换学校或老师也有利于帮助儿童。如果问题是属于环境方面的,我们在第一章也已谈过,教师是无法单方面采取什么措施的。他们所能做的只能是使儿童认识到学校将给予他们帮助。即使儿童拒绝这种帮助,也应使儿童认识到学校仍认为他们值得为他们操心并且非常愿意帮助他们改善生活,这对他们的自尊是很重要的。如果儿童在家庭和学校中都感到格格不入,他们将很快的被归类到适应不良的类型中,这时就会在学习成绩落后的问题之外,又产生严重的行为上的失调。

如果教师怀疑他们自己的行为有可能在某些方面造成班上某个或更多学生的学习落后(对此并不必感到羞愧;我们无法期望自己在任何时候都表现的很完美,但我们应该期望学生永远做的完美),那么一个好的方法是将课程的全部或部分进行录音,如果有条件最好是录像。通过分析这些磁带教师可能会吃惊的发现自己在班上提的问题太复杂了(或太没刺激性或过于混乱了),或者他们对某些学生的表扬或鼓励太少了,或他们的一些小的行为习惯会引起学生的反感。第十一章将对这些问题做更详细介绍,我们在这里强调这一点是要说明,教师对自己与班级上每个学生之间实际发生的事情了解的越多(当然不应是表面上看上去发生的事情),他们就越能认识到自己的行为对儿童学习落后的影响,并在必要时采取一定的治疗的措施。

最后,任何类型的学习困难上都不应仅仅被看做是学生自己的问题。这也是学校的问题,并且所有与学生有关的人或事都对此都有责任。如果儿童对给予的帮助不能很好地反应,那么我们就应提出一系列的疑问,我们是否给他们提供最适宜的帮助,是否已对影响因素进行了正确的认定,是否儿童以与教师同样的观点来认识这种帮助(比如,儿童有可能将任何分配给他或她的额外的工作看做是一种惩罚,而不是一种学习上的帮助,这有可能是没有对这一行为背后的动机做正确的解释,或它以一种缺乏同情的方式被提供),以及其他的儿童是否在表现他们应该做的建设性的角色。正如我所说,学习困难是学校的问题,这意味它也是他的同学和老师的问题。这些同学是否得到了指导来理解儿童的问题?他们表现出了他们所能提供的帮助吗?通过学校的价值观系统的作用以及学校职员的榜样作用,是否使他们认识到对那些不如自己幸运的儿童给予同情和帮助是每一个人的责任?学校能帮助学习困难的儿童克服他们的困难,这意味着学校的职员应对自己使用的方法和他们所持有的价值观不断的进行新的评价。

参考文献

Atkinson, R. L., Atkinson, R. C., Smith, E. E. and Bem, D. J. (1993) *Introduction to Psychology*, 11th edn. New York: Harcourt Brace jovanovich.

Bennett, S. N. (1990) Teaching and learning in the primary classroom. *Handbook of Educational Ideas and Practices.* London: Routledge.

Bennett, S. N., Desforges C. W., Cockburn, A. D. and Wilkinson, B. (1984) *The Quality of Pupil Learning Experiences.* London: Laurence Erlbaum Associates.

Biggs, J. (1990) Teaching for desired learning outcomes. In N. Entwistle (Ed.) *Handbook of Educational Ideas and practices.* London: Routledge.

Biggs, J. (1993) What do inventories of students' learning processes actually measure? A theoretical review and clarification. *British Journal of Educational Psychology*, 63, 3—19.

Bloom, B. S. et al. (1956) *Taxonomy of Educational Objectives. Handbook 1: The cognitive domain.* London: Longmans Green.

Bruner, J. S. (1966) *Towards a Theory of Instruction.* Cambridge, Massachusetts: Harvard University Press.

Bruner, J. S. (1973) *The Relevance of Education.* New York: Norton.

Bruner, J. S. and Anglin, J. M. (1973) *Beyond the Information Given: Studies in the psychology of knowing.* New York: Norton.

Bruner, J. S., Goodnow, J. J. and Austin, G. A. (1965) *A Study of Thinking.* New York: Wiley.

Coopersmith, S. (1968) Studies in self—esteem. *Scientific American*, February.

Curwin, R. and Mendler, A. (1988) *Discipline with Dignity.* Washington, DC: Association for Supervision and Curriculum Development.

Desforges, C. (1990) Understanding tasks in infant classrooms. In N. Entwistle (Ed.) *Handbook of Educational Ideas and Practices.* London: Routledge.

D. E. S. (1985) *The Curriculum From 5—16.* London: HMSO.

Entwistle, N. J. (1972) Personality and academic attainment. *British Journal of Educational Psychology*, 42, 137—151.

Entwistle, N. J. (1988) Research on motivation to learn. *Proceedings of the Third Education Forum.* Edinburgh: Scottish

Council for Research in Education.

Fontana, D. (1984) Failures of academic achievement. In A. Gale and A. J. Chapman (Eds) *Psychology and Social problems: An introduction to applied psychology*. Chichester: Wiley.

Fontana, D. (1994) *Managing Classroom Behaviour*. Leicester: BPS Books.

Gagné, R. M. (1974) *Essentials of learning for Instruction*. Hinsdale, Illinois: Dryden Press.

Gagné, R. M. (1979) *Principles of Instructional Design*, 2nd edn. New York: Holt, Rinehart and Winston.

Kulik, J. A. and Bangert—Drowns, R. (1990) Computer assisted learning. In N. Entwistle (Ed.) *Handbook of Educational Ideas and Practices*. London: Routledge.

Krathwohl, D. R. *et al.* (1964) *Taxonomy of Educational Objectives. Handbook II: The affective domain*. New York: David McKay.

Lewis, D. G. and Ko, P. (1973) Personality and performance in elementary mathematics with special reference to item type. *British Journal of Educational Psychology*, 43, 24—34.

Lynn, R. (1991) *The Secret of the Miracle Economy*. London: Social Affairs Unit.

Mussen, P. H., Conger, J. J. and Kagan, J. (1990) *Child Development and Personality*, 7th edn. New York: Harper & Row.

Pearson, L. and Tweddle, D. (1984) The Formulation and use of behavioural objectives. In D. Fontana (Ed.) *Behaviourism and Learning Theory in Education*. Edinburgh: Scottish Academic Press.

Raybould, E. C. (1984) Precision teaching. In D. Fontana (Ed.) *Behaviourism and Learning Theory in Education*. Edinburgh: Scottish Academic press.

Richelle, M. N. (1993) *B. F. Skinner: A Reappraisal*. Hillsdale, NJ: Erlbaum.

Rowell, J. A. and Renner, V. J. (1975) Personality, mode of assessment and student performance. *British Journal of Educational Psychology*, 45, 232—236.

Simpson, E. J. (1972) The Classification of Educational Objectives in the psychomotor domain. *The Psychomotor Domain*, Volume 3. Washington: Gryphon House.

Skinner, B. F. (1982) *Notebooks* (R. Epstein Ed.) Englewood Cliffs, NJ: Prentice—Hall.

Skinner, B. F. (1986) What is wrong with behavior in the Western World? *American psychologist*, 41, 568—574.

Taylor, R. P. (1980) (Ed.) *The Computer in the School: Tutor, Tool, Tutee*. New York: Teachers College, Columbia University.

Van Ments, M. (1990) Simulation, games and role play. In N. Entwistle (Ed.) *Handbook of Educational Ideas and Practices*. London: Routledge.

补充读物

Ainscow, M. and Tweddle, D. (1984) *Early Learning Skills Analysis*. Chichester: Wiley.

Thorough and practical examination of the foundations of learning experience.

Baddeley, A. D. (1990) *Human Memory: Theory and Practice.* Boston: Allyn & Bacon.
Excellent survey. Highly recommended.
Becker, H. J. (1986) *Instructional Uses of School Computers.* Baltimore, Maryland: Johns Hopkins University (Centre for Social Organization of Schools).
A most helpful and informative introduction to the field, with a good review of existing practices.
Bellezza, F. S. (1982) *Improve Your Memory Skills.* Englewood Cliffs, New Jersey: Prentice—Hall.
Full of practical and intriguing exercises which can be used in the classroom.
Biggs, J. B. (1987) *The Process of Learning*, 2nd edn. Sydney: Prentice—Hall.
A useful, comprehensive survey of learning and its application to teaching.
Bruner, J. S. (1966) *Towards a Theory of Instruction.* Cambridge, Massachusetts: Harvard University Press.
Bruner, J. S. (1973) *The Relevance of Education.* New York: Norton.
Bruner's ideas are expounded in a number of highly readable texts, of which the above two are good examples.
Carl, J. (1980) *Helping Your Handicapped Child.* Harmondsworth: Penguin.
Aimed at parents, but of great value for all those working with children with handicap.
Claxton, G. (1984) *Live and Learn: An introduction to the psychology of growth and change.* London: Harper & Row.

A stimulating, highly personal approach to cognitive issues.
Entwistle, N. (1987) *Understanding Classroom Learning*. London: Hodder & Stoughton.
Practical and highly readable account of classroom learning.
Fontana, D. (Ed.) (1984) *Behaviourism and Learning Theory in Education*. Edinburgh: Scottish Academic Press. (*Also recommended for Chapter 12.*)
Surveys the whole field and outlines practical implications for the teacher.
Fontana, D. (1986) *Teaching and Personality*. Oxford: Basil Blackwell.
Gives a general discussion, with an examination of the implications for the teacher. (Also recommended for Chapers 8 and 14.)
Gagné, R. M. (1975) *Essentials of learning for Instruction*. Hinsdale, Illinois: Dryden Press.
Gagné, R. M. (1977) *The Conditions of learning*, 3rd edn. London: Holt, Rinehart & Winston.
Gagné's work is best tackled through his own writings, particularly these two books.
Gronlund, N. E. R. (1978) *Stating Objectives for Classroom Instruction*, 2nd edn. London: Collier Macmillan.
Still one of the best—and shortest—accounts of how to write educational objectives. It also has something useful to say on the construction of objective tests.
Howe, M. J. (1984) *A Teacher's Guide to the Psychology of Learning*. Oxford: Basil blackwell.
Immensely readable and practical book on cognitive aspects of

learning.

Laing, A. F. and Chazan, M. (1984) Educational handicap. In D. Fontana (Ed.) *The Education of the Young Child.* Oxford: Basil Blackwell.

Deals more specifically with the young child, but is immensely thorough and helpful.

Lindsey, G. (1984) *Screening for Children with Special Needs.* London: Croom Helm.

Excellent on the definition and diagnosis of children with physical and mental handicaps. A multi—disciplinary approach.

Marjoribanks, K. (1979) *Families and Their Learning Environments.* London: Routledge & Kegan Paul.

Provides a thorough and scholarly survey of the research into the relationship between intelligence, personality, family variables and learning.

Paris, S. G., Olson, G. M. and Stevenson, H. W. (Eds) (1983) *Learning and Motivation in the Classroom.* Hillsdale, NJ: Erlbaum.

Particularly useful for aspects of classroom motivation.

Ramsden, P. (Ed.) (1988) *Improving Learning: New Perspectives.* London: Kogan Page.

An examination of practical ways of optimising learning performance.

Schmeck, R. R. (Ed.) (1988) *Learning Strategies and Learning Styles.* New York: Plenum Press.

Good edited account of most aspects of the learning process.

Skinner, B. F. (1972) *Beyond Freedom and Dignity.* London: Jonathan Cape.

Covers the application of his ideas to learning within society generally.

Skinner, B. F. (1974) *About Behaviourism*. Harmandsworth: Penguin.

A Comprehensive overview of the whole behaviouristic philosophy.

White, D. R. and Haring, N. G. (1980) *Exceptional Children*. Columbus, Ohio: Merrill.

A valuable survey of the nature of special needs.

一些问题

1. 计算机辅助教学的优点(和可能的缺点)是什么？
2. 在布鲁纳的理论中提到的从刺激的控制中获得自由是什么意思？斯金纳认为这种自由是一种错觉，为什么？
3. 学习目的和学习目标之间的区别是什么？
4. 列出学校中经常使用的外部激励因素。你能确定它们每一种对不同类型儿童所产生的可能结果吗？
5. 为什么持续体验到失败会对儿童的学习准备状态造成损害？
6. 如果你发现你班上的一个学生有欺骗行为你将采取什么反应？这种欺骗行为会使你对这个学生产生什么看法？
7. 分别定义短时记忆和长时记忆。教师在帮助儿童有效的从一种记忆向另一种记忆转换时他能采用什么策略？
8. 定义再认和回忆之间的差别。教师如何将一个再认的任务变为回忆任务(或将一个回忆任务变成再认任务)？
9. 什么时候和在什么情况下教师要警惕对记忆过程的可能的干扰？
10. 列出6种改变学习习惯上的建议。你能进一步想出你自己的方法吗？

11. 写出教育学生做下面某一项或更多项事情时的学习目标方案：(i)炒鸡蛋；(ii)阅读一首诗使自己对自然的认识更深刻；(iii)解联立方程式；(iv)补自行车胎；(v)画出一简单的直方图。

12. 为什么正确写出教育目标有助于评价学生在学习上取得的成功？

13. 写出学校中的主要课程并讨论一下它们所在的三个领域。

14. 讨论一下一个面对学习困难儿童的教师在使用一种或多种三个领域的分类时会遇到的问题。

15. 选择你所教课程的一个具体方面，指出如何用模拟练习的方法对它进行教学。

16. 列出在你所教课程中的某些方面的知识性提问和反省性（或出发点性）提问。指明每个提问的目的。

第三部分　　情感因素

引　言

"情感"这一概念,简单的来说,就是与人类行为有关的情绪因素,但通常也泛指与人格发展有关的因素。人格可以被看做是一种相对稳定和持久的特征,是一个人的非认知性的心理活动特征。比如像态度和价值系统,情绪和情感,抱负和志向,个人的心理情结和自我关注。它既有意识性的成分又有无意识的成分,并吸收了许多帮助人们明确自己的个性化的事物。

在此读者会认为认知和情感因素之间的区分其实是人为的,因为上面列出的项目中都必须包含思维(认知)。这一观点的确有一些道理,因为很显然我们不可能在认识人格问题时忽视个体的思维模式——或像智力和创造力这样一些相关因素。但我们都知道智力较高的人在大多数时间里都会使性子和孩子气,或发一些不该发的脾气,或表现出他们在理性上也会认为毫无道理的焦虑。相反,我们也都知道那些在智力测验上中等表现的人是非常平静和平衡的,他们乐于帮助朋友和陌生人,以达观和现实的态度来面对问题。同样的,我们如果再分析一下价值系统,有些高智商的家伙是阴险狡滑的,他们会利用自己的认知能力欺骗和愚弄他人,并喜欢在那些他们认为不如自己的人身上占便宜。而那些智力不高的人都是忠诚和勇敢的,他们不去伤害任何人。

　　我还可以从那些高创造性的个体身上找到更多的例子,他们的才能是以一种预示其内在的混乱和痛苦的方式表达出来的,但对于另一些高创造性的人来说他们的艺术作品却能给观赏者带来平静和快乐。此时我想表达的意思应该是很清楚的了,即情感因素与认知因素相互影响和作用,并受到认知因素的修正,但它们两者有各自独立的功能。如果我们要全面了解一个人,我们就不能简单的只看其认知测验上的结果无论这种测验是多么好。

　　在正规的教育中,尽管我们主要强调认知因素,但上一章中我们已指出来,儿童的情绪状态(与其他的人格变量一起)可能会对其在学校中的学习成绩产生较大的影响。在过去的20多年中,心理学家一再呼吁对这一现象要加以认识,教学的策略即应适合于儿童的认知能力也要适应他们的人格因素。在下面一章中,首先讨论人格的测量问题,因为如果教师要评价人格研究在教学中的实用价值,那么他就必须对测量的技术有所了解。我们也将讨论对人格的描述和人格理论:即心理学家用来解释人格如何形成并如何影响个体行为的模型。

第八章 人　格

　　心理学家发展了许多不同的方法来研究人格——有一些是相互矛盾的，有一些是相互补充的。但在分析它们之前，我们必须询问人格是属于遗传的问题，还是完全决定于环境因素。对这一问题的回答可能会表明教师对其学生人格发展的影响。如果人格在某些成分上是遗传决定的，教师的影响也就很有限了。但如果人格是后天获得的，就使教师可能影响的范围更广。为了获得这一答案，我们就需要回顾早年的生活，了解已有的研究是否能告诉我们人格是什么时候并且是如何表现它的最初的现象的，以及其结果是什么。

人格的起源

　　许多父母都能发现这一事实，即他们的孩子在出生后的最初几周或甚至几天内就表现出行为上比较明确的差异。一个婴儿表现出快乐和满足，而此时另一个婴儿，尽管也有同样受到父母的关怀和具有相同的身体健康状况，但仍让人感到还不满足并让人难以应付。而第三个婴儿则可能更主动并积极卷入到周围的事物中。很明显，由于这些特征在生命的早期就出现了，它们更可能是由于遗传的作用，而不是通过学习获得的，但问题是它们是否是构成个体未来的成熟人格的基础，或者它们是否是行为表面的简单变化，而当他们开始对外界进行反应并开始学习时，它们很快就将被一种更持久的品质所取代。

　　对这一问题的最杰出的回答是 30 多年前在纽约由美国的儿

科医生托马斯、切斯和伯斯提出的（最近的研究为 Thomas and Chess，1986）。他们收集了 141 名 12 周大的儿童的样本，在婴儿父母的合作下在他们的家庭中对其许多不同的行为特征进行评定。这些特征包括活动水平、注意广度、身体功能的规律性（喂奶、睡觉、排便），适应性和一般的倾向（快乐、急躁）。结果表明在这一年龄早期的婴儿样本中，有 65% 的个体可能被划分为下面三种群体中的某一类。

• 容易组（占样本的 40%），其特征是身体功能较规律，较高水平的适应性，总体上表现为友好和积极的倾向，对刺激有正常的反应。

• 困难组（占样本的 10%），其特征是身体功能不规律，适应性差，对新的人和情境产生消极反应，总体上表现出急躁的倾向，对刺激过分反应（比如，如果环境稍微有一些异常的事物，他们就会又哭又闹）。

• 起动较慢组（占样本的 15%），其特征是活动性与适应性都差，倾向于在任何类型的新事物表现出退缩，总体上有轻微的消极性心境，对刺激的反应迟缓。

对于这些早期行为上的差异人们用气质这一概念来说明。这些儿童现在已经长大成人，人们发现这三个群体中的成员在整个发育过程中都表现出显著的相关性。甚至在成年早期仍与他们 3 岁时有 0.31 的相关，这说明仍有 1/3 的人仍属于同一群体。很明显研究者所研究的行为的具体方面在儿童长大后就改变了，但它们仍集中在总体上相同的领域。似乎并不让人感到奇怪的是，在"困难"组中有 70% 的成员在青少年期以前都发展出较明显的行为问题，而具有同样行为问题的人在"容易组"中只占 18%。

与教师的关系较密切的是，人们发现在这些儿童最初开始学校生活时，"容易"组的人很快就适应了这一新的生活规律，非常快乐和现实的参与到所有的活动中，并且在总体上表现出友好和好交往,就像他们出生后的几周内所表现出的一样。而"困难"组和"起动较慢"组则相反,他们表现出更多的问题,通常在适应环境、发展友谊,和参与各种活动上,都表现出相当大的不情愿和反抗性。

通过对儿童的养育环境的调查,研究者发现在三个群体之间并不存在显著性差异,所有的父母都是胜任的父母,他们都对儿童给予了很好的照顾和关怀(这的确也是在选择样本时所考虑的一个因素),并且在每一组中都有相同比例的权威型和放纵型的父母。因此,人们只有做出这样的结论,即所观察到的儿童之间的差异确是决定于遗传的。似乎儿童在一出生时就被给予了一种他们人格的原材料,这就是气质。

父母的作用

尽管有人认为环境对人格的发展是相对不重要的,但人们也发现父母对儿童气质也发挥了重要的影响。特别是那些"困难"组和"起动较慢"组的儿童,如果他们有幸有一个在行为方式上特别耐心、具有一致性和客观性的父母的支持,他们在应付自己潜在的制造麻烦的天性时将更成功。如果"困难"组的儿童有一个严厉和惩罚性的父母,这些儿童将倾向于变得更加消极和难以应付。这些"困难"的儿童似乎能取得水,但却并没能准备喝,并且他们的父母越坚持,他们就变得越固执。他们似乎对那些平和但态度坚决的父母反应最好,这些父母愿意说理和解释,他们有明确的标准并愿意鼓励儿童的合作性,而不依靠武力和惩罚。

"起动较慢"组的儿童也能从这种友好的方式中获得帮助。如果他们过于突然的被推入新的情境中,他们便会产生退缩行为。但另一方面,即使不强迫他们接受新事物,他们对这些事物也很难表现出什么兴趣。只有当他们的父母提供了丰富的刺激和兴趣,并鼓励和支持他们而不是给他们下命令时,这些儿童才会表现出最佳的反应。如果他们愿意参与,他们似乎需要时间去调整并使他们的兴趣被激活。

气质的持久性

前面提到的三种类型其实只是气质因素分类的一种可能方法。巴斯和波罗明(1986)认为情绪性、活动性和社交性(EAS)是三个最有用的维度,并且波罗明等人(1988)的证据表明,这三个维度不仅在本质上都包含遗传性的成分,而且它们在人的一生中都表现出重要的一致性。最关键的一点是,甚至使用不同的方法去测量,大多数的研究,都证明遗传因素在人类人格中起重要的作用。最近在美国明尼苏达进行的一项对同卵双生子的研究(Bouchard et. al. , 1990)表明了遗传对人格影响的实际程度。研究表明在人格特征的许多方面,分开抚养的双生子几乎与那些在一起抚养的双生子是彼此相同的(他们的相关系数分别为,同卵双生子是0.49和0.51,异卵双生子是0.21和0.23)。

当然,在儿童进入学校后,他们早年的气质将由于学习而得到很大的调整。"困难型"的儿童(根据托马斯和伯斯的分类方法)由于受到人们同情的对待而表现出坚定的决心而不再是固执,"起动较慢型"的儿童也表现出了兴趣而不再是冷漠。当然,我们也应该注意到托马斯和伯斯曾提到有35%的儿童不能被一致的归入任何一个类型中,这说明他们的气质有更强的适应性(或者说应该在对儿童的研究中包括更多的变量)。这种在气质上的研究表明,特别是对于那些面对很年幼的儿童的教师,我们在考虑儿童的人格个体差异时不仅要根据儿童的家庭背景,而且要考虑儿童自己的性情。我们几乎很难指责他们什么如果他们能发现新的经验,参与到事情中去,或遇到新的人,或在他们周围的环境中不能集中注意力,或者他们发现自己很难在所提供的事物上产生强烈的兴趣。教师的作用是帮助儿童调整自己并适应于学校对社会交往和学业的要求,而且他们应该像那些成功的父母一样,对某些儿童给予特别的耐心和同情。而那些被称为"容易型"的儿童与其他类型的儿童不一样,他们会认为自己的生活中不存在什么问题,他们也更能接受教师所尝试去做的事情,而那些"困难型"的儿童就更需要成年人的理解和支持,而且从长远的观点来看,他们也最可能从中获得更大的利益。

人格的取向

气质只是发展最初的基础。随着儿童的成长,气质与环境产生了交互作用,并且也受到认知因素,以及体格和生理特征等一些成熟变量的影响,所有这些方面都在决定人格的形成上起着自己的作用,并使人格的成分更丰富和复杂。在测量这种复杂性和发展描述及解释它的理论时,心理学家马上就面临这样一个问题,即人格是相对稳定的还是相对不稳定的。并不是说只有稳定的事情才能被精确的测量,但这种稳定或不稳定的程度则影响到我们采用的测量方式,以及测量之后我们对其结果的解释。在这里我们可以用尺子和温度计做一类比。尺子是用来测量固定的物体,这种测量的结果通常是保持恒定的。而温度计则不同,它是用来测量总在波动的特点的物体,因此在几小时之前(甚至几分钟)所获得的结果并不能用来说明现在的状况。尺子和温度计在它们所测量的领域上都是有效的,但重要的是不要将两者混淆。如果在对待持续波动的物体上使用尺子测量,或者在对待固定不变的物体上使用温度计测量,其结果都将使问题得不到解决。

尺子或温度计?

对于人格的测量我们需要判断我们是用尺子还是用温度计,从教师的实践观点上看,对这一问题的最好的回答是人格的某些方面是要用尺子来测量的,而另一方面则需要用温度计来测量。为方便起见,在传统上将这些方面分别称为人格的特质和人格的状态。人格特质相对来讲是固定和持久的,与气质因素有较大联系,而人格状态是波动的,并且与个体的心境,与个体体验自己和他人的方式有关。特质可以影响状态,但了解到某个人的特质却并不能告诉我们他某一时刻所具有的体验的状态。比如,了解到一个人在内向的人格特质上分数较高,并不能告诉我们在处理像单独一人更换汽车轮胎这样的任务时,他是否会有一种快乐的状态。相反,如果我们了解到一个人在他看到自己的电费单子时,处于忧郁的状态,这也不能告诉我们他是否在焦虑的人格特质上分数较高。在这些例子里状态和特质都是可被测量的,但它们彼此都需要用不同等级的测量,并提供关于个体的不同信息。

人格特质

如果我要求你描述一下自己的人格,你可能会说自己是开朗的、容易接近的人,这说明你愿意接近他人,并愿意寻求新的挑战和体验。或者你可能说自己是忧郁的,那么你将对事物持有一种悲观的看法。如果我更进一步询问,你可能说你对自己的公司感到厌烦,或者没有什么明确的原因而感到压抑。我们应注意到在这些事情之间有一些紧密的联系。因此一个开朗、易接近的人也可能会时常对自己的公司感到厌烦,而一个忧郁的人也通常会没有明显的原因而感到压抑。我们用于描述自己的许多词汇实际上都是表达了共同的基本人格特点,而不是许多不同的东西。心理学家将这些基本的人格特点称之为人格特质。许多年前奥尔波特(1961)确定了4500多个在英语中描述人格的词汇,但从那时起进行的许多研究证明这些词汇中的大部分只与极少量的基本特质有关系。

这些研究是将这些词汇安排在许多问题中,让人们根据这些问题对自己的人格进行判断,再用因素分析技术分析他们的回答。因素分析可以明确那些有相互关系的反应变量,因此我们可以鉴别那些人们用相同的方式来回答的问题。比如,那些通过回答问题而表现出爱交际的人也倾向于感觉寻求并乐于挑战。这种内在的关系表明这些反应都来自于相同的基本人格特质。在确定了这一特质的存在之后就要决定如何对这一特质命名,并且从这些问题所测量的内容上建构一个人格测量,经过标准化后,就可以用来测量个体在这一特质上的分数了。

H. J. 艾森克的工作

在这一领域中一个最著名的心理学家是 H. J. 艾森克,他的三个人格测验,即莫德斯里人格调查表(1959)、艾森克人格调查表(EPI)(1964),和艾森克人格问卷(1975),被广泛用于教育和心理领域。(还存在许多对这些测验修订的测验,其中与教师工作最有关系的是青少年艾森克人格调查表(JEPI),它是针对 7 岁到 15 岁之间的儿童的。)在发展这些测验时使用的因素分析研究证明存在三个主要的人格特质(艾森克习惯上称之为维度),艾森克将它们命名为内外向、神经质和精神质(Eysenck,1990)。莫德斯里人格调查表和艾森克人格调查表只对前两个特质测试,而艾森克人格问卷可以测试所有三个特质。

在内外向上分数高说明个体有一种朝向人与经验的外部世界的基本倾向,而在这方面分数低则表明他或她有更强的退缩性并更关注于内在的心理状态(艾森克将这一情况称为内向)。在神经质上分数高表明个体倾向于焦虑,并产生与此有关的反应和恐惧,而在此方面分数低则表明有较好的心理平衡性(艾森克称之为稳定性)。较高的精神质分数证明个体相对独立,比较固执,有攻击性和冷酷,而在这方面分数低则表现依赖性,温和。

较新的研究,尤其在教育方面的研究,大都使用内外向和神经质两个维度("E"和"N"维度)。因为这两个维度之间彼此不相关(即 E 维度上的分数并不能预测个体在 N 维度上的得分),用它们可以区分四种不同的人格"类型",它们分别是在两个维度上分数高(不稳定的外向型),在 N 上分数低和 E 上分数高(稳定的外向型),在 N 上分数高和 E 上分数低(不稳定的内向型),和在两个维度上分数低(稳定的内向型)。如果一个人的分数在两个维度上都处于中间,则有时称之为中向性格。更有意思的是,这些人格类型与古希腊和古罗马人确定的四种气质类型有非常明显的一致性,即胆汁质、多血质、抑郁质和粘液质。它们也说明了两个维度之间是如何交互作用的。因此,一个稳定外向型的人通过活泼的、精力充沛的方式来实现其稳定性,而一个稳定内向型的人将通过平静、镇定的方式来实现其稳定性。相似的,一个不稳定并外向的人是以波动的、猛烈的过度反应方式实现其不稳定性,而不稳定内向的人是以郁郁沉思和压抑的心境来实现不稳定性。

R. B. 卡特尔的工作

在特质理论上另一个重要的奠基者是 R. B. 卡特尔(1986)。卡特尔证明,在他用与艾森克相似的方法进行研究时,发现了多于三个的基本人格特质。以他的发现为基础,人们建构了许多测量不同年龄阶段人群的人格测验,并从中测量出了 16 个相对独立的人格因素,比如像兴奋性、较强的超我(道德伦理意识)、良心、害羞、自主性和内疚感。这一套人格测验包括针对成年人的 16 人格问卷,对 12 岁到 18 岁儿童的中学人格问卷,儿童人格测验(8 岁到 12 岁),小学人格测验(6 岁到 8 岁),以及年龄前人格测验(4 岁到 6 岁)。但正如艾森克所指出,卡特尔的因素只是相对有所区别,而事实上表现为内在相互关联的一些因素群。他认为应该把它们看做是一些表面特质,它们是来源于一些更基本的特质(根源特质),其中最重要的似乎与艾森克的 E 和 N 维度有很大的相似性。因此,在艾森克和卡特尔的观点之间似乎并不存在重大的分歧。

特质观点的辩论

物质论观点的价值在于它设定了具体的、明确的人格领域,并可以依此去探索其他有关的变量。比如,我们可以了解在学校学习或某些职业上的成功是否与外向或内向有关系。或者我们可以去探索犯罪、性变态、创造性,或其他任何有关的行为,是否与 E 或 N 或 P 的较高分数有关。或者我们可以进一步分析人际关系,了解人格类型之间哪些存在最大的和谐一致性。或者我们也能了解社会群体或流行性或领导性,认识人格在其中所起的作用。或者我们能了解不同年龄上人格的变化,看是否随着年龄的增长人们将变成更内向、更稳定,或更少的精神质。我们也可能判断是否某种体格类型与一定的人格类型有关。这些可能性非常多并很有吸引力,已有许多研究者在这方面做了探索。无疑这种特质论的观点对心理学家具有很大的吸引力,特别是那些从事大规模心理测量实际工作(心理测量学)的心理学家。

与气质相似,人格特质在个体的身上也会表现出相当长时间的稳定性,在这一点上其稳定程度仅次于智力表现,但要比自我观点(像自尊和生活满意感)和政治态度要稳定。人们确实会由于社会压力及生活事件带来的转变(信仰的改变,较高的教育,治疗)而改变,但一般的估计认为许多特质在青少年和成年生活之间的相关,至少能保持在大约 0.5 的水平上。但研究也证明这一点在坏脾气上也表现出较好的稳定性!坏脾气的儿童大多会变成坏脾气的成年人(Caspi, Bem and Elder, 1989)。

特质观点的不利之处部分原因在于它总是寻求人格与其他心理或教育变量之间的关系。研究者经常在其研究中加入对许多人格特质的测量,他们只是希望能发现这些特质与其他因素的相关,而不去考虑这样做在理论上是否合适。这些随处可见的研究经常会得出一些有明显显著性差异的结果,但它们所发现的东西通常又不能为随后的研究所支持。因此,人们很难在人格特质与其他变量之间发现一致性的相关模式。另一种也许是特质论本身所固有的缺点是,即使有一些模式被证实,其实际的相关系数也很低。这意味着,尽管特质所表现出的人格的各个方面之间有一定的相关,但由于这些表现太多而且各种各样,以至于特质本身变得太概括化而难以对研究有什么实际的帮助。

人格特质和学习

那种人格对儿童的学习有影响的观点对于教师来说并不是一个新观点。教学经验证明决定儿童进步的不仅仅是认知变量单独的作用。这些认知变量与个体的态度、兴趣、动机,以及许多情绪反应,像兴奋性、同情和移情,并且可能还包括焦虑,都有交互作用。在第七章已详细讨论了学习和焦虑之间的关系,我们曾指出焦虑是如何既影响到知识的最初的学习,又影响到以后对它的回忆,尤其是当这一回忆被要求出现在测验和考试情境中或在一种缺乏同情的环境中。但特质理论指出,一些儿童比其他儿童习惯上具有更高的焦虑水平,以至于焦虑构成了他们的一种持久性的人格维度。因此,我们可以看到一个儿童是胆怯和紧张的,而另一个人则表现为自信,第三个则是个忧虑者,第四个儿童则可以自如的处理他们的问题,等等。这就意味着,不论是在什么情境下,我们将期望他们在对不同的应激类型反应时,都表现出我们所关心的行为模式。

特质理论在探索人格与学习之间的关系上有很突出的作用,艾森克提出的神经质—稳定性维度和外向—内向维度在教学水平上提供了很有意义的信息。

外向—内向维度

从教育的观点看,人们最关心的问题是外向或内向与教学成就之间是否存在能看得出来的关系。艾利奥特(1972)发现随着时间的变化在教育成就与人格之间有一个有趣的关系(使用JEPI测量人格)。在8岁时候儿童的外向性与学业成就之间存在统计学上的正相关。10年以后这种关系完全相反了,成就与内向性之间存在正相关。尽管在统计学意义上相关显著,但其相关系数仍是很小的。由于艾利奥特是用许多独立的调查来采集结果,而不是采用分层取样的方法(比如,在样本中对各种变量都给予匹配,而年龄除外),因此对这一结果的解释要小心谨慎,一种假设是在小学的学习上外向的人将比内向的人表现的好,但在较高层次的教育上这一关系就倒过来了,另一种假设则可能是小学中的一些因素更有利于外向的人,而较高层次教育中的一些因素更有利于内向的人。

在这两种假设中,第二个假设似乎更合乎道理,我们的确可以在正规的小学中创造一个交往性的、开朗的、主动的教学环境,使它适合于外向人的习惯,而学生在较高层次教育的学习环境中却不得不更加独立、孤独的工作,这更适宜内向人。在中学里,教学环境在不同的学科之间是不同的,人们有可能认为它有时会有利于外向人,有时又会有利于内向人,所以并不存在一个明确的模式(尽管也有一些证据说明女孩中的内向性人在中学生活的早期会有更多的有利性)。

还存在第三个,也是更为微妙的假设,它有时被用于解释为什么当儿童从中学进入更高层次的教育时,内向的人逐渐变得比外向人更富于冒险性。这一假设引证了已知的证据,即对大多数人来说,在14岁之前他们有逐渐增多的外向性的特征,但在此后的一生中内向性特征上有一个逐渐增强的趋势(换句话说,随着人的年龄的增长,人们变得更内向)。因此,有可能那些在智力上早慧的儿童在人格上也表现为早熟,并在小学阶段达到外向性特征的高峰(比平均水平提早几年),而这时这一高峰正发挥了它的最大作用。而之后他们开始变得内向,并且在这一品质上又比同年龄的人在中学的后期和高层次教育上处于一个较强烈的水平上,这时内向性又发挥了自己的作用。

神经质—稳定性维度

以我们现有的观点看,我们无法判断这第三个假设,是否比人们已广泛接受的小学环境有利于外向者而高层次教育环境更有利于内向者的假设更重要。也可能它们两者都包含一些真实的成分。但在进一步考虑这一问题之前,我们最好先看一下艾森克的另一个维度,焦虑维度(或神经质—稳定性,艾森克更愿意使用这一名称),并检验一下它与教育成就之间的关系。在这里我们将看到情况变得更复杂。解释这一复杂性的一种方法是参考人们已熟知的耶克尔—多德逊定律,这一定律表明只有适中的焦虑水平才能成为一种激励因素并改进人们的操作,较高水平的焦虑会造成抑制并干扰操作。这一假设说明在艾森克的焦虑维度上(比如较高的神经质分数)分数较高的儿童,在相对无压力的环境中才能工作的最好,而那些在这一维度上得分较低的儿童,则要在有相当强的压力的环境中才会获得较理想的动机。

但也有证据表明在神经质上分数高的学生在高层次教育上倾向于比那些分数低的学生表现更好,而在这种环境中压力(至少在考试期间)是相当大的。这一现象尤其表现在那些选修艺术性课程的学生身上,这表明此时有可能存在一个不同科目的差异。艺术性课程,特别是那些有文学性基础的课程,可能需要学生具备一些敏感性,这在某种程度上带有一定的焦虑。具体地说,我们不可能去欣赏作家或诗人在他们的工作中倾注的痛苦的情绪,除非一个人至少在某种程度上体验到了相类似的痛苦。这也可以说明在艺术性的考试上焦虑并不具有太多的抑制性,因为此时学生并不需要对更多的事实信息进行回忆,这不同于科学和技术性的课程。因此,焦虑性较高的学生有可能使自己在艺术学课上获得较好的成绩,而他们在其他科目上则不行。

尽管这些证据很广泛,但它们不能给我们提供非常明确的答案。的确,我们能得到的最重要的结论是,当人格变量被用来评价它们对学习的影响时,并不能孤立的看待它们,而要结合与它们产生交互作用的其他变量去考察它们。本耐特(1976)的研究更进一步强调了这种做法的重要性。他调查了在小学中儿童的人格与教学风格的关系。很多研究都表明大多数学生在小学期间其外向性与学习成就之间存在正相关,但本耐特的调查证明这一关系似乎过于简单了。比如,他发现那些受到很好激励的外向人在正规的小学中的确比非正规的小学中表现的更好,这就使人们对仅仅是小学教学中的自由的气氛更有利于外向性的观点产生疑问。当然,在非正式的小学环境中,也有一些表现很突出的学生,但如果能好地激励他们,那么他们在正式的学习环境中将表现得更好(至少是在阅读和其他一些基础科目上如此。本耐特将它们做为指标变量),这时他们发现自己能将注意力更好的集中于当前的工作上。本耐特也发现那些神经质维度分数高的儿童在正规小学校中的表现要优于在非正规小学中的表现,并且他们在非正规小学中用于学习活动的时间只是那些神经质分数低的儿童的一半。这似乎不符合焦虑型儿童在压力较小的环境中会做的更好的假设,但这里也存在另一种可能,即在正规的教学中,由于焦虑型的儿童面对一个比较结构化的环境,他们在这种环境下学习时非常清楚需要他们去做什么,因而他们就很少感到担心什么。而在非正规的教学中他们回避学习,这可能是由于他们不能肯定应该去做什么,这种不确定性使这一工作本身产生了较高的焦虑刺激性。

值得提醒的是我在这里所推测的都缺少充分的证据,但我们所强调的一点是在我们试图对人格因素在学习上所起的作用做任何结论之前,我们必须要了解更多的变量。另一个重要的变量就是性别。在正规教育期间,女孩子普遍比男孩子有更高的神经质分数。这或许是为什么她们在科学的学科中兴趣较低,而更热衷于艺术性课程的原因之一,就像我们前面提到的,在艺术性课程上较高的神经质具有较少的障碍。(其他的原因还可能包括人类对艺术的极大兴趣,一种认为妇女在科学上不可能获得像男人一样好的成就的错误认识,以及历史上对妇女的教育并不重视的事实。)另一个更重要的变量是教师本人的人格,我将在第十四章再讨论这个问题。

特质理论与个体差异

在结束对特质的讨论之前,我应该指出,虽然我们谈论的主要是使用 JEPI 和 EPI 工具在学校和高等教育中研究的结果,但在美国人们更广泛使用的工具是卡特尔16人格因素问卷(16PF),并且在对学校的儿童测量时发展了三个不同的版本。近来,人们越来越对艾森克的第三个维度(精神质)产生了兴趣,并有越来越多的证据表明在这一维度上较高分数与创造性之间有一定的联系(Eysenck,1983)。

我还要再提醒一点的是,在大多数用艾森克和卡特尔测验在教育上的研究中,这些测验与学习成就之间的相关水平并不是很高。这意味着在我们对大量的学生测验时虽然这些结果在统计学上有显著性的意义,但它们并不一定能告诉我们有关于个体在这个群体中的更多的信息。我们也只能说如果儿童是外向的则存在一种可能性,即他们在小学中会比那些内向的儿童表现更好,但在高层次的教育上这一情况正相反。但如果将这一结论用于班级水平上则要非常谨慎。

改变人格特质

到目前为止,研究证明人格特质在一定程度上是决定于遗传的。那么这是否意味着特质理论认为教师无法去影响儿童在这方面的发展呢?似乎我们要提出的第一点就是对于所有的人格维度来说,处于某个极端并不意味着就比另一个极端好。外向的人比内向的人显得更可爱,那是因为他们比较容易被人接近,但并没有更多的证据表明他们是非常快乐或体验到更多的自我满足。尽管内向的人似乎在高层次教育上比外向的人表现得更好,但这也并不是指他们就一定是博学好问的,而仅仅是因为我们在大学和学院中组织教学和考试的方式似乎更适合他们内向的人格。如果我们再看一下神经质—稳定性维度,我们也不能说稳定的人比处在神经质一端的人就好。神经质的人由于其过度的抑郁倾向而造成他们在生活中体验到更多的困难,但通过学会应付这些困难,则使他们发现自己更加成熟和宁静,而那些生活得太轻松的人就体验不到这一点。他们也可能对别人的心理困扰更敏感。对于教师来说,他们的作用并不是对儿童人格做出价值判断,而是要理解这些人格是如何影响儿童行为和学习的。

　　这就又回到我所提出的问题:教师有可能去改变像在JEPI这一类测验中所测量的人格特质吗?我曾指出社会压力和某些生活事件会造成一定程度的人格特质的改变,但这也适用于像外向—内向和神经质—稳定性这样较深层的特质吗?回答是尽管我们还没有更有力的研究证据那些被设计为"改变儿童的人格"的研究被大多数教师所忽视),但在我们是否能更多的影响儿童人格的改变上仍存在争议。比如,我们可以要求内向性的儿童表现出更多的亲近性,并期望他们能更快的对社会活动表示兴趣并因此变得更外向些,但也可能由于他们并不喜欢这些事情,因而责备我们要求他们去做自己不情愿做的事。事实上,许多内向的人也是像外向人一样会去喜欢别人的,只不过更愿意置身于小范围的朋友圈子中,而不愿意去不断的结识新的人或去新的地方。

　　更现实一点的是,我们可能会尽力帮助儿童不要有过多的忧虑体验,并期望这能减轻他们的神经质特征以及降低他们在神经质维度上的分数。在理论上这完全是可能的,但在现实中许多忧虑的人非常清楚自己不应该这样忧虑的所有的理由,但这并不能使他们停止继续的忧虑。在这方面的确有一些生理上的原因,这就是神经质的人比那些稳定性的人有更强的自主神经系统的唤醒状态。自主神经系统是控制我们不随意生理过程的神经生理基础(像出汗,心率,血压的升降,消化,冷颤,等等),当我们面临一种在别人看来是无所谓的情景时,如果我们的自主系统被唤醒,我们就会感到极度的紧张和不安。但问题是我们并不会认为这种情境对自己比对其他人更具威胁,这只是我们身体的瞬间反应并给我们传来所有类型的警告信号,而其他的人可能停留在一种生理上没有被唤醒的状态,并用很平静的态度来看待整个事物。

通过生物反馈技术(将个体自主神经系统活动的信息反馈给个体)和一些放松的方法,神经质的人有可能学会控制他们自主系统活动的节律,但要做到这一点并不是简单的告诉他们不要忧虑。当与高焦虑的儿童相处时,教师的任务主要是理解并同情他们的问题,并避免使他们陷入一种应激的情境中。当然,教师也应该帮助这些儿童发展一些必要的技能,来处理他们可能会遇到的问题,并通过给他们提供成功的经验来建立他们的自信,这就像我反复强调的,它是儿童取得进步的关键。因此,教师可以尝试去做的并不在于改变儿童的人格,而是帮助他们更有效的面对自己所属的人格类型。

人格和学业上的成就

我们再来谈一下人格和学业成就之间的关系,首先我们应再强调的是既使我们能有一致性的证据证明外向性的人在正规教育中比在非正规教育中表现的好,这也仅仅是纯统计学意义上的。正如我们已看到的,这种相关只能在我们比较某一类型的一大群儿童与另一类型的一大群儿童时才存在。而且它只告诉了我们儿童的行为与这一模式相一致的概率,但也再不能证明其他的什么了。

到目前为止在这一领域上的研究的价值只是使教师注意到在人格和学习之间存在重要的关系,但并不能告诉教师这种关系实际是什么样子的。我们在前面已做过解释,人格与许多变量之间都存在复杂的关系,比如像所教的材料,使用的教学方法,儿童或学生每个人所具有的学习习惯,以及教师本人的人格。因此,教师必须使自己表现的像一个研究人员一样,对其班级中每个学生的人格都非常敏感,并对这些人格因素与其他有关变量之间的反应加以注意。

认知方式

在人格研究领域中,有一类被称为认知方式的研究,同特质理论一样,这类研究也应用了维度的概念。正如其名称所暗示的,认知方式是有关于思维的,也许有人会认为这一内容更适宜在第二部分中讨论,应属于概念形成、语言发展、智力等等内容之中。这种认识并不错,但通常人们在人格内容中讨论它,是由于它也与情感因素有很密切的关系(Fontana,1990)。艾森克也认为智力其实应该是人格的另一个维度,而且卡特尔也在他的人格16个因素中包括了智力这一因素。

不论我们是否接受艾森克的观点,已有很多研究在探讨智力和不同人格特质之间的关系。研究发现,那些在6岁到10岁之间智力上有明显增长的儿童,比那些在同一年龄段智力下降的儿童表现出更多的独立性、竞争性和语言上的攻击性。他们也似乎表现出更多的学习上的勤奋,具有攻克智力难题的强烈欲望,在面对挑战时不愿意退缩。推孟和奥登(1947)在其对IQ较高的儿童所做的经典的长期研究中发现,这些儿童更善于运用自己的才能,有较高的自信心,有坚韧性,在学习上保持兴趣,并有现实和单一的生活目标。那些学习更成功的儿童也比那些不成功的儿童有更好的自我调整和社会适应能力,并且在他们今后的生活中更可能有美满的婚姻,更可能在其个人生活与职业生活上获得成功。在比较了 IQ 分数高和低的儿童后,麦凯德利斯(1969)认为前者比后者长得高,相貌好,较少焦虑,更让人喜爱,在体格上更强壮,这无疑也使他们受到别人更好的评价。

是否是高智力促进了这些人格特质的发展还是这些人格特质促进了智力的提高,这已引起人们的争论。可能两者之间是相互作用的,因此很难确定其间确切的因果关系。我们可以指出的是某些人格特质似乎在儿童发挥自己的智力潜能是必要的,而较高的智力也使儿童表现的更独立,自信,有竞争性,等等。

似乎创造性与人格特质的交互关系也是如此。有创造性的人似乎更自主,自足和具有解决问题的能力,他们也比较内向并对自己的冲动有意识,也更可能表现出非理性。他们似乎也更愿意参与抽象性思维,对模糊性有更高的忍耐力。这种创造性与人格之间的紧密联系导致一些人认为创造性(或者说与创造性有关的发散思维)应该被视为是一种认知方式,与智力一样,应被看做是人格的一个维度。但对认知方式的研究主要集中于其他领域而不是发散思维和辐合思维(辐合思维已在第六章中介绍过,也是与智力有关的思维方式),我们现在就谈谈这些领域。

认知方式的理论

认知方式的理论家以这样的事实为出发点,即在我们觉醒的每一时刻都受到环境中刺激的轰击,但它们之中只有很少一部分被我们通过编码而感受到,即把它们分配在不同的类别中,使每一类都具有各自的重要性等级。在任何情况下,那些属于相对较重要类别的事物才引起我们的注意,而那些属于较不重要类别的事物就被我们忽略了。比如,在教室中的儿童并没有感觉到其椅子对自己后背的压力,也感觉不到脚下地面的存在,或者那些进入自己肺部的空气,或者他们身后的事物,但他们将(人们希望)被教师所说的话吸引,因为这是属于"有趣的"和"重要的"类别中的,它们还会被进一步编码到与意义相联的类别中。但如果他们感到自己的椅背上有尖的东西,或者进入他们肺部的空气逐渐增加了厨房中飘出的气味,或者前面的同学回头做个鬼脸,那么他们的注意力就将从教师那里分散开来而集中于这些刺激上,因为这些刺激已突然进入到更重要的类别中去了。

我们将事物归类的方式在很大程度上决定于我们以前的经验。儿童已认识到当教师在讲话时,这一经验必须被放置在较重要的类别中,并对此给予注意。这或者是因为教师所说的能提供有用的信息,或者是因为教师有一种习惯,即对不听自己说话的人提出问题。一旦儿童听进了教师所说的话,他们将对此与自己已知的事物相匹配并进行相应的分类(如果这一课程刚好是数学就把它们放在集合的类别中,如果它刚好是历史就放在大事年表中)。但这种分类也会受内在因素的影响,即我们实际是如何感知事物的。似乎有些人在本质上就对一些刺激更敏感(大的噪声、明亮的颜色、形状上的细微差异),其结果是这些刺激冲击着他们的意识,但却不被别人所注意。因此,在面对任何一类问题时,儿童都会注意到他们认为重要的问题,并对所注意的信息分类,并通过他们内部的参考系进行搜索,直到他们将信息编码,以使其帮助他们形成假设并解决问题。

认知方式理论家认为在这一编码过程中,我们每个人都有一个一致性的编码方式,并且我们不会在不同的问题上过于改变这种方式。他们进一步认为这种一致性不仅适用于处理学术性问题,也适用于处理社会问题,并且被用于我们日常生活中所面临的所有问题。正是由于这一原因他们认为认知方式是人格的一个完整的部分。这一点尤其在某些时候变得更明显,比如我们有时说一些人是让自己的心统治自己的头(他们倾向于将信息编码到与情绪反应有关的类别中,而不是与理性思维有关的类别),而另一些人是轻率的处理事物(不经过思维就进行分类),另有一些人在处理问题时则太慢(他们考虑很长时间才决定该使用哪种类别),还有一些人是没有组织的或过于精确的或有条理的等等。尽管上述各个分类很有用,认知方式理论家还是在努力确定一些更为明确的维度,以便可以根据它们对我们所有的人进行分类。这种研究还在进行,还没有一个人敢于肯定可能会存在多少这样的共同维度,但其中有三种与教育有明显的关系,下面就简单的分别介绍它们。

聚焦—扫描。

第一个认知方式的维度是由布鲁纳提出的(Bruner etal., 1956),我们在第三章和第七章对他的工作有所介绍。布鲁纳将这一维度命名为聚焦—扫描,他认为极端的聚焦者当面临一个问题时,他们独有的特征是在积累了大量有效的证据后才迟迟做出假设,而极端的扫描者形成一个假设非常的快,并且如果这一假设被证明站不住脚,他们又不得不从头做起再进行一次。这一现象在一项测验中得到很好的说明,这是布鲁纳设计用来对人们在这一维度上分类的一个测验。这一测验是给被试呈现一系列成对的卡片,每一个卡片都是由方格、圆形、直线和颜色的不同排列组成,然后告诉被试在这一对卡片中有一个是"正确"的,另一个是"错误"的。在连续呈现一系列卡片对后,要求被试确定在这些方格、圆形等等特征上哪一个组合分别意味着"正确"和"错误"。很明显,如果我们将这一活动安排在教学上,我们可以看到聚焦者有时在形成假设上较慢,比所需的时间要长,好像在他们的工作上过于追求精细,而扫描者则很快就形成了自己的想法,但如果问题是以口头方式提出来则对他们不利,因为一旦证明他们的想法是错的,他们往往无法返回去寻找前面的信息。

场依存—场独立(认知差异)。

另一个被做了大量研究的认知方式维度被称作场依存—场独立,有时也被称为总体——分离。这一维度的发现者赫尔曼·魏特金发现有一些人(他们被称为有总体的认知方式)与另一些人(他们被称为是分离方式)相比在一个给定的情境中缺少一种将有关的刺激从无关刺激中分离的能力。也就是说,他们似乎不能决定哪一信息是属于重要类别而要加以注意,哪一信息属于不重要的类别所以可以被忽视。比如,魏特金在早期的实验中发现,对于那些具有总体方式的人来说,当他们置身于一个视觉上看起来是倾斜的环境中时,他们甚至不能判断自己坐的椅子是倾斜的或是直立的。他们似乎不能从无关刺激中(他们所看到的视觉刺激)分辨出有关刺激(对于自己身体是否是直立的感觉)。魏特金因此证明总体方式的人在做回忆的测验时是较难回忆出细节的,似乎他们缺乏感知性,并且他们也更容易受到同伴的影响。

在总体—分离维度与智力之间似乎存在一定的关系,在 IQ 测验的解析题目上总体方式的个体似乎不如分离方式的个体做的好,但在文字题目上他们不存在差别。魏特金(1965)认为这种在总体型儿童身上表现出的解析和语言技能之间的不平衡将对他们产生不利的影响,因为他们较高的语言技能可能掩盖了解析技能上的不足,这使教师无法认识到这些儿童在一些学习任务上所存在的潜在问题的真实原因。他的结论是认知方式测验对教师来说要比 IQ 测验更有用,甚至应该用以代替 IQ 测验,因为这种测验更加综合,而且使我们"了解到人格中智力功能的根源"。

沉思—冲动

与教师有关的第三个认知方式是贾罗米·凯冈(1966)提出的沉思—冲动。沉思型的儿童一般比冲动型的儿童更少犯错误,尤其在挑战性和困难的任务上,因为他们有较强的首先保证正确的欲望,因此他们能够忍受不确定性,也就是说,在他们想出正确的答案并做出反应之前他们可以在全班人面前保持长时间的沉默。而冲动型儿童则相反,他们采用的是"散弹枪"的策略,同时做出许多回答并期望其中有一个是正确的,而且即使回答错误也能从教师那里得到适当的反馈,从而帮助他们在下一次更接近问题的解决。

除此之外,人们也提出了许多其他的认知方式。格雷戈瑞克(1985)根据具体—抽象和秩序—随机这两个维度上的不同组合,提出了4种主要的认知方式。一个具有具体方式的个体更热衷于参与物质的、可观察的活动,而一个抽象方式的个体更偏好概念性的、不具体的活动。一个随机方式的人喜欢将事件的顺序以非线性的、网状结构的方式排列,而一个秩序方式的人更愿意以一步步的或分枝的方式排列。梅耶(1980)则提出了16种认知方式,她根据荣格提出的感知—直觉、思维—判断和外向—内向的人格维度,进行了所有的排列组合。

在我们所总结的每一个维度上似乎都包含着在一端较好而另一端不好的意思(比如分别在沉思、解析和聚焦的一端的方式就会被认为是好的)。但事实上并不如此。所有的认知方式理论者都强调我们最好要根据具体的环境,使自己能够在维度上的每一个方式上活动。以沉思—冲动维度为例,很清楚一个过于沉思的儿童,由于在他们完全肯定其回答是正确的之前不愿意做出结论,他们就可能由于害怕错误而产生无原因的恐惧。他们也就会使自己失去了从犯错误的过程中获得有益的学习的机会。同样的,以极端分离方式采取解析策略的人有可能在社会情境中是不适宜的,因为此时我们即要对个体本人也要对他所表达的信息反应。同样,那些抽象方式的人在需要具体思维的情境中也是不适宜的。另外,我们也会看到,当要求尽快做出假设,而且决策只能在有限的信息下做出,这种情况对聚焦型的人也是很不利的。

由此我们可以注意到在这些维度之间存在一些交叉。比如,聚焦型的人与沉思方式的人有很多共同的地方,但这两方面并不是一样的。聚焦性是信息以许多阶段的方式出现,而反射性则是对任何情境都产生的反应,无论信息是立刻呈现还是在某些方面有所延迟。尽管我所谈的例子都是有关每个维度极端程度上表现的人,但大多数人都倾向于集中在比较中间的表现上;即他们倾向于以两个极端中间的某个方式来反应,这样他们就会被认为是极端的冲动类型或极端的沉思类型的人。

认知方式和学习

由于认知方式在许多重要方面上影响到我们处理学习任务的方式,教师就会提出这样的问题,即他们是否能够帮助儿童在某一具体的维度上改变其位置。但对这个问题的回答仍是不明确的,而且不像前面对人格特质的认识那样清楚。认知方式的某些重要方面似乎是可以被学到的,尽管有人认为这可能是由于气质和情绪的因素决定的,但我们仍认为教师可以对个体的认知方式进行一定的修正和发展。我们在教育上的努力主要被用在知识和技能的传授上,很少被用于帮助儿童理解和塑造他们的思维模式和类型,对这一问题的思考很具有启发性。我们在第七章已指出,学习上的失败不仅仅是由于记忆、注意、态度和动机等等这些方面的不足造成的,它也可能是由于学生在学习这些学习材料时采取的认知方式以及其无法在元认识水平上思维造成的。我们在第五章和第六章还没有怎么谈到如何在教育中用最好的方法帮助儿童扩展他们的学习方法,以及发展一些最优的思维策略。并不是教育工作者没有意识到儿童思维的重要性,也不是他们不想以自己的工作鼓励和帮助去改善这种思维,而只是由于到目前为止他们还没有办法来最好的做到这一点。在认知方式上的研究将在这方面提供有价值的方法,而且将提醒人们对于儿童的思维不仅要将其视为是认知能力,而且还要在人格问题范畴中加以考虑。

人格状态

我们现在从人格的特质和维度上(对此我将其比喻为"尺子"的方式)转到人格状态上(另一种"温度计"的方式)。我们前面已指出，人格状态是变化的，它时刻与当时的心情，一个人所认识到的自己的社会处境，当前的任务，等因素有关。一些心理学家对于状态或特质哪一个更重要，抑或同样重要有不同的看法，也因此产生了许多不同的派别，而且这一争论也不会被很快的解决。

状态理论的一个研究例子是乔治·凯利的工作，我们将在第十章介绍他的研究。但为了了解这一理论，我们在此对之加以简单介绍。凯利的栅格报告技术可以使我们了解一个人的心理可以在瞬间改变的性质。虽然栅格报告并没有直接对情感和情绪测量，但它却清楚的给我们勾画出个体的认知和情感经验彼此相关并如何一起建构出这个人对现实的观点。比如，我们可以用栅格报告法评价一个人如何感觉他们自己和他们与家庭、朋友、教师和其他人的关系，从而使我们推断出他们是如何认识自己的生活的。我们也可以利用这一栅格技术观察是如何随时间而变化的，特别是当生活环境改变时，比如在学校中从失败到成功的转折时，或对别人对自己的看法上有了新的认识时。这种变化的速度可以从一些活动中被观察到，比如在一个重要的考试之前很紧张的几天中测量一个学生的自我概念，在他们考试之后喜形于色的知道自己通过了考试后再测量他们一次。

对人格持久性的争论

由于栅格报告技术的运用使一些状态理论家认识到在人格中固定特质的概念是非常有害的，这会使我们在认识人们时倾向于将他们的人格看做是一种持久性的结构并且是很难改变的。托马斯和哈里—奥古斯特恩(1985)指出在人类心理的任何领域上存在的持久性的概念都不利于我们对自己和他人的认识以这种不利尤其在评价和教育儿童更有损害。我们错误的将儿童的一些暂时状态看做是持久性的，我们在实际帮助他们的过程中也会受到这种观点的影响。学习失败，智力低，人格问题在某种程度上刺激了心理学家和教师热衷于"测量"这些状态,并且使其他的成年人和儿童自己确信他们所测量的是稳定的和真实的。

状态理论家认为我们应该将注意力集中于找到那些儿童有效解决问题时所需要的情感(和认知因素),即我们应该知道,如果儿童要取得成功,他们需要的心理状态是什么(以及他们需要知道什么)(Bloom,1983)。一旦我们确定了这一点,我们就可以促进这种心理状态(和这种知识)并将之引入学习活动。在这一问题上给我们提供指导的一位状态理论者就是埃波特(1989)。埃波特认为人格可以用许多维度的概念来概括化,在这点上他与特质理论者是一致的,但他所不同于他们的是,他反对将个体固定于这些维度的某个位置上,他认为我们可以针对环境的变化在维度的两个极端之间进行转化。比如在艾森克的外向—内向维度上这意味着我们可以在某些情境中是外向的,而在另一些情境中又表现为内向的,而且如果我们的确能在这种方式上转化,则我们将获得最好的心理平衡。同样的,我们也能在某些情境中是神经质的,而在另一些情境中是平静的。

目的—辅助目的行为

但埃波特并没有用艾森克的维度做自己的例子,事实上他提出了许多他自己的维度。其中被人们研究最多并与教师的工作最有关的是他称之为目的—辅助目的的维度。在目的状态下,我们处于一种有目的心理状态下,目前的活动被看做是一种实现最终目的的手段。在辅助目的状态下则不同,我们是处于一种玩笑的状态,此时所存在的活动都是重要的而实际的目的(如果有)仅仅是为了参与这种活动。比如,我游泳可以是为了保存生命(目的),或仅仅是为了游戏的快乐(辅助目的)。我走到报刊亭是因为我想读报纸(目的),或我只是为了锻炼自己的腿(辅助目的)。尽管在两种情境中行为都是相同的,但我参与到活动中的原因是完全不同的;

并且我对别人的反应也是完全不同的。如果我游泳是为了活命,我将欢迎有救生员来帮助我。如果我仅是为快乐而游泳,我将讨厌救生员的这种干扰。如果我走到报刊亭是为买报纸看,我更愿意以后邮递员将报纸送到我家里。而如果我走到报刊亭是为了锻炼腿脚,我将拒绝邮递员而坚持自己走。

埃波特认为尽管一个人通常更倾向于目的—辅助目维度的某一端(他们可能更喜爱有目的,或喜爱娱乐性),但他们也会在必需的时候在两个端点之间转换。如果不能转换则证明有心理问题,有可能这是一个在晚会上从不会放松的人(不能向辅助目的转换)或者是一个在丧礼上永远不能严肃的人(不能向目的转换)。但有时个体不能转换仅仅是由于他们不能正确理解他们所在情境。这在学校水平上是很重要的。在一些学校中其科目和活动需要一种目的状态(准备考试,细致的科学实验,使用有潜在危险性的设备等),而在其他的一些活动中则需要一种辅助目的状态(运动和比赛,创造性的表现,音乐欣赏)。那些不能区分这两类活动,并不能根据相应情况在目的—辅助目之间进行转换的教师和儿童,将处于一种极不利的地位。比如有这样一种教师,他总是突然地使儿童从一种状态进入到另一状态(比如在从数学课转变为体育课时,或从一个创作性写作课变为外语课时)。如果老师喜欢目的状态而学生喜欢辅助目的状态("为什么教师总是要求我们学习?")或者老师喜欢辅助目的状态而学生喜欢目的状态("为什么教师不继续进行这一活动?")。

埃波特的其他维度中与教育有关的还包括消极——致维度和成熟—同情维度。在消极状态中,一个人的行为是以对抗外界压力的方式表现,而在一致状态中,一个人的行为是与外界的压力相一致和符合的。在成熟状态中,一个人在对自己和别人的关系中表现出较强的支配性的特点,而在同情状态中,一个人对自己和别人、物体和事件的关系表现出同情和支持。

状态理论和咨询

前面所描述的那些维度在对儿童的行为与人格问题咨询时也是很有帮助的。比如,儿童可能是在目的状态或辅助目的状态下旷课。在目的状态下旷课可能是他们有意识的要回避他们所不喜欢的教师或学生,或者是为了留在家里制止父母之间的争吵。而在辅助目的状态下他们的旷课仅是为了远离学校而带来的快乐。同样的他们也可能在目的状态下偷东西(作为获取他们所需物体的一种方式)或在辅助目的状态下偷东西(只是一种体验刺激的方式)。根据同样的原因,他们可能在维护自尊或坚定自己的信仰上采取一种消极方式,或仅仅是由于不喜欢老师而表现出消极。他们表现出对自己的同情可能是他们对自己的困难有了客观了解的结果,也可能是出于不必要的自我怜悯。除非教师能意识到儿童的状态和状态之中的原因,否则他们在咨询上的努力将是无效的。从更广泛的意义上看,尽管一个儿童可能会因为父母或老师对"取得好成绩"这一目的状态的要求而紧张,但如果教师能把班上的活动用一种更具辅助目的的"竞赛"形式来表现,就有可能使儿童放松并取得成功,而一个总是不能认真对待活动而处于辅助目的状态的儿童是可以变得更有目的性的,只要老师能提供一种奖励使儿童认为值得为此而努力并把它作为自己的目的。创造性的活动有时也需要辅助目的状态,而要求非常精确的课程则需要目的状态。一些重要能力的发展有时需要消极的行为,但群体活动更需要一致,等等。

因此状态观点所强调的是各种状态灵活变化的可能性,而不是假设人格的所有方面都是固定和持久的。但也要承认,如果走到极端化,状态观点就将认为人格中没有持久性的成分,甚至认为我们不可能在今天、上星期、昨天都保持同一种人格。无论是对我们的内心生活,还是与别人的关系,这一点都是难以理解的。但根据正确的解释,状态观点告诉我们生命系统的特征是其不断变化的特性。但是这些变化中的许多因素并不都是以同样的速度发生,所以我们完全可以在一天接一天的变化中确认自己的身份。但变化却是无论如何也要发生的,如果我们承认这一点,我们就能沿着一定的方向指导这一变化,而不再是给人格贴上一个永恒不变的标签和类别,它会妨碍我们对人格的真正理解。

心理动力观点

我们在这一章中所要介绍的另一个与特质和状态理论完全不同的人格观点就是心理动力学的观点。特质和状态理论所关心的都是个体现在已有的人格,而心理动力学家认为我们只有回顾到一个人早年生活中对人格形成具有影响的因素我们才能够理解他目前的人格。他们进一步认为人格的形成是这些影响因素与内在心理动力交互作用的结果,这种心理动力是一种强烈的与生俱来的心理驱力,象性驱力和朝向自我保护的驱力。

最著名的心理动力学家是西格蒙德·弗洛伊德(1856—1939),他奠定了心理分析学派。他的假设系统过于复杂,也远远超出了本书所讨论的范围。心理动力学对教师的教学工作很少有直接的关系,尽管它极大的影响了我们认识儿童和人格问题的方式。我们也要注意特质理论与心理动力学理论的区别。特质理论家认为心理动力学家所提出的人格模型是毫无科学根据的,因此也无法用适当的实验去检验,并且由于含糊不清几乎可以用于"解释"人类行为的任何方面。相反心理动力学家则认为特质理论忽视了每个人都具有独特性的事实,而且认为用问卷和大量的取样来研究人格是注定要失败的。因此心理动力学家一点也不强调测量的作用,既不用尺子也不用温度计,他们也不主张发展一种人格模式,他们认为每个人都可以单独被加以研究。

西格蒙德·弗洛伊德

根据弗洛伊德的观点,人格形成的关键时期是从出生到 6、7 岁之间。在这一时期儿童与生俱来的驱力被周围环境所社会化。如果这一切都被理解并认识这些固有的驱力的作用,那么一切都会顺利的发展。但如果儿童遇到挫折和惩罚,他们的成长中就充满犯罪感和内在的冲突,并会伴随着各种形式的神经质问题。在弗洛伊德看来,如果人们强烈想做的事情受到阻碍,而且如果他们并不知道其中的原因,也没有其他的途径来发泄其受挫的心理能量,那么他们就会发展出神经症。

本我

在弗洛伊德的心理学观点中,人格被看做是由三个分离的层次组成的。第一层就叫本我,它是儿童一出世就具备的内在的能量。这些能量具有一种生存价值,它们遵守快乐原则。它们的目的是保证个体在基本的动物性需求上获得满足。如果将弗洛伊德在解释这些需求时所用的专业性内容去掉,这些需求则包括最基本的个人生存需求(食物、舒适、温暖、居住等等)以及种群生存需求(性)。本我完全是自私的和无意识的,它们并不去了解别人的需要,也不考虑自己行动的后果。

自我

大约在出生后第一年结束时,被称为自我第二层次的人格开始发展。自我是在意识水平中运作的,并遵循现实原则。它包括了儿童不断增长的关于外界和别人行为与反应的知识。随着自我的发展,儿童的社会学习开始了,并且在自我的作用下儿童开始意识到外界对本我需求的满足是有限的。自我认识到这些需求并不能总被满足,有时它们也会导致身体上的危险和惩罚,而且意识到这些需求最好是通过遵从与礼貌来实现,而强夺和固执只会带来冲突。但弗洛伊德认为自我本身是不具心理能量的。所有的能量都来自内在的本我的驱力。只要自我能成功的保证本我的需要被满足,本我就会将能量传输到自我中去。但如果自我不能成功地做到这一点,那么本我的需要就会直接表达出来,我们就会表现为无法控制的愤怒或攻击或欲望(或者是本我的能量碰巧遇到的其他任何的情绪形式)。为了使人格满意的发展,本我和自我之间必须要保持适当的平衡,使自我能保证满足本我的需求,这样使其将能量传输到自我中来。

超我

大约在 6 岁时候,被称为超我的人格第三层次开始发展。它部分是在意识中部分是在无意识中的,超我是道德信仰的内化,是由父母强行灌输给儿童的,它遵循道德原则。它由"良心"(当儿童认识到自己做错了时将产生犯罪感)和"理想的自我"(当儿童知道了自己想要成为一个什么样的人时就会产生一种志向)组成。与自我一样,超我本身也不具备心理能量,并且与自我相同的是,如果本我的需求持续的受到挫折,则本我的动物性欲望将在超我中起支配作用。

一个很好的说明本我、自我和超我作用的例子是,当一个儿童看到在厨房的盘子里放着令人垂涎的蛋糕时,本我将说"过去拿一块"(快乐原则),而自我将说"不,爸爸妈妈会发现的,这样我将受惩罚"(现实原则)。假如本我的避免受惩罚的欲望大于获得蛋糕的欲望,现实原则将占优势,儿童也就不会去拿蛋糕。但如果自我能够保证爸爸妈妈没有办法发现蛋糕被拿了一块,此时没有受惩罚的危险,那么自我的现实原则将同意"走过去",并且儿童就会拿到一块美味蛋糕。但是——我们这里尤其要强调这一点——如果超我已经发展起来了,它就要敲响警钟说"尽管爸爸妈妈不能发现,拿蛋糕也是错的"(道德原则)。如果本我的避免惩罚的欲望所产生的犯罪感要大于获得蛋糕的欲望,这个儿童仍然不会去取蛋糕。

这个例子说明了从 6 岁开始本我,自我和超我是如何在一个儿童的行为中相互作用的。在这个例子中，它们的活动都是对儿童个人的生存本能（饥饿）的反应。虽然个人的生存本能是重要的，但弗洛伊德认为种群的生存本能有时更重要（或至少它引起了更多的问题！）。弗洛伊德认为儿童从一出生后就是一充满性欲的个体，在其身体上分布着许多性的敏感带，它们都需要性的满足（主要有嘴、肛门和生殖器）。对于教师来说进一步了解弗洛伊德这些复杂的儿童性欲理论并没有什么意义。弗洛伊德认为，如果儿童对自己想要触和玩弄自己的性欲区的想法感到极端的自罪感或感到很"脏"以及经常在这方面受到挫折，那么这将会对其人格发展产生长期的不利影响。如果想要人格得以正常发展，我们就必须认识到这些性欲能量的存在，并帮助儿童通过其他创造性的方式发泄出来（艺术，良好的人际关系，想像，创造性等等）。但弗洛伊德从没有提倡放纵性行为。但他的确坚持如果要保证心理健康就必须接受和理解这种强大的驱力。对它阻挠、惩罚和使之受挫只会产生暴力、反常行为、攻击和其他有害的冲动行为，或形成一种僵化的过分控制和强迫的人格。无论怎样，这都是神经症和人格问题的基础，都会产生无论是对个人生活还是对社会的破坏性行为。国家之间要想彼此平静的生活，首先要使每一个人能够各自平静的生活。

对于弗洛伊德来说，人格健康就是在本我、自我和超我之间的能量的有秩序的传递，就是自我能够认识、理解并接受了本我的需求和情绪压力（从愤怒到性欲），并能控制它们以及将它们输入到意识水平所能接受的社会性行为中，而不是简单的将它们压抑下去或让它们任意发展。此外，人格的健康也是指自我对超我中的道德原则的认识和赞同，并去做那些正确的事情。

自我防卫机制

如果人格不能在本我、自我和超我之间建立适当的平衡性，弗洛伊德认为就需要产生许多自我防卫机制。这些是自我发展出来的在本我的需求面前保护自己的策略。在这些策略最常用的就是压抑。自我将情绪、情感、不愉快的记忆和思想压回到本我中,使它们不再被意识到。比如在这一方式下,对别人的敌意、性的欲望、被禁止的需求都不再被意识并保留在本我中,而不再对它们进行理性和客观的判断。但被压抑的内容是不会消失的,其中所包含的情绪性能量非常大以至于它们还会以伪装的形式再出现于意识之中,即以个体更能接受的形式出现(比如被压抑的不被意识到的对父母的愤怒,可能变为在工作中对上级的敌意而出现)。或者它也可能变成内部冲突的根源,使个体产生一种能感受到但无法解释的恐惧。

另一个重要的自我防卫机制是反向形成,这时个体是通过强调完全相反的行为来压抑。比如,一种很强的性驱力通过过分的道德行为受到压抑。再有一种就是否认,这时个体强烈否认他们具有那些给他们带来极大困扰的动机和情绪。另一个是投射,这时个体坚决的指责某些人身上具有的但害怕在自己身上存在的特性。另一个是回归,个体退回到儿童时期的某些行为方式上,这常能保证自我成功的回避恐惧和挫折。还有许多其他的形式。

三种焦虑类型

弗洛伊德的理论中与教师有关的最后一方面内容是他对焦虑做的三种分类。如果焦虑的产生是由于将情绪性能量压抑到本我中所产生,个体就会产生神经质性焦虑。这是一种游离性的焦虑,此时个体总是害怕一些事物,但他们又不清楚具体是什么事物。弗洛伊德认为这种恐惧其实就是对自身的恐惧;是对存在于个人心理生活意识水平之下的一种力量的恐惧,它迫使个体对自己所有的行为和情绪保持一种极强的控制。如果焦虑只是由一个人周围的真实事件所引起,并且存在于自我水平,个体就会体验到现实性焦虑,如果焦虑是产生于超我的惩罚和犯罪感,个体就体验到道德性焦虑。

因此,自我将面对三种潜在的对抗。要对抗本我造成的神经质性焦虑,对抗当前生活事件造成的现实性焦虑,还要对抗超我引起的道德性焦虑。如果一个人已受到大量神经质性和道德性焦虑的纠缠,那么一个相对很小的现实性焦虑就能造成他的崩溃。但如果一个人的神经质性和道德性焦虑很低,则很高水平的现实性焦虑他也能成功的应付。

关于能否用实验的方法来检验这三种焦虑形式以及组成人格的本我、自我和超我,人们有很大的争论(Fisher and Greenberg,1985)。但它们的确对人格的概念化很有帮助,并且它们也有助于教师帮助儿童处理自己的情绪。对于弗洛伊德的理论,最好的方法是看它能否被用于洞察一个人的心理和情绪生活。如果的确如此,那么这种理论就值得去进一步发展。许多教师对心理学采取了折衷的方法,只是从不同的心理学理论上借鉴对他们理解儿童有帮助的内容,而不是很明确的完全依赖于某一理论。如果以这样的方式来看问题,弗洛伊德的理论的确能教给我们一些有用的东西,尽管这不是接受他的所有甚至大部分的观点。布朗(1964)对弗洛伊德的评价应是最好的,他认为尽管不知道所有的答案,但弗洛伊德的确知道心理学应该提出什么问题。

人格和动机

与特质和状态观点都有关系的一个重要的人格领域就是动机。我们有理由说在人群中存在一种普遍的动机特质(一个人会有在职业上取得成功的强烈的动机,另一个人则可能有强烈的与他人交往的动机等等),同时也存在变化的动机状态("这个星期我在工作上保持了较强的动机,但上个星期我的干劲不足";"我在A任务中有干劲,但在B任务上没有。")。在第七章中已讨论了许多激励儿童的一般原则,现在我将从个体的角度把动机看成是人格的一个方面,并且对儿童成功和失败有重要影响。

大多数动机理论都以我们生而具备的基本生存欲望为基础。通常把它们称为驱力,这包括饥饿时寻找食物的欲望,寒冷时寻求温暖的欲望,受到威胁时寻求生理安全的欲望,干渴时寻求水的欲望,产生性冲动时需要有性行为的欲望。其假设是像饥饿、干渴等等,在我们体内设置了一种紧张状态,我们需要寻找适宜的行为来释放它。当然,如果我们体验不到这种不舒服的紧张状态,我们只有这样继续下去直到死亡。幼小婴儿的活动和独立性都受到不成熟的身体条件的限制,他们只有用哭声吸引他人的注意,由他人来给自己施行这种紧张消除的行为。

但在我们这样一个高度复杂、人为性的环境中这些生存驱力(性除外)在婴儿期过后就很少再强烈的决定个体的行为了,因为这些驱力所代表的需求很容易在日常生活中得到满足。甚至像攻击行为,虽然也被看做是一种自然的生存驱力,但在文明的社会中它也很少需要以身体的方式来表示,而且大多数社会规范都对其表示反对。因此我们可以得出这样的结论,在所有这些生存驱力的重要性上,它们很少直接影响年龄较大的儿童和成年人的动机结构。而存在许多重要的动机它们有时似乎与生存驱力是相对的,而另一些则与生存驱力完全不相干。再例如对他人和社会的关注,自我否认和自我牺牲,以及在许多情况下表现出的良心、忠诚和同情心等都是与生存驱力相对的。而对音乐和艺术的热爱,许多爱好,对美丽和自然的喜爱则与生存驱力无关。

动机和强化

从第七章对学习理论的讨论中可以看出对这些动机系统的一种可能的解释就是它们是较强的强化的结果。比如,个体对爱好的喜爱可能是由于这种活动能受到父母的鼓励和夸奖。我们知道,父母的表扬(甚至只是父母的注意)是一种有力的强化形式,儿童发现了投入到这些活动中是一个非常好的获得这种表扬的方式。结果这些活动成为其全部行为活动中的一部分,以后又可能产生进一步的与家庭无关的强化物(教师的表扬,竞争上的成功,新的朋友关系的形成,声誉,乏味感的消除)。同样的,对他人的帮助和关心最初也能吸引成年人的赞许,并进一步吸引更广的强化物,这些都帮助他们走向成年人的生活方式(受益者的感谢,感觉自己是社会上重要的并很必需的成员,或者是自我赞许的温暖的感觉)。

很明显这一强化模式对这种类型的许多动机的形成都有重要作用,但它不能用于解释所有的动机的形成,比如,那些在后来的生活中没有明显先决条件而突然产生的爱好和热情。此外,这种强化模式也不能用于解释自我牺牲行为,特别是当其带来的奖励明显小于自私行为带来的好处时。我们当然可以说,只要我们对个人及其生活史进行仔细研究,我们就一定能发现产生这些行为的强化程式,但这仅仅是一种说法,并没有直接证据证明我们的确可以做到这一点。因此动机仍是心理学中争议最多的领域之一,还没有一致性的意见认为哪一个或一些模式是适合的。

马斯洛的动机理论

我们可以换一种讨论动机的方法,这就是对动机进行描述而不是去设法说明它。在这种描述性的模型中最有名的是 A·H·马斯洛(1908—1970)提出的,他是人类动机研究领域中的一个最有影响的思想家。马斯洛的模型是层级形式的,如同图 8.1 中所示,在其底部是个人需求,在其顶部是智力需求(Maslow, 1970)。

这说明低层次的个人的需求(生理需求)和与安全有关的需求主要都是先天的,而社会的、智力的和其他高层级的需求虽然也包括了先天因素,但也越来越多的结合了学习反应。以我们目前的知识来看,这种结合过程是如何进行的并不十分清楚,但马斯洛并没有排除先天因素仍在认知水平上保持很重要作用的可能性,甚至像对自尊和自我实现的渴望也可能是人天性所固有的,甚至在这

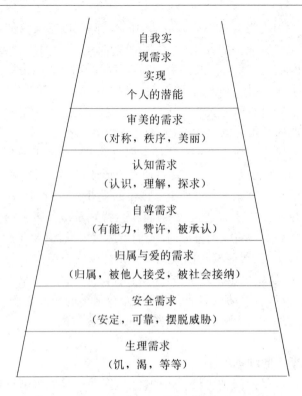

图 8.1 马斯洛的需求层级

些品质对人们的生理和社会需求并不重要时,人们仍然去追求它们。

马斯洛认为只有较低层次的生理和社会需求得到满足后,我们才能进入到最上面的四种层级水平的需求。因此在一个总是处于饥饿状态或总与邻国处于战争状态的国家,将很少有时间和能量使它的人民去发展与认知的创造性和智慧性活动。比如,文艺复兴时期在欧洲产生的艺术创作高潮所以能出现是由于在历史的这一时期,一些国家发展到了基本需求很容易被满足的阶段,这使社会上的某些人有时间将自己的注意力投入于更高雅的活动中。但这并不是说基本动机的满足其本身就能导致我们进入到较高层级,而只是说明了只有保证我们生存的简单需要得以满足,我们才能考虑更高级的需要。

因此马斯洛的层级理论认为如果个体在他们的生理需求和安全需求得以满足后,他们就将主要关注于被自己的家庭和社会群体接受(社会需求)。一旦被接受了,下一步他们就将关心他人对自己的尊重,这样他们就开始对自己有了好的认识。在这些需求都满足之后,他们就将寻求认知和审美的需求,最后是自我实现,这是一个更难满足的需求,但却是马斯洛最重视最强调的。自我实现意味着个体努力于发展那些成熟的适应良好的人具有的独特特性。他对那些充分发挥了自己的潜能而取得卓越成就的人进行了研究,他发现自我实现的人具有以下的特征。

- 有效地知觉现实,能忍受不确定性。
- 接受自己与他人。
- 以问题为中心而不是以自我为中心。
- 良好的幽默感。
- 较高的创造性。
- 拒绝被同化,但不是有意的不从惯例。
- 关心人类的利益。
- 深深欣赏基本的生活体验。
- 与少数而非多数的人保持非常令人满意的人际关系。
- 客观的看待生活。

马斯洛对学生的研究证明具有以上这些品质的人属于在人口中最健康的1%群体中,他们没有心理问题的迹象,并在运用自己的才能和能力上非常成功。

马斯洛认为能导致自我实现的行为包括:
- 像儿童一样体验生活的能力,非常的专注和投入;

- 愿意尝试新的事物而不是仅仅为了维持安全和可靠;
- 在评价体验时善于倾听自己的个人体验,而不是遵从传统、权威或大多数人的意见;
- 正直诚实,不参与"不正当竞争";
- 如果自己的观点与大多数人不一致,有一种与众不同的意愿;
- 愿意承担责任。
- 在接受任务后有努力工作的能力;
- 愿意识别自己的心理防卫,并不去使用它们。

最后,马斯洛注意到自我实现的人倾向于产生高峰体验,这是一种极大的快乐和充实感的体验,近乎一种自我中心的完整感和目标实现的神秘感觉。

归因方式

当然,尽管我们每个人都面对马斯洛所提出的各个层次的需要,但总有一些人在自己的有生之年比另一些人在这一等级上爬得更高。我们也倾向于用不同的方式处理有关的问题。在这方面一个重要的例子是个体对自己成功与失败进行归因的方式。有些人倾向于用外界因素来归因("我做的好是由于我很幸运";"我的失败是由于我的教师不好"),而另一些人通常感到责任在自己身上("我成功是由于我努力工作";"我失败是由于自己重视不够")。并不让人感到意外的是,研究证明前一种外部归因方式的人更喜欢机遇起大作用的工作,而后一种倾向于内部归因方式的人更喜欢那种技术起决定性作用的工作。这也并不是说成功总是伴随那些用内部方式归因的人。许多有声望和盈利性很大的职业都带有较高冒险性因素(不仅是运动职业,也包括证券业,开始经营一项新的工商业)。另外,那些内部归因倾向的人由于把他们所有的问题都归于自己身上,这会造成一种不能胜任和个人失败的感觉,这将影响到他们尝试新的任务,甚至有时这一新任务他们凭自己的才能是完全能胜任的。不同的研究(Peterson etal., 1988)证明过分的内部归因方式在失败时(像在考试上)可以导致悲观、抑郁和较低的自尊,并且更容易生病。但过分的外部归因方式则会造成不负责任并满足于个人能力的较低水平。

维纳(1979)提出他的归因理论,它总结了我们在个人生活和职业生涯对成功与失败归因的所有方式,甚至包括我们对"成功"和"失败"概念本身意义认识的方式。归因理论认为那些动机很高的学生都是一些:

- 喜欢那些行为结果可由自己决定的情境;
- 学会了把结果归于自己的努力;
- 对任何需要努力的线索非常敏感。

因此,他们主要应是一些内部归因的人,但其实他们强调的是现实的归因,这是来源于对任何给定情境中因果关系的真正理解。

根据目前的知识,我们并不能确定与归因理论有关的各种因素是遗传的或是学习的;也可能两方面的原因都有,但似乎在两者中,学习的作用更重要。有一些儿童从小他们的父母和教师就教育他们责备别人没好处,或在成绩不好时抱怨运气太差也没用。人们教育他们必须依靠自己的努力,如果他们在工作上失败了,就要更努力的去发展缺乏的能力。当然,对别人进行责备也是一种自我防卫的形式。如果总是别人的错,那么我们就不必去面对自己的不足了。那些能够侥幸具有这一态度的儿童将发现这是一个很强的强化物,并能帮助使这一态度习惯化。(有必要指出那些总是把失败归咎于学生的教师有可能就是具有了这种态度。)

另一方面,也要避免在教学中教育学生事情一旦出错时责任总在他们自己,也不要使他们一旦成功就归因于内部而一旦失败就归因于外部。正确的方法是帮助儿童发展对原因和结果的准确理解,从而使他们发展一种对现实做现实性评价的能力,这也是与马斯洛提出的自我实现的人所具有的能力。这一方法也应该被设计成使儿童能够认识到他们在什么时候应该对事件予以控制而不是使其任由机遇而发展,这样他们的行为就更有主动性,而不是仅仅被动地对事件反应。主动行为的人朝向前看,预测并做出正确的决策,而被动反应的人是只在他们碰到事情时才做出反应——因此他们也常常感到负担太重(Scarr,1988)。

教师对儿童成功与失败的反应

教师角色的一个最重要的方面是他们对儿童成功和失败的反应。大多数教师在评价和奖励儿童的成功上很少有问题(尽管有时他们会忽视这样的事实,即成功应被解释为是某一个儿童所能做的,而不应该是根据任务本身,或根据同一年龄的其他儿童通常所能达到的标准),更多的问题主要产生于面对失败时。我们总是特别强调的一点是,产生错误并不意味着失败而只表明它是整个学习过程的一个有机而重要的部分。通过思考这些错误是如何发生的,儿童得以从中学到新的东西,并发展一些策略来对付以后出现的问题。学习的缓慢,正如我们所指出的,并不是一种失败而只表明儿童需要特殊的帮助。因此,在学校水平上的失败更多的是一种心理态度问题而不是一个客观现实问题。具有这种态度的儿童,可能是由于教师总给他们较低的分数并让他们在班级面前难堪,他们可能会放弃学习的努力和表现出较低的动机水平,即使从理论上看他们完全能完成这一学习任务。如果他们控制的焦点是外部的,他们则可能把自己的失败归罪于他人或学习任务本身;如果他们是内部归因的,他们将感到这是自己的错,但其结果都是一样的,它使儿童产生习惯性的失败。面对着较低的动机状态,教师首先要问的问题是"儿童对目前的失败有什么体验?""这些体验对他们的学习动机有什么影响"?

心　境

从动机的问题转到心境,我们可以把心境看做是不同时期的情感状态,此时我们仍会发现心境与人格的特质和状态都是有关系的。比如,焦虑的人倾向于与快乐、乐观的人具有不同的心境模式,因此这表明这些模式在一定程度上决定于焦虑的特质。另一方面,在这一模式确定下,焦虑的人也会在不同的情境中表现出不同的心境,这说明如果我们采用状态论的观点并将心境看做是一种过渡现象,我们就能对此人有最好的了解。不同的研究(例如Isen,1985)都发现了心境对学习的影响作用,以及它影响选择性注意和记忆材料内容和性质的方式。心境也影响到我们对别人和别的信息与事件的评价,这很明显将影响到儿童对他们的教师、课程内容和他们自己成功机会的认识。

但无论采用特质观点或状态观点,心境似乎都是既决定于遗传又决定于环境的。我们可以回忆到前面提到的托马斯、切斯和伯斯所指明的"困难型"儿童有一种整体上的心境的不稳定性,这表明了先天气质的影响。而环境的影响也是很明显的,那些在儿童时期体验到安全、快乐的人会比那些在更为艰难的环境中成长的人倾向于将外界看做是乐观的世界。总是感受到失败的人会比那些更经常处于成功状态的人更多的表现出情绪低落和冷漠(或愤怒)。如果我们鼓励儿童充分的、公开的与自己的父母讨论他自己的问题和情感,不必恐惧被拒绝,则这样的儿童将不会像那些总是不得不封闭自己的情感并紧闭自己嘴巴的儿童那样总处于一种闷闷不乐的状态中。那些在仁慈和平衡的道德信念中被抚养大的儿童也很少会在想起那些不端的行为时受到一种自罪感的折磨,而在不现实的惩罚的信念下长大的儿童则完全相反。在这些情况中,儿童的心境在一定程度上是对他们周围人的行为的反应,我们也只有在这一行为的情境中才能更好的理解这种心境。

通常认为在青少年时期是心境最容易变化的时期（也是个体发展最快的时候）。这时身体中的激素起到一定的作用，这时儿童处于青春期生长的快速爆发阶段，在短短的两至三年期间就在生理上从儿童状态变为成人的成熟状态，具有了成年人的体型、体力、性能量和脑的成熟。但环境也是重要的，青少年经常感到社会对他们的束缚，这使他们特别反感，因为它仍使他们处于儿童角色的从属和依赖地位上，而这时他们在生理上已很明显的属于外界成熟的人群了。另外，青少年也会尝试不同的新的行为模式，根据自己的人格来检验他人如何对自己反应，并认识自己真正属于哪类人，以及他们希望自己成为哪类人。在这一过程中，他们会体验到来自于别人的同情与理解（以及在必要时的坚决态度）并逐渐形成了自己的心境，学习到在什么时候自我控制有利于自我表达。这整个的过程，与个人的自我认同和自我发展等重要问题联系在一起，是极为重要的，我们将在后面章节中更详尽说明。

教师也有心境

在结束有关心境的讨论之前，有必要指出教师本人也存在不同的情绪状态。教师在某一时刻的感觉决定于许多因素，比如他们自己的气质，他们与儿童和同事的关系，他们对所教科目的感觉，校外他们的私人生活，等等。身体上的极度疲劳也起很重要的作用。特别在临近学期结束时，有一些教师会体验到一种经常被称之为疲劳债务的状态：即他们发现无论是傍晚的休息还是夜晚的酣睡都无法完全驱散整日的疲劳感，其结果使他们不得不付出更多的体力以继续工作。在这种情况下一些很微小的平常几乎都注意不到的不愉快也能产生很严重的反应，结果教师有可能开始很严厉的对待儿童。但这并不能解决问题，它只能使儿童反过来也被激怒，从而导致进一步的问题，也造成了教师与所有有关学生的关系迅速紧张起来。

我们所能提出的最好的建议就是教师应对自己变化的心境有所认识，并认识到这些心境有可能在班级中产生的影响。我已经强调过，如果儿童生活中有重要影响的成年人对他们有一贯性的态度，那么这些儿童就会有最好的发展。这些一致性的态度使他们能逐渐去预测在他们与这些成年人的关系上会产生什么结果，从而使他们认识到周围的社会环境是具有秩序和可以理解的。当然，他们长大后就将会认识到他们周围那些人在行为上的变化是不可避免的，但这也仍然需要有一定的一致性，从而使他们感到完全并学习适当有效的策略来处理与父母、教师和其他对他们有影响的权威人物之间的关系。当成年人缺乏这种一致性的态度时，儿童就会感到困惑和不确定，甚至有可能认为成年人对自己的行为是莫明其妙和不公正的并由此对他们产生怨恨和敌意。

因此，虽然这看上去很困难，但教师要尽量不要使自己的心境影响到他对个别学生或整个班级的行为。儿童只尊重那些态度行为表现一致的教师（这也是为什么甚至一个严厉的、冷漠的教师也能赢得尊敬的原因），而看不起那些变化很大的人，像脾气忽好忽坏，有时友好有时冷淡，有时同情有时不关心，或者有时宽容有时严厉。如果这种心境的变化并不是经常发生，那么儿童可能将它视为是疲劳的表现，所以对于那些某一天感觉特别累的老师来说，他们最好在开始上课时对学生讲明这一情况，这就使儿童能够理解为什么他们的行为与平常有所不同。一些教师不同意这种做法，并把它看做是一种软弱的表现。但是，让学生知道这一情况并对老师产生同情总比让他们感到困惑或对老师产生敌意好些。只要班级中的关系良好，教师也会从儿童表现出的体贴和关心中感到振奋和鼓舞。特别是当学生认为老师对自己的问题也很关心时，这种情况会表现得更明显。

兴 趣

在动机和心境之外,人格的研究也较多涉及到兴趣和态度这样较重要的变量。对这两方面的测量相对比较容易,甚至对那些初入学校和年龄更低的儿童也较容易测量,但更为困难的是我们无法了解它们的起源并确定教师如何最好的鼓励学生去发展那些社会认为最有价值的品质。

我们首先来了解兴趣,我已经指出(在第七章)儿童倾向于对那些有助于他们解决其生活中问题和困难的事物感兴趣,因为他们把它们看做是与自己"有关的"。在讨论游戏的问题时(第二章)我也曾指出似乎存在一种倾向于享乐性活动的天性。另外,在爱好中的兴趣(当然是在课程中的)有可能是对父母的强化的反应,甚至有可能与父母本身的爱好有关系。在这一方面我们还可以认为先天的因素也可能会产生一定的作用,特别是当兴趣所需要的技能带有一定的遗传性时。因此那些在接受音乐训练前就表现出良好的音乐感受能力和手的灵巧性的儿童就比那些不具备这种素质的儿童更感兴趣于学习乐器演奏,而一个有较好的视觉想像力的儿童就会比那些缺乏这种能力的人更容易表现出对发展自己绘画技能的兴趣。

因此,兴趣的发展似乎依赖于许多相互关联的因素。在帮助儿童发展一种才能和兴趣时,教师的作用主要是:

- 提供机会。
- 证明某种兴趣与儿童自己是有关的。
- 不要对与儿童兴趣有关的能力予以评价,直到给他们机会来发展这些技能。
- 对儿童的兴趣表现出热情和投入。

在这四个基本方面之外还有第五点,就是在给儿童提供了机会而他们没有表现出老师所要求的兴趣时,教师不应因此责备学生。教师的这种消极反应通常会产生副作用,它会使儿童进一步厌恶这一兴趣(即对教师产生敌视,也会产生焦虑,或认为个人缺乏教师所指出的自己"应该"体验到的那种热情)。有时,虽然当时没有出现明显的变化,但只要让儿童继续拥有这种机会,也许会在不久产生浓厚的兴趣。在另一些情况下,我们应该记住这样一个简单的事实,即我们每个人都是一个个体,由于我们自己独特的心理素质和经验,我们不可能对同样的事情全部体验到同样的快乐。

必须要强调的是,我们此时所谈论的并不涉及儿童对学校的基本课程的感受,(这一点已在第七章学习和动机中讨论过了),而是学校生活中所存在的更为整体性的丰富体验。教师可能认为如果儿童能够充分重视这些体验那么他们一定会从中受益,但这种重视不是教师所能强迫儿童去做的事情。就其本质而言它在很大程度上不是儿童自己的意识所能控制的。比如,他们可以学会写一篇对一首诗或一幅画或一段音乐的一流的批评文章,但很少有教师会认为这种体验与那种深深被艺术作品感动后的体验是一样的。后一种体验带有明显的情绪煽动色彩,因为它与自己生活中的某些重要方面或与自己的梦自己对未来的希望产生了共鸣。也许有这么一天,我们的教学技术如此发达,以至于我们可以使学生对任何一件艺术作品都产生这样的体验或使他们产生那些我们认为重要的兴趣。但我对此表示怀疑。我认为即使这一天真能到来,许多教师将会感到那些使他们的工作值得存在的事情(和那些使艺术和许多其他值得研究的事情)将不再存在了。

态 度

现在谈到态度。心理学家将态度定义为是一种相对持久的倾向,它是个体发展出的对他们生活中的不同事物和问题的认识,他们用语言将它们表现为观点。因此态度的成分很明显应包括价值和信念,以及程度不同的事实知识(或者是这些人当作事实知识的内容),也包括认知、行为与情感方面的因素。但不明显的是,它们有一部分是意识的,另一部分是无意识的,而且这两方面有时会彼此间产生冲突。弗洛伊德的理论更强调这种冲突,认为它在人格发展中起重要作用。我们可以从反向形成这一自我防卫机制中看到这一例子,这一点我们在前面已作过解释。在这一机制中,个体可以怀有对其他种族人的敌视态度,但他们会在意识状态中拒绝这种敌视的态度因为这会引起他的犯罪感。因此这一态度就被压抑到无意识状态中。为了保证这种态度停留于无意识中而不进入意识,个体会对每一个他所遇到的外国人表示出过分的渴望和伪善的态度。然而,这种无意识的态度会通过一种阴谋的鬼鬼祟祟的方式表现出来(比如如果他们的同事是有色人种,他们就会暗中阻止他们在职位上的提升,或对地方的议员投否决票,因为他或她站在支持少数民族的立场上),而且他们总是企图为自己辩解认为自己是为了别人的"利益"才这样做的,或"为了保卫和平",或只是为了"大多数人从不支持这一点"。

态度也具有许多心理学功能(Herek,1986)。它们是工具性的(我们都喜欢看到符合我们需要的事情,这会促使这种态度的产生),知识性的(产生于我们认识世界和我们的生活的需求),也可以是价值表现性的(与我们的道德信念和自我概念有关)和社会顺应性的(产生于我们希望自己成为社会和政治群体的成员的欲望)。对于儿童来说,他们正处于态度的形成过程中,教育过程对工具性态度(可以帮助儿童更为实际地认识到哪些态度最可能产生想要的结果)和知识性的态度的形成有重要作用。而价值表现性和社会顺应性态度更难于被影响,因为它们更多受儿童家庭中的因素以及社会经济和种族背景等因素的影响。

态度也具有自我防卫功能,下面将更详细介绍这一点。

态度与自我防卫

与自我防卫有关的态度帮助我们避免焦虑或使我们的自尊不受伤害。在所有的态度中,与自我防卫有关的态度大多包含无意识的成分。我们可以在社会背景中来评判我们的自我防卫态度,但实际上它们可能产生于深层的内部情结和不安全感。

除了前面提到的反向形成,弗洛伊德提出的另一个影响态度的自我防卫机制是合理化。合理化是指个体用社会所能接受的理由来解释行为,而事实上这一行为是产生于一种连他们自己都不愿承认的动机的。所以军人宣称他服兵役是为了避免侵略,但事实上他喜欢这一生活是由于他喜欢暴力。同样的,一个所谓的反色情斗士宣称他或她观看了一场黄色电影只是因为这能使她(或他)推动立法来保证其他人不再看到这种电影,但实际上他或她是满足于这种体验的愉快。

那些被确信能帮助年轻人形成态度的人应检查他们自己的态度和信仰中是否有这种自我防卫态度的表现。有时他们可能发现自己的这些态度来自于一些权威人物,并没有经过认真的主观上的检查。而另一些时候他们又可能发现这些态度来自于情绪反应而不是理性的认识。在另外一些情况下他们发现这种态度引导他们对重要的事情进行了先入为主的判断(他们对某一儿童的否定性态度可能会使他们一旦有麻烦时就假定是这个儿童的错,而不问是否有证据证明的确是儿童的错),并且在这一事件上采取了不适当甚至不公平的行为。

在态度形成中最具社会危险性的一种自我防卫机制是投射。那些害怕面对和接受他们自己的心理倾向的人,可能不仅是压抑它们,而且会投射到其他具有这种倾向的人或群体,并对他们产生敌意。这种类型的投射可能是少数民族群体总被人当成替罪羊的一个原因(Herek,1987)。替罪羊与被称作权威人格的概念有特殊的关系(权威人格概念最初由 Adorno 等人在 1950 年的一个经典研究中提出),它的特征是对上级的屈服和遵从,而对那些不如自己处境好的人轻视与攻击。有权威人格的人倾向于对群体之外的大多数人存有偏见,这些人大都来自这样一种家庭背景:僵化的道德规范、严格的等级制度和对社会经济地位的过分关注(Altemeyer,1988)。

态度和行为

在结束这种一般性的讨论而转入到具体的儿童态度改变的问题之前,我应该提出一些警告,这就是行为并不总是与意识中的态度相匹配的。这经常是由于这些态度设置了一些个体无法实现的标准。一个例子就是新年之际所做的计划或决心,我们在意识上立誓要使我们的行为与态度匹配,但这些誓言往往到 1 月底就不存在了(甚至在有些时候在 1 月 1 日以后就不存在了)。一个人可能知道他应该努力工作,或对自己的家庭友好,或尽量少看电视,或做更多的运动,或放弃一些坏习惯,虽然他在这些事物上的态度总是正确的,但他决心执行这些态度的行为总是要被拖延。所以教师会经常发现他们在早集合时教育儿童要改正错误好好生活的教导往往在第一节课的打闹之后就不存在作用了。

这意味着在用于测量态度的纸笔测验中会表现出对一些好的品质的认可,如诚实、友好、节俭、努力工作等。但令人失望的是,这些测验往往并不能告诉我们儿童在面临需要用这些态度去处理的问题时,他们实际会做些什么。虽然每次当儿童不能将这些态度付诸于行动时都会感到良心上的不安,但这些并不能保证他们在下一次用不同的行为去反应。同样的,有些人态度测验上会表现出一些好的品质,但在某些情况下,这些态度可能会被他们合理地拒绝。商人可能赞同公正竞争的美德,但他们也会认为这些态度不能用于从竞争对手那里取得商业成功。儿童也会赞同诚实的价值,但也会感到这并不适用于他在几分钟前将朋友的家庭作业抄在自己的练习本上。大多数情况下,当某一态度很坚定,并且是针对某一特殊的情境,并来自于自己的直接体验时,这种态度与行为都是一致的(Fazio and Zanna,1981)。

认知不协调

对于态度与行为之间的不一致,弗斯廷格(1962)提出了认知不协调理论。如果一个人具有某一态度,但他又发现自己的行为(或其他的态度)与其有所不同,这就产生了认知不协调。这种差异会产生使个体不愉快的紧张(不协调),并促使他们尝试去改变某一变量从而减少这种紧张。他们也可能通过曲解事实的方式来实现这种调整,甚至这意味要损害被他们认为是真理的事情。比如,如果一个人对自己的能力有很自信的态度,但在一次能精确测量这种能力的测验上失败了,他们就会突然找出种种理由来说明这个测验不是一个好测验。一旦产生了这种减少不协调的变化他们就会极力维持这一看法而对新的证据做错误的解释。在上面的例子中,他们会因为来年考试的大纲有所改变,从而"证明"它过去是不公正的。或者当他们听说有些人虽然通过了考试却总是找不到工作,他们又会认为这证明了被雇用的人并不一定具有这一测验所测量的能力,因而就更需要怀疑它的价值了。

减少不协调的变化有时在人们说谎时也表现明显。如果一个人对事实有积极的态度,他们此刻就会面临在自己态度和行为间的不协调。为减少这一不协调他们可能决定自己所说的并不都是谎言而是对语言的谨慎的使用("准确的说我并不是去游泳,事实上我只是在海滩上玩了会儿水")。似乎个体总能使他们自己确信虽然说了谎话但这并不表明他们在撒谎,或者他们改变对事物的回忆,目的是使其与他们做出的解释相符。弗斯廷格指出如果只是对一些小事情撒谎,则这一切的表现就更为真实的了。我们大多数人都认为自己是诚实的人,但好像这种观念在我们对重要事情撒谎时比我们对一些小事情撒谎时更难以被动摇。不能抵御强烈的诱惑通常好像被人们看成是人类的特性,而不能抵御小的诱惑则被人怀疑是软弱的表现。这并不是大的诱惑比小的诱惑更难以被抵御,也不是如果屈服了大的诱惑人们心理就不会那么难受。这只是说人们认为自己是诚实的观念在他们对重要的事情撒谎时会产生较少的认知不协调。

态度改变

在这一章与第七章中我们已谈论了许多态度改变的问题了。如果要使儿童对某些事感兴趣并激励他们获得成功,通常就需要帮助他们培养出对这一事物的积极态度。当他们行为改变时给予奖励通常能引起态度的改变(儿童发现努力学习会在班上有益,因为教师不断看到这样的情况并给予奖励,因此儿童也就不再会认为功课是索然无味的了)。除此之外,我们认为教师在考虑改变儿童的态度时,还应再记住下面几点。

- 儿童对某一活动的态度会因为看到这一活动是通过他们所崇拜的人物表现(或示范)的而更加坚决。当然,这并不是说观察别人做这些活动可以代替儿童自己亲身参加这些活动实际产生的自己活动中的替代物。我们是说他们看高水平的体育比赛,或参观工厂看到一些技能和工艺的操作,或在剧场看一扬激动人心的表演,这才能获得无价的经验(当然,只要我们不期望儿童会立刻掌握所观察的技能!)

- 与示范有关的是,儿童的态度也会从教师的行为中受益,尤其在与社会行为有关的问题上。那些考虑得很周到而且对班级很公正的老师的行为很容易就会被儿童学会,而那些只是说说这些方面的内容,但自己却不按此行为的教师,则很难影响儿童的行为。

- 根据在第七章对学习的讨论,我们知道要想改变儿童的态度就要给他们示范,并与他们讨论重要的问题,我们应时刻观察儿童由于新态度而带来的行为上的改变,并对之予以即时强化。否则,这些变化就会像新年计划一样都是极为短暂的。当然,教师也应不断的策划具体的机会使儿童能使用新的行为,越早这样做,态度改变的效果也就越好。

- 最后,儿童与成年人一样会对别人的热情予以积极的反应。只要这种热情不是被强迫的(教师应警惕不要期望儿童必须有与自己同样的兴趣),他们自己也就会被这种热情所激发,并参与到有关的活动中。成功也是这样。儿童一旦目睹了成功,他们很快就会希望通过参与而与其联系在一起;当他们目睹了某一运动员在某一项目上为自己的国家赢得一枚金牌后表现的高涨的兴趣时,他们会很快将自己投入到这种运动中。无疑一个成功的教师应有的一个品质是,他们有能力激发别人对他们所教课程的热情,并使这种热情一直持续到它变成了自我强化,并且每个学生都能对活动表现出极大的热情。成功教师的另一个品质是他们能设置一个儿童愿意效仿的例子:换句话说,他们具有儿童自己也愿意拥有的技能和技术。

参考文献

Adorno, T. W., Frenkel—Brunswick, E., Levinson, D. J. and Sanford, R. N. (1950) *The Authoritarian Personality*. New York: Harper & Row.

Allport, G. W. (1961) *Pattern and Growth in Personality*. London: Holt, Rinehart & Winston.

Altemeyer, B. (1988) *Enemies of Freedom: Understanding Right—Wing Authoritarianism*. San Francisco: Jossey—Bass.

Apter, M. J. (1989) *Reversal Theory: Motivation, emotion and personality*. London: Routledge.

Bennett, N. (1976) *Teacher Styles and Pupil Progress*. London: Open Books.

Bloom, B. S. (1983) *Human Characteristics and School Learning*. New York: McGraw Hill.

Bouchard, T. J., Lykken, D. T., McGue, M., Segal, N. L. and Tellegen, A. (1990) Sources of human psychological differences: The Minnesota study of twins reared apart. *Science*, *250*, 223—228.

Brown, J. A. C. (1964) *Freud and the Post—Freudians*. Harmondsworth: Penguin.

Bruner, J., Goodnow, J. and Austin, G. (1956) *A Study of Thinking*. New York: Wiley.

Buss, A. H. and Plomin, R. (1986) The EAS approach to temperament. In R. Plomin and J. Dunn (Eds) *The Study of Temperament: Changes, continuities and challenges*. Hillsdale, NJ: Erlbaum.

Caspi, A., Bem, D. J. and Elder, G. H. (1989) Continuities and consequences of interactional style across the life course. *Journal of personality*, *56*, 375—406.

Cattell, R. B. (1986) *The Handbook for the 16 Personality Factor Questionnaire*. Champaign, Ill: Institute for Personality and Ability Testing.

Elliott, C. D. (1972) Personality factors and scholastic attainment. *British Journal of Educational Psychology*, *42*, 23—32.

Eysenck, H. J. (1983) Human Learning and individual differences. *Educational Psychology*, *3*, 169—188.

Eysenck, H. J. (1990) Trait theories of personality. In A. M.

Colman (Ed.) *Companion Encyclopedia of Psychology*, *Vol. 1*. London: Routledge.

Fazio, R. and Zanna, M. P. (1981) Direct experience and attitude — behaviour consistency. In L. Berkowitz (Ed.) *Advances in an Experimental Social Psychology*, *Vol. 14*. New York: Academic Press.

Festinger, L. (1962) Cognitive dissonance. *Scientific American*, October.

Fisher, S. and Greenberg, R. P. (1985) *The Scientific Credibility of Freud's Theories and Therapy*. New Yrok: Columbia University Press.

Fontana, D. (1990) Personality and cognitive style. In N. Entwistle (Ed.) *Handbook of Educational Ideas and Practices*. London: Routledge.

Gregoric, A. (1985) *Inside Styles: Beyond the basics*. Maynard MA: Gabriel Systems.

Herek, G. M. (1986) The instrumentality of attitudes: toward a neo-functional theory. *Journal of Social Issues*, 42, 99—114.

Herek, G. M. (1987) Can functions be measured? A new perspective on the functional approach to attitudes. *Social Psychology quarterly*, 50, 285—303.

Isen, P. M. (1985) The asymmetry of happiness and sadness in effects on memory in normal college students. *Journal of Experimental Psychology*, 114, 388—391.

Kagan, J. (1966) Developmental studies in reflection and analysis. In A. Kidd and J. Rivoire (Eds) *Perceptual Development in Children*. London: University of London Press.

McCandless, B. (1969) *Children: behaviour and development.* London: Holt, Rinehart and Winston.

Maslow, A. H. (1970) *Motivation and Personality*, 2nd edn. New York: Harper & Row.

Myers, I. B. (1980) *Gifts Differing.* Palo Alto: Brooks/Cole.

Peterson, C., Seligman, M. and Vaillant, G. (1988) Pessimistic explanatory style as a risk factor for physical illness: a thirty—five year longitudinal study. *Journal of Personality and Social Psychology*, 55, 23—27.

Plomin, R., Pederson, N., McClearn, G. E., Nesselroade, J. R. and Bergeman, C. S. (1988) EAS temperaments during the last half of the life span: twins reared apart and twins reared together. *Psychology and Ageing*, 3, 43—50.

Scarr, S. (1988) How genotypes and environments combine: development and individual differences. In N. Bolger, A. Caspi, G. Downey and M. Moorhouse (Eds) *Persons in Context: Developmental processes.* New York: Cambridge University Press.

Terman, L. and Oden, N. (1947) *Genetic Studies of Genius*, Vol. IV. Stanford: California Univeristy Press.

Thomas, A. and Chess, S. (1986) The New York longitudinal study: From infancy to early adult life. In R. Plomin and J. Dunn (Eds) *The Study of Temperament: Changes, Continuities and Challenges.* Hillsdale, NJ: Erlbaum.

Thomas, L. and harri—Augustein, S. (1985) *Self—organised Learning.* London: Routledge & Kegan Paul.

Weiner, B. (1979) A theory of motivation for some classroom experience. *Journal of Educational Psychology*, 71, 3—25.

Witkin, H. A. (1965) Psychological differentiation and forms of pathology. *Journal of Abnormal Psychology*, 70, 317—36.

补充读物

Aiken, L. R. (1989) *Assessment of Personality*. Boston: Allyn and Bacon.

Covers all aspects of personality measurement.

Aronson, E. (1991) *The Social Animal* 6th edn. New York: Freeman.

Good on all aspects of social influences upon personality, including the formation of attitudes.

Briggs, S. R., Hogan, R. and Jones, W. H. (1993) (Eds) *Handbook of Personality Psychology*. Orlando, Fl: Academic Press.

Perhaps the most wide—ranging of current texts on the psychology of personality.

Eaves, L., Eysenck, H. J. and Martin, N. (1989) *Genes, Culture and Personality: An empirical approach*. London: Academic Press.

Very much champions the genetic argument, but a good survey of the research evidence.

Eysenck, H. J. (1985) *Rise and Fall of the Freudian Empire*. Harmondsworth: Penguin.

A sustained critique by a confessed opponent of Freudian theory.

Fisher, S. and Greenberg, R. P. (1985) *The Scientific Credibility of Freud's Theories and Therapy*. New York: Columbia University Press.

The most fair—minded and comprehensive survey of the scientific *status of Freudian theories.*

Fontana, D. (1983) Individual differences in personality: State—based versus traitbased approaches. *Educational Psychology*, 3, 189—200.

Fontana, D. (1986) *Teaching and Personality*. Oxford: Basil Blackwell.

A general introduction to personality and its significance at classroom level. (Also recommended for Chapters 7 and 14.)

Freud, A. (Ed.) (1986) *The Essentials of Psychoanalysis*. Harmondsworth: Penguin.

Freud's classic work is The Interpretation of Dreams, *also available in Penguin. But this version edited by his daughter of many of his major papers provides the reader with the best introduction to his work.*

Hall, G. D. and Lindzey, G. (1985) *Introduction to Theories of Personality*. New York: Wiley.

For the reader with a particular interest in personality who wants an overview of the bestknown theories.

Maslow, A. H. (1976) *The Farther Reaches of Human nature*. Harmondsworth: Penguin.

Maslow was a prolific and highly readable author. This is a particularly comprehensive summary of his main ideas.

Mischel, W. (1993) *Introduction to Personality* 5th edn. Forth Worth: Harcourt Brace Jovanovich.

A deservedly popular classic text.

Pervin, L. A. (1993) *Personality: Theory and Research*. 6th edn. New York: Wiley.

One of the best contemporary surveys of the field.

一些问题

1. 讨论在人格评价上"尺子"与"温度计"方式的长处。
2. 什么是人格维度？
3. 你如何定义社会内向和外向？
4. 人格测验的特质方法的不足是什么？
5. 认知方式的意义是什么？
6. 举一些在人格与智力之间存在明显关系的例子。
7. 影响儿童接收信息和编码方式的因素是什么？
8. 定义人格状态。
9. 讨论与自我实现有关的品质。
10. 归因理论是什么，它在教育上有何重要性？
11. 态度的心理功能是什么？
12. 为什么在某一学习任务上了解它是否需要目的或辅助目的方式是很重要的？
13. 按照心理动力学观点影响人格的主要因素是什么？
14. 举例说明本我、自我和超我之间的相互作用。
15. 讨论自我防卫机制的意义。

第九章 道德和价值观发展

什么是道德和价值观？

上一章对态度的讨论引出了更为广泛的道德与价值观问题。道德与价值观是令人难以捉摸的概念，也没有一个让所有人都满意的定义。许多心理学家认为应该像哲学家费希特所提出的那样将道德分为两个相关的部分，一个是主观性道德（个体对个人行为规范的内部观察），另一个是客观性道德（个体所从属的文化群体普遍赞同的态度和行为）。客观性道德是心理学家研究最多的内容，尤其在儿童客观行为的发展的领域中。一个文化群体所赞同的道德行为可能受也可能不受到规则的约定，而这些规则可能具有也可能不具有法律效力，但无论怎样这一行为都被社会上有责任感的成员视为是品行和人际关系的必需的内容。这种必需性的要求可能来自于宗教、哲学，或政治信条，通常它们对这一文化群体的历史发展有重要的影响，为文明的出现提供指导，甚至（表面上）为处理与别国的关系提供指导。有时在一个文化中，不同的分支群体在他们彼此持有的道德和价值观上有明显不同（像宗教群体，社会经济地位群体），这会导致摩擦，并且试图用武力压制不同的价值系统。

价值系统的起源

大多数心理学家的观点认为道德和价值观主要是一种习得的结构，儿童最初从父母身上学习它们，然后是从教师、伙伴、媒介，以及整个社会中去学习它们。但有一个心理学家他以一种特殊的研究方法来认识道德和价值观的发生,他就是弗洛伊德(见第八章)。弗洛伊德认为儿童的道德态度与行为的发展是由于超我的作用,而超我在很大程度上表现为儿童对父母所教育的道德规范和要求的内化,并且由于这些内容是如此完全地从父母那里接收过来的,儿童通常也就很少去注意它们的起源。因此,超我将不再是对父母的"可做和不能做"的要求的收集,而成为个体心理生活中的一个自觉的成分,它们已被看做是良心的表现或是他们自己认知形成的道德规范,并在主观和客观的水平上发生作用。

弗洛伊德认为超我的过度发展会导致心理问题,像过多的犯罪感,感到自己无能或没价值,在极端情况下还会产生严重的神经症。但他也认为超我的形成起到一种良好的平衡作用,如果缺少它则儿童只能在父母和其他成年人强化他们好的行为时,才能正确的去行动。如果成年人不在,并且也不会被察觉,则儿童就可能会放纵个人兴趣,而全不考虑可能给别人带来的影响。在第八章提到,弗洛伊德的观点现在受到人们较多的批判,我们在这里无法用更多篇幅详细介绍他的内容,但我们应想到他曾认为超我发展为两个明显不同的成分。它们是良心和自我理想,前者在儿童做错事情时使他们感到罪恶感从而起到与父母的惩罚作用相同的功能,后者是当儿童做得正确时使他们产生满意感这使它起到与父母的奖励作用相同的功能。而且,自我理想也使儿童清楚地认识到"我希望成为的那种人"是什么样子,它不仅对决定日常的交往行为起重要作用,而且也影响到儿童设置长期的目标和志向。

弗洛伊德的超我模型对了解儿童逐渐形成道德体验时其心理生活中所发生的事情是很有帮助的。另一个不同的观点是由皮亚杰(1932)在研究儿童思维发展的基础上提出的。我们在第三章曾详细介绍过皮亚杰的理论,他观察到儿童在沿着他所提出的认知发展阶段发展时也表现出道德推理水平的变化。他的发现证明儿童从自我中心的思维开始发展,此时他们对任何事物的观察都是从自我的角度出发,然后进入到另一思维形式,此时他们能将自己置身于他人的位置上思维。只有当儿童能具有这后一种思维形式时,他们才有能力产生真正的道德判断。我们并不需要深究这一模型的细节,因为还存在另一个也与儿童的思维水平有关,但更综合的道德发展模型,它是由科尔伯格提出来的(1981;Kohlberg and Candee, 1984)。科尔伯格认为儿童在道德发展上经过了6个主要的发展阶段(与皮亚杰的阶段有关)。对这些阶段的描述在科尔伯格的不同出版物上有所不同,下面是一个全面的总结

科尔伯格的道德发展6阶段

前习俗道德(皮亚杰的思维的前运算阶段)。年龄大约在2~7岁。

1. 惩罚和服从的定向。儿童并没有真正的道德体验,他们的行为只能通过简单的强化来塑造。

2. 个人主义、工具性目的和交易。一个"正确"的行为是有利于儿童个人的行为。儿童也似乎能满足他人的需求,但这只是由于其结果能直接有利于自己。

习俗道德(皮亚杰的思维的具体运算阶段)。年龄大约在7~11岁。

3. 人际间的相互期望、关系和人际间的一致。儿童努力做到他们的长辈所期望他们做到的,起初这只限于某些具体情境,但他们形成一种"好"孩子的概念后就变得更普遍了。

4. 社会系统和良心(法律和秩序)。此时道德观念被应用到更多的事物上,儿童遵守这些道德标准已不仅是为个人的获得,而是因为他们已产生了一种对权威以及维护现存社会秩序的责任感。除非在极为特殊的环境,通常他们是不会违背法律的。

后习俗道德(皮亚杰的思维的形式运算阶段)。年龄大约在12

岁以后。

5. 社会契约或实效与个人权利。责任感仍很强烈，但公正感和合理性已变得比维持现有的状况更重要。规则被逐渐看做是有可能朝着对人们有利的一面而改变的。

6. 普遍的伦理原则。道德观念逐渐被整合为一种一致性并有条理的哲学。道德决策也能够考虑所有相关的因素，个体已不再只看表面上的公正与合理。

如同皮亚杰的阶段一样，在这 6 个水平的发展速度上不同的儿童也表现不一致，有一些儿童永远也达不到最高的水平，就如同他们总也达不到形式运算阶段（事实上在第 6 阶段上只有个别非常特殊的人才能实现）。似乎在思维上达到某一适当的水平，也是道德发展达到相应水平的一个先决条件，但这并不是说儿童在思维水平上发展了就一定会产生道德水平的发展。学习和机会也起到很重要的作用，但这是因为儿童已经具有了一定的道德思维水平而不表明儿童自动就能达到这一水平。

道德发展的测量

科尔伯格设计了一种测量道德水平的方式。他设计了一系列故事，其中每一个都包括一个道德两难的情境让儿童判断，在故事中儿童是主要角色。在儿童听完故事后，询问他们如何解决这一两难情境。在所有的故事中都只看重儿童在解决两难问题时所使用的推理，而不看重问题的解决本身。我们下面举一个这些两难问题的例子。

珍妮的妈妈答应她，如果她能洗一个星期的盘子，就允许她参加周末的舞会。珍妮坚持洗了一星期的盘子，但到了周末她妈妈却告诉她自己改变主意了，不再允许她去。珍妮偷偷跑出家门去参加舞会，并要求她妹妹玛丽保守秘密。玛丽应该告诉她妈妈吗？

显然对这个问题很难一下子说清楚。许多儿童认为玛丽应该告发她姐姐,但他们这种回答所依据的理由是不同的,这有助于使我们了解他们的道德发展水平。在第 1 阶段上的儿童认为玛丽应该去告发,因为她不这样做,以后妈妈了解了情况,她会受到惩罚。但在第 3 阶段上所强调的就变化了,此时儿童更强调玛丽与母亲的关系而不再是惩罚,儿童会说小孩子对父母隐瞒是错的。到第 5 阶段原因就更为复杂,儿童倾向于说如果玛丽不告诉母亲她就是与姐姐一起同谋说谎,而说谎是不道德的,尽管玛丽的妈妈没有实现对珍妮的承诺也犯了错。到第 6 阶段儿童在他们的理由上就不再一致了,他们开始产生个人的道德规范。有些人认为不能因为妈妈做错了玛丽就可以对妈妈撒谎,而另一些人认为玛丽无论如何也不能违反对姐姐的保证,还有一些人认为玛丽的妈妈对珍妮的行为是无理的,因此玛丽保持沉默是两种错误中较轻的一个。

当然,我们很难清楚地区分出科尔伯格的每个阶段,即使用这种测验也做不到,因此最好把这些阶段看做是我们了解儿童道德思维的一种指导而不是一种严格的分类。我们不能指望一个明显处于第 2 阶段的儿童会表现出第 5 阶段的思维水平。但是,如果某个儿童已经能在某个水平上解决问题,但随后遇到另一个不同的两难问题时可能会退回到较低的水平,对此我们也不应感到奇怪。更进一步的困难,我们已经在第八章中讨论态度内容时提出过,就是儿童在这种两难问题上表现出的道德态度,并不一定与其现实生活中遇到类似问题时的实际反应相一致。比如,在真实生活中玛丽决定不告发她姐姐,这只是因为她害怕如果她这样做了,珍妮会怎样对待自己,或只是由于对珍妮的忠诚,也可能恰好在这一时刻她自己也正受到母亲的不公正对待,并对母亲产生了嫉恨。而且,让人感到自相矛盾的是,儿童有时做那些他们认为是"错"的事(拒绝告发珍妮)反而比做那些他们认为"对"的事(最终告发她)感到更少的犯罪感。

事实上也存在这样一种情况(我们仍能从第八章对态度的讨论得到启发)即儿童可能会针对不同的环境来改变自己的价值观,也就是说,他们很难将其道德规范推广到更普遍的事物和情境中。比如,他们发现可以对教师说谎但不能对好朋友说谎,可以从商店偷东西但不能从父母那里偷,可以在班级测验上作弊但不能在公共考试上做。他们的道德规范也可能会屈服于他们认为是更重要的考虑。因此,他们可能为了更被伙伴接受而做坏事,或者为了获得取高分而取悦父母而在考试上作弊。或者去商店偷窃因为这是他们惟一的能得到给家庭和朋友礼物的方式。在我们的现代社会里,儿童面对的道德判断的问题越来越复杂,这是由于不断受到传媒中所宣扬的物质利益至上和获取的观念的影响,而来自宗教信仰的对道德规范的强制性要求在减少(但并不是说来自父母和学校的权威性在降低)。似乎从这一观点上看,让人感到奇怪的并不是儿童在道德标准上的下滑,而是他们仍能很好的坚持这些道德标准。

对科尔伯格的批判

许多跨文化研究针对科尔伯格提出的各个阶段文化因素对儿童道德发展的重要作用进行了大量研究。这些调查的结果使我们不得不对这些阶段的普遍性表示怀疑。科尔伯格本人也发现在土耳其的儿童被试中没有发现第 6 阶段的存在,因此他曾认为第 6 阶段只是第 5 阶段的一种较高级的形式。伯格林(1981)则进一步对第 5 阶段本身提出了怀疑。甚至在 1~4 阶段上在一些文化中也不如其他文化中那样明显,因此有人认为在一些情况下是可能存在阶段上的跳跃发展的。还有证据表明虽然有一些儿童并没有体验到所有的阶段,而另一些儿童则根本没有进步,但无论怎样如果变化产生了,它总是按照科尔伯格确定的顺序进行。儿童在发展上不会跳跃某一阶段,除了极少数的情况(大约 5% 到 7%)儿童的发展是不会有退回去的现象的,至少在正常的生活环境里是如此的(Snarey, Reimer and Kohlberg, 1985)。

　　无论怎样,问题的关键不在于能否鉴别出这些阶段,而是它们对设计用于儿童道德教育的课程材料是否有用,以及它们是否与皮亚杰提出的认知发展阶段紧密相联。事实上,大多数评论家认为科尔伯格的理论对于设计针对儿童的道德教育程序是很有用的。同时,人们也一致认为似乎阶段1~3或4是与认知发展过程相联系的,而阶段5或6是依赖于文化的,它们很难在没有实践和传授后习俗性道德的文化背景中出现(Modgil and Modgil, 1986)。

　　科尔伯格用于评价儿童道德发展水平的方法所存在的一个不足就是他使用的两难情境大多是与做错事有关(偷东西,不服从,惩罚,等等)。这些并不能很好地被用于判断儿童在辨别好行为时所使用的思维水平(心理学家称之为亲社会行为)。在另一些不同的两难性故事中,比如在去参加一个生日晚会的路上,看到一个朋友摔倒了需要帮助,但帮助他又会使自己失去吃蛋糕和冰激凌的机会,这时儿童做出的反应被埃森伯格分为五种水平,在它们之间有一些交叉:

　　1. 享乐主义,自我中心定向(学龄前儿童和一些婴儿)。儿童只考虑自己的结果而没有道德考虑;

　　2. 需求趋向的定向(一些学龄前儿童和大多数小学生)。儿童对其他儿童表示同情,但很少想到应该帮助他们做什么,也很少有内化的价值观的表现;

　　3. 赞许和人际定向和/或刻板化定向(一些小学生和一部分中学生)。儿童帮助他人只是因为他们被期望这样做,或因为这是社会的规则,或者为了受到别人的欢迎;

　　4a. 自我反省式共情定向(一些中学生)。出现同情和清楚的帮助者的角色;

　　4b. 过渡水平(一些中学生和部分成人)。帮助行为建立于一

些内化的规范上(个体对自己的感觉如何);

5. 较强的内化规范(中学生很少,部分成年人)。帮助行为建立在明确的内化了的规范和价值观(自我尊重,责任,个人的尊严)。

埃森伯格的阶段总体与科尔伯格的阶段是一致的,但有证据表明亲社会的推理在某种程度上提前于科尔伯格的每个阶段的推理。

教师的作用

在帮助儿童的道德发展上教师的任务从来就很明确。在第八章我曾讨论了教师可以帮助儿童发展必需的态度的方法(在道德方面也与其他方面一样),我们在此没必要再重复这些内容,但有两点应该强调:首先,教师本身的示范是最重要的。如果教师在处理班级问题时表现出没有忍耐性和同情心,则对儿童强调忍耐和同情这种必需的价值上是无意义的。同样,在教育儿童正直时,教师若不以身作则,或他们对儿童处理不公平,则也会收到很小的教育效果。儿童不仅仅是在这些情况下不能学到必要的道德规范,他们甚至最终也会对它们表现的不屑一顾,就像他们看到的教师所表现的一样。

第二点要再强调的是教师应在他们看到好的道德行为发生时就及时给予强化。如果我们无视一个儿童跑过来为我们开门而连一个谢字也不说,这将不利于我们教育他们替别人考虑的重要性;如果当儿童爽快地承认了自己的错误而我们不但不表示肯定和赞同还予以粗暴的惩罚,这就不利于培养他们正直的品行。良好品行自身就是一种奖励,但这对儿童的要求太高了。当他们长大成人后,他们的道德行为就应变为自我维持,只要他们认为这些道德对社会文明和他们自己的个人(品行)发展是很重要的。但在他们还不成熟的时期,特别是他们还处于科尔伯格的前三个阶段的时候,来自于环境的反馈对于确保他们成功的学习并应用道德规范是很重要的。

一些特殊的道德问题

在教师的道德角色上存在着一些特殊的问题有时困惑着教师。尤其当儿童严重违背了道德规范如偷窃或考试作弊,教师应采取什么行动。答案是,对儿童所有的行为方面来说,我们首先必须了解问题发生的原因。我们先分析偷窃行为,我已经指出儿童的偷窃可能是弥补他们生活中物质上的不足。在经济状况不好的家庭中成长的儿童,不断受到报纸和电视广告的冲击和展示在商店里的商品的诱惑,他们肯定会一次次想到帮助自己。如果他们在道德上很少得到父母在这一方面的指导,他们就可能会将这一想法付诸实现。对待这种儿童的方式应完全不同于那些在富裕的环境中生长的儿童,他们偷窃可能只是为了刺激(当然他们也会有一些现实的问题,比如他们对父母的婚姻表示忧虑,或感到他们对自己关怀不够,而偷窃可以吸引他们对自己的注意)。

因此,教师应该了解儿童偷窃的动机,并从中确定应给他们什么帮助。但不论这些动机可能是什么,都应让儿童知道他们的行为是错的,并不可避免的会造成一定的后果。我在第十二章谈论咨询问题时,会讨论这些问题,以及学校与警察的关系,但我们必须在头脑中保持一些基本的原则,即让儿童认识到,无论他们做什么,他们都会得到学校的同情和支持。如果在他们最需要我们的时候我们拒绝了他们的请求,我们则很难再教育他们具有道德行为、同情和关怀。有时人们认为,一旦偷窃和其他的不端行为将儿童推到法律的边缘,那么对他们的教育将主要由社会或有关教养机构负责,而学校不再有责任。这些机构对教育这些儿童当然很重要,但在这些机构中,已经缺乏安全感的儿童还要不得不面临与陌生人形成关系。由于他们的教师已经对他们熟悉,所以教师最好也能参与这种教育,帮助儿童认识到他们的错误,从中吸取教训以便将来能更好地生活。这种学校的实际参与证明学校不仅是传授学术知识的,它也要给那些受挫折的儿童以爱护。

我们再讨论作弊问题,这也是经常使教师感到头疼的问题。我们首先仍是询问儿童为什么作弊?很明显,他们这样做有一个充足的原因,那就是害怕考试失败了会有不好的结果。这种害怕可以只是对教师的愤怒(或有可能带来的惩罚)的恐惧,在这种情况中教师需要质询自己的行为。我在许多情况中都强调,产生错误就是对学习的一种帮助,因为这既可以直接帮助儿童纠正错误,又能使教师从这些错误中发现线索了解儿童最需要什么帮助。因此,如果儿童更倾向于作弊而不是去承认错误,这可能是教师对产生错误的重要性认识不足,并对它们的出现采取了错误的态度。或者是由于教师(可能无意的)使那些分数低的儿童有了一种被羞辱的感觉,比如在班级上读他们的分数或让儿童自己说自己的得分(读者可能还记得在他们自己的学校生活中,在班上同学的哄闹中强迫那不幸的儿童承认自己得零分时所体验到的恐惧)。

另一方面,儿童也会由于自己的焦虑而害怕。他们可能会认为作弊总比拿着"零蛋"回家要好,因为前者比后者更容易被忘掉。如果儿童很在意自己的成绩,成绩差会降低他们的自尊心,尤其是父母有一种询问学习成绩如何的习惯时。或者他们害怕成绩不好会使自己在下一年留级而失去朋友,或者害怕被分到不被教师所喜欢的班级中。所有这些并不是讲我们要原谅作弊;但我们也不要在这一问题上设置一个高高在上的道德标准,认为它都是儿童自己的过错。我们至少可以肯定如果他们对自己的学习(或他们的教师)一点儿也不在意,他们就不会因为害怕获得坏成绩而作弊。因此当老师发现某个学生作弊时,最好是把他独自叫到一边,了解其中的原因,而不要在全班面前大声叱责他,说如何如何惩罚他,这对于他下次改正错误没有任何帮助。

第三个在学校道德教育上普遍存在的一个问题就是有些儿童喜欢告另一些儿童的状。这在小学校是很普遍的现象,因为在中学教育阶段儿童非常重视伙伴的认可,因此也就不会做这种事情。除非所发生的事情对其他学生或学校的财产造成了损害,通常教师对告状者反应是不去听他们睁着大眼睛诉说的别人的"罪行"的细节,以及他们在别的地方是如何被欺负。有时候老师会警告这些告状者下次不要再这样做。所以,也就不奇怪有些告状者会感到很委屈和困惑,倒好像是他们自己做错了似的。其实,这些学生也是在努力学习学校的道德准则,当他们看到别的学生明显地违背了这些准则时,他们就会去找老师去评理,然而没想到老师会根本不听自己的。老师当然也有充足的理由不喜欢这种背后告状的行为(特别是当他们怀疑这种行为是使别的孩子陷入麻烦的恶作剧),但老师应当给孩子做些解释,告诉他们这也是学校道德教育的一部分,而不要让他们感到他们在做正确的事情时却得到来自于老师的伤害。同时,教师也应向他们解释自己为什么不喜欢这种行为。

道德行为的教育

总的来说,在正规的课程里必须包括对道德行为的教育。有时这种教育有可能会带有更多宗教教育的色彩,但现在已证明许多其他的课程(文学,时事,基础研究,历史和地理)也都能涉及道德问题,并且不能把这些问题都集中在一周内的某个时间,由一个教师,在一个固定的教学表中进行。这时教师可以有目的地提出道德和价值的问题,并要求学生来讨论这一类问题,它们与科尔伯格和埃森伯格对道德发展测量和评价中所使用的问题是类似的。通过这种讨论有助于使儿童看到与道德两难有关的不同问题,并能表达他们自己的观点(和疑惑)。教师也可以设计一些与道德问题有关的跳板式问题(能引发更多其他问题的问题——校注者)(第七章),并允许儿童有创造性的去思考自己的答案。在每一点上所强调的应是帮助儿童理解道德规则中一些基本因素的含意,而不是去形成一个简捷的、枯燥的解决问题的方案。

从科尔伯格和埃森伯格所提出的阶段上看,道德发展在很大程度上决定于对别人观点的充分理解,因此大量的教学工作应集中于此。在这里我们提出同情和共情这两个过程。同情某人是对他人的困境感到难过,而共情则意味着他们能真正去体验别人的感情。达到共情需要有更精细的灵敏性,这显然无法去"传授"。这种感觉在一些儿童身上的确比另一些儿童来得更容易,但通过戏剧课程上的角色扮演,并结合对别人正在体会的情感的想像性描述,将有助儿童达到共情。除非做到这一点,有一些儿童即使到了形式运算这一阶段也无法考虑和想像到成为班上同学取笑的对象会是什么样,或变老而不被人喜欢是什么样,以及在家庭的暴力环境中成长又是怎么回事。去探查别人的情感,并试图自己去体验,这是许多儿童发展自己对别人感受性的第一步,也是道德发展的一个有机的部分。

但不论在学校中道德教育多么好,有一些影响也会被忽视,除非教职工在他们与儿童的日常接触中保持同样的标准。当然,这在一个小学校中比大学校中要容易一些,但儿童需要感觉到他们是这个机构的一部分,而这个机构中的确已存在一套明确的价值。毕竟,如果这些价值对儿童的要求非常重要,则儿童也会认为他们与教职员彼此之间都需要遵守它们。如果一个教师以这种方式处理儿童,而另一教师以完全不同的另一方式,这就会使儿童感到学校对这些价值只是嘴上说说而已,而并不真的关心它们是否既能约束儿童也能约束成年人。而就最重要的行为标准在教员中达成共识也不是一件容易的事,特别是当教师也有不同的背景、宗教和政治信条时,但任何学校中教师工作的很大一部分就是必须要对教学大纲和教学技术有一个统一的认识。

参考文献

Bergling, K. (1981) *Moral Development: The validity of Kohlberg's theory*. Stockholm, Sweden: Almqvist & Wiksell International.

Eisenberg, N. (1986) *Altruistic Emotion, Cognition and Behavior*. Hillsdale, NJ: Erlbaum.

Kohlberg, L. (1981) *Essays on Moral Development*. New York: Harper & Row.

Kohlberg, L. and Candee, D. (1984) The relationship of moral judgement to moral action. In W. M. Kurtiner and J. L. Gewirtz (Eds) *Morality, Moral Behavior, and Moral Development*. New York: Wiley.

Modgil, S. and Modgil, C. (Eds) (1986) *Lawrence Kohlberg: Consensus and controversy*. London: Falmer Press.

Piaget, J. (1932) *The Moral Judgement of the Child*. New York: Harcourt, Brace and World.

Snarey, J.R. Reimer, J. and Kohlberg, L. (1985) Development of social—moral reasoning among kibbutz adolescents: a longitudinal cross—sectional study. *Developmental Psychology*, 21, 3—17.

补充读物

Bandura, A. (1989) Human agency in social cognition. *American Psychologist*, 44, 1175—84.

An excellent summary of the influences of social factors upon learnt human behaviour.

Colby, a. and Kohlberg, L. (1987) *The Measurement of Moral*

Judgement. New York: Cambridge University Press.

An extensive compendium of approaches assessing and understanding moral behaviour.

Eisenberg, N. and Strayer, J. (1987) (Eds) *Empathy and Its Development*. Cambridge, UK: Cambridge University Press.

Excellent account of the development of sympathy, empathy and altruism.

Kurtiner, W. M. and Gewirtz, J. L. (1991) *Handbook of Moral Behavior and Development* (3 vols.). Hillsdale, NJ: Erlbaum.

Perhaps the most comprehensive text available, surveying the whole area of moral development and behaviour.

Lockwood, A. (1978) The effects of values clarification and moral development curricula on school—age subjects: a critical review of recent research. *Review of Educational Research*, 48, 325—364.

A good survey of school programmes designed to enhance moral development.

May, P. R. (1971) *Moral Education in Schools*. London: Methuen.

Provides a good introduction to the practicalities of moral education in schools, as does the book by Wilson (1972) below.

Modgil, S. and Modgil, C. (Eds) (1986) *Lawrence Kohlberg: Consensus and controversy*. London: Falmer Press.

One of the last words on all aspects of Kohlberg's work.

Packer, M. (1985) *The Structure of Moral Action: A Hermeneutic Study of Moral Conflict*. Basel, Switzerland: Karger.

As much philosophical as psychological, but a good examination of issues of definition and judgement.

Purpel, D. and Ryan, K. (Eds) (1976) *Moral Education ... It comes With The territory.* Berkeley, CA: McCutchan.

Also of value in a practical context.

Wilson, J. (1972) *Practical Methods of Moral Education.* London: Heinemann.

一些问题

1. 西方社会从哪里引申出它的道德和价值?
2. 讨论弗洛伊德理论中超我的起源与性质。
3. 根据你的个人体验和你童年的经历,你认为科尔伯格的道德发展模型是否正确?
4. 从科尔伯格的模式中举一个例子,为什么你认为"好孩子取向"和"维护权威取向"的阶段与皮亚杰的具体运算阶段有关?
5. 讨论科尔伯格与埃森伯格提出的道德发展模型的相对优势。
6. 描述一个我们可以用来检验某个儿童所达到的某个道德发展阶段的方法。
7. 为什么达到形式运算阶段对道德思维有很大的影响?(回过去看一下第三章的有关形式运算阶段的内容会在这里有所帮助)。
8. 年幼的儿童会使他们的道德行为与他们的道德观念保持一致吗?你的回答的根据是什么。
9. 说出理由为什么儿童更愿意去做他们明知是错的不道德行为。这种理由能说明他们的观点总是坏的吗?
10. 儿童出生有道德感吗?
11. 为什么儿童有时在做自己认为是错的事情的时候反而比

他们做他们认为是对的事情的时候更少有犯罪感？

12. 为什么现在的儿童对所面临的道德问题会产生越来越多的决策困难。

13. 说明理由为什么儿童会无意地触犯了学校的道德规范。

14. 讨论与成功的道德教育有关的因素。

第十章 自 我

可能我们可以让一个人做的最有意思的一件事就是让他写一篇标题是"我"的文章。这不仅从我们的观点看是很有意思的,因为它是我们了解别人的一个好方法,即使从别人的观点看也是很有意思的。面对写一篇有关"我"的文章,大多数人都会发现他们很难去做。并不是因为在考虑写自己是谁时感到害羞,而是他们真的不知道说什么。我们每个人在生活的不同瞬间体验自己,但一旦要使它们落实为文字,我们却无法把握所有的问题。

对自我的定义

这些问题的产生基本上是由于我们对自己实在了解不多。人们只能很含糊地说"好吧,我认为我就是我",然后就无话可说了。这个"我"指谁?是我的身体吗?是我的思想吗?是我的情绪吗?或者它是这些事情的结合?问题是身体、思想和情绪是不断变化的。我们知道我们身体上的细胞在不断的死亡和更新,事实上我们身体上的细胞已没有一个再是 8 年以前的了。经过 8 年一个周期,我们的身体被完全更新了。思想的变化甚至更快。对你自己的思想观察一个时期,你会发现存在一个不断在变化的意识流。一种思想进入你的头脑中,它又引起另一个思想,并且这一个又会引起一个新的思想,这一环环相接使你就像在联想的滑行轨道上运行,通常到最后你根本想不起来那个引发这一系列思想的最早的那个思想是什么。情绪也变化的很快。早上你打开一封信它告诉你你赢得了一个大奖,你感到浑身热血沸腾。打开另一封信它告诉你这一切都是个错误,你的全身血液都降到了脚上。看到一个快乐的男孩跑过来,你也会感到愉快。看到他摔倒了并把脸摔伤了,你的愉快的心情也马上转为沮丧和关心。

所有这些都意味着很难将身体、思想和情绪看做是"我"。通常这会使一些人认为"好吧,如果我不是这些事情,我必然是我的记忆:因为我记得自己的昨天,上个星期,去年,所以这给我一种感觉我就是自己的记忆。"很好。但如果你失去了自己的记忆又会怎样呢?你会也终止"我"吗?而且在很多情况下,记忆都是一个不完整的过程,它会经常欺骗我们。我们可以感到自己的记忆延伸到自己的童年,使我们感到我们个人的成长记录是完整的。但如果你试着回忆自己昨天做的具体的事,或者试着回忆上个星期某一天的具体事情。试着回忆去年1月1日你做了什么。试着回忆你的15岁生日,或你的10岁生日,你的5岁生日。你上学回家的路上走过成千上万次。你对这些路途中发生的事又能回忆出多少?

一旦我们以这种方式对过去进行挖掘,我们将发现如果我们对自己的感觉是建立在记忆上,那么我们就像一个锯齿上面有许多缺失。这儿少一点细节,那儿少一点细节。剩下的都是一大片空白。而且我们往下又该是个什么样子呢?在这一点上,人们通常就用标签来定义自己,如自己的名字、职业,或在家庭或社会上的地位。但这些标签都是一些通用的概念,它们可以用于很多人。在你周围会有许多人与你同名,或有相同的家庭地位(父亲、母亲、女儿、儿子),或有相同的职业。这些标签没有一个是专为你自己使用的。而且更为严重的,这些标签都是人们硬贴在你身上的。甚至你的名字,它似乎是对你非常个性化的表达,但它也只是在你出生时你父母决定给你的。

面对这些标签都是一些通用的概念这一现实,人们就开始挖掘更深层的内容,开始告诉你一些关于他们行为的事实。"我是平静和安宁类型的人","我是一个很容易交朋友的家伙","我非常忧郁","我喜欢控制"。这些描述中有一些包括判断的概念。"我擅长于运动","即使我对我自己说,我是一个能将事情做得完美的女人","我不善于将自己的思想写成文字","我似乎与每个人都相处得很好","我只能讲自己的想法,我并不关心谁去了解这些","当我照顾别人时,我总是力求做得最好"。在这里这些标签并不是真实的"我",它们只是对"我"的描述,并不是对那些"我的"生活中的难以意识到的体验的表达,它们是难以用文字来描写的。无论怎样这些判断标签在自我的研究中却很重要,它告诉我们人们是如何感觉自己的存在的。他们认为自己是好或是坏。他们是接受自己,还是不断的在发现自己的错误。他们是感到自己是和谐的,还是总存在冲突。正是这一自我的画像和这一套自我概念,特别引起心理学家的兴趣,因为它对个体的行为和心理健康有深远的影响。

什么决定自我?

个体的自我画像是从哪里来的?我们只能肯定一个事实即个体并不是一出生就带来了这一已完成的画像的。事实上,他们并不是一出生就有一个画像的。我们不可能进入小婴儿的心理中,但似乎他们的心理生活只是一些流动的感知。他们对周围世界有意识,对自己的身体有意识(如果他们感到不舒服,必定坚持别人走过来照看自己!),但他们还不意识到自己是一个独立的统一的能体验到所有这些事情的"人"。这种独立的人的感觉,说明"我"似乎是在第3年之后开始发展的,其原因是为什么许多儿童在这一时候要经过一个特别困难的阶段。他们是处于作为一个自主的人从自己的立场上来发现自己的过程,他们有一种强烈的和完全自然的需求来确定这一自主性。"我是我,不想去做你告诉我的事!"

在自我概念中学习的重要性

但知道自己是一个独立的人是一回事,而知道你是一种什么样的人完全是另一回事。这里有一个学习的问题。很小的儿童都知道自己的存在，但却不大懂得这种存在是什么。如果不去管他们，他们就将开始认识这一点，要了解自己是谁，熟悉他们自己的情绪与他们喜欢和不喜欢的东西。但他们是生活在社会化的世界中，他们周围的成年人通常不会让他们去做自我探索。相反，这些成年人从很早就开始告诉这些儿童有关他们自己的事，开始设置标签。他是"好的"或他是"坏的"。她是"可靠的"或"不可靠"的等等。由于很小的儿童无法了解这些外界标签的准确意义，并且他们在日常生活的需求上又极端地依赖这些设置标签的成年人，他们于是就毫无疑问的接受这一切了。

所以，儿童最初的自我画像是学习的，它依赖于别人提供的描述。这一画像可能是公正的，也可能不公正。问题是它是完全从别人那里拿来的一个现成的，内化的，用以对自我的定义。如果儿童经常听别人说他们是淘气的，他们也就认为自己是淘气的。如果人们总说他们是好的，他们也就认为自己是好的。因此同一个孩子，如果在两个不同的家庭环境中抚养，会最终产生两种完全不同的自我画像。

要注意到说儿童是淘气的孩子并不一定会使他们变成好孩子，而说他们是好孩子，也并不意味着他们就不淘气。即使是很小的儿童也都会有很强烈的情绪反应，缺乏对自己行为的控制。他们也缺乏一定的语言和思维能力，从而对自己的行为不能进行精确地表达和思考，也很难决定自己该做些什么。而且关键的问题是，他们总是处于目前的状态中，很难对未来和某一行为的可能的结果有什么真正的思考。因此，如果总是告诉儿童他们是错误的，将使他们在对大人所给予的这些标签内化的过程中产生缺陷感和犯罪感，而且这也不会使他们真的变成"好"孩子。而且，那些由于怕被拒绝而产生的行为，由于缺乏真正的责任感和对别人的考虑，也很难被认为是好的行为。

一旦儿童开始了学校生活,就会有更多更重要的成年人准备给他们贴标签。像父母和其他与他们接近的成年人一样,他们的教师也开始给他们下结论,这些结论都依赖于他们对儿童的态度以及他们对自己作为儿童教育者与指导者角色的认识。有时教师给予儿童的标签是对儿童在家庭中得到的标签的强化。在家庭里被告知"好"的儿童在学校里也被告知"好",而在家里被告知"不好"的儿童在学校里也被告知"不好",而在另一些情况下这两方面可能是冲突的。强化和冲突都会产生危险。那些在家庭里自我印象就不好的学生,会因在学校中对这一自我印象的印证而对自己更加不满。相反,那些在家庭里和学校里被评价不一致的儿童,则会感到难以断定他们真正是怎样的。这两种儿童都失去了发展积极和统一的自我概念的必要的时机,而这种自我概念对心理健康是很重要的。

我们能知道自己真实的自我吗?

如果我们对自己的认识只是通过我们对早期生活中别人对我们反应的学习得来的,这是否意味着我们从来不可能了解真正的自我,或者我们对于改变我们所厌恶或使我们不愉快的事物无能为力?这又使我们回到本章开头所提出来的问题,即什么是真实的自我。德国的哲学家康德曾经说过对自我的了解是智慧的开端,他无疑是正确的。我们如果能充分认识自己是谁,这会给我们提供一个建立自己生活的坚实基础(由于它使我们能认识到我们喜欢什么和厌恶什么,我们在哪方面强大和哪方面脆弱,等等),并告诉我们需要做出哪些改变以及如何做出这种改变。但康德并没有告诉我们自我认识的心理学意义,也没有告诉我们用于获得它的心理学上的策略。

奠定现代自我理论的是 G.H. 米德(1863—1931),他认为我们应该将自己看做是由主体和客体两个分离的部分组成。"我"(主体)了解"我"(客体)。主体的"我"完全是意识到的,客体的"我"是我所意识到的有关于自己的事(Mead,1934)。这一模型使我们可以讨论像自我表象和自我概念这样重要的问题,这些问题影响到我们对自己生活的感觉方式和我们尝试去生活的方式。在这个包含有主体的"我"和客体的"我"的画像中有对自己人格的认识,使自己产生作为人的连续性的个人的记忆,身体意象,自己的身体感觉,以及自己周围所有的事物和其他使我感到我是谁的事物。

卡尔·罗杰斯的自我理论

由于心理学是一门实证学科,心理学家就将他们的注意力集中于自我的客观性一面,即自我的客体方面的内容。这是我们能够认识、探索并能按我们想要的方向对之加以改变的内容。这些内容主要决定于早期学习经验,对此我们已做了讨论,并且这也是教育工作者最感兴趣的内容。在心理学家中帮助我们认识客观自我贡献最大的人,就属卡尔·罗杰斯了(1902~1987)。罗杰斯的理论(1977)是一种现象学的理论(即,它关注于个体对世界的主观体验——个人的观点),但目前与我们所讨论的内容关系最密切的是他的机体、自我和协调的概念。

机体是整个的人,包括我们所有的基本需求,像我们的生存需求(食物、安全、性等等),也包括我们的情绪和情感,我们的感知,我们的社会需要,以及罗杰斯认为最重要的积极关注的需求。儿童出生以后就有一种要求别人积极关注(接受和支持)的基本需求,罗杰斯认为正是这一需求成为儿童行为社会化的主要力量。这一需求使儿童最终服从父母和教师,而且如果没有别人对他们的积极关注则他们也无法发展对自我的积极关注。如果机体的各种需求都得到满足,协调的自我便得以发展。如果需求得不到满足,就会存在不协调的危险,罗杰斯认为正是这一不协调促成了心理异常的产生。

让我们以积极关注这一需求为例,对此做进一步说明。儿童生来就有这一需求,因而我们可以把它看做是机体的基本特征。如果儿童被给予了积极关注,自我就发展出一种自视为自己有某种价值的意象,于是机体和自我彼此之间就产生协调(和谐一致,如果你更倾向这种说法)。如果情况相反,儿童缺乏积极关注,机体和自我将无法协调。这时一方面机体强烈渴望积极关注,而另一方面自我则认为不值得得到这种关注。无疑这种机体和自我间的不协调必然导致内部的冲突,并导致自我拒绝和隔离,这种状态大多会变成直接对外部世界的敌视。

罗杰斯在这一模型中又加入了理想自我这一概念。理想自我是我们心目中希望自己变成的某类人的形象。如果存在协调(这时是自我和理想自我之间的协调,是我们自认为自己的形象与我们期望成为的人物之间的协调)我们就会成为一个平衡与整合的人。同样的如果存在不协调,在自我和理想自我之间存在较大差距和冲突,我们就达不到平衡和整合。由于在机体、自我和理想自我之间不可能总是协调的,因此罗杰斯认为我们都会有一定程度上的不协调,因此帮助儿童处理这些不协调就是教育的主要任务。

机体与其他人之间的冲突

比如,儿童必须认识到他们的机体愿望可能与其他人的机体的愿望产生直接的冲突。儿童希望以自己的方式满足自己机体在创造舒适、占有物体和吸引成人注意力上的需求,但其他的儿童因为也具有同样的需求,因而也希望有他们自己的满足方式。这时就需要有妥协。儿童必须学会等待,或共享,或请求而不是夺取,或限制自己的欲望使它们不会阻止别的人。但如果这些儿童能及时得到成年人的帮助,让他们认识到希望满足机体的需求并不是什么错误,并且在社会环境中我们应该学会去尊重他人所具有的同样的需求,这种学习将使儿童避免产生不协调。儿童就将更能接受和理解他们的机体,并使这种需求以社会所赞许的形式来得以满足。他们对自己也会形成一个有价值的和成功的自我形象,并伴随良好的自我洞察和自我控制。这时在自我和理想自我之间也存在协调,即他们现在的状态更接近于他们理想中想要成为的人。

如果相反,儿童所面对的成年人总是指责他们,并使儿童在面对自己的机体需求并希望满足它们时产生犯罪感,则其结果就是在机体与自我之间产生不协调。同样的,如果总是放任儿童沉迷于他自己的机体需求中,他们不久就将会认识到这种行为并不能得到别人的积极关注,而只能在父母那里得到肯定,这一结果也会产生不协调,这是在自我(他们自己的方式)和理想自我(他们喜欢的偶像人物)之间的不协调。

对自我的测量

使用Q分类法。罗杰斯认为Q分类技术(Block,1978)是一个探查儿童自我画像的一个很有用的方法("Q"这个字母只是任意的一种选择,其本身并没有什么意义)。在Q分类方法中准备许多卡片,每个卡片上都有一句对自我的描述("我努力工作","我很受人们欢迎","我长的很好看"),要求儿童将卡片分为5堆,分别代表"最像我"的一堆到"最不像我"的一堆(对成年人做时常分为9堆)。为了避免把许多卡片只集中于一两堆上,可以对每一堆上放置的卡片数有一个限制(通常可以要求在中间那一堆上多放一些,在两端的堆上各少放一些,这样更接近正态分配)。卡片的数量并不重要,通常对中学生最好用25张(成年人则要给100张),对小学生最好适当减少。通过观察儿童将什么卡片堆在哪一堆,就可以看出他们是如何认识自己的。

语义差别法(Osgood et al.,1957)比Q分类法的用途还要广,与Q分类法一样,它也要花费较多的时间。它包括给个体呈现一个概念(如"学校","我自己","母亲","家庭")就像图10.1所示,以及一系列在意义上两两相对立的形容词对,所有这些形容词都是用来描述这一概念的。这些形容词被安排在一张纸上,每一对词之间都相距 5 个(或 7 个)空格,个体需要在空格上划一勾,表示在形容词中他更接受哪一个。

我 自 己

美丽	＿✓＿＿＿	肮脏
虚弱	＿＿✓＿＿	强壮
聪明	＿＿＿✓＿	迟缓
受欢迎	＿＿＿＿＿	不受欢迎
平凡	＿＿＿✓＿	完美

图 10.1　语义差别法的一个例子

通过观察人们划勾的模式,我们就可以清楚地看到一个人对这一概念时的精确认识。比如像"我自己"这一例子,我们可以请另一个很了解这个人的其他人(教师,朋友)也对他的行为做一个同样的评判。如果在这个人自己对自己的认识和其他人对他的评价之间存在较大的差异,就需要做进一步的调查,因为这可能意味着他们具有不现实的自我意象。

乔治·凯利和自我

在现代的心理学家中对自我研究贡献最大的当属乔治·凯利(1905—1966)。他的研究产生了大量的实证性资料(Powell, 1993)。与罗杰斯一样,凯利也是一个现象学家,他最初的研究指出(Kelly, 1955)人天生就是好奇的。他们希望认识世界和自己,他们就像科学家一样在日常生活中探索、实验,建构对现实的假设,预测未来,产生策略和程序。凯利将我们发展出的用以认识世界的意义单位称为个人构念。我们具有关于我们生活每个方面的个人构念,包括对我们自己的。这些构念是我们定义和理解现实的基本方法,它们一旦形成就影响到我们对未来事件的解释。

不可能有两个人共有一种构念。比如,如果我提到"母亲"这个词时,你马上会想起你自己独特的对"母亲"的构念,这一构念是在若干年你对母亲的认识经验的基础上而形成的。如果你与自己的母亲关系好,你的构念就将完全不同于具有较差母子关系的人的构念。如果你是罗马天主教徒,你的构念中就会融进一种对圣母玛丽亚的母性的普遍象征。如果你已结婚并已怀孕你对母亲的感觉就将较多受你自己对做母亲的准备状态的影响。如果你看重"母亲本性"这一概念它无疑也会结合到构念中,等等。你对"母亲"的构念只是你自己的,并且每次你听到这一概念时都会带上你的烙印。

由于我们对生活中的每一方面都有构念,而且我们是通过它们或其本身来对现实进行解释和反应,因此每个儿童对学校及学校中所做的事的构念将肯定会影响到他们教育上的进步。他们会形成对所有所学科目的构念,形成对教师、他们的能力、他们的教育目标、他们的班级、其他的同学,等等这些方面的构念。比如在数学上,每个儿童都会有一个"数学"的构念,它包括了他们以前在这个科目中的所有经验。如果他们不喜欢自己的数学教师,如果他们看不到数学的作用,并不断在与数学有关的方面体验到失败,则这个词一被提到,就会引起他们的消极体验和对数学的抵抗的情绪,所有这一切都会被带到以后,即使他们进入一个新班级并面对一个新教师,仍会产生影响。因此,除非教师能发现一种改变这一消极构念的方法,否则将无法在教给他们数学知识上做得更好。

凯利发现了个人构念的许多类型。比如:

概括性构念,它可以被广泛使用(如"所有的政治家都是不忠诚的")

严谨性构念,它具有很具体的应用范围并且一旦被证明是错

的就会被推翻(像科学定律)

　　松散性构念,它可能依赖于不同的环境而有不同的变化(像"一本书可以是有趣的或无聊的")

　　不可渗透性构念,它强烈的抵制变化(像"当我上学的时候我的运动很好")

　　限制性构念,它只有很窄的应用范围(像"我在学校中只喜欢英语")

　　核心性构念,它关于自我的构念,对维持我们的认同非常重要(像"我是一个与别人相处很好的人")。

　　很明显,一个儿童对学校产生的积极构念越多(特别是那些不可渗透性构念或概括性构念),那么他就越可能取得成功并热爱学校生活。但很多时候孩子们对学校产生的主要是消极的构念,因为学校没有认识到鼓励这些积极构念的产生与知识的传授一样也是教育很重要的一个方面。

　　贮存栅格法的使用。凯利的研究对我们是很重要的,这不仅是它提出了一个我们如何表征和理解我们体验的模型,而且他也给我们提供了一种探查这些个人构念的更灵敏的方法,这一方法甚至比 Q 分类法和语意差别法还灵敏。这一方法被称为贮存栅格法(Bannister and Fransella, 1980),它是通过个体对自己生活中的人与事之间的相似性和差异性进行评定来完成的。让我们看一下"自我"这一核心构念。如果我们用这一构念去探查一个男孩(或女孩),我们首先将问他谁是他生活中重要的人。当他说出这些人后,我们将这些人分别写在不同的卡片上,然后再在一张卡片上写上"我自己",将这些卡片堆成一堆。每个儿童说出的重要人物的数量可能不一样,但通常有 12 个或更多,可能包括像"妈妈"、"爸爸"、"奶奶"、"爷爷"、"叔叔"、"教师"、"哥哥"、"姐姐"、"好朋友约翰",等等。我们下一步是将卡片洗一洗,然后随机抽出三张。要求儿童看一下这三张卡片上分别写着的人的名字,然后让他告诉我们其中的一个与另外两个在哪一方面不一样,假如这三张卡片是"奶奶"、"教师"和"姐姐"。男孩子可能会说教师是聪明的,而奶奶和姐姐不是。我们只听他说而不要提问,然后再向他抽出其他的人物卡片,使用"聪明—不聪明"这一标准每一个都询问一下。"妈妈聪明吗?";"爸爸聪明吗?";"我自己聪明吗?"等等。

这样做完后,将三张卡片放回卡片堆中,洗一下然后再随机抽三张。这次我们可能抽到"叔叔"、"我自己"和"姐姐"。我们仍要求他说出一种将其中一个人与另两个人区分的方法。这次他可能会说"叔叔有趣,而我和姐姐都不是"。与前面一样,我们就用"有趣—无趣"这一维度来逐一询问其他的人,再将三张卡片放回,洗一洗,再抽出三张,不断重复这一过程。

许多次以后就会有许多卡片被抽出来,我们就有可能抽到与前面曾抽出过的一样的组合。但这时我们仍要对男孩提出同样的问题,直到他说出了这些重要人物所有的相似与不同的方面,直到他自己只是重复以前说过的为止。现在我们就获得了所有的相似性与不同性,也就是他在生活中对重要人物概念化的所有方面和对他自己概念化的所有方面。

我们将结果以栅格的形式表现出来(因此使用贮存的栅格这一概念),通过对这一栅格的简单观察,可以使我们看到儿童对自己和生活中其他重要的人是如何构念的。图 10.2 是对这个男孩的可能的回答的说明,图中"×"代表"是"的反应,"○"代表"不是"。

通常一个儿童在"我和其他重要人物"这一栅格的顶端的人物上提出的方面(称为事件),要比我们例子中列出的多。但我们从上面简单的例子就可以看出,这个男孩不是在很积极地看待自己,在他生活的环境里成年人是一群较为守旧和不正直的人,相当严厉并不公正。使用这样的程序,我们也可以了解他对学校的构念(比如,在左边列出他面对的教师和科目),他的业余兴趣的构念,和其

	聪明	有趣	脾气坏	年轻	诚实	漂亮	严厉	不公正
妈妈	×	○	○	○	×	×	○	○
爸爸	○	○	×	○	○	○	×	×
奶奶	○	○	○	○	○	○	○	×
爷爷	○	×	×	○	○	○	○	×
叔叔								
教师	×							
哥哥	○	×	×	×	○	○		
姐姐	○	○	○					
约翰	○							
尼哥尔								
保罗	○	○	×	×	○	○	×	×
表哥	×	○	×	○	×	○		
我自己	○	○	×	×	×	○	×	×

图 10.2　贮存栅格法表示的"我自己和其他的人"

他我们想探查的他或她的生活空间中任何其他的方面。托马斯和哈里—奥古斯汀(1985)总结了他们曾使用全部栅格法探查的不同领域,并指出这种方法可被应用的领域似乎是无限的。他们现在还设计出了很精细的计算机程序,这使个体可以自己探查他们的生活空间,并实验如果他们想改变某些构念则将发生什么。另一些程序则可以使两个人(比如,父母和子女,教师和学生)利用计算机进行对话,共同来明确他们彼此看待对方时使用的构念,以及他们在选择改变某些构念时他们的关系会产生变化。

构念可以被改变

贮存栅格法被教育心理学家广泛应用,也完全可以被有兴趣的教师用来探查儿童是如何认识他们自己和世界的。凯利认为我们每个人都以自己的方式去体验现实(实际上我们每一个人都有自己的现实),这种方式是一种学习的结果。我们对自己的构念认识的越多,我们就越能明确地知道我们所需要改变的,也就越能有效的去改变。我们对别人的构念认识的越多,我们也就能越多的帮他们改变。与其他构念一样自我也是经过学习而获得的一个构念,也可有多种被改变的可能性,也可以使它沿着更积极的方向发展。我们通过已经学到的认识自己的方式来认识自己,我们也有能力改变这一方式而换之以更积极的方式。

自 尊

自尊的发展

罗杰斯和凯利的研究表明了我们是如何建立对自己的认识的,以及这些认识是如何依赖于别人直接告诉我们是什么样的人或间接的对待我们的方式。我们可以用对自我概念发展的研究来证明这一点,其中有一些与教师的工作有很大关系。最说明问题的一个例子是斯坦雷·库伯斯密斯(1967)对自尊发展的研究,它可以使我们看到这一问题的细节。

自尊(罗杰斯称之为积极的自我关注)是与我们对自身价值的评价有关的;在所有的自我概念中它是最重要的,它也是马斯洛需求层次中的一个主要内容(第八章)。人们有时认为产生心理异常的一个主要原因(如果不是惟一的原因)是一些人无法对自己的价值给予正确的评价。我的意思是这些人似乎不能把自己看做是被社会接受的重要成员之一,而且对自己总有一种无能和无希望的感觉,总是过低地估计自己的能力和其他人对自己的看法。我们从库伯斯密斯的研究中可以看出,这些无能的感觉在儿童进入初中时表现很明显(也可能还要早),而它与儿童的学习潜力和任何其他有关的方面都无必要的关系。

库伯斯密斯是对一群10岁的男孩开始调查,并跟踪他们直到其成年早期的生活。在使用了许多心理测验和自我评定测验后,库伯斯密斯发现他的被试可以被稳定的分为三个群体,他分别命名为自尊的"高"、"中"、"低"三个群体。高自尊的男孩明显表现出罗杰斯所提出的协调性。他们对自己和自己的能力有一种积极和现实的认识。他们很自信,并不为别人的批评而感到抑郁,他们愿意参与到一些事物中。他们在自己所做的所有的事情上都主动并善于表达,他们一般在学习和社交上都是很成功的。中等自尊的男孩也表现出这些品质,但更为顺从,对自己的价值缺少肯定,更渴望被社会所接受。低自尊的男孩在库伯斯密斯的研究中是比较忧郁的一小群人,冷漠,恐惧,不愿意参与,有很强的自我意识并对批评很敏感。他们总是过低评价自己,在班上是学习较差的,并在大多数时间中被自己的问题所困扰。

有人认为自尊较高的男孩比其他人智力要高,他们自己也能证实自己的能力,或许他们外表更吸引人,或来自于较富裕的家庭,或者有一些其他的品质使他们更易被人接受和喜爱。进一步的研究证明情况并不是如此。所有三个群体的孩子都来自中等阶层家庭(事实上,研究者是有意从相同的社会经济背景上选择他们的),并且在前面提到的这些方面他们与所有其他孩子之间也并无明显差异。在他们之间比较明显的不同似乎是他们与父母的关系。高自尊的男孩在其家庭中被看做是重要的有意思的人,并且他们的意见和观点会得到家庭其他成员的尊重。换句话说,他们在家庭中体验到的是被罗杰斯非常强调的积极的关注。他们的父母比其他群体中的父母对孩子具有更高更一致性的标准,他们的教育方法也不会随意改变。父母的这些做法并不说明他们会对孩子持放纵的态度,而是这些方法避免了体罚,而且是通过对好的行为采取奖励,对坏的行为采取取消奖励的方式来实现的。父母对他们的孩子非常了解(比如他们的爱好和他们的朋友的名字),并且在身体上对他们关心,并通过所有的方式向他们表明他们被看做是一个非常重要的人。有意思的是这些男孩也认为自己的父母对自己是公正的(要记住,"公正"是一个10岁的男孩非常看重的!)

相反,低自尊的男孩通常认为自己的父母是不公正的。在家庭里,父母对孩子的态度从过于严厉到过于放纵变化很大,这些孩子明显感到自己无所适从。与高自尊的孩子比较,这些孩子的家庭中缺少明确的指导,标准也不突出,父母对自己的孩子知之不多。这些现象表明这些孩子在家庭里并不重要,并且没被人们当回事。

产生自尊的因素

我们已指出,既然在这些孩子中没有认知、生理或社会经济等方面的显著差异,我们就可以认为他们自尊水平的高低是与其父母的行为密切相关的。通过大量的测量证明这些男孩通盘接收并内化了父母对他们的看法。这对他们在学校的表现影响是相当大的。高自尊的男孩给自己设置了更为有发展(和现实)的目标。因为他们不惧怕可能的失败,他们也就更愿意去面对挑战,去积极参与,去表达自己的情感。当他们遇到偶然的失败或批评时,他们是不会被吓倒的,因为他们对自己的价值有坚定的信念。另一方面,低自尊的男孩则把失败看做是对自己仅有的少量自信的又一次打击,他们就倾向于更保守并为自己设置较低的目标。(但有时低自尊的个体也为自己设置不现实的高目标,这可能是由于他们认为失败后不会有人责备自己,或是由于某些隐暗的自我惩罚的需求)。他们很容易被批评所伤害,也过于渴望别人的表扬,因为他们非常在意别人对他们的看法。

近来的研究证明库伯斯密斯的这些发现是正确的,但也进一步发现了一些与低自尊儿童发展有关的其他的变量。权威性的父母养育方式(第一章)就是造成低自尊的一个因素,而父母—子女关系上的融洽和早期生活中的安全的依恋都会产生高自尊(Maccoby,1980)。那些母亲在外工作的女孩也会在自尊上得到加强,这可能是由于她们对女性角色的积极认识所造成的(Bee 1989)。

教师的价值

上述研究都与教师有很大关系,这不仅因为它们大量揭示了儿童的自我概念在家庭中是如何发展的,而且它们也为教师在课堂上帮助学生更好地发展这些自我概念提供了指导。对于了解自尊的发展,如果用"教师"一词置换"父母",我们仍就有一个非常有用的模型。当然,父母对儿童的影响通常比教师大,但儿童会像内化父母对他们的看法一样内化教师对他们的看法。许多教师有意或无意的向学生表明,他们把学生看做是有价值的人,他们认为学生有能力发展应付自己工作的必需的技能,教师值得花一些时间来听他们对教室中发生的事情的观点(或建议)。他们给自己的学生设置了一致的和现实的标准,鼓励他们不要害怕失败,要求他们在偶然遇到失败时要有独立活动和承担责任的自信。而另一些教师,可能是因为感到某些学生的进步不像他们所期望的那样快,于是他们就有了完全不同的做法,使学生对自己和自己的能力产生消极的感觉。这些教师忘记了他们首先要做的并不是在孩子之间进行比较,也不是去发现他们希望得到的东西,而是要清楚每个孩子表明他们与其他人一样都是很重要的,他们能够发展出这样一种品质和能力,即不仅能使他们享受生活中愉快的事物,也使他们能处理生活中的困难和问题。

其他影响自尊的因素

库伯斯密斯跟踪他的被试一直到其成年时期,他发现高自尊群体的人的表现总是优于低自尊群体的人,而且在教育和职业上也是非常成功的。但他研究中的一个缺陷是他没有研究社会经济状况或性别对自尊的影响(因为他的样本只来自中产阶层的男孩)。我们在第一部分中曾讨论过社会经济状况的影响,即来自工人阶层家庭的儿童比那些来自较高层次家庭的儿童更容易产生低自尊,这可能是因为这些儿童总是倾向于面临破旧的环境,有限的设施,陈旧的教室等不利的条件,这些都会使他们产生"低人一等"的感觉。父母和教师为了消除这些儿童产生的没有根据的自卑感可以做很多事情,但这绝不是一件轻松的工作。第一部分也指出,有犯罪行为的群体容易产生低自尊,并且通常他们的"强硬"和反社会行为是一种对这种低自尊的保护,因为这证明了他们有力量去破坏社会认为重要的事物,由此来证实他们实际上是很重要的。有意思的是在库伯斯密斯的样本中那些中产阶层的低自尊男孩对权威有很高的遵从,而且似乎已接受了别人对他们的消极观点,而那些来自工人阶层的男孩更倾向于抗争和指责权威,因为他们对他们的失败至少负有一定责任。

现在来看一下女孩,我们发现(在第一部分提到)她们普遍比男孩的自尊水平低。与本书中所讨论的大多数性别差异一样,这似乎是文化因素影响的结果,由妇女在社会上的普遍地位造成(也与男性在肌肉和身体体格上的更强壮有关)。比如,我们发现低自尊的女孩在与男孩配对完成问题解决的任务时,她们有时会人为的抑制自己的操作水平,这样就不会超过她的男同伴(这一现象绝不会倒过来)。似乎一些女孩对优越的角色就感到不自在,她们总感到这与现实生活中她们的地位不一致。在回答自尊测验时女孩也比男孩对自己的评价低,她们给自己设置的生活目标也低,并且更倾向于比男孩过低的评价自己的能力(甚至在小学中,在阅读和语言技能上她们也感到不如男孩好)。这种经常存在的压抑感,使她们甘于接受次要的地位,她们认为只要自己能做到努力工作和富有良知就行了。

鼓励自尊

对于那些来自工人阶层家庭的男孩和那些低自尊的女孩,教师所能做的就是根据前面提到的方法帮助他们发展自尊,并明确的表明他们对每个学生的关注和尊敬。还有重要的一点,就是鼓励所有的儿童清楚地描述他们对自己的认识。低自尊的儿童几乎很难对其消极的自我概念进行认真的批判,除非儿童能很好地定义这些概念并清楚地意识到它们的存在。而要做到这一点,儿童必须学会一些表达这些概念的方式。一旦儿童学会了向别人诉说自己心中的疑惑,人们就可以帮助他们面对这些概念,使他们认识到这些概念缺乏实质性的证据。我这样说并不是要求教师要将自己的大量时间用于咨询,或不断的让儿童单方面谈论自己,而是要求教师在任何情况下都要抓住机会查明儿童是如何认识他们自己的成功与失败的。通常儿童会学会一些掩饰自己情感的技巧,甚至掩饰的对象是他们自己,这会使教师错误的认为给他们较低的分数,或在班上批评他们,对于他们的自尊和对自己能力上的自信没有任何实际的作用。教师本人甚至对此也很生气,这会使他们加倍的使用这些批评以期望最终使他们"明白"其中的道理。结果将使儿童受到进一步的伤害,或为了保护自己的自尊他们将忽视教师的存在,而认为教师的观点和所学的课程都是无用的。

这并不是说教师不能批评学生,不能鞭策他们使他们付出更大的努力来改正自己。教师必须时刻都关心如何帮助每个儿童发挥他或她的潜能。这里要求教师做的是应该努力保护儿童的自尊。而儿童在这一需求上的程度是不一样的,就像我们看到的那样,高自尊的儿童不像低自尊的儿童那样敏感;因此这就要求在各种情况下都要给儿童提供适合他们能力的工作,要引起他们对成功的注意,而不是反复不断的谈论失败。只要情况许可,老师都应将儿童的作业单独发到每个儿童自己手里,并给予一定的鼓励(尤其是分数很低时),而不要当着全班同学的面发作业。这也意味着必须帮助儿童理解和分析他们的错误,而且要认真斟酌选择批评时使用的词句,并确证这些词句只是针对学习本身而不是对儿童本人,在任何时候教师都要通过自己的言行向儿童表明,不论发生什么,每个儿童仍就是教师关注与尊重的对象。

自尊并不是自负

在讨论自尊的问题时,有时会产生反对的意见认为我们不应让儿童形成一种夸大的自我形象,这种形象总有一天会彻底毁灭的。这一点是正确的,但我并不是说教师就可以对自己的学生不诚实。自尊与自负并不是一回事。自尊并不是对自我的夸大的认识,而是产生于一个人认识到自己对那些自己所爱的人,那些为自己负责的人和与自己一起工作的人而言是很重要的。它也产生于一个人认识到自己正在以自己所具有的能力努力工作,以及认识到其他的人并不是以批评的眼光观察自己的每一行动并随时准备一出现错误就大加指责。最后,它也产生于一个人认识到他必须对自己也有理解和同情,就像他理解与同情别人一样。一些低自尊的人总是有很多借口,因为他们不能忍受这样的想法,即如果是他们的错,这会进一步证明他们能力上的不足。但他们有许多人会很快地原谅别人,而从不原谅自己。对这些人(最好在其童年早期而不是以后的日子里)要帮助他们做到自我接受,并能客观的评价自己、自己的能力和潜能。

评价自尊

教师一旦认识到积极的自尊在儿童生活中起的重要作用,他们就能更多的通过观察了解每个儿童是如何认识他们自己的。我们以库伯斯密斯的研究为模型,教师能注意到儿童是否参与,他们是否对批评敏感,他们是否有过分的要求人们注意的需求,他们是否有能力面对失败和挑战,他们是否对自己的能力和未来的目标有一个客观的认识,简单地说,他们是否对自己的价值和作为一个人的权利有正确的认识。但我们还可以在正式的教学活动中做的更多。比如,在写作课上可以鼓励儿童将他们自己的情感写成文字。这样做的一种方式是要求他们以第三人称来描写他们自己。这种描述可以用这样的方式开头"你了解简尼特·史密斯(或其他的什么人名)吗……?"或"我们喜欢简尼特·史密斯因为……""上个星期简尼特·史密斯非常高兴,因为……"或以其他任何教师感到合适的方式。艺术和戏剧课程也能帮助儿童交流关于自我的观点,并给教师提供线索以帮助他或她对那些被认为是消极的观点进行重建。

在这里需要注意的一点是,教师不应该让儿童在班级面前过多地讲述他们的心理生活,这可能会使他们在以后受到同学的嘲笑,而且教师也不应该过多的去重复儿童偶然写到的一些事。儿童本身的情绪有起有伏,儿童在某一天感到自己很沮丧的,有可能在第二天就感到很快乐。同样的,儿童有时也会自己读一些事情,并说一些教师期望他们说的话。聪明的教师会将某一课文或某一天中的事件安排在他们对儿童的了解的更广泛的情境中。

另外,教师也可以使用本章前面提到的一些具体的技术。语义差别法是非常直接的方法,在使用上也不需要特别的训练。Q分类法则稍微有些复杂。教师在使用贮存栅格法之前按说应先参加一个特别的训练班,但也有许多手册对这一方法介绍的很详细。最重要的应是在如何解释这些测验的结果上多下功夫。如果这些结果过于追求字面上的意义,或对儿童说的太多,则会存在危险。教师在使用它们时,其作用只是为了提供教师对儿童已知情况之外的补充性的结构化信息。在任何情况下,我们对儿童的所有了解都必须经过不断的再证实和再评价。否则很容易造成晕轮效应(由于儿童在某些事情上表现很好,使我自然地认为他们在所有的方面也会很好)或相反的恶魔效应。

进一步的信息来源就是观察儿童本人在伙伴中的表现。他们很自信很有把握吗?他们能阐明自己的观点,在必需的时候坚持自己的观点,并表现出主动性和领导作用吗?他们能够热情地参与集体的任务吗? 在他们说话时其他伙伴听吗? 在他们需要帮助时其他伙伴帮助他们吗? 或者其他的儿童对他们取笑、欺骗或忽视吗?他们在别人眼里处于什么位置?通常,那些被伙伴看低的人也轻视自己。这两方面的轻视相互影响并加强。

自尊和武断/缺乏主见

既然低的自尊也与违法和反社会行为有关,我们就有必要找出那些对别人武断的儿童,或者那些经常给自己惹麻烦的儿童。通常他们试图去控制别人,或者压抑别人,这是出于他们提高自己自尊的需要。那种有竞争性的儿童也会表现这样的特质,这些线索存在于这类行为所表现的夸张的程度上。一旦儿童表现出将他们的注意力强加在别人身上的愿望,而且超出了正常的需求的范围,教师就要认识到这些儿童在其自我评价上存在问题。

另一些儿童则经常表现缺乏主见,这也是自尊较低的表现。尤其是女孩,由于习得的性别角色,她们会长期的感到难以声明自己也有合理的学习权利和社会权利。教师的鼓励,塑造他们对所有儿童公正和尊重,以及培养他们的责任感并提供给他们与其需要相一致的机会,这些对帮助那些缺乏主见的儿童获得自信都是很重要的策略(这一点在第十一章还会谈到)。

在对儿童自尊进行评价时,特别是在使用贮存栅格之类的技术时,教师最好与学校心理学家进行合作。教育心理学家在应用和解释自我评价的测验上有丰富的经验,他们在这个位置上能帮助教师将注意力集中于儿童的真实问题上,并决定适宜的治疗。教师在试图帮助儿童发展积极的自我评价上不应该感到只是他们自己在做这件工作。

自我成熟

我们讨论自我时,不仅要了解他们目前已有的状况,还要关注于他们可能会变为哪样。个体对自己的概念是不断在变化的,尤其是在童年时代。有时这一变化是非常突然的,比如,在个体通过相当长的努力之后终于获得了在所追求的事物上的突然的成功,或他们在一个自认为有能力的问题上突然遭到了失败时。但通常这一变化是渐进的,是个体在对环境进行反应的过程中,通过吸取和思索所得到的经验和教训而发生的。很显然,教师非常关注这种变化的性质,并急切地希望在儿童身上形成他们所期望的积极的变化。

我们可以将这种变化看成是个体自我成熟的一个过程,即个体形成现实的自我接受和自我概念的过程,这一概念包括了在与别人对自己的看法进行了比较以后自己对自我的认识(我还会对成熟做简短的定义)。在心理学中有不少理论是关于个体如何朝向这一自我成熟发展的,但埃瑞克·埃里克森(1978)的理论是对教师最有用的一个。埃里克森认为儿童在从婴儿向成人发展时要面对许多学习任务,这些任务每一个都必须得到满足后才会去发展和处理下一个。如果他们在这些任务的任何一个上失败了,他们以后的发展就将受到阻碍,如果他们还想变得完全成熟,则他们就必须在某一天再返回这一任务,重新纠正这一失败。这些学习任务,与其所发生的大约时间被列在下面。我们会看到在每一任务上埃里克森都提出其一旦失败后会产生的结果。因此,如果一个婴儿如果不能学习到信任,他们就会产生不信任感;如果一个大一点的婴儿不能学会自主,他们就会产生羞耻感和怀疑感,等等。

埃里克森的八个阶段和个人成熟

1. 婴儿早期:信任对不信任
2. 婴儿晚期:自主对羞耻和怀疑
3. 童年早期:主动性对内疚
4. 童年中期:勤奋对自卑
5. 青少年期:同一性对角色混乱
6. 成年早期:亲密对孤独
7. 成年中期:创造力对自我专注
8. 成年晚期:完善对绝望

我们可以看到在埃里克森的理论中,很小的婴儿需要认识到周围的人是可以信任可以依赖的,他们能满足自己的生理和情绪需要。这一信任给他们提供了一个可靠的基础,使他们能自信的去了解和探索外部世界。到了婴儿晚期,生理和心理能力上的增长使他们开始独立于别人,年龄大的婴儿需要更多的自由表达自己的愿望和自己做选择。如果这时成年人对儿童施以过多的控制,将其自主性需要看成是他们执拗的表现,那么儿童就会感到怀疑和混乱,甚至会为自己追求独立性的愿望而感到羞愧。我们在前面也提到,这一点在3岁左右表现的很明显,这时儿童似乎处于一段非常明显的消极时期,这时他们总是表现出难以与别人相处。这并不真的意味着他们有困难,这恰恰是他们已开始自主性发展的一个健康的信号,因此人们应理解、同情和肯定这种发展。儿童于是就认识到自己的自主性是受周围的人欢迎的,但同时也存在一定的限制,如果他们不想过多地去限制别人,他们就必须得遵守这些限制。

儿童的年龄与埃里克森的阶段

埃里克森并没有精确的规定每个人成熟的年龄阶段,并且他认为在这方面存在较大的个体差异。但通常婴儿晚期就包括托儿所的孩子,而童年早期则包括幼儿园的孩子。在埃里克森理论中,童年早期的特征是需要发展主动性,这是在程度上比自主性更具体、更集中的活动,表现为儿童在适当的地方和时候能够主动开始这种活动。同自立性一样,如果主动性的发展受到阻碍,而且让儿童感到他们想让这种主动性成为其行为的一部分是不可接受的,那么他们就会产生自我怀疑和内疚感,并觉得有这种想法是非常错误的。

在学习了主动性以后,儿童就进入童年中期(大约是初中的年龄),他们将学习勤奋:即学习将事情办好并发展处理目前问题所必需的技能。他们如果在这个任务上(这即包括学校与家庭中的任务,也包括社会生活中与学习生活中的任务)失败了,他们就会表现出自卑和低自尊的症状,这一点在上一段中已讨论过。下一阶段,也就是青少年期,则开始对同一性的探索(这一内容极为重要,我们将用一章的内容专门讨论它),此后在成年早期生活中将追求亲密(与另一人或一群人的紧密关系,比如,结婚),在成年中期则追求创造性(要求在抚养子女、职业生涯和广泛的社会活动中表现出创造性和自我实现),到成年晚期则是完善,它产生于一个人在自己的一生中获得最大成就,并以某种方式最好的利用了机会和自己的能力。

如果在这8个阶段上都发展的很成功,就会产生一系列重要的品质,埃里克森称之为重要的美德,或适应完美的自我品质。在每一阶段上的这一品质分别为:希望、愿望、目标、才能、忠诚、爱、关怀和智慧。埃里克森认为并不是每一品质只在当时发展的阶段上出现,而是在发展上达到成熟的时候才产生。

自我成熟与学校

像埃里克森、罗杰斯和马斯洛(第八章)等心理学家的工作使我们清楚地看到了一个成熟的人应有的面貌。他们有许多品质,这使他们成为一个更平衡更有效率的人,他们能认识到自己的价值,能同情别人,与他人友好和开放的相处,而不是为个人的原因利用别人,或为满足自己的不足而把别人当作工具。这也说明成熟是在生命晚期才能实现的,而在学校中教师所能做的是帮助儿童朝向这一成熟而发展。但事实上在儿童时期谈论成熟非常实际的。一个成熟的儿童并不是一个过早衰老的人,而是表现与其年龄和经验相适应的,表现出上面所列举的品质。许多儿童都像成年人一样具有这些品质,他们只是缺少较高的社会或职业地位。

因此,教师的工作在大多数情况下是鼓励已存在的品质,而不是试图从零起点上去发展它们。此时的规则是,如果儿童要实现自己的成熟,表现出对自己和别人的责任,就必须给他们提供正确的机会。没有必要要求儿童去表现成熟,并视之为是不能为自己的生活做最简单决策的人。也没有必要要求他们能以成熟的方式去思考世界,去看待他们在世界中的位置,考虑人际关系以及生活目标和理想,特别是当他们试图将自己的想法表达出来而成年人就没有给予注意时。或者更糟糕的是,成年人在他们自己的生活中就很明确地表现出他们本身就不能思考这些问题。最可行的是让儿童参与到教学决策和学校政策的制定过程,这能使他们感到自己是学校中有价值的成员,并能带着这种价值观去行动。

帮助儿童发展与别人和社会的合作行为,培养他们将要在第十一章中谈到的社会技能,也是成熟教育过程中的重要成分。这些方面与儿童的自我探索、自我表达、儿童之间及儿童与成人之间的相互尊重,以及他们对学校规章和社会规范的理解一起,不仅构成了狭义上的教育内容,也是本章稍后提到的更广义上的对"存在"进行教育的重要内容。有一些心理学家不赞成使用"存在"这一概念,他们认为它太模糊了不适于在科学上使用。但从个人的观点看,"存在"是十分重要的,因为它是我们体验生命的方式。大多数教师也能很好的认识这一点,并去寻求心理学家或其他人的指导,以便能更好地在这一重要领域教育儿童。一旦教师知道了如何去做,并认识到它对儿童目前及未来生活幸福的意义,那么把它结合到目前教育中的方法就逐渐明确了。

对成熟人格的定义

高登·奥尔波特(1897—1967),也是对个体成熟进行了开创性研究的心理学家,他的观点与埃里克森和马斯洛的观点是相似的。他的著作仍被人们认为是最杰出的。奥尔波特在其经典著作中(1961)提出由于个体是通过人格发展的不同阶段而达到成熟的,因此他们作为一个人就变得更具整合性和一致性。他认为在这一发展的早期阶段儿童只拥有一些毫无联系的人格特质(像友谊,诚实,书生气的),并且他们用此处理与他人的关系时并不能保持一致(他们可以对朋友诚实,但对教师不诚实;他们在家庭里文质彬彬,但在学校里却不是)。当他们长大后,这些特质就结合成少量的被奥尔波特称之为自我的成分(比如,儿童已具有一个学校中的在行为和自我概念上都是同一的、一致的自我并在家庭中有另一个类似性质的自我),而这些稍后又会整合成一个单独的人格。为了避免在概念上的混乱,我们应注意到奥尔波特只在个体达到自我成熟后才使用"人格"一词,而用"自我"这个词说明那些组成人格的单元,而在这一章中我是用"自我"这个词说明个体对他们自己的所有的认识和概念。

在奥尔波特的模型中,个体没有实现自我成熟的一个标志是他们的行为不一致。换句话说,他们似乎在针对自己所在的环境而改变自己的行为。那些在别的环境中,如家庭、教会,被他们认为是不可思议的事情,在另一些情况下,比如商业行为中,会不假思索地由他们做出来。那些在不同的环境中与这种不一致的人打交道时总会发现他们不同一面。这些行为表现不一致的人会在同一环境中表现不同的自我,这完全取决于他们的心境,他们与配偶和子女在那一天的关系处所的状态,他们去工作的路上遇到的困难等等。很明显,我们大多数人在不同的情境中会存在行为上的细微差别(我们与好朋友的亲密行为有可能在一些场合并不表现出来,比如在生意场合上),但如果我们是成熟的,我们仍然能表现得是同样的人,同样的价值系统,同样的自我概念,同样的态度等,而不论我们在什么场合。

除了上述统一的一致性之外,奥尔波特认为成熟的人还应具有下面的特征:

·一种伸延的自我感(对别人与自己的关注的认同能力;给予同情与共情);

·与别人有一个热情的、不自私的关系;

·情绪上的安全感;

·自我洞察(对自己的现实性的认识与评价);

·对世界的现实性取向(进行合理的判断和做出必要的决策的能力);

·统一的生活哲学(对生活目标和意义的一致的、和谐的观点,不论是宗教的或是人本主义的,它帮助解决价值的问题,并帮助确定生活目标)。

我们也不能忽视气质因素在成熟发展上所起的作用,比如,在托马斯、切斯和伯斯的研究中(第八章)"轻松"的儿童比"困难"的儿童更容易发展与别人的热情和不自私的关系。但在主要的内容上,上面列出的大多数品质都主要决定于学习。甚至像高智力这样的认知因素,它们似乎在发展像对世界的现实取向方面具有较大帮助,但如果没有正确的学习经验,它们也无法保证产生成熟。

如同前面所指出,我们并不一定要等到成年以后才表现出与自我成熟有关的品质。这些品质可以在不同时期(统一的生活哲学似乎总是最后才产生)和不同程度上发展起来,一个10岁的孩子可能只表现出情绪上的安全感,与别人的不自私的关系,以及一定程度的自我洞察,但其他的品质还要稍后才能发展起来。既然我们能证明一个成年人也可能根本不具备这些品质,因而我们可以很容易的断言有些儿童将比一些比他们大的人更多的表现出成熟。

自我同一性

这是一个与青少年有更密切联系的一个发展阶段。自我同一性是一个人自我概念的总和。因此在某种意义上,自我同一性也会出现在婴儿早期或埃里克森提出的青少年期以前的各项任务上。但是当我们谈论自我同一性时,我们是指这些自我概念应该被紧密联系在一起,从而能够提供一张他们将要成为的那种人的完整的画像。这种紧密的联系通常只是在青少年时期才开始(Erikson,1980)。但这并不是说人格是在青少年时期就稳定不变了。成长、变化和发展可能在一生中都存在(并且是必需的),但青少年期标志着从儿童的可变化的人格(比如从奥尔波特所谈的特质和自我)向成年人的更稳定的人格的转变。

青少年时期也标志着更成熟的生活目标的出现。在这之前儿童通常很少有明确的生活目标,这包括对自己未来的职业,他们的理想自我,和他们希望成为哪类人。这一点我们将在第十二章讨论教育和职业指导时更多的说明(尤其是职业目标),但读者必须清楚生活目标是与同一性认识紧密相连的,个体认识到"这就是我这个人,这些是我的能力与价值观,这就是我生活中想做的"。(有时人们用自我有效性这一概念来说明这种成熟的思维形式)。

青少年的自我同一性通常是通过实验的方式获得的。青少年在这些实验中会尝试大量的不同形式的行为,好像在问"我究竟是这些不同类型的人中的哪一类?"为了回答这一问题,他们通常认定了一些角色榜样,即那些生活方式和价值观被认为是值得效仿的人(朋友,流行的明星,教师和男女运动员)。由于同一性通常是通过一个人所属的群体来表现的,伙伴群体就变得非常重要,青少年往往改变自己的行为(衣着,语言和习惯,以至于价值观和观点)来使自己被群体接受。由于被异性所接受也是很重要的,那些被认为有性吸引力的行为也会被采纳。

学习做成年人

所有这些都会使成年人感到有趣(或厌烦,这完全取决于一个人站在什么立场上),因为他们早已忘记了自己在这一阶段上的发展,并且在任何情况下他们都尽力回避使自己感到变老或被人难以接近的感觉,但这对于正在发生的情况是一种错误的解释。在我们复杂的、工业化的社会中我们使年轻人处于一种服从的角色甚至在他们身体发育成熟后仍如此。我们这样做是因为在我们看来似乎有太多要学的东西,但这给年轻人本身带来了太多的潜在限制(有时对教师也如此)。另外,他们尽管生理上成熟了,并具有很强的性冲动和其他的情绪变化,但成年人对于长大是怎么一回事并没有给他们太多的帮助。他们也能看到成年人读的材料,并被带到社会上了解人们的工作,但这些通常不足以使青少年感觉到从童年期向成年期的自然转换。

在复杂程度比我们低的社会中,儿童则会有同父母在一起工作的机会,从而使他们了解到长大成人是怎么回事以及作为成年人所应具有的权利与责任。在他们青春期的某一时刻,常有一些仪式用来授予他们成年人的称号,从这一刻起,他们就被认为是正式的社会的一员(Turnbull, 1984)。因此有时人们认为我们在发达的工业化社会中对青少年的认识,伴随在这一时期发生的许多变化和紧张反应,根本上是一种文化现象,而并不是青少年身体上的迅猛发育和生理上变化造成了这具有反抗性的一代人,实际上正是社会本身以及人们对待青少年的方式造成了这一结果。

对青少年的理解

我们可以回忆一下第三章中的内容,青少年的认知发展已达到了形式运算阶段,他们因此能对抽象概念做出反应。其结果是许多与宗教、政治和社会关系相关的概念开始具有了更深和更复杂的意义,而且青少年通常也会在这些重要领域上对成年人的活动和采用的政策提出疑问。由于他们可能发现这些活动和政策不是太好,因此期望以更适合的内容来代替它们。这时的青少年通常被描述为是具有理想主义的人,这种理想主义会反映在青少年在这一阶段中选择的生活目标上。这些目标有可能在以后被经验所修正,但在这一时刻却使青少年感到自己被其深深的影响着,并且对那些年长者不具有同样的目标并不能理解这种热情而不满。

成年人和青少年之间这种理解上的分歧有时还明显表现在我们没有认识到青少年也会受到不安全感的困惑,尽管他们表现得很自信。在他们获取自我同一性的过程中,他们从来不能肯定他们即将变成的那个人在成人世界中是否会一定被接受和成功。他们已学会了作为儿童该如何应付,但现在他们必须学会如何作为成年人来应付。因此尽管他们现在似乎对父母和教师已无所为,但这些人对他们的支持和良好的意见仍是很重要的。与青少年友好相处的教师会认识到这一事实,并且能创造与他们的一种关系,而这种关系将有一天会被他们认为是对他们的生活有最重要的影响。

这些教师似乎能理解和同情青少年的问题,并对他们偶尔的过失和奇怪的行为有足够的耐心,激励他们对所学课程产生兴趣并积极参与,给他们提供明确一致和合理的指导,从而使他们的行为能适应于成年人的世界和长远的生活目标。当然,教师不能为了自己被班上的同学接受而牺牲个人的标准。如果这些标准是关于价值观和个人观念的,那么教师就应对学生们做出解释,使他们认识到这最终是个人的选择。如果它们是关于学校规章制度的,教师就应坚决维护它们,并指出没有规章或行为规范的工作和职业是不存在的。如果它们是关于所教课程的,那么教师就应以坚持能最大发挥学生的能力为目标。如果它们是关于社会行为,教师就应该以个人的行为证明对他人与自己的感情和权利的认识是非常重要的。

角色混乱

从埃里克森列出的个人成熟的发展8个阶段上可以看出在同一性发展上失败的结果就是角色混乱。角色混乱表明个体没有一个自己属于哪类人的明确认识,或者他们对自己在生活中应有何种角色不清楚。他们可能表现几个不同的奥尔波特所说的自我,或者是库伯斯密斯的研究所发现的低自尊与缺乏安全感的人,甚至会表现出神经质行为的某些特征如持久性的自我怀疑和自我疑问。但埃里克森并没有明确指出这种儿童将在生活中注定要失败。许多在商业、政治和其他生活领域上明显成功的人员也会有这种角色混乱的表现。埃里克森认为这一点可以从那些极度成功和不成功的群体中所具有的较高的心理问题发生率上得到充分的证明。据估计大约有1/10的人在他们生活中的某一时期因为这些问题而需要住院治疗(事实上这一数字似乎还要大,因为许多心理问题都被明显的生理症状掩盖了),尽管不能成功的发展自我同一性仅是发生心理障碍的一个原因,但却是一个主要的原因。因此,埃里克森认为一致性的同一性的发展和自我成熟所带来的其他不同的品质是不能简单的从一个人的物质生活中被推知的。它们本身表现在与别人和自己的关系等更为精细的方面。

认识和存在

学校有责任帮助儿童有效的发展个人同一性和避免角色混乱，就这个问题，我在此提出我最后一个观点，即在所有的教育水平上我们可以确定两个密切相关的重要领域。我们可以分别称之为认识领域和存在领域（Fontana，1987）。认识领域处理有关的事实、技术、策略和思维模式问题，它们都是掌握所学知识时必备的，而存在领域处理有关的个体对自己生活体验的方式。认识领域是以实验为主，也是产生文凭资格和职业机会的领域。存在领域是自我、情感的领域，也是产生心理健康的基本领域。这两个领域都很重要，但正规教育更多的过分关注认识领域，而完全忽视了存在领域。

这意味着在实践过程中大多数学校很少系统的集中于发展儿童的"存在"。但"存在"却是我们生活的最基础的内容。我们可以是世界上最有知识的人，但如果我们感到自己生活在混乱、不幸福或不满意的状态中，那么这种知识就对我们没有任何意义。如果它要对个体真正有用则"认识"最终要培育"存在"。如果个体在"存在"上得不到必需的发展，他们就不能在自己的成长中获得生活的平衡，个人的调整，产生独立性并强化自己与别人的关系，而这些对心理健康和对自我的正确理解和接受都是十分重要的。

通过良好的教学策略和良好的师生之间的相互作用，学校对这种对自我的理解和接受的发展可以起到重要作用。在艺术和科学的学科中都可以促进儿童去探索和反映他们自己以及他们生活的意义。这主要取决于教师将自己所教的知识与儿童的成长联系起来的能力，如果缺少这种联系则首先就要询问为什么教这门课程。像 Q 分类法、语义差别法、贮存栅格法，等等这些前面所提到的所有技术都可以用于了解为什么儿童变得对学校疏远，对某一课程冷漠。在我们生活的时代，人们关注的主要的青少年问题是故意毁坏文物，吸毒，以及其他许多反社会和反自我的行为。这就导致了对学校的越来越多的批评。这些批评经常是不公正的,但学校可以很好地应对这些批评,只要它们能利用所有的课程来帮助儿童的自我发展,这对儿童发展成一个适应良好并对社会有所贡献的人是非常关键的。

参考文献

Allport, G. W. (1961) *Pattern and Growth in Personality*. London: Holt, Rinehart & Winston.

Bannister, D. and Fransella, F. (1980) *Inquiring Man*, 2nd edn. Harmondsworth: Penguin.

Bee, H. (1989) *The Developing Child*, 5th edn. New York: Harper & Row.

Block, J. (1978) *The Q—Sort Method in Personality Assessment and Psychiatric Research*. Palo Alto: Consulting Psychologists' Press.

Coopersmith, S. (1967) *The Antecedents of Self—Esteem*. San Francisco: Freeman.

Erikson, E. H. (1978) (Ed.) *Adulthood*. New York: Norton.

Erikson, E. H. (1980) *Identity and the Life Cycle*. New York: Norton.

Fontana, D. (1987) Knowing about being. *Changes*, April.

Kelly, G. A. (1955) *The Psychology of Personal Constructs*, Vols. I and II. New York: Norton.

Maccoby, E. E. (1980) *Social Development: Psychological Growth and the Parent—Child Relationship*. New York: Harcourt Brace Jovanovich.

Maslow, A. H. (1970) *Motivation and Personality*. New York: Harper & Row.

Mead, G. H. (1934) *Mind, Self and Society*. Chicago: University of Chicago Press.

Osgood, C. E., Suci, G. J. and Tannenbaum, P. H. (1957) *The Measurement of Meaning*. Urbana, II: University of Illinois Press.

Powell, G. E. (1993) Clinical and counselling psychology. In A. M. Colman (Ed.) *companion Encyclopedia of Psychology*, Vol 2. London: Routledge.

Rogers, C. R. (1977) *Carl Rogers on Personal Power*. New York: Delacorte Press.

Thomas, L. and Harri—Augstein, S. (1985) *Self—organised learning*. London: Routledge & Kegan Paul.

Turnbull, C. (1984) *The Human Cycle*. London: Jonathan Cape.

补充读物

Bruno, F. J. (1983) *Adjustment and Personal Growth: Seven Pathways*, 2nd edn. New York: Wiley.

A comprehensive attempt to define psychological health and the major pathways towards its achievement.

Burns, R. (1982) *Self Concept Development and Education*. London: Holt, Rinehart & Winston.

Still the fullest available survey of all aspects of the psychological approach to the self within the educational context.

Coopersmith, S. (1975) Self—concept, race and education. In G. Verma and C. Bagley (Eds) *Race and Education Across Cultures*. London: Heinemann.

A survey by Coopersmith that also looks at ethnic differences in self—esteem.

Fransella, F. and Bannister, D. (1977) *A Manual for Repertory Grid Technique.* London: Academic Press.

The classic text for anyone wishing to undertake extensive use of repertory gids. Explains all aspects of the application and assessment of grids.

Gergen, K. J. and Davis, K. E. (1985) (Eds) *The Social Construction of the Person.* New York: Springer—Verlag.

Good on the social issues that go into the construction of the self.

Harré, R. (1983) *Personal Being.* Oxford: Blackwell.

A philosophicall/psychological examination of being and the self. Scholarly and stimulating.

Jersild, A. T., Brook, J. S. and Brook, D. W. (1978) *The Psychology of Adolescence,* 3rd edn. London: Collier Macmillan.

A comprehensive book on all aspects of adolescence and of the challenges it poses to the self and the sense of identity.

Kasper, F. H. and Goldstein, A. P. (1986) (Eds) *Helping People Change: A textbook of methods,* 3rd edn. New York: Pergamon.

An alternative to Bruno's book. Even wider in scope but not so readable or humanistic.

Kegan, R. (1982) *The Evolving Self: Problems and process of human development.* Cambridge, Massachusetts: Harvard University Press.

A cognitive approach to the self, strongly influenced by Piagetian developmental theories. Recommended for the way in which it integrates thought and emotion in the total picture of the self.

Kelly, G. A. (1963) *A Theory of Personality.* New York: Norton.

Contains the first three chapters of Volume I of the classic The Psychology of Personal Constructs. *An excellent introduction to Kelly's ideas.*

Kotarba, J. S. and Fontana, A. (1984) *The Existential Self in Society.* Chicago: University of Chicago Press.

The joint author isn't a relative, so I can safely recommend this as a stimulating examination of psychological and sociological aspects of the self.

Markus, H. and Nurius, P. (1986) Possible selves. *American Psychologist,* 41, 954—969.

The self as a set of constructions.

Wells, B. W. P. (1983) *Body and Personality.* London: Longman.

Especially good on the links between self—esteem and body image, but a valuable introduction to the whole area of the body—personality link.

一些问题

1. 为什么将"我自己"写成文字很困难?
2. 记忆在个人同一性的发展中起什么作用?
3. 列出那些经常在人身上所使用的标签。判断性标签有什么作用?
4. 个人的自我画像是从哪里产生的?
5. 在什么年龄这些画像开始出现?
6. 为什么一些儿童会发展一个混乱的自我画像?
7. 为什么自我认识被看做是"所有智慧的开端"?
8. 为什么主体"我"和客体"我"模型对理解自我很有帮助?

9. 罗杰斯的"不协调"概念是什么意思，为什么这一概念对我们自我成功发展的理解很重要？

10. 解释 Q 分类技术。为什么这一技术对自我探索很有用？

11. 凯利提出的"个人构念"是什么？尽可能列出不同的构念类型。

12. 你如何用贮存栅格法来探索一个儿童的自我概念？

13. 我们能改变自己的自我概念吗？

14. 学校的"认识"和"存在"领域都分别包括哪些因素？哪一种因素在大多数学校中更受重视？如何纠正这一不平衡？

15. 什么是"自我实现"？怎样帮助个体实现它？

第四部分 社会交互作用，教师—儿童的关系和教师的人格

引 言

  大多数教与学的活动都是在社会交互过程中进行的，教师与班级之间既存在个体之间的交往也存在与群体之间的交往，而儿童之间也存在彼此的交往。社会行为，尤其是在教室中的社会行为，只要能使人们之间的接触产生可能的学习结果，就都是教师最感兴趣的。他们对这一行为认识的越清楚，他们就将给儿童提供更有利的学习环境。

  但社会行为并不仅仅意味着教师与班级之间正式的交互作用，它也包括群体活动中儿童之间的相互交流。教师和班级一起形成一个明确的社会单位，在这一单位中存在着复杂灵活的社会关系和社会态度。它们在很多方面对个体和群体的反应都有潜在的

影响。一些儿童将来可能会成为领导者或某一潮流的创始人,而其他人则可能是追随着或独立的人。有一些儿童会两两形成非常亲密的伙伴关系,而另一些人则组成一些小群体,其中群体成员之间的关系是基于潜在的行为规则和一定的社会经济地位。班级也可能会发展出一种社会等级,"群体之中"的人得到承认,而"群体之外"的人则被忽视甚至嘲笑。这其中也会存在分歧和小的怨仇,有时是戏弄和威吓,有时是合作和共同帮助,有时产生共同目标的认识,有时则会处于社交上的分裂并朝向无秩序的状态发展。

受到这些力量的影响班级将产生出明确的带有它自己特色的社会"性格",这使它与同水平的班级有不同的区别。这种性格经常造成班级对某一特定教师的特殊态度:有时是友好的,有时则不是;有时它有利于班级的学习,有时它则起到一种阻碍作用;有时班级成员勤奋的学习和学业上的成功受到人们普遍的认同,而有时则受到取笑甚至是嘲讽。偶尔也会有个小的群体,他们具有积极的学习态度和内部凝聚力,这使得他们可以独立于班上的其他同学而发挥他们自己的作用。他们对自己群体的热情和兴趣维持着这个群体的存在,他们不在乎别人说什么。而在另一些时候,则会产生完全不同的另一类群体,他们可能由于感受到失败和自卑而走到一起,并通过嘲笑那些班上更成功的同学来维持自己的自尊。

这些小群体的长期存在与否在一定程度上取决于教师对它们的行为,也受到班上其他同学对其反应的影响,以及这些群体的内部凝聚力和动机的影响。如果它们确实使自己设法存在下来了,它们就将逐渐成为影响班上其他人的榜样,并且视它们的性质分别产生好的或坏的影响。但有时不同的教师有可能在同一班级中体验到不同的情况。某一教师可能发现他们是机智的、有兴趣的和合作的,而另一教师会发现他们是冷淡的和不予合作的,而第三个教师可能会发现他们明显存在困难和难以管理。所以会出现这种情况,正说明教师本身就是一个很关键的因素,正是他们与班级以及与班级中的小群体之间的社会交互作用,决定了他们总体上的反应。

本章将涉及到社会行为的各个方面,为如何观察教室中的各种相互作用以及评价其重要性提供有用的指导。然后,在以下的各章中再讨论教学管理、教育指导和教师人格等重要问题。

第十一章 社会行为和社会技能

我们生活在社会环境中,但事实证明我们对如何分析社会经验以及如何改进我们的社会技能知之甚少。并且在正规教育中也很少对我们进行这方面的教育。在理想的情况下,学校应使教师和儿童都更清醒的认识到在社会交往过程中每一步所发生的情况,以及这种相互交往对形成我们对自己和别人的看法上所起的作用。但在现实中,社会关系在学校中就像在社会上一样,既能带来有利的一面,又能造成不利的一面。教师很少接受社会行为方面的训练,除了常规的对礼貌规则的强化外,他们在传授社会行为方面通常都缺乏一定的技能。

双向的交互作用

让我们首先讨论两个人之间的(双向的)社会交互作用。两个人遇到一起并开始了交谈。在交谈的过程中,他们通过谈话和倾听彼此交流。但他们也会通过一些非言语的符号进行交流,其中有些是有意识的,有些是自发的,像微笑、点头、皱眉、抬起眼睑、做出怪相。这些非言语的符号被称为同步的交流,它们在双向交互作用中对意义的传达起很重要的作用。可以设想一下如果一个人在与你交谈时不运动任何一块肌肉,那么谈话将是多么的困难。同步的交流意味着你正在谈话的那个人正在倾听并做出反应,并从这些反应中暗示出他或她在头脑中正进行着的活动。

同步的交流似乎是人类的一种先天的特征。还没有证据表明动物中存在这些反应,但我们从小婴儿出生后前几周的活动中就可以观察到他们能对成年人呼唤他们的声音做出肌肉运动的反应（开始是胳膊和腿的大肌肉运动,以后则很快出现脸部肌肉的运动）。这也证明了人类的社会交往本质上就是双向的过程。我们已如此习惯了这种交往方式,以至于即使当人们有意回避我们并拒绝表现这种同步的交流时,他们仍然给我们传达了强有力的信息。他们表明自己正有意不思考我们所说的甚至是我们的存在,这时我们最好是闭口不言。

那些首次见面的人们很明显与那些老朋友之间见面时的表现非常不同。初次见面,许多人都会有不自在的感觉。他们急于给人们留下一个好印象,同时又急于对对方做出判断。根据我们对人格的了解,似乎内向的人在初次见面时更多的考虑自己,而外向的人更多的考虑他人。神经质的内向人更难放松,并过于专注于他们自己的行为,而稳定的外向人更指向于别人的行为。

社会心理学家注意到双向交互作用主要受参与者的年龄、性别和相互地位的影响。举一些例子可以使这一点更清楚。

---例 1---

布朗夫人:"明天下午我预约了做头发。"

↓

布朗先生:"很好。正好明天晚上我们的新职员有一个晚宴。我会开车带你去。"

办公室的工作人员:"明天下午我预约了做头发。"

↓

布朗先生:"这不行,你必须取消它。"

---例 2---

布朗先生:"几点了?"

↓

布朗夫人:"四点了,亲爱的。"

萨莉·布朗:"几点了?"

↓

布朗夫人:"给你买表纯粹是浪费钱。"

例 3

男朋友:"我喜欢你的装束。"　　弟弟:"我喜欢你的装束。"
　　↓　　　　　　　　　　　　　　↓
萨莉·布朗:"谢谢,我很高兴你喜欢　萨莉·布朗:"别挖苦我了。"
它。"

　　从上三个例子中我们可以看到,前面两句相同的话却产生后面完全不同的反应。问题并不在于前者的用词方式,而是人们彼此之间相互关系的不同。这看上去太显而易见了,以至于不值得对此过多讨论。但实际上它却有很深的意义并告诉我们如何在社会关系中使用语言。在社会环境中,每个字词的精确意义通常并不比我们这个词所解释的那么重要。在第一个例子中对自己的夫人谈话时,布朗先生主要是对身体特征的反应。如果他的夫人已将头发做完,这就更加增强了他希望给自己新同事留下好印象的意愿。因此,他非常关心这件事,并愿意开车带她去做头发。而在与办公室工作人员的谈话中,他的反应只关注于办公室的管理。似乎工作人员出现在办公室比他自己出现在那里还重要。

　　同样的,在第二个例子中妻子对自己丈夫的反应是支持性的。此时问题的核心只是他希望知道是几点了。而其女儿对她提出同样的问题时,问题的核心就变了。为什么女儿不使用她自己的新手表?她是把它丢了还是弄坏了?在第三个例子中女孩视其男朋友的话为赞美,而怀疑她的弟弟却用同样的话在取笑自己。

　　我们无法期望布朗先生用极为不同的方式处理之后,布朗夫人和办公室工作人员会有相同的反应。同样的道理也存在于第二个例子中父亲与女儿的情况,及第三个例子中男朋友与弟弟的情况。社会交互作用很像一种谈判过程,每个人在每一时刻的反应都受到另一个人刚刚说的话的强烈影响。这一点在学校中更是明显,因此好教师们都非常看重这一点,即用语言来增进相互理解而不是表达不满和对抗。

教师和儿童之间的社会交往

上一段中所讨论的观点可以从教师与儿童之间双向交流中所发生的事情上而得到更清楚的理解。当教师对儿童谈话时,他或她所接受到的反应则决定了他下一步将说什么。这种反应可能是言语的,也可能只是一些很简单的非言语的表示(比如,面部表情,或脚的移来移去)。它所传达的思想和情感包括理解或不理解、有兴趣、厌烦、焦虑、敌视、取笑,或许多其他类似的内容,这些表现每一个都会反过来影响教师的思想和情感。

当然,了解这些所发生的事情是一回事,而认真的分析这些问题并决定如何改进自己的行为从而有助于改变儿童的行为则是完全不同的另一回事。社会经验不足的人,特别是那些经验不足的儿童,通常是一些不善言谈的人。这主要是因为他们自己先入为主的情感客观地看待谈话过程和了解每个人彼此之间相互影响的方式。前面所举的例子就证明了这种影响。通过研究教室中的双向交流,能使教师找到帮助儿童扩展和发展他们之间交往的方法。比如,通过使用被社会心理学家称为前摄谈话情景(通过提问使一个人促进另一个人的反应)方式,教师可以使谈话继续保持在进一步的交流中。而不能利用这一技术将会使谈话终止。因此,在回答儿童的问题时教师可以在自己的回答后再提出自己的问题("我假日将去海边;你去吗?"),而不要只是提供答案("我将去海边")而不理会其他问题。

同样的,在更为普遍性的谈话中,教师的这种努力最终会通过儿童的必要的反应得到强化。教师最初的谈话情景("你应该知道怎样读乐谱")可能会使儿童提供一个不满意的反应("噢");这时教师就要调整自己的谈话方式("当然,这是一项很难的技能"),这就会促使儿童产生我们所需要的反应("为什么这样?")。而如果教师仍坚持在最初的方式上(比如以同样的方式重复信息或指导),那么儿童也就会继续以让人不满意的方式反应,这就会产生挫折和焦虑。

社会地位

这些例子也说明了人们是如何通过语言来判断社会地位的。布朗先生可以对办公室工作人员粗暴和专横的说话,而不在乎她或他可能的反应方式。但对他的妻子来说那就完全是另外一回事了。同样的,当萨莉问布朗夫人时间时,布朗夫人可以凭自己的父母地位产生一种指责的含意,但对她丈夫提出的问时间的要求则只能以合作的方式回答。社会心理学家从这种观察中获得极大乐趣(或不幸!),他们观察到人们在对待那些他们认为比自己社会地位低的人时,他们所能使用的代表自己社会地位的策略竟是如此之多。比如,一个"地位高的人"可以友好的拍一下"地位低的人"的肩膀,但它却不能被反过来做。如果你对此有疑问,你可以看一下若儿童以这种方式接触教师他们会有怎样的反应。同样的地位高的人可以直呼下级的姓,而下级在称呼上级的姓时前面必须加上一个头衔。上级可以坐在下级的前面,但下级只能坐在上级准许的地方(明确的或暗示的)。人们期望下级为上级开门,而不是上级为下级开门。如果上级打断则下级就要停止谈话,在上级前面下级必须眼睛向下看,如果上级走过来下级要站在路旁,下级要对上级讲的笑话发笑(并且在此之前不能讲他们自己的笑话),下级要对上级的提问回答并不能指望会得到上级的反应,他们要观察和遵守上级在与他们谈话时做出的任何暗示,是否要结束这一谈话。

上面所有的这些人际交往策略都存在一些特殊的规则,即下级必须遵守上级做出的明确的指示。这些策略也在学校中存在,它们在许多方面与学校所教导的谦和的内容是冲突的。谦和更多的是指做事考虑周到,体谅并尊重别人,而不是教条地去肯定别人的社会地位。所以,如果教师在与学生的交往中表现出这种品质,则谦和的价值观是很难在学校中被倡导的。

社会心理学家也注意到有这样一些人,虽然他们周围的同事都是一些地位比自己高的人,但他们也会发展一些策略来提高和保护自己的地位,比如,保安、守门人、看管人或警卫有时显得很难与同事相处,他们坚持自己对设备有限制使用的权力。这种限制是为了使那些地位较低的工人产生一种权力感(这也是地位的象征)。甚至地位较高的人当他们不能肯定自己的地位或他们认为别人对自己不能完全承认时,也会让人感到难以相处。比如,那些感到在职称上落后于别人的教师会尽自己最大努力阻碍同事们改变教学大纲或学校组织的企图。那些感到自己不被尊重的高层职员会有意对新教师表现得粗暴和无礼从而来强调其地位的差异。所有这些策略表明个体感到了自己不被社会所重视。要改变这种情况就要使他们确信他们仍被看做是社会的重要一员,而且他们的这种为了吸引别人注意的努力是没有必要的。

当地位相等的人试图评价彼此之间谁高谁低时,情况就变得更为复杂。比如,学校中有相同权力的两个领导,或两个同等规模的系主任。他们彼此会逐渐采取一些越来越过分的手段,试图证明自己比对方更重要。他们会一个策略套着一个策略,直到最终或是一方终于竞争获胜,或是双方两败俱伤而都放弃。斯蒂芬·波特(1947)是一个漫画家,他创作了"小动作"和"胜人一筹的本事"这样的概念,并且他对这一类型的社会交往花招具有极为准确的观察,他画了一个喜剧性的漫画,这是在一个杰出的下院议员和一个著名的医疗咨询者之间的对话(他们全是社会地位很高的人),他们彼此都小看对方。最初,下院议员处于不利地位,他正受到咨询者在医学方面的检查,他抢先说自己的症状是发生在有威望的下议院的辩论之后。而咨询者则马上针锋相对的命令下院议员("现在脱下你的长袍或你穿的东西")而下院议员也进一步强调自己在下院辩论中的重要作用。最后咨询者以得意洋洋的命令赢得了这场竞赛:"现在张开你的嘴。"议员被剥夺了讲话的权利,现在什么也不能说了!

尽管这幅漫画很有趣,它却告诉我们一些人在为地位而争吵时会有什么样的表现。在这种争吵的过程中,争吵的双方都忘记了他们共同为之服务的机构的利益,他们只在乎谁的社会地位提高了,谁的地位下降了。如果将这种令人感到遗憾的状况同前面提到的人格和自我的内容联系起来,我们就可以公平地说,那些为了自己的地位而进行争吵的人实际上不仅对自己的地位,也对他们自己都有一种不安全感。那些真正自我接受和有自尊的人根本就不需要极力地去给别人留下深刻印象,也不会为了抬高自己而去贬低别人。他们知道他们是谁,对自己和自己的能力有现实的评价(不管是高是低),而从不会从社会形式上来抬高自己的地位。

社会地位和学校

地位问题存在于所有的社会机构中,尤其是那些有等级结构的组织,比如像学校。在学校中存在校长到部门负责人,到系主任,到年级组长,到教师,到辅助人员,到学生的等级。这种等级的存在是可以被理解也是能发挥一定作用的。因此,人们期望下级对上级尊重也是可以理解的。但必须指出重要的两点。首先,那种通过自己的努力赢得的尊重要比那种仅仅是由于自己的特殊地位而得来的尊重有价值的多。那种总是认为孩子们对自己不尊重的成年人往往希望孩子们能自动表现出对他们的地位或年龄的尊重,而不是对其行为和他们身上表现出的智慧尊重。如果他们所期望的这种尊重没有出现,那么他们就不可能正确地处理事物,表现出越来越多的苛刻和专制性的方式。

第二点是儿童在学校的等级中很遗憾的只能处于最底层。这无法避免,因为儿童在学校中是最没有权威性的。但学校的最终目的是为儿童服务的。没有儿童,也就不需要存在学校也不需要教师的工作。但这并不是说要求马上让儿童具有一个比成年人还高的地位,而是要求在学校的等级中应将儿童的利益和对他们的教育放在至高无上的地位上。等级和地位只能在它们更有利于儿童的学习,帮助他们不仅在"求知"领域也在"存在"领域(第十章)发展时才有价值。

在纪律性的问题上也是这样,如果教师只是过于强调他的地位和严厉,这只能使大多数儿童感到他们的乐趣受到了挑战。那些视自己的地位和尊严无比重要的教师只会使儿童感到不愉快。一个好教师被班级尊重是由于他们代表了一种可被人接受的角色榜样:他们对班级有兴趣并有那些学生们也想获得的技能,他们积极并适宜的处理班级问题,并且以他们的公平和人际关系的品质给班级留下深刻印象。他们并不需要不断的以自己教师地位来更有效地控制班级。

对教师地位的不必要的维持

因此,对每个教师来说应对那些用以维持自己地位的不必要的策略加以小心。在本章前面所举的例子中提出了这些策略的一些特征。忽视了儿童要求获得关心或信息的合理要求;认为儿童必须"忍受"那些甚至连成年人也无法忍耐的不愉快;傲慢无礼的对待儿童的用品;在儿童的话还未说完前就将其打断;拒绝听取儿童解释;对儿童写的作品粗暴的评论;使用很卑下的名称和表情;讽刺;粗鲁的行为;缺少感情和同情;不公正——这些与其他许多类似的策略都是一个教师在儿童面前维持自己地位的表现。无论什么时候一个人对另一个人交往方式让人感到只能以不友好的方式来回应,我们就要怀疑这个人是否在极力维护自己的地位。当然,在偶然的情况下地位也是必要的。在大多数教学活动中教师很难长久的保持与儿童具有同等的地位。但必要和合理的运用地位与前面所说的不必要的策略之间是有很大不同的。这些策略主要是为了通过贬低儿童来提高自己在自己眼中的地位。

同样的,如果学校能检查一下自己的管理结构,发现在教员之间、教师与辅助性人员之间是否存在不必要的层次和地位也是很有益处的。对于像从事教师这样复杂工作的人,有证据表明他们只有在感到自己的努力被承认并被尊重时才能发挥最佳的效果,并且在他们感到自己对组织的管理能发表自己的意见时才能工作的最好。如果教师感到他们不能对地位比自己高的人就学校的管理表达自己的意见,而且感到自己的工作条件不利,但这种不利条件只要上级稍稍注意就能很容易地加以改变,如果是这种情况,则他们就很难在工作中表现出最大的热情与努力。

社会遵从

与地位密切有关的问题就是遵从——与群体保持一致的趋势。在学校中,这一概念是非常重要的,因为教师希望儿童遵从自己。缺少这种遵从学校就无法存在。这种遵从可以是正式的(遵守学校的规章和课程要求)或非正式的(遵守学校不成文的价值观和要求——称之为"隐性环境")。

教员也要遵守规则。不同学校对这一要求有不同做法。在民主气氛下的学校中,教员的会议和每个教师的观点是个主要的因素。在其他的学校中,管理层或者可能就是校长本人将是最有效的决定因素。此外,像当地的教育机构、学校的行政人员、教育部门和学校监察者都将起到一定作用。

对于不遵从的教师不同的学校各有不同的办法。如果学校比较强调个人性,那么一定程度的不遵从是可以被允许甚至被鼓励的,只要不超出一定范围。一般地说,不遵从的教师与校长和其他的教员有一种非正式的契约。"在认可的限制下保持你的不遵从,我们将允许你继续下去。我们甚至可以对你感到骄傲,尤其是如果你能在明显具有"创造性"的方面有所作为[教艺术性课程的教师身上比那些教科学性课程的教师更被允许表现出不遵从。——无论他们是对的还是错的]。但不能超过这些限制,否则有些问题就不能不解决了。

当我说"被允许甚至被鼓励"时,我是指某种特殊类型的允许或鼓励。学校可能会因为它有这么一个不遵从的人而感到高兴,甚至可能会对他们表明他们对学校有重要价值("增加了色彩";"使我们保持乐趣")。但当谈到提职称的问题时,那就是另外一回事了。虽然,不遵从的人可以自得其乐,但"你能看到他们之中有做系里领导的吗?";"他们的发言机会充分吗?"。因此即使是那些被默认的不遵从者也应明白自己在职业上所处的地位。感到人们允许你做自己高兴做的事是一回事,当你希望自己得到晋升而他们又改变了规则则是另外一回事。

不遵从

社会心理学家对不遵从做了大量研究。在许多年前阿什(1955)做的一系列经典实验中,他研究了人们在群体压力面前准备改变自己观点的方式。他在实验中告诉被试研究人员准备了解知觉问题,要求被试作为一个小组来活动,在观察了三个不同长度的线段后,在小组其他人面前,每个人要分别从中判断出与第四条线段一样长的那条线段。在大多数实验中每个人都做出相同的反应,但在其他预先决定的关键性实验上群体成员中除一人之外都预先告之让他们说出错误的回答。研究人员的兴趣则集中在这个没有参与事先密谋的被试(天真的被试),他被安排在群体最后的位置上。实验在不同的群体中进行,尽管正确的答案非常明确,但实验者仍发现,在听到群体中的每个人说出错误的答案,有32%的天真被试也坚持说出同样错误的答案。而至少有4%的天真被试至少说过一次错误的答案。他们实际上就是准备否则自己的感知而保持与群体的一致。

从阿什的实验结果上可以说明,即使是从那些智力较高的学生群体中选择出的被试,许多人仍表现出这种从众行为。这在很大程度上就是为了获得心理安全!似乎我们不喜欢与每个人做对,甚至在我们确信我们自己是正确的情况下也是如此(在群体中只存在一个不一致者就将明显减少天真被试说出错误答案的倾向)。另一个揭示这一现象的系列实验是米尔格拉姆做的(1974)。米尔格拉姆告诉被试他们正参与一个记忆实验,把被试配成对并把他们在相邻的房间中分开,只通过麦克风相互沟通。在一对被试中有一个人准备给另一个人提出一系列的记忆测验问题。每次后一个人做出错误的回答,前者就给他们一个电击刺激作为惩罚。电击是通过一个按钮实施的,并明确说明对不断出现的错误电击惩罚的强度将越来越大,直至达到很高的水平(从15伏到450伏)。最初一切都进展的很顺利。每次产生了错误的回答,电击的强度是很弱的,但随着实验的进行,电击变得越来越强,接受电击的被试开始痛苦的叫喊,然后恳求结束实验,再往后则敲墙并表现得越来越痛苦,最后则完全没有了声音陷入一片寂静。当然,在这过程中每次被试在使用电击前都请示研究人员并要求停止实验,而每次他们都只被告知另一房间中的被试还未做出正确的回答,他们"最好是继续把实验做下去"。

事实上这一实验是假装的。接受电击的被试是被雇用的一些演员,他们能做出逼真的表演,而电击设备也是伪装的。事实上根本没有电击也没有危险。但操作这种"电击"的被试却不知道这一点。米尔格拉姆感兴趣的是,在像白领阶层的研究人员这样的权威人士的命令下,一个人将会给另一人多大程度的痛苦和身体上的伤害。这一点可以与纳粹集中营中的卫兵和其他在命令之下施行暴行的情况相比较。实验结果是令人痛心的。大多数被试,尽管表示出他们不情愿,但在研究人员的鼓励下都将"电击"加到一个明显很危险的水平,而且在接受电击的被试已完全崩溃并寂静无声之后,仍在给予电击。这些被试都是很普通的男人和女人,他们都是从广告上看到信息并自愿的参加实验的。大约有将近65％的被试继续这种电击直到极限。在达到"300伏"电压前没有一个被试拒绝合作。

人们认为由于实验是在一个有名望的大学(哈佛)进行并在有学术水平的研究人员指导之下,因此被试被要求执行的电击与集中营中的卫兵的真实情况并不一样。但米尔格拉姆的结果仍让人感到十分痛心。它证明了我们具有一种为迎合权威人士的要求而暂时终止自己的判断的倾向,这一点表现在我们生活中的各个方面。拒绝继续做实验就是对社会的礼貌规范的破坏,并且也是对实验者的批评,并且也说明自己最初参与实验就是一个错误。只有很少的被试在"电击"达到危险水平之前有勇气做到这一点。

米尔格拉姆发现当实验者不在房中时,而只是通过电话给予指示,则被试遵从的比例将从65％下降到21％,而那些同意继续实验的人则瞒过研究人员只采用小强度的"电击"而不是他们应该使用的高强度"电击"。因此权威人士在现场的存在似乎对出现这一类高水平的社会遵从是必需的。以上这些从阿什和米尔格拉姆实验中总结出的结论是很让人遗憾的。人们的确会抵制自己的认识而遵从群体规范和权威人士,并且米尔格拉姆的研究也在其他国家中被重复证实。

还没有与这些发现相反的实验存在。有一些结果证明,在类似阿什的实验中那些准备遵从的人的比例将在不同情境中有所不同。阿伯拉姆斯等人(1990)证明当与天真的被试一起做实验的伙伴被人介绍为学习古代历史的学生时,遵从的比率就较低,而他们被说成是学习心理学的学生时遵从比率就高(这证明同组其他人的专业知识也是很重要的)。另一些实验证明当群体奖励存在危险时,遵从的比率将升高,而如果实验问题是关于事实而不是知觉

(比如,关于美国的人口问题)则遵从的压力就增加。但在社会从众性实验中偶尔少数人也会影响大多数人,但要做到这一点,少数人的观点必须保持绝对一致,而不能直接要求对方遵从。另外这些人的年龄、性别和社会地位也应与多数人相似(Clark and Maass,1988;see also Turner,1991)。

伙伴群体

遵从的一个表现,尤其在学校中,是个体得到的来自于伙伴群体的压力。这一点在青少年中很明显,但在小学甚至幼儿园也有所表现,儿童受到自己同龄的伙伴的极大影响。被人接受和作为群体成员的需求是很强烈的。通常群体会形成一些明确和严格的行为作为群体成员的标志。几年前,当英国在中学教育选择性入学制度时,哈格瑞夫(1967)和拉西(1970)分别的对两所不同的中学中存在的社会关系做了调查。他们的一个发现是在两个学校中都分别流行着分称为"A"和"C"的两种心理潮流。"A"潮流是指那些对学校遵从,对教师有积极的反应,并努力学习的学生;而"C"则正相反。在"A"潮流中,圈外的人包括那些不学习和不遵守学校制度的学生,而在"C"潮流中,圈外的人则指那些努力学习并遵守学校制度的学生。这说明伙伴群体对儿童的压力非常大以至于它能使改变自己所喜欢但在伙伴群体看来是不好的行为。

关于遵从者与不遵从者,克鲁奇弗尔德(1955,更近的为Shaw,1977)认为那些当意见与群体不一致而与群体立场相对立的个体,通常是独立的、自信的并高度自尊的人。相反,那些遵从于这些压力的个体,倾向于缺乏完全感,自尊低,通常具有一种僵化缺乏忍耐的态度。遵从的人似乎需要由群体提供"肯定性",并由群体提供固定和明确的价值观和规则。应该注意到的是当这种"安全"存在时,比如与一有宽容性和责任感的成人群体相处在一起,如果一些个体坚持自己的观点而反对群体的决策那么这只表明他们需要别人的关注。因为群体非常宽厚而不排斥他们，于是他们就能继续自己的行为，并且同时他们也感到自己很重要因为他们拒绝执行群体的哪怕是最为合理和民主的决策。通过干扰群体的工作使他们能产生因为感到自己重要而带来的快乐，他们也感到自己有力量，他们似乎除此以外不能在其他合理的途径上获得这种个人需要的东西。

学校和遵从

很明显在遵从方面学校具有很重要的责任。我们应该划出一条界限——当然这并不容易，一方面是给儿童灌输一种僵化的遵从行为，另一方面是允许他们完全按照自己的方式行事。儿童需要人们帮他们认识到什么时候应该遵从和什么时候不必遵从。缺少这样的指导他们将难于做出社会判断和并难以在社会需求与内部信念之间做出决定。

前面讨论的一些对待社会地位的方法也同样可用于遵从。儿童(和教师)必须认识到社会秩序要产生作用，每个人的个人自由就必须被限定在一定范围并服从大多数人的利益。但是就像在阿什和米尔格拉姆实验所证明的，这样做是存在危险的。最好的教育方式应使个体看到遵从和不遵从双方面的价值，并判断在什么时候哪一种是合适的以及哪一种不合适。创造性活动也需要有这种判断，需要对纪律和自由加以调和。一种严格的教育框架，其中不允许儿童有个人的思考和选择，也不允许他们学习如何负责地对决策提出自己的疑问并展开讨论，是不会教育出能将纪律和自由有机结合在一起的人的。这种教育更可能会教育出这样一种人：缺乏灵活性，考虑不到自己或处于另一极端的其他的人，具有反抗态度，拒绝遵从，不论要遵从的内容是多么合理和必要。

作为一种社会交往的课堂教学

现在我们将从一般的问题上转入到教室中实际发生的社会交往过程。首先我们有必要看一下教学本身,并将其看做是教师与学生之间的一种社会交往,并且具有相对明确和固定的模式。这一模式可表达为:

1. 迎接。教师进入教室则接触开始。不论迎接是正式的("早晨好同学们")或非正式的,在教师进入教室后双方都认识到对方的存在,则某种社会交往就产生了。

2. 确立一种关系。教师对同学讲话,告诉学生应做什么,听学生提出的问题等等。

3. 进行教学任务。班级开始学习活动,不论是口头的或文字的,教师和儿童开始交互作用。

4. 确定关系。一旦学习活动结束,则教师再次要求学生对自己集中注意,他将评价已完成的学习,并确定下一步的学习任务。

5. 分离。教师和学生分别离开教室。

在这5步骤的情节中,教师和班级之间在许多方面产生着互相的社会交往作用,既有语言的也有非言语的。注视就是一个例子:注视着全班或班中的某些学生,其神态或愉快,或严厉,或质疑或幽默。而学生也同时注视着老师,其神态或警觉,或阴郁,或无礼,或快乐。通常大量的社交信息是通过注视来传达的,如同言语交流的作用一样。在上课期间教师和班级将大量的时间用于彼此之间的相互注视从而了解对方的反应,他们之间的大量关系也是通过这种方式来调节的。

姿势也起到一定的作用。教师完成教学任务的方式也具有一定作用。他们可能是严厉和正式的,紧张和急躁的,放松和轻松的,暴躁和急促的,缓慢和不肯定的,平缓和流利的,这些情况都可能表现在课堂教学上。通过观察教师,学生们了解到许多有关自己的信息,这些信息将影响他们自己的行为,而这一切又会以言语和非言语的明确地反馈给教师。社交信息也会从教师的穿着、发型,以及教师在每一节课程上所带来的书和纸的数量及其他的教学设备上传达出来。在小学,儿童整天看的都是同一个教师,通常一些很微小的变化也会产生特别有力的影响,像一条新领带,一件好看的夹克衫或制服上衣,或一双鞋。

教师对社会交往的认识

好的教师通常能认识到这些很微妙的社会交往,并随时会做出正确的反应。这些反应不仅包括友好和欢迎的信号,也包括了一种社交上的联合性。教师这种角色决定了他们是与学生相分离的一个群体,但如果他们想使自己的工作更有效,则他们就不能使这种分离表现过于强烈。如果教师从言语、穿着或其他方式上表明他们脱离了儿童所在的环境,那么这将使他们处于不利的地位。如果强调在每一方面上他们在社会性上都与班级格格不入,那么班级就会对教师做出消极的判断。这不可避免的会引起不满和敌意,并使教师处于被儿童责难的地位。

当然也必须强调,如果教师有意的让自己迎合班级上的学生,模仿儿童的言语和穿着方式,并试消除教师与儿童之间在年龄和背景上的差距,这也会使他们自己陷入于问题中。儿童很容易识破这种人为的表现,并发现他们对那些想表现得像自己的教师很难产生尊重。儿童希望教师能表现出他们自己的某些东西,他们要对自己的行为和标准自信,而对那些缺乏个人主见而不得不采用别人的标准的成年人表示出怀疑和轻蔑。正确的方式应是每个教师要对儿童所在的社会情境表示理解和接受,但在与这一情境交流时教师不应忘记自己的社会身份也不要扮演不是自己的那个角色。在儿童对自己的生活方式不满意时,他们将会在某种情况下观察其他的方式,并将从教师的方式中去学习。

很明显我们不能将上述的 5 步骤情节脱离于上课前和下课后的社会交往情况。儿童一方面也会受到上一节课程的影响（或在家中与上学路上发生事情的影响），另一方面也要考虑下一节课会发生什么（或课间和午休时发生什么）。这些因素也将不可避免的影响到儿童对教师所提供的内容的反应，尤其是在迎接和分离这两个步骤上。如果儿童的上一节课强调自由和非正式的表达（比如在戏剧课上）或身体运动（在体育课上）或他们上一节课是在上课铃响过之后才走进教室，则他们在目前课程上的反应就必然会持续前面活动的特点。如果（在中学里）他们刚才结束的课程或正要进行的课程是由一个非常严厉或无经验的教师讲授的那么也会产生相应的影响。一个优秀的教师会认识到这一点，并允许这种情况出现，而不会不分缘由地对这种偶然发生的情况予以批评。

五步骤的情节程序

我们现在更详细的了解一下这五步骤情节程序，并认识一下每个步骤是如何与下一阶段交互作用的。在第一步中教师迎接班级（"同学们早晨好"，"喂各位"，或——至少也要说——"噢，现在开始"）。这一迎接则引入第 2 个步骤，它包括确立一种关系。教师告诉学生要认真听讲，或注意看示图，或取出某本书，或交上家庭作业，或仅仅要求学生集中注意力而不要东张西望。教师对学生了解和理解得越多，他就越能被学生接受，第 2 个步骤所用的时间也就越少。于是下一步就进入到教学任务上，它包括要学习的材料和要安排的练习，这将被分为几个分步骤。当这一切完成时（或时间已到），就开始第 4 步总结关系的情节，教师会再一次对全班同学讲话并告诉他们自己对他们的学习表现的看法和希望他们下一次怎样做，然后就结束课程（快乐的、愉快的或疲倦的，这就看具体情况怎样），于是第五步骤就完成了，整个程序就终止了。

以这种方式来认识这五步骤程序使我们能使我们清楚地认识

到每一步对下一步有什么影响。教师迎接班级的方式将影响到在他们试图建立一种关系时班级的反应,这又会进一步影响教学任务能否成功完成,这又将影响到对关系的总结,而最终则影响到分离活动。这一完整的过程则影响到在下一课程之前教师和班级之间交往的方式,并影响到下一课程开始时他们怎样彼此迎接的方式,这又不可避免的影响到下一个过程,等等。这一五步骤过程也有助于使我们认识到在教师——儿童的交互作用中所发生的事情,而不仅仅是似乎要发生什么。比如,教师可能会怒气冲冲的要求正在进教室的学生安静,教师将之看做与平常的责备没什么两样,而学生将这一表现视为教师对他们的迎接。

迎接并不仅仅是形式上的;它是当人们相遇时所产生的最初的交流,研究证明这一交流对以后的关系的性质有很重要的决定意义。如果这一迎接是不友好的,你就会在以后的过程中不得不很艰难的来弥补这一损失。同样的,下一步——确立关系——也不只是一个随便的名称。研究证明在迎接过程之后存在一个很明确的阶段,这时个体将相互进行权衡,并推断彼此的意图等。因此,虽然教师只是认为他们不过是对班级宣布测验结果或发家庭作业,但实际发生的是他们已进入第二个步骤,并给班级提供了有助于相互权衡过程的线索。学生们要判断教师对他们今天的表现是满意或失望,他们还要判断在今天的 40 分钟课程中教师是否将安排比平时更多的工作,他们是否感到焦虑,教师是否对他们和他们的能力做出积极或消极的评价,并且是否教师仍有与上次见到他时相同的心境。这些判断都将影响到学生自己的反应——热情、谨慎、友好、敌对、合作、攻击等等——这反过来又影响到教师的行为和完成课堂任务的方式。

交流的性质

目前为止我们只是一般性的使用了"欢迎"、"友好"、"合作"等等一些概念,但事实上还存在许多更精确的分类,它们有助于规范我的思维。交流可以是自我中心的(指向自己)或者,如果是社会导向的,可以由这样一些类型来组成,像命令、提问、信息、非正式言语、情感表达、"表演"性语言、社会惯例或潜在的信息。了解这些类型,并用之于与儿童交流,每个教师将对自己的职业技能有更深入的认识。比如,在他们与儿童的社会交流中是否大量地采取了命令而不是提问的方式?如果是这样,这是否意味着他们对班级指导过多而忽视了促进儿童自己的思考、检验和推断?他们是否使用非正式言语创造一种轻松和友好的气氛?如果不是,他们是否在自己和儿童之间设置了一个不必要的阻碍儿童寻求帮助和指导的障碍?另一方面,他们是否提供了过多的非正式言语从而使儿童感到在他们需要时无法认定教师的权威性? 他们是否鼓励了那种有利于儿童和学习的情感表达(这意味着不仅要鼓励幽默和愉快的情绪,还要促进儿童能清楚地表达焦虑和失望:比如,"我看到你对此很失望;有什么麻烦?")还是他们认为儿童的这种情绪表达不当而予以否认(比如"振作起来";"不要这样愚蠢")?他们的语言中是否经常含有隐含性的信息,而这些信息是否总是消极性的(比如"我现在很忙"其意思是"我只是对你的问题不感兴趣")?

交互作用分析

目前有一些对教学中学生与教师之间交往进行编码和分类的系统。它们有助于分析教师与学生之间的交流。通常这些系统由一个旁观者,他坐在教室后面,认真的观察每时每刻教师与班级或每个学生的交流。由于对观察者的要求很高,尤其在繁忙的教学过程中往往某一时刻发生许多事情,因此在这一系统中使用的分类是相对集中和简单的。最有名的系统是弗兰德斯(1970)提出来的,表11.1 详细介绍了其内容。在使用弗兰德斯的系统时,观察者每三秒钟就要对这 10 个分类中的一个做记录(这是一个人所能做到的最快的操作),并在课程之后进行数据分析,从而明确提供给教师他们每种行为类型出现的时间,以及同儿童相比老师谈话的程度。

表11.1　弗兰德斯的交互作用分析类型

教师的谈话

反应

1. 接受情感:以一种无威胁的方式接受并澄清学生的情感;情感可以是积极的或消极的;并包括预见性或回忆性的情感。

2. 表扬或鼓励:对学生的行动或行为表扬或鼓励;用笑话来缓解紧张(并不是以取笑别人为代价),也包括点头或说"嗯哼?"或"继续"。

3. 接受或使用儿童的观念:澄清、确立或发展学生提出的建议(当教师逐渐地将更多的自己的观念引入活动中时,可接到分类5)。

疑问

4. 提出问题:在儿童可以回答的范围内根据自己对内容的认识提出问题。

指导

5. 讲授:给出关于内容的事实或观点;表达自己的观点,提出问题。

6. 给予指导:在学生能接受的范围内对他们进行指导、命令或限制。

7. 对权威进行批评或判断:为了使儿童的行为从不可接受的模式转变到可接受的模式而做出的评论;批评某些学生;说明教师为什么要做他所做的事;经常提到自己。

儿童的谈话

反应

8. 反应:对教师做出有预见性的反应;由教师开始交流或让学生评论,并限制儿童所说的内容。(当儿童要引入自己的观点时,可接到第9类型)。

传授

9. 传授:开始谈话;用无法预见性的说明对教师做出反应。

10. 沉默或混乱:停顿,短时期的沉默和混乱的状态,这使观察者无法对交流加以理解。

采自于 N. A. 弗兰德斯(1990)的《教学行为分析》。由 Addison—Wesley 出版公司出版。得到作者的许可。

弗兰德斯的系统是很简单的,但他的分类以及这一系统的数据记录和分析的精确方法,被广泛和大量的运用于各种教育机构各种目标的教学活动中。这些分类再加上各类型结果之间的比率(比如教师的表扬与批评之间的比率,或教师引发的交流与儿童引发的交流之间的比率)可以提供许多与教学有关的数据(Croll,1986)。比如,威尔多和马瑞特(1989)以及马瑞特和威尔多(1990)发现在小学和中学中教师对行为的不赞同与赞同评论的比率大约为8∶2,而在学术性活动中这一比率完全相反。

像这一类的交互作用分析系统目前大约超过100种,但还没有一个像弗兰德斯的系统这样被广泛的使用。有一些被认为是低推论性的,就像弗兰德斯的系统一样只要求观察者记录所发生的事。而另一些是高推论性的,这就要求观察者记录根据他们自己的观点来推断教师是否"热情"、"积极"或"有兴奋性"。在一些系统中观察者可以注明那些正在与教师交往的儿童的类型(比如,"高成就者","低成就者")选择哪一种系统则决定于需要测量哪种类型的信息。如果目的只是分别记录教师和/或儿童谈话的不同类型所占时间的比例,那么使用弗兰德斯的方法是最理想的。另一方面,如果我们想知道是否教师对男孩与女孩有所不同,或使用了像语调或表情这样的非言语信号,那么就要选择更为复杂的推理性分类。

第三种可能,如果我们希望了解某一具体的教师的技能,比如像提问,这时我们使用的系统将只集中于这个内容。比如这种工具将了解提问的类型(询问事实、观点和情绪性反应),提问的方式(挑战式、威胁式、中性的或鼓励的),以及提问所指向的对象(男孩或女孩,在成就性上表现为高、中、低的人)。这种方法最简单的形式就是将它构造为一个矩阵,将提问的类型作为矩阵左边的变量,而另一变量(如提问的方式)在矩阵上方。另一种可能性是要求观察者去确定教师期望与某一具体的儿童建立哪种交往,以及儿童认为教师的期望是什么。这包括对教学进行录像,然后让教师和儿童分别观看录像,然后再询问教师希望从儿童中获得什么,以及这种想要的东西是否是直截了当的,然后也询问儿童对这件事的另一方面的认识。结果有时证明教师和儿童对所发生的事情的认识是非常不同的。比如,儿童可能认为教师是在询求观点,而事实上他们要求的是事实,或者教师表现的很严厉而事实上他们正试图表现出幽默,或者他们对儿童责备而事实上他们正准备帮助儿童。同样的,如果我们反过来看,教师可能将儿童的行为解释为是不礼貌的而事实上他们并没有这种意图,或者他们认为儿童对提问做出了不正确的回答而事实上儿童正努力表达一件完全不同的事情并且说得很对。

第四种可能性,我们可能更注重儿童的行为,而把教师的行为看做是一种刺激和来源,此外我们还要了解儿童的学习和社会交往。这一点在幼儿园和托儿所的教育中很有帮助,一个最好的例子就是儿童观察记录(High/Scope,1992)。这一记录包括了六个类型的儿童行为,分别为首创性、社会关系、创造性表现、音乐和运动、语言和文字,以及逻辑和数学。其最初的目的是记录儿童的发展,但它也是一个很好的对儿童的受教育机会以及教师的教学方法进行评价的方法。

对交互作用分析结果的分析

不论使用什么系统,每个教师都会惊讶的看到,他们将大量的时间都用于讲授了(在班上交谈),或者他们给予的表扬或鼓励太少了,或者儿童总是在寻求应该在一开始就做出的明确的指导。但如果他们看到自己能经常提一些问题,或接受学生的情感,或鼓励学生说出自己的观点,他们就会为此感到欣慰。当使用录像带对交互作用进行视觉记录时,每个教师都将惊讶的注意到自己不仅经常对学生责备,而且他们这样做时面部表情也很吓人或者他们过多的发展了自己的一些坏习惯。如果教师针对某一方面,如动机,而设计的交互作用分析的结果进行分析时他们就会为自己过多地使用了威胁的方式(比如"如果你们想准时到外面玩就必须安静的工作";"如果你们想通过考试就集中注意力";"努力学习"。)而感到难过。但是另一方面,他们也会高兴的认识到他们更多的以积极的鼓励来激励学生("我知道你能做到这一点因为你学习很刻苦","我肯定你会发现这很有趣")。

由于社交行为的复杂性,人们发现对教学中交往的测量还没有一个完全综合的系统。交往中有很多很细微的方面我们还无法对之予以计分。甚至是两个教师使用同一套系统(或同一个老师在不同的课上使用同样的系统)也有可能漏掉一些社交行为的重要方面。而且,儿童对老师的反应也不仅仅是依赖于教师在本次课讲了或做了些什么,他们也受对以前上课时交往的记忆的影响。("当沃姆巴特先生看起来是那个样子时就表明他心情很坏";"如果你做错了,阿科塔小姐是不会对你喊叫的";"我们在老斯通费斯的课上是从不会笑的")。尽管如此,这种系统还是给教师提供了最有效的帮助,使他们能分析自己教学活动上的优势和弱点,但不幸的是,至少在英国,它还没有被更广泛地应用,特别是在组织培训和服务性的工作上。

社会角色

研究教师行为的重要性,以及对这些行为作为榜样影响儿童的意义的认识,给我们提出了角色和角色榜样的问题。角色榜样是一个人在一个明确而具体的社会位置上为其他人在行为上做出榜样。人们可以表现得是一个好的榜样或不好的榜样。那些无端酗酒的父母就是在父母养育方式上的坏的榜样。另一方面,关心,不自私,明辨是非的父母则是好的榜样。角色榜样可以是我们经常希望自己有一天会成为的那种角色,也可以是那些与我们经常接触的人。教师就是这后一种角色榜样的很好的例子。在班级上大多数儿童没有机会(并且可能并不想!)成为教师,他们想像的教师的样子都是通过在他们面前的教师的具体的行为表现构成的。好的教师将做出好的行为并且将给儿童一个好的角色榜样,也会使儿童对教师和整个教育的概念产生愉快的印象,而不令人满意的教师则只会产生相反的行为效果。有时教师并不意识到他们的影响有多大,以及他们会给年轻人留下了怎样的永久性的印象。

但是教师也可以是前面提到的第一种类型的角色榜样,因为他们扮演着成人的角色。一个好的教师(即指社会关系和社会行为意义上的"好"也指学术意义上的"好")能给儿童提供一种日后他们将变为怎样的成年人的榜样。这一榜样绝不会仅停顿在教师——儿童的关系上。儿童对教师之间在学校中的关系有很多了解,他们也注意到教师与家长在家长会上和社会性事件中有怎样的关系,他们如何面对校长和学校的规则,以及他们对同事的忠诚,他们怎样对异性反应,他们怎样面对成功和失败,如何面对挫折和不如意、赢和输。如果儿童一看到一个教师马上就想到他就是自己以后想成为的那个人,那么这个教师就给了儿童一个礼物,它不亚于任何正规的教育。

角色冲突

在教师的角色中,有许多分角色。在这些分角色中有的要求教师从事正式的教学工作,有的则是在一个大系或年级中从事管理工作。有时他们可以是咨询者,对儿童给予精神上的关怀。他们也可能是课外活动的领导者,负责学校中的学会或运动队(其中学生是自愿参加的)。或者他们可以代表学校的权威性,具有纪律性的作用(比如是学校的领导)。不管怎样总会思考到自己的职业、个人的晋升问题。另外,他们也有校外的一些角色,比如是家庭中的成员,这也会影响他们作为教师的角色。

无庸置疑在这些分角色之间有时会存在很严重的冲突。我们将在第十二章中进一步讨论这一问题,到时将会对指导/咨询角色进行讨论,但我们可以首先举一两个典型的例子。作为一个负责任的教师,一个教师应该坚守岗位看到自己的学生通过下一年的学年考试,但另一个学校可能会有一个更好的工作机会,因此这个教师就会为是否去申请这个工作而难以做出决定。学生也可能会向老师抱怨学校一些规则的公正性(精神关怀上的角色),但作为学校的一员他们必须被看做是支持这些规则的,除非对这些规则加以改变(权威性角色)。或者由于处理系里繁忙的事务占去了教师大量的课外时间(行政管理角色),干扰了他们备课和改作业(班级教师的角色)。或者家庭事务(父母角色)阻止了他们在学校假期去旅行,或者使他们无法留下来参与学生的课外活动(课余辅导员的角色)。

接受角色冲突

这些冲突只有在认真权衡了在时间、精力、敬业等方面的利弊之后才能解决。但通常结果总是一种令人无法满意的妥协,或者不管放弃哪个角色都会造成不利。对于学校教师这样一个多层次的角色,没有明确的方法来解决这种角色上的冲突,但对于每个教师(最好是校长)来说最根本的是认识问题的存在,并认识到这可能是造成教师应激的主要来源。而避免这一应激的惟一方法就是使一个人的期望更现实。教师不可能期望他们自己在所有的时间里在所有的这些角色上都表现得很好。教师要认识到他们必须对某些角色做出优先的选择。而一旦做出了选择并据此而行动,就不应该再有过多的自罪自责的感觉。教师通常是一些优秀的人,但他们也不可能什么都做。最好的作法就是去完成那些更重要的事情而牺牲那些相对不重要的事情。这总比什么都要做因而使自己始终处于紧张状态要好得多,因为一旦因紧张而得了溃疡或心血管病,那么就什么也干不了了!

除了个人的角色冲突,教师也应意识到他们的角色也会导致儿童对他们认识的冲突,这一点也很重要。在某一角色上他们可能对儿童是友好和随便的,而在另一角色上他们又可能是严厉和疏远的。在一种角色上他们表现出同情和理解,而在另一角色上又表现出专断和忽视。在一种角色上他们只考虑自己,而在另一角色上又只考虑儿童。许多时候,儿童希望在教师的某一角色上寻求帮助,而教师却可能停留在另一种完全不同的角色上。虽然教师是无法避免这种角色的更迭,但是重要的是他们应在这些角色之间保持基本的一致性。比如,他们应一贯的表现出对儿童的关心,而不管他们的角色是班级教师、咨询者,还是权威人士。儿童将会认识到教师的公正性,并认识到人的重要品质是不会因各种角色的改变而改变的。

社会学习和角色榜样

通过社会学习和角色榜样,教师向儿童传授如何与他人相处。任何教师都不能推脱自己作为一个良好社会行为的教师的责任。我们不仅要教育儿童如何理解和尊重伙伴和成年人,而且也要在个人水平上鼓励他们更多的参与,表达他们自己的观点,认识自己的社会价值。这种教学活动有时是作为正式课程的一部分(比如在戏剧或其他人文学科上),但更多的是存在于教师和儿童的日常接触中,即在科学性课程中也在艺术性课程中,即在课余活动中也在课堂活动。

我已经在这本书中的多处指出,这种教学应包括举例与指导。不仅教师对儿童所讲的内容很重要,而且教师在儿童面前的行为表现也很重要。比如,一堂正规的礼貌教育课,如果在课程结束时儿童看见教师对班上的某个学生表现出非常粗暴的行为(或者对某一同事),则这一节课就彻底失败了。研究证明如果成年人在他们所说的和所做的上存在冲突,儿童则只会模仿他们的行为而不会听从他们的言论(Grussec and Arnasan,1982)。使用正确的技术术语我们说教师应该成为儿童行为的榜样。

社会学习理论的主要倡导者班杜拉(1986)认为我们过于低估了榜样的重要性了,尤其是它在社会技能学习上的作用。尽管班杜拉也同意在许多学习活动上强化的重要性,但他认为这不是最本质的。他认为儿童具有一种先天的模仿别人行为的倾向,尤其是这些人具有较高的声望和地位时。这种模仿通常是无意识的,因为儿童并不是有意的做好准备去模仿榜样。只要这种模仿广泛存在并与儿童生活中的某一角色有明确关系(比如,"男性"或"女性")那么这一榜样就成为角色榜样。儿童最初的角色榜样,如同我在第一部分所指出的,通常就是其父母,但他们长大后教师、哥哥和姐姐、有威望的朋友,以及民族英雄人物像有成就的运动员,都逐渐成为他们重要的角色榜样。

情感和社会接触

班杜拉的理论被称为是社会学习理论不仅是因为它解释了儿童怎样学习许多社会技能,而且也因为它提出了社会接触本身就产生了学习,而无论要学习的是何种技能。与我们目前的目的特别有关的是,班杜拉认为情绪表达在很大程度上受社会接触的影响,因为这种表达是与社会技能和社会接受性密切相关的。他特别对攻击性有所研究,他证明那些目睹成年人表现出攻击行为的儿童,在其以后的行为中也将表现出大量的攻击性。这并不是他们观察别人的攻击性从而使自己也有攻击性,而是因为看到成年人的攻击行为似乎使他们已具备的攻击性情感的表达得到了默许。他们将成年人当作了自己的角色榜样,并认为如果这一切对成年人的行为是正确的那么对他们也应是正确的。(人们也了解到受到父母严厉惩罚的儿童也比一般儿童更具攻击性——Eron,1987)。这一点尤其在我们考虑电视和传播媒介对儿童的影响时非常重视。观看电视上的暴力似乎对儿童已有的暴力倾向是一种默许,并使他们学会了将这种暴力倾向表现出来的具体方法。在电视中表现暴力行为的人物威望越高(不论是虚构的还是真实的人),那么这种模仿发生的可能就越大。在美国周末的儿童卡通片中有人计算其中每两分钟就出现一次暴力镜头，这会有一种严重的使暴力合法化的作用。对已发表的研究结果的总结表明(Wood, etal, 1991)更喜爱暴力性电视节目的儿童(至少是男孩)在他们的人际关系行为中比那些不喜欢这种节目的儿童表现出更多的攻击性。很明显在观看暴力和表现暴力之间有一定的关系，尽管这种关系的性质还不确定。但是很明显如果儿童从父母和教师身上已吸取了很好的价值系统，那么他们在接受这些似乎与这一系统相矛盾的新角色榜样时将有较强的抵抗力。

角色榜样的复制

儿童对相同的角色榜样可能会有不同的反应，这表现在这样一种事实上，即依赖性强的儿童比独立性的儿童更倾向于模仿有威望的人物。相似的研究证明胆小或焦虑的儿童比那些安全和自信的儿童更倾向于模仿别人身上的恐惧反应，而乐于助人的儿童比那些缺少这种品质的儿童更倾向于模仿助人行为。这似乎表明一旦儿童在社会行为上的模式开始表现出一定的一致性，则他们更倾向于模仿与自己的行为模式一致并能肯定这种模式的榜样，而很少模仿他们不熟悉的行为。研究也证明那些在过去已经从某一特殊的角色榜样(如教师)身上学习了一定反应方式的儿童更倾向于在目前仍将这一角色作为自己模仿的榜样。而那些在过去已学会拒绝这一角色的儿童则不会这样做。因此，对于这后一类儿童，虽然他们已准备接受某一成人角色作为自己的榜样，但偶然发现这一角色在过去曾当过老师，那么他们就会拒绝这一角色。最后，研究表明儿童很少去模仿那些过去失败过的人，即使他们现在已成了完全不同的人。儿童更倾向于模仿以前成功过的人。

虽然社会学习似乎并不决定于强化，但强化会加强这一学习。所以那些从教师那里学到礼貌行为的儿童，如果他们发现这一行为能带来所需要的目的,则他们就会坚持这一行为。比如,他们可能发现其他人会以更礼貌周到的行为反过来对待自己,觉得自己更加被人喜欢,或者他们会发现那些以前由于自己行为不当而遭拒绝的事情现在可以通过新学会的礼貌行为而以一种社会可接受的方式来获得。但另一方面,如果儿童所在的环境不看重礼貌也不会带来内部的强化,那么无论这一角色多么强调礼貌,他也不会起什么作用,甚至可能被抛弃。

教学中的友谊的模式

大多数群体不论其规模如何都倾向于分为小的分群体。教学中的群体也不例外。并且一旦形成,每个分群体都将产生自己的规范,分群体的成员的关系就决定于对这些规范的认识。对于教学中的分群体在实际过程中为什么以及按照什么途径形成还没有一个简单明确的回答。但似乎分群体能使其成员产生安全、归属和被社会接受的感觉,这也是对人的基本需求的满足。被分群体拒绝的儿童通常都是孤独和冷漠的,并且强烈的感到这种社会交往上的不足,它使自己与分群体格格不入。

在分群体的分类上,性别通常是一个很显然的因素。在男女生混合的班级中,男孩与女孩倾向于形成不同的群体。能力通常也是一个因素,在能力水平混合的班级中能力强的儿童倾向于集中在一起,能力差的组成另一个群体。在社会的阶层上也同样是如此。通常人们认为学校应该打破社会的界限,但儿童仍然在与自己有相同背景的伙伴中形成自己暂时的社会性圈子。兴趣和态度也是一种影响因素。儿童会与那些和自己在生活上有共同感受的人组合成群体。

所有这些都是非常清楚的,但还会有许多更细微的因素。一个特殊群体中的成员有可能授予某个儿童以特别的威望。可能是给其提供一种支持,也可能是给他们提供一种目标,使他们能努力与其他群体竞争。更重要的是群体可以使其成员放弃自己笃信的信念和喜欢的行为,以保证自己与群体的规范一致,而他们这样做时,又会使父母和教师以及以前熟悉他们的人感到他们变得很陌生。这一点尤其存在于青春期时,这时儿童正寻求对成年人的认同,并且又希望被伙伴群体接受和信赖。事实上,这一现象在恰当的时期对年幼儿童的发展是有好处的,这使他们最初认识到其他儿童的社会存在,以及这些儿童对他们施予的权力影响。

教学中的分群体

在认识到分群体对儿童的重要性时,一个好的教师应谨慎小心的保护儿童在其伙伴眼中的地位不受到不必要的威胁。如果在这方面使儿童蒙羞则不仅使他们受到精神的创伤,也会使他们在以后产生使教师更难处理的行为,因为他们要对抗教师从而在伙伴的眼中重新确立自己的形象。一个好的教师也努力的不使群体产生对抗性。最能使群体紧密团结在一起的莫过于来自外部的威胁,因此一旦群体将教师认作是这种威胁,则其作用是很显然的。所以,教师赢得群体的支持和接受也是非常重要的。正如前面所提到的,教师总是与学生群体和各个分群体分离的,但如果教师被他们所喜爱,并成为它们的好的角色榜样,那么群体的规范将是合作性的。任何一个脱离了这一规范的成员将感到群体对自己的压力,并要求他们回到应有的范围中。

当然,有时候整个分群体都会偏离应有的行为规范,或在分群体之间出现了竞争和对抗,有的群体要支持教师的工作,而有的群体则做正好相反的事。这时将偏离规范和不合作的群体的成员隔离开,将会收到一定的效果。这时要使他们彼此坐在有一定距离的座位上,从而减弱群体的凝聚性,但这样做时要非常谨慎。否则,这些具有抵抗情绪的群体就有可能去扰乱别的儿童并使自己招致更多的麻烦。

所以在采取这种行动之前,最好是使这些儿童在行为上表现得更规范一些。能力较高的儿童倾向于在自己选择的群体中工作得更好,这时群体的凝聚力也高(Lott and Lott,1960)。对能力较低的群体也是同样的,只要要他们完成的任务的难度在其力所能及的范围,否则任务过难,他们就会觉得泄气,而不再把注意力集中在任务上。所以如果允许儿童与他们的朋友们坐在一起,而不是把他们分开或让他们与陌生的人坐在一起,那么他们就更可能对工作和教师产生积极的态度。好的教师知道如何在非正式交往的场合针对整个班级及分群体利用这一点。只要有好的结果产生,儿童就可以与他的朋友坐在一起工作。这种结果是事先就定义好的,而且能够被儿童理解并被认为是合理的。因此教师就可以这样做了,即如果儿童不能保证他们的承诺,则他们只能再被拆散而分开坐。

这一现象也同样存在于成对的朋友中。对友谊模式的研究表明相似的地位和背景,以及共同的兴趣,对于友谊的建立有重要影响。大约7岁以后,儿童就将选择同性做伙伴,他们的友谊也是稳定的(Berndt etal,1986)。教育应帮助儿童相互了解并形成共同有益的关系,被一些教师采用的在上课过程中将儿童与他们的伙伴分开坐的方法是欠妥的。如果儿童能与他们的伙伴一起工作他们就会从学校的活动中获得较大的乐趣并学习的更为快速。这也有利于他们彼此相互鼓励并使他们集中精力于目前的活动上。在拥挤和忙乱的教室中,教师不得不坚持要极力减小噪音的水平,但并没有证据表明当儿童与自己不喜爱的同伴一起工作时其噪音的水平就低于当他们与好朋友坐在一起时的噪音水平。并且我们应该记住的是成年人在一起工作时他们喜欢在一起讨论,而儿童也同样是如此。如果要求我们在一个社会环境中默默地工作,那么我们每个人都会觉得不自然。虽然儿童必须学会一定程度的自我控制,但期望他们能对自己有更多的控制是不现实的。而且如果这让他们认识到社会交流本身是错误的,那么这就是一种误导。

不适当的友谊和缺少友谊的儿童

大多数教师在某些方面反对儿童以某种方式结成伙伴(或成为分群体成员)。比如儿童与那些对他们有坏影响的人结为伙伴,或与支配他们或利用他们的人结为伙伴。

如果教师认为儿童形成了一种不令人满意的友谊,就必然要去阻止。但其所能做的却极有限。教师不可能替他们的学生去形成友谊。在小学,以及在中学的艺术和社会性研究的课程上,友谊的性质和它所需要的双方共同的义务应是课堂讨论的主要问题,并且教师也可以利用这种讨论以一种不被人注意的方式将不适当的友谊拆散。如果只是禁止儿童在一起相处通常会产生副作用。没有比来自外部的威胁更能强化友谊的事物了。最好的策略是巧妙的让儿童认识到他们彼此之间很少有共同之处,或者他们的这种友谊只能产生更多不好的结果。对于这些交友不利的儿童,教师可以加强他们的自信和独立性,这会使他们在自己今后的朋友选择上更具自主性。

对于缺少友谊的儿童,孤独的儿童,教师应该认识到事实上我们所以能有朋友,是由于别人认为我们能给他们提供好处。缺少朋友的儿童可能是认识不到他们应提供什么,或者是认识不到应该怎样提供。在一些情况下,由于他们的人格、背景和兴趣与群体有差别,尽管这不是他们自己的错误,他们可能很少具备群体已有的价值。事实上,由于他们一般都不受到别人的喜欢,如果某些人被看到与他们在一起,就会对这些人在群体中的地位产生消极影响。教师是不可能在一夜之间改变这种情况的。通过增强儿童的自我价值感,并利用这章后面讨论的有关社会技能的训练,教师可以在长期的过程中对这些儿童进行较大的帮助。最基本的是,对于个别的儿童,教师应让他们感到他们与班上其他每个学生一样都有较高的价值,这是必不可少的第一步。教师用这种方式对不合群儿童的帮助应越早越好。在小学阶段被同伴所排斥就可以很准确的预测到在青少年和成年时期会产生行为问题(Hartup,1984)。缺少朋友的儿童很容易产生孤独、失望和自我放弃的感觉,这些感觉有可能持续终生。

威吓

在很小的年龄时就会有一些儿童通过公开的或潜在的威吓来获得对伙伴的统治。威吓是一种有意图的需求,它是通过伤害、威胁、嘲弄和恐吓来获得在心理上和/或社会及物质上比别人优越的感觉。威吓可以在学校内产生又可以存在于学校外,它能够影响到各个年龄段的儿童,从幼儿园直到学校毕业。研究证明(Elliott,1991;Smith and Thompson,1991)大约每 4 个儿童中就有一个人在某种程度上被卷入威吓中,他们既可能是威吓者,又可能是受害者(威吓者与受害者的比例大约为 3∶2),在大多数情况下这种威吓要至少持续 12 个月。(这主要取决于我们如何定义威吓;如果它也包括那些很小的偶然事件,则大约有 68%的儿童在一定程度被威吓过)。这些发现证明在男孩中威吓者大约是女孩中的三倍,受害者是女孩的两倍(男孩通常对两种性别的儿童都威吓,而女孩大多只对其他的女孩子威吓)。这些数字有可能会引起错误的结论,因为女孩有时并不愿承认自己是威吓者。在女孩中的威吓行为也比男孩中的表现更隐蔽,她们并不是通过明显的身体上的暴力行为,而更多的表现在将某人排除于群体活动之外,不与其交往,以及传播谣言。大多数的威吓只发生在同年龄的群体和班级,但大多数威吓者都比受害者要大几个月,并大多发生在课间休息和上学与回家的路上(Boulton and Underwood,1992)。因此,学校有责任制止这一现象的发生并对那些处于受害者地位上的儿童给予支持。

受害者和威吓者都有一些特点。他们都经常缺课,不被学校的教员所喜爱,并且在家庭中总会有这样或那样的困难(Nottinghamshire Education Committee,1991)。在 5 个威吓者中就有 1 人具有严重的教育上的困难,并可能有严重的性别认同障碍(比如,对男性化或女性化需加以确定)。有一些儿童,特别是那些有过多挑衅性和武断行为的儿童,既可能是威吓者又可能是受害者。威吓也会发生在分群体的成员之间,那些在地位上处于高层的儿童,会通过一定的等级来控制群体下层的成员,这些成员是群体的主要嘲弄的对象。实际上,这些人之所以处在最底层可能就是由于他们接受了这种被人嘲弄的角色。尽管他们很不喜欢这个角色,但他们对之也感到满意,因为能在群体中是获得认同的一个重要途径。或者因为他们认为他们作为群体之外的人的命运可能会比在群体内当一个受害者更糟。在一些情况下,这些群体中的弱者是被迫做出一些违法行为或做一些"大胆"的行为以使自己被群体接纳,这一现象在女孩和男孩中都同样存在。

对于受害者来说,我们已知道有一些明确的因素使他们处于这一不利地位(见第一章)。种族、宗教、社会和经济背景,以及智力上的差异都是重要的因素。而且还有与人格有关的因素。塔图姆和赫尔伯特(1992)认为受害者比正常人要有更多的焦虑、不安全感、谨慎、敏感和温顺。他们也可能与父母有更亲密的关系(可能受到他们的过多保护)。当威吓使他们感到更为孤立时,他们又会开始感到自己应该被取笑被欺负,这会进一步使他们已是很糟的自我形象又受到破坏。大多数受害者在身材上都比威吓者弱小,他们通常也无力在身体和语言上保护自己。

相反,威吓者大都比一般儿童高大和强壮,他们倾向于具有冲动性、支配欲、反社会性和攻击性。在许多情况下他们都来自于父母在身体和/或在情感上表现出暴力性的家庭,这使他们认识到攻击和暴力是获得一个人权利的最好方式。父母也可能在他们的行为上不一致,并且存在相互辱骂或在兄弟姐妹之间也存在攻击。大多数威吓者在学校中的学习较差,他们一放学就离开学校,有许多人还会参与到严重的犯罪活动中。威吓的女孩长大后通常会成为威吓的母亲,她们又会培养出有威吓行为的子女,而有威吓行为的男孩则表现出作父亲的威吓行为。使人感到失望的是,这种恶性循环会一代一代的重复下去。

每个教师首先都应制止威吓行为。通过对教学行为的观察他们能够很快的发现谁是受害者,谁可能是威吓者。通过训示和举例他们能够声明学校中所有人员如同社会上的成员一样都有同等的地位,并且通过给予受害者与威吓者一定的责任和地位,他们能够帮助受害者确立自信和别人对他们的尊重,并且减少威吓者个人专断的需求。

但有效的处理威吓行为需要有一个学校整体的政策。它包括:

· 在学生、家长和教师之间建立一种伙伴关系,从中威吓行为得以被及时通报,并能及时鼓励和支持这种做法;

· 让所有学生都清楚哪些行为是被赞同的,哪些行为是不被接受的并会受到什么样的惩罚;

· 为受害者和威吓者提供一套有效的咨询系统(见第十二章);

· 在休息时间,在上学前和放学后,以及所有威吓可能会发生的场合增强教员的监督;

· 将适当的个人、社会和道德教育引入到教学课程中(Besag,1989);

· 加强教员行为的一致性避免教师儿童之间的冲突,儿童可能视之为威吓;

· 建立学生代表制度,它能给教员通报威吓的发生、性质和地点,并提出补救性的措施;

· 非教学人员也应参与到讨论和制定反威吓制度的过程;

・认真记录所有威吓事件,并保证进行调查;

・避免对威吓者制裁而使他们也成为受害者。威吓者需要通过咨询来被帮助,应给他们提供机会使其能以社会接受的方式来满足其需要。惩戒应被设计为为了纠正的目的;

・受害者与威吓者的父母都要参与,可以邀请其来学校以非对抗的方式坐在一起讨论,从而有利于解决问题。

简单的事实是如果儿童不来上学,那么大多数威吓都将不会发生。因此,学校对于阻止这一问题的产生具有特殊的责任,无论何时其发生了都要给予解决。有证据表明如果系统的采取了反威吓性行动,则学校中的威吓的发生就会降低,并且也没有发现这一问题会从校内转移到校外(Tatum and Herbert,1992)。

合群的儿童

与那些缺少朋友或是受害者的儿童相反,有一些儿童与全班同学有普遍性的亲密关系,尽管他们似乎并没有与其他同学有太多的相同之处。他们似乎有一些很明确的重要品质。他们似乎像关心自己一样关心他人,有自信,在行为上对别人不构成威胁,并满足群体需求(Asher,1983)。比如,他们经常鼓励和支持别人,或在一些枯燥的课程上能"活跃气氛",在某些活动上(运动、音乐的技能)表现出较高的技能,当存在威胁时他们站出来保护同学,或者制定一些非常必要的标准(可能是穿着方式或生活方式方面的)。这些儿童通常会成为群体的领袖(Dodge,1983),即可能是全班的领袖也可能是班中某个分群体的领袖。研究证明那些可能成为群体领袖的人能够以某种方式来规范群体确定群体的认同,强调那些群体其他成员感到(有意识或无意识的)重要的事物。身体上的吸引也是一个重要因素(Vaughn and Langlois,1983)。另外他们似乎也有一些社会性品质(魅力、声望)这使那些与他们保持友谊或受到他们注意的人感觉到自己的地位得到加强。为了使其形象更完整,他们也会比群体中的其他人表现得更高的智力,有解决问题的方向,并有创造性解决问题的行为。

相反,那些总是处于冲突中的儿童则很少具有这种合群性(Bee,1989)。这似乎在任何社会群体中都是这样。那些与班上同学总是格格不入的儿童通常不被人们喜欢。

社会测量学

确定班上学生中谁是群体领袖的一种方法就是简单的问一下他们将投谁的票。这就是被广泛使用的被称为社会测量学的方法(Smith,1993)。它要求每个学生写出一个他们最喜欢与之工作并希望他成为班上领导者的学生的名字。我们也可以对群体进行更精细具体的分类(学习上的、社交的、运动的)。而且,我们也可以询问儿童他们最不喜欢谁成为自己的领导者,这样也使我们认识到那些领导品质较差的人(当然我们并不赞同使儿童彼此之间作出消极的评论)。这些儿童并不一定是不受欢迎,而只是被人们认为有些愚蠢,或可能被认为缺少群体所需要的技能。

明星和孤立者。当然,社会测量学并不限于确定群体的领导者。它可以被用于确定群体中任何具有某种特殊社会技能的个体,也可以用于研究友谊的模式。在这些研究中,要求每个儿童回答他们更喜欢与谁做朋友,那些最被人们接受的人被称之为明星,而那些很少被人们接受的儿童被看做是孤立者。这些结果有时被画成一种被称为社会关系图的形式,它将每个儿童的名字写入图中,然后将他的名字与其他提名他为朋友的儿童的名字用一带箭头的线段连起来。社会关系图使我们能很快的了解到在班上谁是明星以及谁是孤立者,也能使我们发现有哪些分群体,因为这些分群体表现为许多儿童相互之间的选择并形成一个群。

一旦这些模式被确定了,我们就可以研究使儿童成为明星和孤立者的因素,以及有助于形成分群体的因素。这一点已在友谊的内容中讨论过了,也有许多利用社会关系图而进行的研究;但除了友谊外,还有许多其他的因素决定着儿童是否成为明星或孤立者。明星儿童可能也会因为他们在同一学校的哥哥姐姐备受人欢迎而感到荣耀,或者他们父母或亲戚在当地或国家中有声望。孤立者则可能仅仅是由于他们与班上其他学生在学习能力和社会经济地位上有差异而被孤立,或者是由于他们较具社会攻击性,或由于他们太羞怯,或他们有其他一些需要特别指导和咨询的人格问题。

应注意的是明星并不一定是班上的领导者(但通常他们是),只是与孤立者和分群体比,他们较具社会运气。与大多数社会群体一样,班级也是一个动态的单位,其主要人物也在不断的变化和发展,此时的明星在以后的时间里未必仍就被人喜欢(有许多不同的原因),而现在的孤立者也可能到后来被人们普遍接受。具有同情感并对班上的社会关系很敏感的老师可以阻止不良的社会分群体的形成,只要他们记住友谊很大程度上依赖于经常的接触。因此,只要他们使所有的儿童都尽可能有相互交流的机会(通过组织小组和学习团体的方式),这就能保证不会使一些儿童错误的聚在一起。同样的,教师也可以防止那些脆弱的儿童变成孤立的人,只要他们能做到不要经常让儿童自己去选择伙伴,或者让他们自己在班上确定自己的社交环境,但必须要小心的做这一工作,不要使儿童觉得他们丧失对社交的选择或教师正强迫他们接受自己不喜欢的人做伙伴。

社会技能

在第十章已提到,我们在正式的教育中更强调"认识"的问题而忽视"存在"。我们很少去帮助儿童发展对自己的理解和自我接受,也很少培养他们以积极和成功的态度认识自己生活的能力。社会技能的发展就是这种存在教育的基本内容。我们对自己的认识更多来自于别人对我们的反应,这些反应在很大程度上受到了社会成就的影响。我们在生活中所取得的大部分进步，不论是在学校中或是在以后的职业生涯中，主要决定于我们对必要的社会技能的掌握和运用的能力。这也是我们在家庭关系以及与朋友和同事的关系上取得成功的重要因素。

学校应该逐渐在目前的教学中增加一些对社会技能的训练，它们既可以是生活技能训练又可以是戏剧或创造性活动课程的一部分。但由于它们不是考试的内容因此很容易被忽视。许多教师本身在这些方面也缺少训练，并且也不知道该如何向儿童传授这些技能。这是很遗憾的，因为社会心理学家和社会学家已确定了许多这样的技能，并指出了如何将它们传授给儿童。阿吉乐(1984)认为我们非常有必要建立相关的社会技能训练程序，因为他的研究发现即使在受到良好教育的学生群体中也有40%的人称自己害羞，55%的人是孤独的，它们是造成社会技能问题的两个主要原因。

在任何一个社会技能训练的程序中，最好是从要求个体对其现有的社会能力进行评价开始。只有我们认识到自己在一些方面很不成功时，我们才有强烈的动机去学习它。否则我们就不会认识到自己最需要的东西。教师可以描述出简单的社会情境类型，考虑到儿童的年龄与背景，并通过一些设计好的问题将它们展示给班上的学生，让他们判断自己应该如何去处理。在这方面特罗威尔、伯瑞安特和阿吉乐(1978)设计了标准的问卷，教师可以以它为指导来发展出适合自己班上使用的问卷。其他的类似测验则包含一些有效的支持性材料，它们可以帮助教师根据学生对问卷的回答制定出社会技能训练程序(Spence, 1980)。

主见

在收集了问卷的结果并在群体中讨论之后，大多数社会技能训练程序就要对社会技能进行定义。这时一个与害羞和孤独有关的变量就会马上出现，这就是自我主见。在许多情境中，人们感到自己缺少主见，按照他们的说法，就是不能坚持自己的观点，不能将自己的抱怨表达出来等等。这一现象又会继而表现在它所形成的行为中。如果一个人要表现得有主见时他实际需要做什么呢？研究证明（Lazarus，1973）这需要包括以下的能力：

- 在情境需要的时候能说"不"
- 能够请求和需求人们的帮助
- 能表达积极和消极的情感
- 能够开始、维持和结束谈话。

你可能会认为这些要求很奇怪。它们中的每一个都是许多人不希望在儿童身上看到的行为。无论什么时候儿童面对成年人时，尤其是那些有权威性的成年人，如果他们表现了上述行为，他们就要冒着被人批评的风险。根据不同的环境，这些行为经常被认为是不礼貌的、不理智的、无控制性的、挑战性的，或甚至是完全傲慢无礼的。

人们不允许儿童漠视社会习俗的存在。我们谁也不会允许自己的主见随心境而想出现就出现。但如果我们认为在一个适当的环境中主见是有价值的，是独立、自信、自尊和社会有效性的一个重要方面，则我们就应指导儿童发展它并决定何时才能正确的使用它。如果使儿童甚至在想要表现得有主见时也产生犯罪的感觉，他们就会被认为没有权力拥有自己的观点和自己的社会空间。这也就难怪有些儿童感到难以坚持自己的立场或不能认识到自己也是一个有能力的个体。

认识到社会主见性是一个很重要的方面，并且确定了要表现出社会主见应具备哪些要求后，在任何社会技能训练程序中的下一步就是要使个体练习那些能满足这些要求的行为（说"不"，开始和结束谈话，等等）。但这时通常人们会产生一个很严重的误解，即许多人认为社会主见会使人们产生不愉快，说"不"是带有攻击性的，并且终止谈话是粗鲁或不礼貌的。完全相反，有效的社会主见包括明确和理智的决策,并没有理由证明这些品质可以被用于伤害别人。除了这种个人上的伤害,主见也可能会在社交上带来副作用,它可能会激起那些我们与之打交道的人变得同样的坚决,并以同样的方式反击我们。在社会技能训练中,强调的是技能而不是强迫性。通过了解别人的反应,通过增强我们对别人合理权利和需求的认识,以及学习正确的交流技术,我们更可能实现自己的目标。

对社会情境的评价和反应

社会技能程序——尤其是那种针对儿童而设计的——应能提供一种如何对社会情境进行总结的指导。为什么别的人要做出这种反应?我们自己应处于什么合理的位置?目前双方都做了什么和说了什么?这时录像资料是很宝贵的,班上的学生观看具体的社会交往例子,并做错了什么和为什么错,以及怎样做才能避免这一错误。录像带可以是有意制作的,也可以从受欢迎的电视片中摘录片断,尤其是那些包括儿童——儿童或儿童——成年人交往的片断。下一步就是如何来提高在这种情境下的交往技能。如果儿童处于这一情境那么他下一步该做什么?他们应该说什么话?使用什么语调?使用什么身体语言?

通常在这一阶段最适宜的是让儿童把自己选择的反应表现出来,群体其他成员观看,并准备做出帮助性的评论。然后可以进行更进一步的成对角色扮演活动:教师给参与的儿童提供一个短剧本,帮助他们进入情景,然后由他们去表演。这些情景可以包括求职面谈、到商店退残次商品、对邻居的不文明行为表示抱怨、站出来为地位卑微的人说话、在晚会上主动与陌生人说话、指出教师判分时的不公正、谈论自己喜欢的事情等。这种活动的一个问题就是有时带有较强人为的倾向,这是由于我们太强调表演技能,这使儿童为了表现得更好而感到紧张,或者是我们选择的情景离他们的经验太远了。很明显,我们再回顾一下刚举的例子,求职面试只是在儿童毕业时才会考虑的事情,而对邻居的抱怨只有在儿童生活的环境中与其邻居之间有较多摩擦时才会遇到。这里的一个原则是,在我们训练儿童的主见时,我们不应教育儿童对未来不确知的事情有主见,而应该让他们对目前的状况有主见;或者在我们训练儿童的社会友好性时,我们不应教育儿童如何处理想像中的鸡尾酒会的情景,而应该让他们认识怎样与自己的俱乐部或迪士科舞会上的伙伴相处。通常这意味着教师不应该对与这些与别人交往时的行为细节有任何先入为主的观念,而应该认真观察这些行为中的问题。通常儿童自己的评论,如果以正确的态度来提出,会比教师所说的更有助于指导儿童彼此交往时的行为。

通过使用录像带,或在录像不方便时用图画和录音带,可以帮助儿童明确那些区分在社会技能上表现好和表现差的因素。眼光的接触、面部表情、身体姿势、手势的使用、外表、头部运动和微笑,所有这些方面在社会技能好和差的人身上都有明显不同的模式。在运用语音上也是这样。语言的清晰度和速度、犹豫和停顿、音量和语调,这些方面在善于社交和社交上笨拙的人之间也有明显的差别。同样的差别也表现在语言内容上。发言的长度和内容、重复性、打断谈话等都会起到一定作用,当然一个人的同情和注意也有助于他倾听别人的谈话。

通过视觉材料,儿童可以从观察与之交往的人们的身体姿势和其他躯体表现来判断他们的情绪。更进一步的,这也可以促使他们更仔细地观察自己的行为和情感,以及判断它们是否适合于当前的社交情景。他们的谈话技能也能在一些特定的主题之下得到发展,比如请求愿望、会见陌生人、解释错误、道歉、处理危机、与异性交谈、电话购物等等。这些练习都应在轻松、非正式的条件下进行,而且要像游戏一样来安排所使用的录像带和角色扮演活动。

比如,可以要求儿童用不恰当的反应方式思考和行动(笨拙、咒骂、粗暴、冒失、逃避、忽视),然后再用恰当的方式反应(平静、文雅、真诚)。在轮流的角色扮演活动中,给每个儿童编上号码然后让他们扮演这一号码所代表的角色,这会使活动更有趣(只要教师能维持对整个活动的控制)。要求儿童按照教师事先编好的剧本以社会技能较差的方式表现角色,这有助于使儿童在判断社交技能的好坏上更有鉴别力。另外,有一种游戏,给每个儿童一张纸条,上面写着某种具体的社会技能或某种社会技能的缺乏,然后让他们把纸条上写的表演出来,再要求班上其他的学生找出所表演的是哪一种社交技能或缺乏哪种社交技能。这种游戏也是一种受欢迎很有效的方法。

社会技能训练的正确气氛

我们要再一次强调在这一类活动中必须需要有一种轻松的气氛。绝不要将其视为是一种一些孩子能通过而另一些孩子却失败的"测验"。这与有效的社会技能训练是相违背的。我们的目的是建立自信,而不是进一步损伤它。如果儿童在社会技能学习的过程中感到紧张或能力不足,那么这种训练只能又成为一种他们不能完成的事情。在简单的活动形式背后需要教师做大量的准备和计划工作。教师应该对社会交往较差的儿童应给予一些要求较少的任务,并对他们的努力进行公开的鼓励和表扬。不应使任何儿童在社会技能学习的课程上感到自己的表现差。教师应鼓励全班同学互相支持和帮助,而不是互相看不起或互相嘲笑。

另一点也是重要的,即这一类练习应被设计成是对全体儿童的指导,而不是具体地使 A 学生比 B 学生更有主见,或使 C 学生比 D 学生在社交上更文雅。如果仅仅是因为班上其他儿童对某个儿童的问题过分地感兴趣,或成为自己取乐的对象就把这个儿童的个人问题在全班面前曝光,那么就会对儿童以后的生活带来困难。个人的社会技能问题最好是(至少在学校中)以个人的保密的方式来解决。

从角色扮演中学习

我们还需注意的是不要让儿童在没有充分准备的情况下突然进入到角色扮演的活动中。儿童应该认识到他们参加的活动不是人为造作的,而是需要认真思考的现实性的交往。通过这种活动,儿童将会充分认识到说服的性质和力量,在提出请求时如何正确使用语言,别人是怎么看我们的、语音是多么重要,所使用的是什么样的交往方式,有哪些非言语信号,与我们交往的是个什么样的人等等。以自信的方式做出的陈述和提出的请求要比那些含混不清的语言有效的多。一个微笑(很自然表现的)将比皱眉有用的多。目光接触比目光回避给人留下更好的印象。社交成功的期望将比社交失败的期望能产生更直接的方式。

通过角色扮演人们认识到大多社交都是以一种承诺的形式来进行的。如果我使某人愉快,则他们更倾向于以愉快回报我。如果我知道自己想说什么,并且说的很明确从而不使他们感到混乱和烦恼,他们就更愿意听我说。如果我在提出我的请求时,不仅考虑了自己的情况,也考虑到了对方的情况,那么对方就更有可能同意我的请求。如果我表示我将对我接受到的帮助予以回报,那么我就很可能会得到这种帮助。如果我表示自己愿意听取别人的意见,并允许他们表达自己的情感,则他们也会对我做出同样的反应。还可以列出许多这类项目并且它们也都不难做到。我们通常忽视了对社会技能的训练,这表现在一旦人们有机会学习这些技能,他们马上就能用之于与人的交往。他们的反应大多表现为"当然,现在我已认识到如何去做了;我只是以前没认识到"。

社会友情的重要性

社会技能训练的另一个主要方面是友情。有许多人感到表现出社会友情几乎是不可能的,不论它是以情感、同情的形式,或仅仅是某种共享的快乐。早期训练在此再一次表现出其作用。儿童通常被告知表现这些情感是不会被社会"接受"的。在一些情况下，成年人对这些情感所做出的紧张而不好意思的反应也很快使儿童认识到最好是将这种热情直率的情感隐藏起来，而不要让其自发地表现，避免表现出自己被某人吸引了注意力，当他们感到对不起某人并想安慰他时则最好控制自己不要这样做。这种不自然的社会性保守的态度使家庭成员之间，朋友和相识者之间产生障碍，并最终影响男孩——女孩的关系。它在人们之间设置了不必要的界线，使许多人终生感到社会孤独和寂寞。

针对友情而进行的社会技能训练与前面提到的程序是一样的。首先是帮助儿童认识自己的情感并了解他人的情感，再选择正确的言语和行为来表达这些情感，认识并克服那些缺乏社会肯定性和不好意思的反应，并学会当他们自己是社会友情的目标时应该怎样反应。在所有的社会技能训练中，重要的是儿童要认识到每个人都是一个个体，他们都会有自己特殊的社会交往方式。不能认为每个人都应该与我们一样来思考和行动，也不能在别人做得和我们不一样时就对其做出消极判断。可能在本质上人们在给予和接受社会友情有很大不同，但一个好的社会技能训练程序应允许人们自然和公开的表达他们对别人的热情和支持性的情感。

自我揭示

在社会技能中第三个重要的方面是自我揭示。我们准备对那些与自己相处的人表现出多少自己的东西，或我们的私生活？自我揭示是否很容易使我们受到伤害？或者相反，我们是否自我揭示得过多，使得别人感到厌烦？似乎外向型人比内向型人更倾向于自我揭示（见第八章），因为内向型人比外向型人更善于保守个人秘密。而一定程度的自我揭示表现了对别人的坦诚和直率，以及较低的自我防卫性。它也表现出对别人的信任，并是社会亲密感最基本的成分。一个关于自我揭示的社会技能训练程序可以帮助认识到什么程度的以及在什么场合下自我揭示是适当的,并也有助于使他们检查他们不愿意自我揭示的原因是什么(犯罪感,害怕受伤害,缺少信任,对自己价值的怀疑)。并且这有助于使他们认识到别人也有与他们同样的问题,而认识到这一点对双方都会有所帮助。

上面所有这一切都有助于使人们成为一个很好的倾听者。如果我们希望自我揭示,我们就必须给别人同样的对我们揭示的自由。世界上谈话的人要比倾听者多的多,但是,如同谈话的技能一样,倾听也是社会技能中很重要的一部分。一旦儿童认识到倾听的需要,并发展出对别人感兴趣的能力,他们也就能很快的掌握这一艺术。似乎在所有的社会技能中做一个好的倾听者是最重要的,这会有助于使我们被别人喜欢。在成功的社会交往中,仅仅保证知道我们自己要说什么是远远不够的!

参考文献

Abrams, D., wetherell, N., Cochrane, S., Hogg, M. and Turner, J. C. (1990) Knowing what to think by knowing who you are: self—categorization and the nature of norm formation, conformity, and group polarization. *British Journal of Social Psychology*, 29, 97—119.

Asch, S. E. (1955) Opinions and social pressure. *Scientific American*, November.

Asher, S. R. (1983) Social competence and peer status: recent advances and future directions. *Child Development*, 54, 1427—1434.

Bandura, A. (1986) *Social Foundations of Thought and Action: A social cognitive theory*. Englewood Cliffs, New Jersey: Prentice—Hall.

Bee, H. (1989) *The Developing Child*, 5th edn. New York: Harper & Row.

Berndt, T. J., Hawkins, J. A. and Hoyle, S. C. (1986) Changes in friendship during a school year. Effects on children's and adolescents' impressions of friendship and sharing with friends. *Child Development*, 57, 1284—1297.

Besag, V. (1989) *Bullies and Victims in Schools*. Milton Keynes: Open University Press.

Boulton, M. J. and Underwood, K. (1992) Bully/victim problems among middle school children. *British Journal of Educational Psychology*, 62, 73—87.

Clark, R. D. and Maas, A. (1988) The role of social categorization and perceived source credibility in minority influence. *European Journal of Social Psychology*, 18, 381—394.

Croll, P. (1986) *Systematic Classroom Observation*. London: Falmer Press.

Crutchfield, R. S. (1955) Conformity and character. *American Psychologist*, 10.

Dodge, K. A. (1983) Behavioural antecedents of peer social status. *Child Development*, 54, 1386—1399.

Elliott, N. (1991) *Bullying. A Practical Guide to Coping for Schools*. Harlow: Longman.

Eron, L. D. (1987) The development of aggressive behavior from the perspective of a developing behaviourism. *American Psychologist*, 42, 435—442.

Flanders, N. A. (1970) *Analyzing Teacher Behavior*. Reading, Massachusetts: Addison Wesley.

Grussec, J. E. and Arnasan, L. (1982) Consideration for others: approaches to enhancing altruism. In S. G. Moore and C. G. Cooper (Eds) *The Young Child: Reviews of research*, Vol. 3. Washington, DC: National Association for the Education of Young Children.

Hargreaves, D. (1967) *Social Relations in a Secondary School*. London: Routledge & Kegan Paul.

Hartup, W. W. (1984) The peer context in middle childhood. In W. A. Collins (Ed.) *Development During Middle Childhood. The Years from Six to Twelve*. Washington, DC: National Academy Press.

High/Scope (1992) *Manual for the Child Observation Record*. Ypsilanti, Michigan: High/Scope Educational Research Foundation.

Lacey, C. (1970) *Hightown Grammar*. Manchester: Manchester University Press.

Lazarus, A. A. (1973) On assertive behaviour: a brief note. *Behaviour Therapy*, 4, 697—699.

Lott, A. J. and Lott, B. E. (1960) The formation of positive attitudes towards group membership. *Journal of Abnormal and Social Psychology*, 561, 297—300.

Merrett, F. and Wheldall, K. (1990) *Positive Teaching in the Primary School*. London: Paul Chapman.

Milgram, S. (1974) *Obedience to Authority: An experimental overview*. London: Tavistock.

Nottinghamshire Education Committee (1991) Developing a co—ordinated approach. In P. K. Smith and D. Thompson (Eds.) *Practical Approaches to Bullying*. London: David Fulton.

Potter, S. (1947) *Gamesmanship*. London: Rupert Hart—

Davis.

Shaw, M. (1977) *Group Dynamics: The psychology of small group behaviour*. New Delhi: Tara McGraw Hill.

Smith, P. K. (1993) Social development. In A. M. Colman (Ed.) *Companion Encyclopedia of Psychology*, Vol. 2. London: Routledge.

Smith, P. K. and Thompson, D. (1991) (Eds) *Practical Approaches to Bullying*. London: David Fulton.

Spence, S. (1980) *Social Skills Training with Chidren and Adolescents*. Windsor, Berks: NFER/Nelson.

Tatum, D. and Herbert, G. (1992) *Bullying: A positive response*, 2nd edn. Cardiff: Cardiff Institute of Higher Education.

Trower, P. Bryant, B. and Argyle, M. (1978) *Social Skills and Mental Health*. London: Methuen.

Turner, C. (1991) *Social Influence*. Milton Keynes: Open University Press.

Vaughn, B. E. and Langlois, J. H. (1983) Physical attractiveness as a correlate of peer status and social competence in preschool children. *Developmental Psychology*, 19, 561—567.

Wheldall, K. and Merrett, F. (1989) *Positive Teaching in the Secondary School*. London: Paul Chapman.

Wood, W., Wang, F. Yu and Chacherie, J. G. (1991) Effects of media violence on viewers' aggression in unconstrained social situations. *Psychological Bulletin*, 109, 371—383.

补充读物

Argyle, M. (1983) *The Psychology of Interpersonal Behaviour*,

4th edn. Harmondsworth: Penguin.

Still one of the best introductions to the general field of social interactions.

Argyle, M. (1991) Co — operation: The Basis of Sociability. London: Routledge.

Excellent text by one of the leading authorities in the field.

Bennett, N. and Desforges, C. (Eds) (1985) *Recent Advances in Classroom Research.* Edinburgh: Scottish Academic Press.

Not restricted to social aspects of classroom behaviour, but contains much useful material on interaction.

Brown, G. and Shaw, M. (1986) Social skills training in education. In C. R. Hollin and P. Trower (Eds) *Handbook of Social Skills Training, Vol. 1.* Oxford: Pergamon.

One of the best brief introductions (the whole book is strongly recommended).

Cartledge, G. and Milburn, J. F. (Eds) (1986) *Teaching Social Skills to Children.* Oxford: Pergamon Press.

A range of training techniques of practical use for teachers.

Delamont, S. (1983) *Interaction in the Classroom*, 2nd edn. London: Methuen.

One of the best short works on interaction analysis.

Delamont, S. (1984) The observation and classification of classroom behaviours. In D. Fontana (Ed.) *Behaviourism and Learning Theory in Education.* Edinburgh: Scottish Academic Press.

A full survey of the development and current status of research into classroom interaction.

Duck, S. (1986) *Friends for Life: The psychology of close rela-*

tionships. Brighton: Harvester Press.

A Penetrating and comprehensive look at the mechanics of friendship.

Fontana, D. (1990) *Social Skills at Work*. London: BPS/Routledge.

Short practical introduction to social skills training.

Hargie, O., Saunders, S. and Dickson, D. (1987) *Social Skills in Interpersonal Communication*, 2nd edn. London: Routledge.

Especially good on the communicative aspects of social behaviours.

Kleinke, C. L. (1986) *Meeting and Understanding People*. New York: W. H. Freeman.

A splendid, highly readable and eminently practical guide to assessing and relating to others.

Kutnick, P. (1983) *Relating to Learning: Towards a developmental social psychology of the primary school.* London: Allen & Unwin.

Deals with younger children, but a valuable introduction to the way in which social factors influence learning and development.

Roland, E. and Munthe, E. (1989) *Bullying: An International Perspective.* London: David Fulton.

Shows the extent and nature of bullying across cultures — a disturbing picture.

Rubin, K. and Ross, H. (1982) (Eds) *Peer Relations and Social Skills in Childhood.* New York: Springer Verlag.

One of the few books to look at the area exclusively from the child's perspective.

Spence, S. and Shepherd, G. (1983) *Developments in Social Skills Training*. London: Academic Press.

Practical and comprehensive survey of social skills strategies suitable for classroom use.

Tatum, D. P. and Lane, D. (1988) *Bullying in Schools*. Stoke—on—Trent: Trentham.

Sane, sensible and practical appraisal of the problem and its treatment.

一些问题

1. 为什么正式的教育一般不能改进儿童的社会技能？
2. 了解你与别人交往时的行为并注意你所使用的非言语信号。
3. 当你第一次遇见某人你使用什么线索来对他进行判断？
4. 观察你自己试图给别人留下好印象时所使用的策略。
5. 列出个体（包括教师）在与别人交往时强调和保护他们自己地位的方法。
6. 导致成为威吓者和受害者的因素是什么？
7. 一个好的学校减少威吓事件所能采取的行动是什么？
8. 你认为在与阿什的实验情境相似的社会情境下你会如何反应？
9. 在社会行为上顺从者和独立者的品质是什么？
10. 米尔格拉姆的发现对于整个社会的意义是什么？
11. 大多数课程中典型的 5 步骤的情景程序是什么？
12. 你如何利用迎接的情景使课程有一个好的开端？
13. 列举教师应传达给班级的好的"社会信号"。
14. 教师通常面对的角色冲突的性质是什么？最好怎样解决它？

15. 儿童受欢迎和不受欢迎的主要原因是什么？
16. 为什么不要威胁儿童在他们同伴眼中的地位？
17. 学校处理威吓问题的最好方法是什么？
18. 描述在小学或中学中所使用的一个好的社会技能训练程序所应包括的内容。
19. 写出一个在社会技能训练中使用的较短的角色扮演活动。明确其中所要教授的技能。
20. 为什么许多儿童感到表示 a)社会友情 b)自我揭示很困难？学校能怎样帮助他们？
21. 为什么有一些人比其他人更善于倾听？

第十二章　教育指导和咨询

学校中的咨询

在我们讨论指导及咨询问题时，就像我们强调每个教师都应该是社交技能的教师一样，我们也要强调每个教师都应是一个教育的咨询者。我的意思是每个教师都应该能帮助儿童处理个人问题，以及帮助他们对自己今后的生活做出决策。由于教师也是具有个体差异的人，不可避免的他们也会在所起的咨询角色上表现出不同的重要性，他们也会在不同的程度上接受儿童咨询以解决他们的问题。某些教师比其他人更倾向于替儿童保密，在与儿童的关系上也更具有同情心和耐心。儿童感到可以对他们交谈，并信任他们的反应。事实上，同情和值得信任这两个品质比任何咨询技术都重要，它们使儿童决定自己在有需求时寻求谁的帮助。

值得信任这一品质有时似乎会被教师所具有的双重性角色（第十一章）所掩盖。首先他们代表着学校的权威，其次他们才代表公正的可以信任的咨询者。因此，如果学生想与教师讨论与学校有关的事，比如他们受到其他教员不公正的对待，或偷窃了学校的设备，或在学校的考试中作弊，那么他们则无法肯定是否教师会考虑将它向更高的权威人士汇报。同样的，教师也会感到这种冲突，他们会为自己的职业责任到底应是什么而疑惑。这可能使他们有时并不赞成为学生保密，从而使学生对他们产生了不信任感。

避免这种问题的一个方法就是学校应有一个专职的咨询工作教员，他不参与任何教学和行政管理工作。而这种方法尚未被广泛采用的原因却很难说清,虽然也有一些教师对在教员中存在这么一位专职的咨询专家感到不舒服。他们可能担心他们会成为咨询者和儿童讨论的主题,而且在学校中存在与他们不一样的咨询者这本身就是对他们作为学生的精神安慰者角色的威胁,如果咨询者保持一些秘而不宣的秘密,甚至学校校长也不会知道,则校长的权威性在学校中就会减弱。因此,无论我们对专职咨询人员的兴趣有多大,在未来可预见的时间内,学校中的咨询者仍将主要由教师来担任。因此,对教师来说重要的是至少应掌握一定的咨询知识。有一些学校会安排一些人负责协调咨询性活动,并指导新教师应做什么,还有一些学校安排专人负责学生的精神安慰工作。但这些人中很少有人参加过由权威或专业机构组织的短期培训,更少的人具有从事这种工作的正式资格。这一状况是很不幸的,因为传播咨询技能的一个最好方法是由接受过专业训练的老师向其他老师传授这种知识。因此每个教师可以在他们的实际工作中学习这些技能,而且在他们自己感到没有把握时能方便地寻求专家的帮助。

保密的问题

我们在一开始就强调值得信任和同情是优秀咨询者应具有最基本的素质。我也曾说过,一个主要的问题是当儿童违反了学校的重要规章,或使学校的重要价值观和标准受到威胁时,教师是否应该继续为学生保密,或违背学生的信任而去把它报告给校长或其他有关人?一些人建议,在老师向学生承诺替他们保密之前,应该提醒学生他们可能有必要将之告诉别人。就目前而言,这还是一个不错的方法。问题是这可能会阻止了学生寻求帮助,或使学生在一些应该予以公开的事情上保持沉默。当然,有时教师也会在毫无准备的情况下遇到儿童需要保密的问题,从而没有时间去提醒他们。这尤其是在普通教师扮演咨询者角色时会更经常出现,因为他不像专职咨询者那样在半正规化的咨询谈话中有一种便利的条件,即可以在咨询开始前由咨询者和儿童对咨询中出现类似问题时该怎么办达成共识。在某种情况下,咨询者必须依靠个人的经验来决定是否替学生保密(理想的情况下学校应制定一些政策用以指导教师在这种情况下该怎么办)。通常必须考虑的两种基本规则是,(i)在决定将秘密告诉别人之前应首先寻求儿童的同意,至少应让儿童知道咨询者可能会采取的行动,(ii)只有在考虑到这样做只是为了儿童的长久利益时才能决定将秘密告诉别人,绝不能只是为了使儿童受到惩罚或只是为向领导表示自己是个多么积极的教员而这样做。

当然,有时为了使儿童同意进一步采取的行动需要对他们做大量的说服工作。这时咨询者应该是帮助儿童认识到虽然暂时存在不愉快的结果,但从长远的观点看,他们将赢得别人的尊重和理解,也会提高他们的自尊。一些咨询者认为这样做似乎太命令式了(这一概念我下面再加以讨论),而我们应允许儿童做出自己的决策,但这似乎给年幼的儿童施加了过强的责任,他们更希望有人指导他们做出最佳的选择。当咨询者和儿童都同意必须公开秘密时(在此我使用"公开"并没有任何贬义的含义,也许使用"终止"秘密更合适一些),应保证使儿童继续得到咨询者的支持,这甚至包括要陪儿童一起去见校长,家长或有关的人。但在征求儿童意见时,如果儿童拒绝将秘密公开,则咨询者应尊重儿童的决策。咨询者可能会感到这样会妨碍他们给儿童提供实际的帮助和支持,因为一旦儿童做了这样的决定就不太可能有选择其他做法的可能了。

对于上面所谈到的行为惟一可以例外的似乎是,如果儿童对咨询者报告的行为将对其自己、其他儿童或更广的社会范围造成危险(或潜在危险)时,则我们不必征求他们是否同意将秘密公开。比如,当秘密内容是有关毒品,或对其他个体的暴力威胁时,我们就应该将之报告给有关人。在英国的法律中很少规定一个人有必须揭露有关犯罪或可能的犯罪情况的责任,只要这个人没有以任何方式要卷入到犯罪活动中(但我们很难证明一个人了解到犯罪的情况却没有卷入到这一犯罪活动中),但教师的职业则对此有明确的责任要求,并且是必须被遵守的。在任何情况下,不论是否有责任,教师在道德上都有阻止伤害发生责任,这意味着如果他以为保持沉默将会使这种伤害发生,则他必须向有关权威反映而别无选择。还必须要记住的是,即使一个人作为专业的咨询者,这也不是说他的职业责任与一般教师的有何不同,因此我们必须承认一个人对整个社会的安全和秩序负有责任,不论这种责任是法律上的或道德上的,它们与其他教师的责任没有差异。这意味着正规咨询中出现的需要保密的内容并不比一般教师和学生之间非正规谈话中涉及的秘密更重要。

当然要决定使自己在任何情况下都不保持沉默是件很痛苦的事,但一旦决定了就必须执行。就像前面指出的,这样做时惟一的条件就是必须先使儿童知道,然后再给予儿童咨询者所能提供的所有的帮助和支持。咨询者也要对他这样做的理由进行合理的解释,并使儿童认识到从长远的观点看,这样做更符合于儿童本人的利益。

同情的重要性

现在我们从信任转到咨询者的另一个重要的品质即同情上,在这方面我们很少产生问题。同情意味着教师要时刻都理解儿童的处境并希望能帮助他们。在表达同情时,教师不仅要注意自己所说的,也要注意自己的非言语信号(第十一章)。微笑就是比皱眉更好的一个表达同情的非言语信号,鼓励的点头则比不赞成的摇头要好,友好的目光接触比冷漠的凝视窗外要好。在与儿童进行言语交流时最好听儿童讲,让他们用自己的话来说明问题,而不要总打断他们或帮他们完成语句。在所有这些方面,教师应该表达出他们对儿童的兴趣和耐心:即对儿童所谈的表示出极大的兴趣,并也要有足够的耐心去听他们谈,而不管这将花费他们多长的时间。最重要的是,同情是通过行动来表现的。教师和儿童一起来讨论儿童的问题,并随时给儿童提供实际的帮助。这并不是说替儿童做他们自己实际上完全能做的事情,而是指在儿童力所不能及的事情上给必要的帮助(比如,教师站在儿童的立场上与其他教员交涉,获得儿童所需要的学习材料,与福利机构建立联系,使儿童更好的参与到班级活动中,指导家长使他们知道怎样才能对学习问题给予最好的帮助,将学生的情况反映给校长,等等)。

咨询的过程

我已经提到咨询者应具有值得信任和同情的特征,这些品质应表现在咨询者和儿童之间的谈话和交流中。但在讨论咨询过程时,还要在头脑中考虑到其他的重要因素,现在就加以分析。

对儿童问题的分类

首先我们应寻找一些对儿童问题分类的方法。一种方法是判断儿童的问题是简单的,还是复杂的。简单问题可以被看做是独立于其他问题的问题。比如,儿童与某些教员产生了麻烦,或在某些重要问题上受到不公正的责备,或在学习问题上产生了困难。通常简单的问题是可以通过教师与学生都同意的某种单一的行动来解决(当然要使这一行动最终完全付诸于实践可能需要一定的时间)。咨询者在面对简单问题时应认真听取儿童的述说,在必要的细节上提出疑问,使儿童认识到他们是可以寻求帮助的,然后决定应该做些什么。判断谁该为儿童的困境受到谴责,或将时间用于批评谁是没有任何实际意义的。这只能阻止大多数儿童在以后寻求帮助。另一方面,有时候教师可能会觉得帮助儿童仔细思考问题为什么会发生以及如何避免其再发生也会使儿童获益。

相反,一个复杂的问题可能就会更多的涉及儿童本人的人格等多方面的因素。比如,儿童可能过于害羞,或感到容易成为别人欺负的对象。他们可能是自尊较低,或太鲁莽,或容易对别人产生暴力性的反应。也许还会有家庭中长期存在的问题,或对异性交往的困难,或强烈的犯罪感或焦虑。应注意到有时一个简单的问题会掩盖着一个复杂的问题,这或者是因为一个问题导致了另一个问题的产生,或者是因为儿童在咨询开始时只谈简单的问题,但实际上他是想通过这种方式来谈更复杂的问题。我们还要注意到儿童认识到问题的存在,并不意识着他们能意识到问题的原因。比如,问题可能是儿童不被班上同学所喜欢,但他并不一定认为这是他个人的原因,而认为是同学们"不公正"。

咨询者的作用

当存在复杂问题时,咨询者首先要做的是鼓励儿童把问题谈出来,并在我们已谈到过的信任和同情的气氛下听儿童谈他们的问题。倾听本身就是一个重要的技能。尼尔逊—詹尼森(1986)总结了许多好的倾听者与差的倾听者的特征。差的倾听者为:

- 命令和引导谈话;
- 做出批评的评论;
- 责备,变得攻击性,说教;
- 过于着急的提出忠告;
- 拒绝别人的情感;
- 不适当的谈论他们自己;
- 贴标签和做诊断;
- 使人有时间紧迫感;
- 注意力不集中;
- 过多的解释;
- 做出保证和幽默(只是为了使讲话者而不是倾听者感到更好);

・假装的注意。

而好的倾听者将避免这些错误。他们也会通过自己的身体语言表示自己对来访者的注意——比如,放松的姿势,身体的开放性(面对谈话者),目光接触,适宜的面部表情,点头等等。也许,最重要的是,所有这一切都表明咨询者可以为来访者随时提供帮助,而且表明他们对来访者所谈的非常有兴趣和关心。

咨询者只要能使自己成为一个好的倾听者,那么也就能给予有用的帮助。但大多数咨询者都希望自己能做更多的事情。下面我们就总结一些应该牢记的其他重要的方面。

指导性

总的来说咨询者应努力使自己不表现出过多的指导性。近年来有许多文章分别论及指导式咨询者与非指导式咨询者的优点,它们强调指导式的咨询者是告诉儿童应该做什么,而非指导式的咨询者强调帮助儿童自己去发现解决问题的办法。但现在则一致认为,只要可行应至少应让儿童在决定他们未来生活的行动方案上发挥一定作用。如果只是由咨询者来为他们做决策,那么这只是咨询者的决策而不是儿童自己的决策。而且在他们所关心的所有问题上,咨询者不可能有像儿童本人一样对其生活环境的了解,因为是儿童本人生活在其中并对其反应。因此,咨询者的决策有可能并不适用于儿童的情况,虽然看上去它有一个明确有效的解决问题的方案。很明显,如果问题包括道德上的内容,具有明显的对别人所负的责任,那么(尤其是对幼小的儿童)咨询者就可能会希望引导儿童做出那些似乎是更正确的决策,但即使如此也仍要考虑儿童本身的道德和社会背景因素。如果强迫他们接受那些与他们的背景相当不一致甚至是他们认为错误的决策,这就可能会导致失败,甚至会造成他们在今后对别人具有更强的反抗。

咨询的短期目标是帮助儿童在适当的情境中解决他们的问题,并认识和理解与这些问题有关的重要因素。这包括对儿童提出一些问题,通过这些问题,咨询者能够对所发生的事情以及其他人对这件事的看法有所了解(比如"你认为你的妈妈/爸爸/朋友将怎样看待这一点?";"你认为如果不这样做还能做别的什么?";"如果有人对你这样说你将怎样想?";"你为什么对此失望?";"你认为这意味着他们不喜欢你吗?")。这也包括使儿童感到咨询者能理解并接受他们的情感,并鼓励他们将其表达出来("那样会使你感到很厌烦,是吗?";"当这件事发生时你感到高兴,对吗?";"然后你就离开了并感到很难过,是这样吗?")。把这些问题结合儿童的具体情况而提出来,就能帮助儿童深入的认识问题和认识他们自己,从而使他们更自信,更客观,更有能力处理以后遇到的类似问题。

不予评价的态度

咨询者应在总体上保持一种不予评价的态度。换句话说,他们不能给儿童一个印象,即他们只是在等儿童说完后,就会对他或她的行为和人格品质做出评价。许多要求咨询者帮助的儿童已经感到自己有所不足,他们自尊较低并可能有失败的经验。他们可能需要的最后一件事就是让咨询者给他们一个肯定的评价。如果确实需要做出评价,那么最好由儿童自己进行。如果咨询者认为儿童这样做太困难,那么就先鼓励儿童对自己采取一种更平衡的自我接受的观点。

责任

在任何情况下,都要帮助儿童提高对自己行为的责任感。他们总有一天要离开学校并进入大众的行列,因此要由他们决定自己将成为什么样的人。尽管存在与此相反的观点,但我们仍认为学校并不对"塑造"儿童的人格承担责任(即使在一个民主社会中也如此),而是使儿童处于一种位置上,使他们能对自己做出明智和正确的选择。我们前面曾提到,咨询者应鼓励这种责任,但此外他们也应该帮助儿童认识到个人选择的性质(认识到在这一选择中所包含的,为什么它是必要的,并且个体如何最好的做到这一点)。在这一方面最好也是让儿童自己去思考，而没有必要要求儿童去阅读一些文章，无论它们多么有意义。

将注意力集中在所讨论的问题上

咨询者在与儿童的谈话中也应试图在问题确定后就帮助儿童将注意力集中在这个问题上。这是因为儿童有时存在一种倾向，在他们的交谈中会避免痛苦的话题。这时咨询者就需要用"但你曾告诉我……"或"你多对我谈一些关于……"这样的方式来引导，但一个更有用的技术是要求儿童来澄清他们已谈到的问题。这能使儿童认识到咨询者也需要帮助，并且他们已非常热情的参与到问题中来。在这方面比较适宜的话有"如果你能告诉我更多关于……就将使我更好的理解"，或"我在这一问题上需要更多帮助；你能告诉我关于……？"

不干扰

最后，咨询者永远也不要进入儿童所不愿意的领域。应该鼓励儿童诚实，但如果在认识到他们不希望进一步谈论细节时（比如关于他们的私生活或他们与父母的关系），则不能强制他们去做。他们所以不愿谈得过多可能是因为他们觉得必须对别人忠诚，或由于其他一些使他们窘迫的事情。如果我们认识到他们没有对自己生活中的方面进行决策的能力，则我们就没必要要求他们接受责任和做出决策。并且咨询者过于深入的询问，会使儿童在逐渐增加了自己对咨询者的信任之后，阻止了儿童进一步自觉的提供信息。这甚至会妨碍儿童再进行任何的交谈，因为他们感到这种交谈强迫他们说出更多他们不愿意谈的自己的事，或使他们在咨询者面前感到害羞和窘迫。

咨询者面对的问题

那些希望多了解一些咨询问题的读者可去阅读本章后面列出的进一步的补充材料，但最好的方法是去参加大学或学院或当地教育机构组织的咨询训练活动。要掌握心理咨询的技术,就必须去观察别人是如何使用这些方法的,而且还要在模拟情境下在专家的指导下练习使用这些技术,这样即使犯了错误也不会造成伤害,除此之外别无他法。这些训练活动也给我们提供了学习其他与教育有关但教师却无法使用的咨询技术的机会,像家庭治疗法。家庭治疗法是以这样的事实为基础,即当我们的子女有问题时则通常这个家庭也是有问题的。但家庭问题并不一定会源于子女问题(但可能会通过它使问题加剧),并且事实上它本身就是产生子女问题的根源。

家庭治疗者通常是受到训练的心理学家或精神病学家,他与整个家庭的核心成员坐在一起,鼓励他们把造成家庭关系紧张和子女问题的行为谈出来。这是一种技巧性很高的工作,应该由专家来进行。因为治疗者必须保护每个家庭成员使他们不受所谈问题的伤害,直到他们有足够的力量来面对这些问题。这些有关家庭治疗的基本知识,以及如何在可能的情况下创造机会观察整个家庭活动的方法,都将对教师有极大的帮助,因为这能使他们认识到家庭问题是如何产生的,也更使他们认识到儿童的问题不是孤立存在的,而是处于一个紧张与压力不断变化的家庭关系网的中心,这些紧张与压力是造成儿童问题的主要原因。

社会的力量和冲突

最后一个问题是由社会心理学的奠基者勒温(1890—1947)所强调的,在1936年时他曾写过"个人或群体的行为取决于整个情境中的社会力量,而不是个体的内部特性。"这意味着那些具有某种攻击性气质或倾向的儿童,事实上并不一定会产生问题。但如果使他们处于某种特定社会环境下受某种关系的影响则会使他们产生问题。勒温也认为许多咨询者所面对的问题只有在这种关系的情境下去认识才能被很好的理解。为了支持这一观点,他提出了一个影响力很大的模型,其核心概念是社会空间,在社会空间中个体的行为可以被分解为许多不同的领域。在儿童的行为中这些领域包括家庭、学校、年轻人的俱乐部、童子军、教堂、朋友圈等等。在理想状态下,我们在自己的生活中可以从一个领域转换到另一个领域(比如,从家里到学校,又从学校到年轻人俱乐部),而不必改变我们的社会行为和组成这种行为的标准和价值观。如同勒温所指出,这些领域之间的分界并不是很严格的。因此个体能够具有一个相对和谐的社会生活,而不必要将自己的社会人格分解以被他们所遇到的不同领域中的人们所接受。(读者可能会考虑到这些分解将阻碍在第八章讨论过的个体的人格认同和成熟的发展。)

如果这些领域之间的分界明显,那么儿童就不得不改变他们的社会行为以被不同的领域中的人所接受,这就会产生冲突和自我怀疑(在第一章中讨论过的家庭和学校间的冲突就是如此)。个体也无法肯定在不同的社会情境中表现出的自我那一个才是他们真实的自我,并会由于一种自我的行为方式(如与朋友在一起时的自我)与另一个自我的行为方式(如在教堂中的自我)相矛盾而产生犯罪感。勒温认为个体面对对的冲突主要有下面三种类型,它们分别为:

• 第1类冲突(双趋式冲突)。这是儿童在面对两个具有同等吸引力的事物时产生的(像家庭和学校,伙伴和教师),并且在这两种事物间存在明确的分界。要使这种冲突得以解决,就要拒绝其中的一个事物(比如,反抗家庭或给学校找麻烦,与朋友或者与老师站在同一个立场)或是在他们从一个事物朝向另一个事物时明显的改变自己的行为,这就会出现我们刚刚所提到的自我怀疑和犯罪感。

• 第2类冲突(双避式冲突)。这种冲突产生于儿童面对两种他们都想回避的事物时。比如,儿童认识到在学校中的某一门课程中努力学习会使自己分到好班中但却需要面临一个不招人喜欢的老师。另一方面,不努力学习将意味着自己总是处在差班,并且可能会因为课程材料过于简单而感到乏味或因此失去机会而烦恼。要解决这种冲突,只能将其中一个事看得更积极一些(比如在好班中尽量使自己去喜欢那个老师)或对两方面都拒绝(比如干脆不选这门课)。

• 第 3 类冲突(趋避式冲突)。这种冲突存在于儿童面对力量相同的积极和消极事物时。比如,儿童希望通过考试,但这样做又必须使自己保持一种单调的社会生活以更好的学习。这种冲突只有在确定事物积极的一面所带来的好处是否值得才能解决。如果并非如此,那么就应该放弃选择这个事物,而取之以一种要求不是那么高的事情。

上面所提到的与冲突相关的例子只是代表了部分情况。我们所强调的是要求通过这些冲突的概念能帮助咨询者理解儿童所面临的困难,帮助儿童认识和分析这些困难,最终帮助他们解决这些问题。我们也要帮助儿童认识到他们现在的行为可能只是由于他们自己在解决这些冲突时方法不当造成的。比如,逃学(旷课)可能是解决家庭—学校冲突的一种努力(它也可能是逃避学校经常给低能力儿童所带来的失败的体验和低自尊的一种努力)。偷窃或威吓可能是解决第 3 类冲突的方法,这时儿童不得不采取"粗暴"的行为使自己被朋友所接受,但他们却在朝学校和社会认为是反社会性的消极的方向上发展。

需要强调的是我并无意说明儿童的行为是从来不能发生"错误"的,并且也不能采用直接的行动来制止旷课、偷窃或其他类似行为。这种直接的行动是学校在发挥其权威作用时的责任。另一方面,咨询者的作用是帮助儿童认识他们自己行为的原因和意义,并发展出修正和改变这些行为的策略,这其实就是帮助他们来改变自己认识环境的方式。理想的情况是,我们需要儿童在认识到改变的需要和可能性的情况下去改变,而不应仅仅是出于回避惩罚和责备而改变。前一种类型的改变将会比后一种维持得更长久,并且也将产生更多的有利于未来成长和发展的机会。

职业指导

在下一章讨论行为问题时我将会再提及前面提到的内容。现在我们将注意到另一个咨询的问题,即与职业指导有关的咨询。在提供职业指导时,咨询者会提出两个重要问题:首先,什么职业对儿童有更大吸引力;其次,儿童最适合什么职业?理想的情况下答案应该是同一个,但糟糕的是通常儿童有一种超过自己能力的抱负。虽然没有教师希望阻止儿童去尝试那些对他们有吸引力的事(当儿童去做这些事情时,他们所能获得的成就有时会令我们吃惊),但我们应该记住儿童在达到最终的职业选择前要经过几个阶段的发展,而这些阶段中都有一些缺少现实性的特征,儿童既不了解在实际的职业中对他们需要什么,也不了解做这些职业需要怎样的资格和技能。

职业选择的发展阶段

休伯(1981)根据金兹伯格(1972)的早期工作提出了一个模型来定义这些发展阶段。这一模型有时被人们错误的理解为是"职业发展"模型,它认为儿童时期要分别在这些不同的阶段上发展,而有些个体比其他人在这些阶段上发展要晚,完全有可能一个已处于青少年时期的人仍停留在与童年早期有关的幻想阶段。下面是对休伯模型的总结。

阶段 1。幻想阶段(童年早期):这一阶段通常可以持续到小学的低年级。在这一阶段中,儿童把自己看做是他们的想像所要求的那样。但他们很少考虑到与职业有关的现实问题。

阶段 2。兴趣阶段(童年晚期):这时儿童处于小学的高年级时期,他们开始从幻想中产生兴趣。儿童这时会被那些包含使他们感兴趣事情的职业所吸引。如果他们在幻想阶段想做宇航员,则现在这一抱负将由于他们对宇航活动或火箭发射不再有兴趣而放弃。

阶段 3。能力阶段(少年中期):大约在 14 或 15 岁左右儿童开始感到能力是很重要的了,他们开始倾向于拒绝那些可能超出自己能力或低于自己能力水平的职业。

阶段 4。尝试性选择阶段(少年晚期):在这一时期儿童通过第一次申请某一职业而进行尝试性的选择,他们也将认识到更多工作生活的现实性的一面。

这 4 个阶段只是与教师的工作有关的,但休伯的模型则涉及到整个生命发展周期。像 20 岁初期被称为是试验阶段,这时个体会尝试各种活动他们并频繁地改变工作,中年时期被看做是专业化阶段,个体专门从事某一特定的职业。作为一个完整的过程,工作生活的大约最后 5 年被称为减速阶段,个体此时不再寻求提升和进一步的发展,然后就进入退休阶段,这一阶段大约是从 50 岁或 55 岁开始。

休伯的模型对于教师的职业指导工作是一个有用的指南。如果一个青少年在结业考试上很难取得一个好成绩,则他对自己今后成为飞行员或医生的自信,只能是处于一种幻想阶段的状态,而对那些更有能力但却希望自己有朝一日能成为服务员的儿童来说,他们显然还处于兴趣阶段,这种暂时的喜好或热情妨碍了他们做更为长久的考虑。

在职业指导上咨询者的作用

很明显,职业咨询者的工作应该是鼓励儿童认真思考他们最感兴趣做什么工作,然后尽可能的给他们提供这一职业所需要的资格与技能的信息,以及这一职业的前景和它可能提供的机会。但咨询者不应试图告诉儿童应该做什么(尽管他们认为应提供可能的建议),有一些职业分类系统可以帮助那些实在难以做出决定的人理清自己的头绪。霍兰德(1974)提出了这样的一种分类,其对工作的分类是以他提出的职业环境概念为依据的。我们对这一系统做一总结(表 12.1),并在每一类型上例举了一些例子。霍兰德的自我指导帮助问卷则使人们能够自己对自己在 6 个类型上的等级进行判断。

表 12.1 霍兰德职业分类系统

职业类型	工作例子	人格描述
现实性	机械工,航空管制员,调查员,农民,电工	遵从,谦虚,坦率,忠诚,恭顺,实用,自然,持久,实践,害羞,稳定,节俭
研究性	生物学家,物理学家,化学家,人类学家,地理学家,医疗技术人员	分析性,谨慎,批判性,好奇,独立,智慧,内向,细致,谦虚,精确,理性,保守
艺术性	作曲家,音乐家,舞台导演,作家,内部装修人员,演员	复杂,无序,情绪化,表现性,理想化,有想象力,不现实,冲动,独立,灵感,不守旧,有创造性
社会性	教师,宗教工作者,咨询者,临床心理学家,心理治疗社会工作者,语言治疗者	有说服力,合作,友好,慷慨,助人,理想化,有洞察力,友善,负责任,善于交往,机智,善解人意
商业性	销售员,行政人员,电视制作人,运动经理人,进货员	冒险,有抱负,集中注意,支配,热情,冲动,乐观,寻求快乐,自信,善于交往,随和
传统性	收藏书籍者,速记员,金融分析人,银行家,消费评估人,税务专家	遵从,有良知,认真,保守,约束,服从,秩序,持久,实践性,自我控制,不愿想像,有效率

在他们发现自己在6个类型中所处的位置时,儿童就可以寻找相应的职业例子(教师也会再加上一些)直到他们发现其中的一个与自己的具体倾向相符合。然后再告诉他们这一工作所需的详细的资格和技能。在每一职业类型中,存在适宜于不同能力水平的职业。比如,感兴趣于研究工作的儿童有可能会选择从核物理学家到实验室技术员这一范围中的某一个工作。

在职业兴趣指导上应用最广的,可能就是应用心理学单位(APU),现在它已有了计算机化的形式(Closs,1975;1980/83)。APU要求个体对匹配为一组的两种不同类型的职业进行选择(比如,是喜欢拆卸和修理照相机,还是喜欢鉴定土壤取样中的化学成分)。从结果上可以对每个人在6种职业兴趣的倾向性上做出一个剖析图。

1. 需要手工技能的制作和修理工作。
2. 照看有生命的物体(动物或植物)。
3. 秘书或销售工作。
4. 需要精细并具有对形状和颜色鉴赏力要求很高的工作(雕刻、装潢、窗户装饰)。
5. 给有困难的人以实际帮助。
6. 强调友谊和与人相处的工作。

APU只是一个成套的职业指导系统(JIG-CAL)的一部分,它只是说明了个体在选择某一职业时应具备什么样的资格。

必须使儿童认识到有些职业看起来似乎是处于能力水平较低的一端并且不需要什么才能和资格(像舞台上的搬道具工作,球场上的辅助人员,但要得到这些工作却会是很难的,因为这种职业可能被看做是向更高水平的职业发展的奠基石,或这些职业被认为是代表了一种时髦的生活方式,这都会使这种职业极具竞争性。咨询者也应该要求儿童考虑一些其他的会影响他们获得自己所选择职业的机会的因素,比如他们是否打算离开家庭,他们在访谈中给人留下印象的能力,他们的体力、相貌、嗓音是否动听,以及他们是否愿意承担责任。

我们没有必要使儿童现在就选择自己未来的职业,但当儿童在选课时,或他们单方面决定为了学好某些课程而放弃了另一些课程时,我们一定要提醒他们即他们这样做有可能会丧失以后从事某种职业的机会。儿童必须优先地得到这一类信息,否则,当他们有一天在填写工作申请表时,会失望地发现他们原来缺少这种工作所要求的某一学科的知识(比如,他们在申请小学老师的工作时,发现自己没有数学方面的知识,而在申请记者的工作时,发现自己的英文水平不够)。职业指导测验并不是不会犯错误的,我们必须和其他指导方法一起来使用,但它们的确能帮助我们发现儿童的倾向和偏好,并提供更好的适宜于这些偏好的职业类型。另一个例子是 MAUD 系统(Wooler and Lewis,1982),它完全是计算机化的,其操作是由使用者与计算机之间的对话来进行的。比如,使用者选择了一个职业,计算机则询问这一选择的理由,然后评价这一选择并提出职业上的建议;然后使用者对与所选择的职业有关的每个因素的重要性给予评价,计算机再汇总这些信息给出使用者在这一职业上的偏爱分数。

当地的教育机构也可提供职业指导的服务,他们可以参观学校并与毕业生交谈,但这种服务通常过于有限,并且仅仅通过一两次交谈也很难给儿童提供什么实际帮助。对于学校来说,最好的是在学生毕业之前就能提供一种详细的职业指导,也可以邀请当地的业主参观学校,并组织学生定期参观当地的工厂和工作场所,在儿童获得必需的资格和交谈技巧上给予他们特殊的帮助。如果没有这些帮助,大多数儿童在到了毕业的年龄时就可能仍对自己将来想做什么和他们需要什么资格仍一无所知。通常这些儿童的能力水平较低,他们也缺乏今后生活中进一步发展和受更高教育的机会。他们非常需要学校真正关心他们的未来,并随时为他们提供所有可能的实际帮助。他们应该认识到学校是更着重于他们未来的发展的，而不仅仅是为了他们的现在，同时也应将职业指导看做是他们学校生活的一部分，而不是当他们已失去许多所需要的机会时，才在他们职业选择过程的最后几分钟仓促从事的某种活动。

性教育

如何针对儿童的性道德进行教育，这并不是心理学的任务。它还应包括伦理学和社会判断方面的内容。心理学只能提供对人的性驱力、性发展和性行为的认识，但它们有助于指导这些判断。

性驱力的生物学目的是种族的繁衍，但性活动则具有超出这一范围的许多心理功能。其中最基本的就是感觉到快乐。弗洛伊德(1962)对这一特点尤为重视，他认为从早年生活开始，性快乐的驱力(里比多)影响到行为和人格的发展。弗洛伊德的理论多年来不断受到挑战，经过许多年后已被不断的改变，但他却认识到这一事实，即人格问题和神经症可能是由于幼年时性能量和性好奇被不正常的压抑。弗洛伊德也是将性驱力的作用引入到心理生活其他方面的第一个心理学家，比如像攻击行为、支配欲、抱负，甚至创造性，在他之前人们很少认识到这些活动与性驱力有关系(Fisher and Greenberg, 1985; Sulloway, 1980)。

很遗憾我们的教育经常使年幼的儿童把性快感与犯罪和羞愧的感觉联系在一起，毫无疑问在许多西方及其他文化中这一问题是被限制为禁忌的，人们对此严格控制并产生误解。这不仅会在年轻人之中导致大量的无知、混乱和不幸福，而且还会造成未婚怀孕，甚至会导致反社会的性行为和性犯罪。弗洛伊德在一定程度上是对的，他强调社会在帮助个体认识、接受像性快感这样强的驱力上是失败的，这就只能使人们的心理健康受到威胁。

性的第二个重要功能是加强并维持配偶间的关系。个体因为相互的性吸引而走到一起(尽管这不是惟一的原因)，而这又反过来产生更普遍意义上的安全、亲密和支持的情感联接。本克洛夫特（1994）指出由于这些感觉对个体极为重要，所以如果伴侣中有一方和其他人有性关系，则会极大的损伤伴侣之间的关系。这种威胁的实质是性会引起其他的强有力的情感反应，像焦虑，占有和妒忌。

如果在伴侣中存在不现实的期望，或将自己理想中的伴侣应该是怎样的观念投射到对方身上，那么他们的问题就会更严重。荣格心理学（Jung，1966）认为这一点尤其在那些心理上没有安全感或缺少自我认识的人身上表现明显，他们会寻求从别人身上来补偿，使他们成为"完整"的人。对伴侣的浪漫和不现实的期望大都会在失望中破灭，这通常会导致关系的破裂。

性的另一个心理功能是个人认同。如果一个人知道自己对另一个人有性吸引力，并且能够被这个世界上其最钦佩的人所爱，这会极大的提高这个人的自我感觉，正如失去这种爱会导致完全被毁灭的感觉，有时会长时期的对自我感觉产生损害。与此在许多方面有关的是权力的感觉。性可以被两性共同用来"控制"关系，并且获得个人的喜好和特权。特别是在男性，它有时被用于支配对方，有时被用作加强虚弱或混乱的自我。

性也与个体之间表现出来的敌视有关。在大多数情况下，这种敌视是通过言语上的互相攻击来表达的，有时也包括身体上的攻击，特别是当伴侣的一方成为另一方的替罪羊，并且利用他或她的脆弱来释放其被压抑的挫折或其他的情感。在一些关系中，相互的敌意甚至会是有意寻求出来的，并作为唤起性需求的一种方法。两性之间的敌视可以在更为广泛的水平存在，有可能是一方因为自己的问题和不足而对另一方的无理责备（这与两性之间正常表现出来的不满是有区别的）。

我们无法列出性所具有的所有心理功能（好的和坏的）。比如，它也是减少紧张的一个来源，尤其是在体验到高潮之后，至少一个人对性欲高潮的渴望就意味着心理和生理的健康(Reich,1971)。它对于那些喜欢冒险或有性征服欲的人也是一个刺激。而对于那些卖淫的人来说,性又提供了经济和社会的功能,并且它也为艺术和新闻提供了大量的素材。

任何形式的性教育程序都必须考虑到性驱力可能造成的普遍的心理结果,并帮助儿童理解和接受这一驱力的性质和强度,同时促进他们将这种驱力约束在一定的个人责任的情境中。在英国,1986年的教育2号行动就要求性教育要反映"道德价值和家庭生活",并且建议这种教育必须考虑到儿童的道德思维和行为发展水平(第九章)。而且,这种教育也要参考我们已知的其他因素的影响(第八章和第十章),因为一个人在接受性教育时,他必须对情绪和情感有所理解并有正确的体验,而不仅仅是对事实知识的了解。从心理学的观点看,性驱力是不能与一个人的整个人格和社会发展领域相分离的。

这也意味着要考虑到对自我和他人的态度,并且要给儿童提供一定的心理反省和自我检查的机会。要使这一切成为现实,就要求从事性教育工作的教师本身能轻松地对待这个问题,并能在避免不必要的约束和限制的条件下讨论儿童在性问题上的观点、情感和焦虑。还有较重要的一点是,作为一个有价值的教育活动,应使儿童有权力进行自己的思考和推理,而不是让他们无条件的接受成年人的态度和信念。最遗憾的是性作为人类体验中最重要的部分,却可能是被教育的最少的,在正规和非正规的教育上做得都不够(在非正规教育上,据报告只有15%的儿童从他们父母那里接受性教育)。

许多当地教育机构现在都对性教育的内容做出了明确的指导。这种教育程序的一个重要特征就是要帮助学生确定他们自己的性认同,并了解他们自己在性问题上可能存在的焦虑。特别是青少年时期是大多数人主要的再适应时期。在学会了如何处理童年事务后，青少年又开始去学习如何处理成为成年人的问题，以及如何把握青春期出现的新的心境和情感。在男青年中，性能量在16岁到18岁之间达到最大强度，这也导致了自我控制的问题。性幻想在两性中都明显增多，理想的罗曼蒂克式的爱情想像则产生来自自己或他人的不现实的期望。

在性教育过程中也要说清怀孕和生育问题，但从心理学的观点看，这一问题已超越了生物学意义而与态度、自我概念，以及个人道德规范的发展有关。儿童在与教师或在伙伴前讨论这些问题时会感到窘迫，他们更愿意在小范围内与要好的伙伴一起谈论，这会使他们感到放松。来自于文学作品中的性问题也可以用作讨论的问题，这种方式现在已被广泛使用。

本质上，性教育应是全部教学课程的一部分，这是一个更注重存在而不是认识的课程。一个人可以了解到许多性的生物学知识，有关于性的技术，但在了解自己的性情感和性体验时则表现得很无知，并对别人的情感和体验不敏感。同样的，一个人可以了解许多性的社会学知识，并且性道德和行为对社会和文化的影响，但对其对自我认同和个人成熟的发展的影响则一无所知。因此性教育必须首先是自我理解，并且帮助每个儿童将其性的活动统合到统一和完整的人格中。

参考文献

Bancroft, J. (1994) Sexual motivation and behaviour. In A. M. Colman (Ed.) *Companion Encyclopedia of Psychology*. London: Routledge.

Closs, S. J. (1975) *Manual of the APU Guide*. London: Hodder & Stoughton.

Closs, S. J. (1980; 1983) *Release I and III, JIG—CAL Information Booklets*. Edinburgh: Applied Psychology Unit.

Fisher, S. and Greenberg, R. P. (1985) *The Scientific Credibility of Freud's Theories and Therapy.* New York: Columbia University Press.

Freud, S. (1962) *Three Essays on the Theory of Sexuality.* London: Hogarth Press (Original edition published 1905).

Ginzberg, E. (1972) Towards a theory of occupational choice: a restatement. *Vocational Guidance Quarterly*, 20, 3.

Holland, J. L. (1974) *Making Vocational Choices — A Theory of Careers.* Englewood Cliffs, NJ: Prentice Hall.

Jung, C. (1966) *Two Essays on Analytical Psychology* 2nd edn. London: Routledge.

Lewin, K. (1936) *Principles of Topological Psychology.* New York: McGraw-Hill.

Nelson-Jones, R. (1986) *Human Relationship Skills.* London: Cassell.

Reich, W. (1971) *The Function of the Orgasm: The discovery of the orgone.* New York: Meridian.

Sulloway, F. J. (1980) *Freud: Biologist of the Mind.* London: Fontana Books.

Super, D. E. (1981) Approaches to occupational choice and career development. In Watts, A. G. (Ed.) *Career Development in Britain.* Cambridge, UK: CRAC/Hobsons Press.

Wooler, S. and Lewis, B. (1982) Computer-assisted careers counselling: a new approach. *British Journal of Guidance and Counselling*, 10, 124—134.

补充读物

Ball, B. (1984) *Careers Counselling in Practice.* London: Falmer

Press.
One of the best short introductions.
Campion, J. (1992) *Working with Vulnerable Young children*. London: Cassell.
Good on practical ways for helping children with behaviour and personality problems to cope.
Cooper, P. (1993) *Effective Schools for Disaffectied Pupils*. London: Routledge.
Very good on whole—school approaches to pupils with problems and on ways of making schools more relevant to their needs.
Egan, G. (1986) *The Skilled Helper*, 3rd edn. Monterey, Ca: Brooks/Cole.
Something of a classic in the field.
Kennedy, E. and Charles, S. C. (1990) *On Becoming a Counsellor: A basic guide for non—professional counsellors*, 2nd edn. Dublin: Gill and Macmillan.
A highly readable and informative text for non—specialists. Covers the whole field.
MacLennan, B. W. and Dies, K. R. (1993) *Group Counselling and Psychotherapy with Adolescents*, 2nd edn. Columbia: Columbia University Press.
Full of practical ideas for effective work with troubled adolescents.
Marsland, D. (1987) (Ed.) *Education and Youth*. London: Falmer Press.
Very good on all aspects of adolescent problems within education, including peer groups, vocational issues, and counselling.
Murgatroyd, S. (Ed.) (1980) *Helping the Troubled Child: In-*

ter — *professional case studies*. London: Harper & Row.
Deals comprehensively with methods of treatment.
Murgatroyd, S. (1985) *Counselling and Helping*. London: Methuen/The British Psychological Society.
Practical and readable introduction to the counsellor's tasks.
Nelson — Jones, R. (1982) *The Theory and practice of Counselling Psychology*. London: Holt, Rinehart & Winston.
A major text reviewing the whole area of psychological counselling. Excellent.
Nelson — Jones, R. (1993) *Practical Counselling and Helping Skills*, 3rd edn. London: Cassell.
Perhaps the best short text available.
Rogers, C. (1951) *Client Centred Therapy*. London: Constable.
One of the most valuable and influential books on counselling to appear since the war, the book could be said to have ushered in a new era in counselling with the emphasis upon the part played by clients themselves in solving their own problems. The reader interested in counselling will enjoy the book, not only for the practical guidance it provides but for the humanity and sympathy that characterize it throughout. Continuously in print.
Rutter, M. (1975) *Helping Troubled Children*. Harmondsworth: Penguin.
A practical text on causes and treatment. Now something of a classic.
Williamson, N. (1987) Tripartism revisited: Young people, education and work in the 1980s. In D. Marsland (Ed.) *Education are Youth*. London and Philadelphia: Falmer Press.
A first — class look at vocational issues with an excellent bibliogra-

phy. *The rest of the book also makes relevant reading.*

一些问题

1. 讨论教师和咨询者的双重作用角色所带来的问题。
2. 儿童所期望的一个咨询者的品质是什么？
3. 举出对学校中存在专职咨询者赞成和反对的意见。
4. 在决定将秘密公开之前咨询者应注意什么？
5. 咨询者怎样让儿童认识到他们同情儿童的问题？
6. 一种对儿童问题分类的简单方法是将其分为"简单"和"复杂"两方面。这些概念的意义是什么？
7. 咨询者对儿童提出的问题是很重要的。通常这些问题应采取什么形式，并且它们应被设计来做什么？
8. 咨询者应采取的"不予评价"方式的意义是什么？为什么这种做法很重要？
9. 讨论一下在咨询谈话中怎样帮助儿童将注意力集中在他们的实际问题上。
10. 勒温认为一个人在其社会空间中不得不面对的冲突的主要类型是什么，它们与学校的关系如何？
11. 当对学校的毕业生提供指导时，职业咨询者应提出的主要问题是什么？
12. 休伯提出的儿童获得成熟的职业定向的过程中必须经历的四个阶段是什么？
13. 如何将霍兰德提出的职业分类系统用于帮助儿童形成他们自己对未来职业的看法？

第十三章　班级控制和管理

问题行为

在所有困扰教师的职业性焦虑中，班级控制的问题可能是最著的一个。不论是单个的或是群体的，儿童所产生的问题有时甚至使经验丰富的教师也感到很难处理，不可否认的是，教师对儿童所做的工作，或对班级的控制有时也会令人产生疑惑。更糟糕的是，许多教师都认为教师的权威是建立在对儿童的虚张声势的威吓的基础上的。学校会对学生的行为做出很多限制，而当儿童试图突破这些限制并发现并没有引起什么人的注意时，这时也只能求助于教师的吓唬，而没有别的办法了。

我们将发现这种观点过于悲观了，但我们也注意到这样一种事实，即那些总是试图通过不断的威胁来控制班级的老师将发现最终学生根本不在乎他们的威胁，因为他们知道教师必须遵守一定的职业要求，因此教师不会不顾这种职业上的限制而真的会对学生有什么惩罚，如果他们无视这种限制，则他们自己的职业生涯就面临危机。除了认识到这种方式的无效性，那些总是采取威胁方式的教师也要问一下自己他们是否真的想与儿童之间保持一种以威胁为基础并最终不可避免的会造成相互厌恶和缺乏尊重的关系。因此，我们需要采取一种比这种方法更好的方式。

问题行为的定义

班级控制问题是与问题行为必然联系在一起的。如果儿童根本不存在问题行为,则也就不存在对班级控制的问题。我们可以把问题行为看做是不被教师接受的行为,研究表明这种行为无论在小学还是在中学男孩都比女孩表现的要多(比例大约为 3∶1——Wheldall and Merrett, 1989)。这一定义在最初看来似乎过于简单了,但它的意义是使我们认识到这样一个重要事实,即问题行为只对教师来说是一种行为上的问题。由于教师也是性格各异的人,那么一个教师认为有问题的行为则不一定被另一教师认为有问题。比如,一个教师更愿意容忍在他工作时儿童之间彼此交谈,而另一教师则要求保持绝对的安静。一个教师能允许在班级上儿童自由地发言,而另一教师则坚持必须在举手以后要求他们回答问题时儿童才能发言。一个教师更愿意与儿童保持亲近熟悉的关系,并在班上形成一定的幽默的气氛,而另一教师更喜好非常正规和严厉的方式。一个教师会允许班上的学生有一些走神,而另一教师则要求儿童完全集中注意力于学习上;等等。

　　以上这些例子,以及其他许多的例子,都说明这样一点,即问题行为同美丽一样只是旁观者眼中的感觉。瓦尔格(1984)和近几年政府资助的学校纪律研究委员会(DES,1989)的研究表明在班级上的大量问题行为其实都属于一种小打小闹的水平(尽管它们给许多教师产生较大的紧张)。像不守秩序的发言,逃避学习,使教室充满不必要的噪音等的数量远远超过那些更为严重的出格行为,像对教师的辱骂,破坏性行为,和身体上的暴力行为。所以对每个教师来说,在处理这种问题上首先要做的是询问自己为什么一开始就将其视为是一种问题。这是否是把儿童的幽默看做是对自己权威性的威胁而产生的不安全的信号?他们是否对学生学习活动中的交谈产生了过分的反应?他们是否给学生设置了不现实的高标准并在它们无法实现时感到了挫折感和愤怒?是否他们做的与同事们所期望的非常不同,这使儿童在他们的课程上产生了混乱和不满?他们是否忘记了学生们还是孩子,而把他们整天关在教室里长达几小时会怎么样?他们是否将班级上的每一次过失都视为是故意地对自己个人的威胁,而不把它们看做是为了活跃气氛或使同伴高兴,或者是上一节课气氛的延续?这一类问题表明教师应该认真思考自己的行为,并与同事进行交流把自己的期望和经验与其他人加以比较。

在反思了一个人的行为后(我马上就会在另一种不同的情况下谈到这种反思),教师就能够得到这样的结论,即这一行为就是问题的根源。如果采取那些没有任何意义的反击,责骂儿童,过于严厉或明显不公,或过分高傲,或期望过多,或前后不一致,这都会使儿童产生不满或混乱(或嘲笑),这又会进一步产生更不被接受的行为并又会造成教师的过分的反应,这一过程不断被重复进行。因此,为了使这一过程停止下来所要做的第一步就是把一个人的行为变得更为被人们接受。

行为矫正技术

当然也的确存在一些情况即问题行为的原因并不在教师。有可能是班上有这么一个学生(或一组学生)在整个学校都会产生问题,而不论是哪个教师与之相处。也会有一些儿童他们总是与合理的行为标准对抗,或者他们明显的表现出对课程或教师或教学组织方式的不喜欢,这一点甚至在第一节课之前就存在了。对于这种学生最有用的技术就是使用行为矫正技术。行为矫正技术(其中包括许多类型)已被成功的应用于特殊学校和临床心理学上,也被很好的应用于正常的教学中。但这并不是说它是一个包治各种问题的灵丹妙药,虽然有些人对其做了过高的评价。但行为矫正的好处是使教师能认真分析儿童的行为,并确认造成这一行为的各种因素,制定出改变这种行为的策略,并在这些变化发生时进行控制。这一技术会使我们注意到儿童行为的一些细节。

行为矫正技术是以学习的操作条件反射模型(第七章)为基础

的。即它们的运作是建立在这样的假设上,如果行为被强化或奖励就会重复产生,而如果不对其强化它就会消失。在教学中这意味着那些被教师确认为是顽固不改的问题行为必然是在某些方面受到环境的强化。正是这种强化使行为得到保持。而失去强化,则会使其逐渐消退。相反,那些教师希望代替这些问题行为的好的行为则根本就没有得到必要的正强化,因此这种行为也就不会建立起来。

当使用行为矫正技术时,教师的首要策略是列出某一儿童所有的问题行为,我们把其称为目标行为。教师则写下其通常对此的反应(或有时对班上其他人的反应)。这种清单最终可能为以下的样子。

目标行为	教师的反应
在课程一开始时儿童喧哗着进入教室。	教师说:"我以前告诉过你不要这样。"
在要求打开书本时儿童并不这样做。	教师说""你为什么不像其他人那样照要求的去做?"
儿童高声喊叫并表现出明显的不耐烦。	教师以讽刺的语气评论说他们不要期望这会让人感兴趣。
儿童做出滑稽样。	教师停止讲课并对儿童的怪样表示疑惑。
儿童没有被允许就喊叫着回答了问题。	教师告诉他首先要举手。
儿童举手以后又马上做出回答。	教师告诉他在回答问题时要等到叫他。
儿童说"可你从不叫我"。	!!?

这一清单就可以这样写下去。最重要的是在左边的栏目上列出每一项被我们当作目标的具体行为。对这些行为不能简单的写成"破坏性行为"或"无礼的行为",我们需要了解这些破坏性行为

或无礼的行为的精确的内容。当然,如果这一清单很长,我们则不必像所举的例子那样,把教师和儿童说的话也记录下来,因为这些内容可能在不同的课程中会有所不同,但我们必须列出每个问题行为,以及对这一行为教师所做的反应。这一清单可能要列出20至30项,但并不是没有结尾。通常教师感到它太短了,因为某个儿童可能会在每一课程都会做出同样的问题行为。但看一看栏目的右边,教师也许会吃惊地发现他们自身的反应似乎是多么的刻板。尽管每一次使用的语言会有所不同,但这些反应却似乎总是会打断课程并对儿童谴责(这通常使儿童对周围的儿童做出嬉笑或狂笑或投以一瞥的反应)。

不良目标行为的产生

通过这一方式似乎使教师更清楚地认识到,他们的行为根本不是惩罚,而实际上正是对他们希望消除的行为的强化。虽然教师将其看做是一种严厉的批评但儿童则完全不这么看。要想知道为什么会如此,我们需要考虑到这些儿童的可能的背景情况。他们可能在家庭中从很小的年龄,通过操作条件反射学习认识到,获得人们各种注意力的惟一方法就是做出讨厌的事。成年人对他们的注意不仅使他们的生理需求获得满足,而且使他们感到自己是一个独立的个体。这使他们感到自己有意义,并发展出一定程度的自尊。因此尽管他们获得的只是一种愤怒的注意,这也比感到被人忽视更能让他们接受(因此也更具有强化性)。正是种强化使这种问题行为成为他们全部行为中的一部分。

当这种儿童进入学校后,他们会发现能力上的明显不足意味着他们将比那些来自更有利的家庭中的儿童更少受到教师的赞许和表扬(教师也是人,而认识到困难和脆弱的儿童更渴望赞许和接受是需要一定时间的),因此他们就学会了要获得别人注意力的惟一方式就是给别人制造更多的困难。应注意的是这一过程并不一定是在意识状态下进行的。与所有的条件反射一样，它并不要求个体实际认识到正在发生什么而就可以出现。因此儿童的行为并不一定是故意给教师或是给父母或其他儿童制造麻烦，而只是与吸引人们注意的需要相关的一种条件反射。我们把这种行为称之为注意寻求行为，它是引起课堂问题的主要原因之一。

教师也会发现在一些儿童身上注意寻求行为并不一定是破坏性的，但它仍是制造麻烦的一种形式。一个儿童可能会在班上总靠近教师，或者在不需要时请求帮助，或给教师带来一些礼物，或每天早晨都等着谈论一些无聊的琐碎事，或总是在放学后留下来在教室周围做点什么，或要求能被允许与教师一起回家，或给教师写一些字条(有时是匿名的)，它们通常是一些表示亲密的情感或钦佩的内容。这些活动都是儿童需要帮助的信号，但教师会发现如果以过多的注意力来满足他们的需求，他们就会变本加厉，直到最终他们分散了教师对班上其他儿童工作的精力。

而对另一些儿童他们则可能产生另一种不同类型的问题，他们更需要寻求的是其他儿童而不是教师的注意。他们可能发现自己在班上不大受欢迎，并且通过操作条件反射学习，他们发现使自己被人们接受的方法就是在班上制造笑料，或者通过与教师对着干或对教师无礼来证明他们自己是"强硬的"或"大胆的"。

明确问题的两个方面

要处理所有这些问题，与前面的行为矫正程序的过程相同，要求教师分别列出产生问题的个人行为，以及他们自己对这些行为通常的反应。下一步是再列一个清单，这次要列出应该对儿童进行鼓励的所有的行为，以及针对每一行为教师在它们突然产生时所做出的反应。下面我们就举个例子说明这第二种清单。为了简单起见，假设这一例子就是针对前面所举例子中的那个儿童。

行为	教师的反应
在上课之前儿童安静的进入教室。	教师显露出轻松的神情并开始讲课以求有个安静的环境。
在提出要求后儿童与其他人一样打开书本。	教师开始讲课。
儿童举手要求回答问题。	教师害怕他会做出愚蠢的回答并搅乱良好的教学,因而叫了别的学生回答这个问题。
儿童安静的学习。	教师仍没有对他表示注意。

从这一清单上我们可以看到教师对这个儿童良好的行为的反应是不给予任何形式的注意。结果"好"行为不但没有得到来自教师注意的强化(作为一种强化,教师的注意最好以表扬的形式出现),反而因教师的忽视而得到了惩罚。这也就难怪这个儿童在下一节课会有我们在前一个例子中提到的表现,而这就会使恶性循环又一次开始。

如果教师不先对自己的行为有很好的认识,那么他们就不能理解儿童的行为(也不可能有效的改变它)。问题行为并不是存在于真空中。许多因素的共同作用决定了问题行为的产生和发展。如果我们想改变它,我们首先就要改变这些因素的影响。对于上面那个例子中的教师来说,最简单的做法就是把他到目前为止所做的反过来做。换句话说,当儿童表现出问题行为时,教师应不予注意,而当表现出良好的行为时,则给予积极地注意。这意味着(仍用上面的例子)当儿童喧闹着进入教室时不予注意,而当他安静的进入时给他以一种友好和欢欣的表情;而当儿童在班上做怪相和不经过允许就回答问题时(只要并没有中断课程)教师就不要注意他,而当他们举手时教师要直接对他们提问;如果儿童不打开书本教师就不要注意他而应该开始讲课,而当他有合作行为相配合时则要寻找机会鼓励他;等等。

逐渐经过一段时期后,儿童的行为就会开始转变,用我们期望的行为去代替我们不期望的行为。当然,也会存在一些反复,有时儿童会在一些事物上符合教师的要求而在另一些事情上却做的很差。比如,如果儿童举起手而教师让他做回答时,他也可能像以前一样做怪相。在这种情况下教师就可以忽视他而对别人提问。相反,如果他做出了很明白的回答,哪怕是一个错误的回答,教师都要回以微笑并用语言鼓励他。

生态行为观点

近来有一些人更强调生态行为或生态系统观点,它要求对行为产生的整个环境进行研究(行为的情境)。它使我们在一种规范化的指导下分析和矫正儿童行为的内部动机(比如寻求注意的需求)和外部因素之间的相互作用。它有助于提高教师的教学管理技能并帮助我们认识到儿童的大多数行为都是由他们生活中的成年人和其他儿童的行为"产生"并"维持"的。

生态系统观点主要有以下四个理论假设(Molnar and Lindquist,1989)。

1. 行为取决于个体对给定环境的解释方式。
2. 通常这种解释的有效方法不只一个。
3. 如果解释变化了,行为也就改变了。
4. 行为上的这种变化也影响到其他人的感知和行为。

比如一个总是在班上扰乱的儿童可能是由于其将学习活动解释为对自己有威胁,而将扰乱行为看做是保护自尊的惟一手段。而教师则将这种扰乱行为解释为是故意的,他们采取惩罚的方式是因为他们将其看做是影响儿童以后行为的惟一方式。如果教师能帮助儿童对学习活动的性质和目的做重新的解释(强调它的非威胁的性质,并保护儿童的自尊),则儿童行为的改变就不必非要有意安排行为矫正程序。因此,生态行为的观点是将行为因素和认知因素结合在了一起。

对行为矫正技术的批评

在实践中行为矫正技术通常会产生以下三种问题。

首先，虽然我们能很好地发现不良的目标行为并努力消除它们，但儿童也可能并不产生我们所需要的那种好的行为，这使我们无从进行强化。事实的确如此，对这一问题的解决是采用被称为塑造的技术。塑造意味着我们要采取最接近于我们所需要的那种行为并强化它。比如，对于那些从来不会安静的走进教室的儿童，有可能他们在某些时候进入教室时比另一些时候更安静一点，我们就要注意到这一点并强化它。研究证明通过塑造行为就能逐渐的越来越接近我们所需求的。

其次，对于一些问题，教师不能仅仅是不去注意就行了，比如，对其他儿童的直接伤害，或对教师的极端的无礼，以至于给别人树立了很坏的榜样。这是一个很有道理也很重要的观点的问题。教师对班上其他学生与有这一问题的学生负有同样的责任，他不能让有问题的学生对其他学生产生不利的影响。教师也不能允许有问题的学生成为班上一个很坏的典型。但是，对这一问题的回答是，如果他们的行为被视为是有效的，则这些儿童就可能只有变成这种坏的典型。因此如果教师明显表现出了受到这种行为的影响，如表现得很沮丧很生气，那么这种行为成为坏典型的危险就会大大增加。在这种情况下，教师应继续平静地上课，至少表现得对班上个别人的愚蠢行为并不太在意。

当教师觉得对儿童的扰乱行为不能仅仅是不予注意时，他们可以使用被称为禁闭法的行为纠正技术。实际上即使不知道这一技术的老师在很早就开始使用了这种将儿童赶出教室的方法了。一旦儿童被赶出教室，所有的以教师和其他学生注意的形式出现的正强化就不存在了。我们已看到，似乎正是这种对注意的极度需求是促成问题出现的原因,于是这一儿童就将在被赶出教室后努力争取回来,但是他必须认识到能做到这一点的惟一途径就是他们承诺表现一种好的行为(并且这一行为使教师有机会给他们正强化)。如果儿童以后破坏了这一承诺,则又会被赶出教室。

总的来说,将儿童赶出教室的做法已在学校中被使用很多年并一直有所争议,人们反对的理由是(i)它使儿童失去学习功课的机会,(ii)如果教室门上有玻璃他们会使自己暴露在班上其他学生的视野中吸引了人们的注意,并且(iii)他们也可能会逃学回家了。研究证明这些问题都可以被克服,只要学校有一间特殊的房间(可称作禁闭室)专门用于这些学生,他们必须在学校职员的监督下安静的坐在屋子里。但即使在一所大学校中在某一时间中在这种房间里呆的学生也不会有一两个人,也必须要求学校有一专职人员来监视他们。研究证明学生在返回教室之前大约只需要在这一特殊房间中呆上最多10分钟,因此他们落下的课程也不多。如果他们的不良行为又出现,则再让他们回到特殊房间中。

还有一些人提出异议认为许多儿童会对整日来往于教室和禁闭室之间感到非常有趣,但这种情况似乎并不存在。在最初的新鲜感之后,儿童会发现这一过程既让人厌烦又毫无结果,我们已经说过,这剥夺了他们许多引人注意的机会。而且同样重要的是,班上的其他学生会发现由于这些捣乱的学生不在,使得课程变得轻松和有趣,而在他们返回教室后其他同学就会对他们表现出敏感,从而使他们产生一种压力。很自然的,如果要设置禁闭室,就要受到学校全体职员的支持并在校长或其他负责人的直接控制下。

甚至使用禁闭法,人们通常也反对教师不能对不良行为仅仅是不予注意。那些通常表现好的儿童也会有一些不良的行为表现。那么对这些行为该怎么办呢?对此,教师可将按一定的顺序分为等级,从那些可以不予注意的到那些他们必须制止的,然后,决定从那一行为起,可以对之不予注意。很可能他们感到惟一可以不去注意的行为是一个儿童喧闹着走进教室,而对于其他行为他们仍像以前一样对待,必要时让这个儿童先停下来。教师在对儿童喧闹着进入教室不去注意时,也要对当他安静进入教室时给予注意。同时,他们也应对上面第二个清单上所发生的所有积极的行为给予注意和奖励。忽视喧闹进入教室和奖励所有积极的行为这两个策略(后一个技术有时被称为"捕捉儿童好的表现")就可以矫正儿童的行为,而且他们感到适宜时,教师就可以开始对等级中的其他行为采用不予注意的方法。对于平时比较合作的儿童表现出的不良行为,教师只要进行适当的反应就行了。有时对他们不予注意或在下课后稍微提醒他们就是最好的反应,当然对这些学生教师仍要使用等级法,当儿童明显是在寻求注意时就要给予忽视,当儿童因为其他原因而导入不良行为时就必须做出反应。

　　对行为矫正技术的第三个反对意见是有时它有非人性化的倾向,它使儿童的行为被有权威的人来"摆布",而不是在他们自己意识的控制下。大多数教师都更愿意从儿童的角度来考虑问题,并通过使他们认识到自己的不良行为最终是消极的自我挫败的来使他们自己去改变自己的行为。但正如我在态度一章所讨论的(第八章),问题是即使在我们能改变儿童的态度时,也并不能保证他们的行为一定会被改变。行为矫正技术的极端支持者认为,我们如果指望儿童能自愿改变自己的行为,我们只能是在浪费自己的时间。不论我们是否喜欢,他们认为,儿童的坏行为都是他们以往生活中的一些不良的强化方式造成的,如果要改变这些行为,我们就应该先改变这些不良的强化方式。

　　行为矫正的观点在第七章讨论操作条件反射时变得更明确了。但大多数教师则不愿陷入这些过于琐碎的争论。由于对学生的关心和同情,他们首先总是倾向于采取说理和说服的方式,只有这些说理和说服失败之后,他们才会使用行为矫正方法。当然,在大多数情况下他们的工作都是很顺利的。行为矫正者则认为这是由于大多数儿童都来自于能使他们的各种需要得到满足的家庭，其中强化得到了正确的应用，这使他们并不必要寻求教师的注意（他们已在家中接收到了充足的成年人的注意）而是教师的赞许。

行为契约

行为矫正技术是代币法的基础，这也是在一些特殊学校被很有效使用的一种策略。它通常只被运用于封闭性的环境中，比如像宿舍楼和治疗机构中，其中的职员能非常有效的对内部居住者的生活进行很好的控制，我并不想过多的讨论代币法，但教师应对其有所了解，因为它大量存在于教育文献中，并使我们对正规学校中的有限的策略进行思考（Burland，1984）。在实行代币法时，儿童每次表现出好的行为时就得到代币（它可能真是一个圆片，或被记录在本子上的标记，或是其他适当的东西），而每次他们不良行为时就将失去代币。在一个共同认可的时期结束时，他们可以用自己的代币换取某种类型的强化物（奖励）（比如，一定量的代币可以换取额外的看电视时间；而这个量的两倍的代币可换取额外的运动设施或去镇上游逛的机会，等等）。因此儿童的目标就是通过改变自己的行为来换取奖励，通过操作反射就能将这种行为变为他全部行为中的一部分。

代币法通常是"行为契约"的一种形式（Stuart，1971）。儿童与教师达成一定的契约，他们做出某种行为来换取一定的奖励。如果他们破坏了契约中自己承诺的，他们将失去奖励。因此他们可以承诺不侵犯别人，也就是每半天时间中如果他们控制自己不侵犯别人，就会得到一个代币。每次他们攻击别的儿童时，也就失去一个代币。行为契约在正规学校中也被很成功的应用。报告卡片就是一个例子，儿童要在每个课程上建立好行为的契约，并在每节课结束时由教师在卡片上签字，并在一周结束时可用卡片换取一定的实物奖励。但使用这种报告卡片法的主要问题，首先是周末的奖励不足以给那些有严重行为问题的儿童以深刻的印象,这使他们不在乎一周一周的被记录在案,其次是这并不能有效的针对具体的行为内容。我们已经看到,将儿童的困难行为的具体内容独立出来,并分别更有针对性地处理,这是很重要的。而一张卡片只是记录了儿童在整个课程中所有的行为,是无法实现上述要求的。

但问题儿童却可以从正规学校使用的行为契约上得到重要的帮助,尤其是如果我们能将父母和当地的社区都列入总体的奖励来源中。这时已不再是对儿童的行为进行一般的记录,而是与他们在某些具体的要克服的行为上达成契约(比如,在学习上的失败,在班上无礼,攻击其他儿童)。如果他们表现出这些行为,我们就先集中于其中的一个,并在进行下一个之前先消除这一行为。在每个课程之后,如果儿童完成了契约中他们的任务,教师就在他们的记录卡上签字。在规定的阶段结束时,满意的记录卡(或更正确的说是契约卡)就可以获取在制定契约之前所确定的强化物。它们可能是去野餐或吃美味食物,或是父母给的礼物,或是早晨去当地的汽车修理库或骑马场,或学校本身的一些特有荣誉。

对正规学校中使用行为契约的反对意见是,一个人不能永无止境地做下去,当有一天我们不得不停止时,儿童就又会犯错误。对这一问题的回答是,在契约中儿童所接受到的不仅是约定的奖励,也包括所有偶然的(那些不是特意设计的)强化物。他们将发现在自己表现出较好行为时教师会总体上做出更积极的反应;在他们坚持学习时就开始得到较高的分数;父母也对他们的进步感到高兴;其他儿童变得对他们更友好;课程也变得更有趣味;他们的自尊也得到提高等等。在契约结束之后,随着他们眼界的开阔,正是这些强化物继续维持着他们的新行为。

对行为契约有时还存在第二种反对意见,即认为它对于那些遵守规章的儿童是不公正的,他们觉得那些制造麻烦的人能受到奖励而自己却得不到。有时人们甚至认为儿童会为了被列入契约而有意的去犯错误。但这种指责似乎是没有依据的。因为遵守规章的儿童已经收到了有关的强化物,因为他们来自于条件优越的家庭,在学校中与教师保持有良好的关系,这些都保证了这些强化的存在。的确,这也是整个问题的关键。就目前来说,有问题的儿童之所以如此行为,是由于他们学习到这是他们获得自己所需要事物的惟一方法。我们的目的是帮助他们改变这种认识,而使他们认识到他们可以像那些遵守规章的儿童一样通过能被社会接受的行为来获得奖励。

对行为矫正技术的总的看法

在我们结束对行为矫正技术整个内容讨论之前有必要指出两点。首先,这些技术并不总是被用于有破坏行为的儿童身上。有心理问题的儿童可以被定义为是那些形成了对他们自己或伙伴的不良影响的儿童,因此这也包括冷漠的儿童,退缩的儿童,也包括对同学冒失的儿童。在帮助冷漠的儿童时,行为矫正者认为冷漠是在早期的学校生活中不知不觉被强化而形成的,并由此成为行为的一部分。比如,我们经常接近儿童并请求他们参与活动。而一旦他们参与了活动,我们就转向其他需要帮助的儿童。因此,不知不觉中我们正在对冷漠行为进行正强化(通过接近他们的反应)而对社会交往行为予以惩罚(当儿童开始与别人交往时就不再注意他们)。事实上我们不应该仅仅在儿童冷漠的时候对他们加以注意,而也应在他们最初开始接近别人时给以注意的奖励。当他们一产生这种接近行为时,我们应该把他们拉入到活动中,并尽可能长久的与他们呆在一起,这就奖励了参与。虽然我们不可能在这些冷漠的儿童产生社会交往行为后仍与他们长久相处,但这时偶然的强化就会产生作用(比如,参与到其他儿童正在进行的有兴趣的活动中,感到自己成为群体的一个成员,其他人对自己的友好态度),它们会加强和维持儿童的社交行为。

我们还要提到的第二个总的观点是极端的操作条件反射理论者认为行为矫正是一种对儿童进行的机械性操作,儿童自己并没有能自愿改变自己的能力。这就又使我们回到前面讨论的对行为矫正的第三个反对意见上。但并不需要教师同意这一观点。他们相信儿童对自己所做的一切有很好的认识,儿童也能决定自己是否遵从他们的做法并视之为一种获得他们想要的东西的方式。这一观点将儿童看做是一个自由的人而不是由别人来操作的单位。这种观点是非常合理的,并且它也并不反对行为矫正技术的使用。然而这的确是关于人类的一种不同并更乐观的(有些人认为是更高贵的)观点,它认为人们有自由的意愿,而不仅仅是环境的受害者。这就产生了一个很重要的哲学问题,但我们在此没有更多的篇幅来讨论它。我们所能说的是我们不可能证明我们是否有自由意愿或我们没有使用有限而精确的科学方法。德国的哲学家康德在两个世纪前就指出存在这样一种可以被证明的事实,即人们表现得"好似"他们有自由的意愿,但即使是最支持机械论观点的操作条件反射理论者也很难对此提出质疑。在很多情况下,对大多数教师来说,教学上的问题似乎是更多的产生于自由意愿而不是它的缺乏!

在1970年代和1980年代所流行的极端的行为矫正技术的观点已被证实有一些过分夸张的成分,这主要是由于在正常的教学中教师处于很多限制和压力下,这使他们无法坚持某种足够一致的方法运作。但无论在什么教学情况下这种方法对教师都有许多实际的帮助。总结起来他们有:

• 帮助教师将注意力集中于他们自己的行为,及其对儿童的影响;

• 证明可观察的行为能够被客观的加以描述,这有助于使教师将注意力集中于那些需要被改变的儿童活动的具体内容上;

• 使我们认识到行为是学习的;其本质是,那些在班级上表现

出的不良行为是习得的,是从家庭中或其他地方给他们提供的不正确的经验产生的;

• 它使我们将注意力集中于被称之为效果律的行为定律上。大多数行为是学习的(不论是有意识的还是无意识的)只是因为它能产生某些所需要的效果;

• 证明行为是可以被改变的,只要我们改变了获得这一行为时的强化;

• 强调情境的重要性;儿童有可能由于对他们所在的环境做出错误的解释而产生不良的行为方式(生态行为论的观点)。

其他的班级控制和管理内容

当然,通常班级的控制和管理问题不是来源于个体,而是产生于班级整体。即使是最守纪律和最爱学习的班级偶尔也会出现乱哄哄的现象,或对新的教师进行考验来发现其对自己今后活动的限制程度,也可能会面对某一教师的方法而产生挫折感和愤怒情绪。讨论这些问题的最好办法是概括出与大多数教学情境有关的一些普遍性的规律。下面就列出这些规律,但它们的顺序与其重要性无关,而是为了更方便于教师的直接应用。

1. 提高班级的兴趣:一般来说,全班如果被其工作所吸引则就不会产生问题。另外,他们将对那些试图分散他们注意力的人们表现出不满。

2. 避免个人的独特风格:这一点是在第十一章讨论交往分析时所提到的,像说话的风格、穿着和姿势,教师在这些方面的表现会给那些只能坐在下面观察他们的学生带来不好的影响(或感到滑稽可笑!),并且这会导致班级上的消极行为。

3. 公正:真实的或想像中的不公正会在儿童中产生怨恨和敌视。公正意味着保证任何特权的丧失都要与最初的不良行为相适应(并且两者在任何可能的情况下总是相联的,这使儿童能够看到两者之间的因果关系);它也意味着对儿童的行为必须是一致的,这使他们知道期望的是什么,并且它也意味着要信守诺言。有意思的是所有年龄的儿童都把"公正"评价为是一个教师所必需的品质之一。

4. 幽默:这并不是要求教师要使自己像一个喜剧演员一样的表演,而只是要求他们要能够与班级一起笑(但不是在班上有某个人不幸成为大家所嘲笑的对象时),并且他们要在适宜的时候将幽默引入教学材料中。它也意味着教师有时需要在公开或私下嘲笑自己。我们都会偶尔有一些不适当的做事的方式,这使别人感到好笑和有趣,而使自己参与到这种发笑的群体中是现实的自我价值感与安全感的表现。一个因别人的嘲笑而勃然大怒的人会把别人对自己的笑意看做是对自己已经感到很沮丧的自尊的一种威胁。当然,那些对儿童总是表现得很威严的教师在某种程度上是在使班上的同学找出挑战这种威严的方式。有时人们认为所有的权威都是懦弱和可笑的,尤其是当它们表现得接近于自负时。通过回忆自己小时候是怎么看教师的,教师可以对自己位置的现实性有清楚的认识,而这也是教师的一个非常重要的品质。记住幽默感是被儿童列为公正之后教师最重要的第二种品质。

5. 避免不必要的威胁:我们已认识到仅仅依赖于威胁对于控制儿童是无效的。但在一些情况下当人们又感到威胁是避免不了时,它们应该总是适宜于处理不良行为,并是很现实的。那种不切实际的威胁,如威胁学生周六上午也要到校上课,只会使学生们为了看到这个被群起而攻之的教师如何将他的威胁付诸于实践的快乐而故意表现出那种被禁止的行为。威胁一旦被提出了,就一定要执行。如果总是用"这是最后一次机会"来威胁学生,则教师在儿童眼中的形象立刻会被极大损害。

6. 准时:一个上课总迟到的教师不仅给儿童树立了一个坏榜样,而且也不得不在课程开始之前先平息班上的躁动。在下课的时间上准时也同样是重要的。儿童很快就会对总是在课间休息时被延迟或午饭的时间被拖延或使下一课程被耽误而产生不满。

7. 避免生气：发脾气的教师可能在气头上说一些或做一些他们很快就会后悔的话或事。班上的学生也会很有兴趣注意到教师失去自我控制，并且这可能会通过学校的谣言而广为传播。这一教师不用多久就会发现，当他在给别的班上课时，学生们会像科学家一样，总是想尽一切办法使他重新表现出那种失控的行为。当然所有的教师在偶然的情况下都会感到需要对儿童说一些尖刻的语言，但这与在气头上失去控制完全不同，因为后者既对教师在学校中的地位不利，也对他们自己的健康不利。

8. 避免过于与学生随便：在友好和过于随便之间的界线是很窄的，但最好是在开始与儿童相处时表现得正式一些，然后当他们对学生有更多的了解后再逐渐变得更亲密；就像结交新朋友时一样。研究证明许多影响力差的教师是以与上述方式相反的方式开始与学生相处，然后在他们已经给人形成一种过去松散的第一印象后又竭力使自己严肃起来。但在任何时候采取过于随便的方式与学生相处会使他们感到困惑，因为他们知道教师是学校的权威性的代表而并不是他们自己中的一员，这就不可避免的会使他们感到在教师一旦要维护这种权威性时他们就被欺骗了。

9. 提供承担责任的机会：如果所有的责任都由教师承担，那么在没有直接的监督时儿童表现出不负责任的行为就不足为怪了。给儿童提供责任不仅让他感到受教师的信任，这也使他们认识到他们应对班上发生的事关心，就像教师所做的那样。

10. 集中注意力：一般性的要求教室中保持安静和秩序并无多大意义，而不如直接点那些有关学生的名，从而使整个班级集中注意力。在随后的安静中，教师再对某些要求做进一步的说明。如果一个人能很快记住班上所有学生的名字这能更好的帮助他使班级集中注意力。在这方面有计划的安排座位是很有帮助的(同时要求学生在教室中必须坐在同一位置上,直到允许换座位时!)。很快的记住儿童的名字也能证明教师对他们每个人都有兴趣。

11. 避免羞辱儿童:除了潜在的心理损害以外,羞辱还会损害一个儿童在班上其他同学眼中的地位,因此,为了重新树立自己的形象,儿童就会想尽一切办法来对抗教师的权威。在这里应该注意到儿童经常发现讽刺性的羞辱,这反过来会使儿童以无礼来回报。

12. 警觉:对班级有良好控制力的教师应具有的一个重要品质是他应该知道班上所发生着的所有的事情。这似乎要求他们脑后也要长着眼睛,因此这不仅要求他们有良好的眼力和注意力,而且也要不断的在教室周围巡视,并强调当儿童在学习上有困难时应该呆在他们的位置上等待,而不是包围在教师的身边,否则教师就会因此而无法将注意力集中在主要的教学活动上。

13. 使用积极的语言:我们应该强调的是我们希望儿童去做什么,而不是必须禁止他们去做什么。因此我们说"安静的走进教室"而不要说"不要这样乱","看你的书"而不应说"不要回头",等等。消极的语言会暗示儿童可能在此之前根本没有想到的行为,而且也会把那些守纪律学生的注意力吸引到不正确的方向上。

14. 自信:作者回忆到在其本人在接受师范研究生训练期间曾获得的对班级控制的惟一一个忠告是,教师必须总能在班上表现得自信。他时常觉得这一忠告似乎太少了(因而讲了许多其他方面的内容),但事实上,如果一个教师只能使用单一的一个策略,那么这个忠告和其他策略是一样有效的。那些在进入教室时总表现得紧张和犹豫的老师总是会使学生感到他们在期待着什么麻烦,并习惯了学生对自己的不遵从。如果班上的学生认为他们自己可以表现得很好,则教师也将不会对学生失望。另一方面,如果教师能给人们一种印象,即他们能很好的与儿童相处,那么儿童也会受到影响,采取友善和合作的行为。所以即使教师感到自己经验不足和有些忧虑,他们也不能表现出这一点。

15. 良好的组织：如果课堂能被很好地组织起来，学习材料和用具能被有秩序地发放，那么教学就很难被一些不良行为扰乱，而如果组织得不好，就会有相反的结果。教师在上课时，特别是面临一个可能会产生麻烦的班级时，如果他们发现所要使用的录音机插头坏了，或发现他们没带铅笔，或发现几页重要的讲义不见了，这都会给他们造成极度的神经紧张，而这些是完全能够被避免的。良好的组织也意味着使儿童清楚地知道教师期望他们怎么来使用仪器和设备从而避免损坏，同时教师能注意到每个人的所作所为。这也意味着要一步步地指导儿童遵守这些要求，而不是让学生立刻就仓促行动，然后再徒劳地大声呼喊着维持秩序。

良好的教学组织也意味着使儿童清楚地知道要用的东西放在什么地方，而且使他们认识到他们每个人都有维持正常的教学秩序和在意外发生时应付紧急情况的责任。良好的教学组织也意味着要认真地计划教学活动，从而使之能在老师的控制和学生力所能及的范围内。有些教学中的实践活动看上去是很好的主意，但结果可能是灾难性的。对于这些活动，如果教师感到有疑虑，则最好先在比较合作的班级上初步尝试一下。最终良好的教学组织也意味着要对课程的理论性内容有所控制，并保证在开始实践性活动之前对理论的讲解不要太长。本书前面曾提到过，根据经验的粗略判断，教师应将课程的理论内容限制在每个年龄阶段持续1分钟或1分钟半钟（决定于课程内容和儿童的能力）。因此，对于10岁的儿童应大约为10分钟到15分钟，而对6年级的学生可以增加到25分钟等等。

16. 表现出对儿童的喜爱：许多人在回忆他们的学校生活时，都会想起一些有趣的故事，有的是关于对他们很凶令他们很惧怕的老师，有的则是一些善良的老师，但这些故事所以被记住是由于它们并不经常发生。在大部分时间里，那些能与儿童很好相处的教师能够在教学工作表达出对学生的同情和理解并能表现出自己是个以教学为乐的人。他们使班级认识到他们希望学生成功并不是为证实他们自己的才能,而是因为成功对学生更重要。一旦学生认识到教师对他们的支持,他们也就会回报以合作和尊重。

上面这几个方面看上去像是战时教学法手册中列出的提供给教师的窍门(但我们希望实际上不是这样)。现在人们认为经验不足的教师并不必要有这方面的指导,而应该让他们面对自己的具体学生发展他们自己的教学风格。但那些在教师教育和帮助新教师度过第一年的障碍的老师却不这么认为。当然也不能否认教师的活动应像一个研究者,他要问自己自己为什么儿童会如此行为,并且什么策略最适宜处理这些问题。但教师也必须有一些普遍性的知识,这就是前面提出的 16 点,它们是以心理学理论为基础,并根据在英国和美国所进行的教学研究而总结出来的。当教师的经验丰富起来后他们就能发现其他的普遍性规律,并能发展出最适宜于自己和自己所面对的具体的学校和学生的方法。但在开始他们如果想使自己的职业有一个很好的开端,并给他们的学生提供更有效的学习机会,则他们必须要有这些具有普遍性规律的知识。

惩罚的使用

在班级控制问题上有时必须在教学中使用惩罚("约束"是一个情绪化较小的概念)。一般来说,任何惩罚的实施都应使教师注意它所带来的危险,它们是:

• 任何类型惩罚都会损害学生与教师的关系,这种损害可能是永久性的。如果这种惩罚被看做是不公平(见第 3 点)或有意被设计来羞辱学生(见第 11 点)时那么这种损害造成的影响就会更大;

• 儿童会使用一些策略来避免被惩罚,如不诚实。这不仅对儿童长期的人格发展有潜在的不利,它也威胁到儿童与教师之间存在的信任感;

- 惩罚可能使儿童认识到它是强者强加于弱者身上的,而它永远不会落到强者自己身上。

有效的约束

但如果认为大多数教师不应该有任何限制性的约束这也是不现实的,于是人们就会提出什么是有效的约束什么是无效的约束。在讨论行为矫正技术时我已提到,将正强化与约束结合起来通常有助于使大多数儿童产生必要的行为转变,但如果教师把这些技术当成是惩罚则是不正确的。在使用惩罚时,教师通常会认为这是对儿童的某种强制性的处置或某些特权的剥夺,也是对破坏学校规章制度的制止或是对某些不能接受课堂行为的迅速反应。

经常被使用的惩罚,通常也是对具有合作性的儿童最有效的,就是言语斥责。教师对儿童斥责,儿童也接受了这一斥责,于是一切就都结束了。而为什么会如此有效,其原因是儿童似乎需要成年人的赞同(Carl Rogers,1951,将其看做是一种内在的需求)。假如他们已得到了成年人足够的注意,他们现在就需要这种注意是赞许性的。这似乎与他们的要求被社会接受的需求(见第八章讨论的马斯洛的研究)和他们的自尊需求(见第十章)有关。因此,如果教师对儿童不再赞同,尤其是教师在班上很受尊重时,则儿童就会在社会群体中感到不愉快和疏远。由于教师通常被儿童看做是正确的,这样就使儿童怀疑自己的价值,他们渴望着消除这种疑虑,从而会很快做出行为上的改变,并重新与教师保持一致。

许多研究证明只要更严厉的约束是可行的,那么使父母采用这种缺乏赞许的策略也是很有效的,因为这时儿童感到如果继续不良行为,他们就将在家庭里面对越来越多的不赞许。一种成功率较高的策略就是校长准备一封写给学生家长的信,然后把学生叫来,将这封信念给学生听。于是这个学生就面临这样的选择,或者自己改变自己的不良行为,或者就把信发出去。毫不奇怪,儿童通常会选择前一种。然后就将信存档,并只有在儿童不能遵守这种行为契约时才再把信发出去。重要的是,根据行为矫正技术,在信中要详细的描写学校期望的行为的具体内容,从而使儿童非常清楚他必须做出哪些改变。

学校在每年寄给家长的学生操行报告中就会经常使用这样的策略(或有时是每学期),但让人奇怪的是一些教师竟然认识不到这种报告对儿童与父母关系的影响。问题是报告没有具体指明学生哪里做错了,以及改正这些问题的方向。这种模糊性的语言比如像"能够做得更好"(我们都不能吗?)或"这学期只做了很少的工作"(这是教师的问题还是儿童的问题),只能使父母感到失望并使儿童产生混乱。所需要做的是有效的实践性指导和使他们不断得到父母的提醒。如果父母也能在家庭里给儿童以更具体的帮忙,那么效果就会更好(见第一章)。但有些教师由于一些不清楚的原因或因为他们特别具有防御性,却相当不情愿在自己对儿童的正规教育中寻求父母的合作。这是很遗憾的,因为每天晚上父母与儿童相处的几分钟时间(像听儿童的朗读,检查儿童做的家庭作业并拿到学校去的书是否正确)会给儿童带来巨大的有益帮助。大多数父母都非常愿意合作,只要他们清楚教师期望他们做什么,并能经常与教师交流来保证一切进行很顺利。

学生家长会也很重要。老师经常会与学生家长见面,可能会口头上向他们汇报一些关于学生的不好的事情,通常这种交流可能会因面对面接触时产生的同情而受影响,那么家长通过这种口头的方式获得的关于学生的情况与他们看到的学校寄发的操行报告后了解的情况对学生的影响是否一样呢?这一点目前还不清楚。在第一章中曾提到,有人反对家长会和操行报告这些形式,其主要原因是那些老师们最想接触的家长往往都不关心自己孩子的情况。这虽有一定道理,但却是极有限的情况。通常大多数父母都很关心自己孩子的情况,而无论他们是否表现出来。这是因为他们爱自己的子女,但也存在其他一些复杂因素的影响。他们可能希望自己的子女能给他们带来声誉或做的像隔壁的孩子一样的好。或者他们可能感到自己子女的失败,不论在学业上或是在社会上,可能会招致与警官打交道的危险,或造成损害而必须赔偿,或在他们毕业时找不到工作等等。这些都说明父母是非常看重自己孩子的进步的。

自然结果律

另一个经常在学校中被有效使用的约束是被卢梭称为自然结果律的方法。与行为矫正一样它也适合于操作条件反射模式,但它与行为矫正所不同的是其结果是产生于环境而不是来源于教师。这一法则在教育上的重要意义是许多年前由苏珊·伊扎克(1933)首先在她的《麦芽作坊的学校》一书中阐明的。比如,如果小孩子正在玩玩具,当喊他们去吃午饭时他们会被允许继续玩一会,但当他们最终来吃饭时会发现饭也凉了而且也没有别的饭菜了。如果一个儿童总是很粗心而总是把一些东西搞坏,那么他就不得不在某一时期不能使用它。很明显存在许多的偶然情况,即产生的结果可能会对儿童的安全造成威胁,但总的来说这种自然结果律的方法还是很有价值的,因为它使儿童认识到他们自己的行为和由此导致的不良结果之间的因果关系。对小孩子来说这种联接只在行为和结果发生的时间很接近时才能建立(见第七章对操作条件反射的讨论),但儿童长大后他们就逐渐能自己推论出这种联接。根本上来说自然结果律认为如果儿童犯了错误并允许他们实际体验他们自己错误行为的结果就能使他们更快的学习正确的行为,而不必通过惩罚来做到这一点。这样他们就会认识到他们的行为为什么是错误的,而且也因此增长了知识并体验到了责任。

但这里要提醒注意的是(不仅仅是身体安全问题)儿童不能在体验这种自然结果上花太长的时间。因此如果因粗心或故意使学校的设备(比如,电视)被损坏,那么就应该告诉儿童他们在一定时间内(如两周)是无法使用它的,因为学校的工作人员很忙而无法很快修好。如果这种状态的持续时间超过两周,那么儿童就会习惯了这种情况,而且当他们再想起这件事时,就会认为这是工作人员对他们的一种有意的报复。因此这种方法也就失去了其应有的作用。

对自然结果法则的讨论引起这样的观点,即使学生没有课间休息或游戏的时间在制止具体的问题行为上并不是非常有效的,因为在行为和处罚之间相隔的时间太久了,这两方面不会通过自然结果而联接。这种惩罚只有在它们是由儿童自己造成时才会更有效,比如在即将下课之前,他们总是磨磨蹭蹭不能很快地收拾好自己的东西而错过了课间休息。那种将学生留在办公室而不让他们参与课间游戏的作法只能激怒这些爱玩的孩子,而不会使他们认识到为什么他们的行为是错误的。

群体行为问题

有时班级控制上的问题更多来自于班级中某些群体的行为,而不是哪个人的行为。每个儿童自己本身都可能是有责任并友好的,但他们组成群体时就似乎变成不同的人了。当这种情况产生时,教师首要的任务仍是列出问题行为。与对个体的行为矫正程序相似,可能正是教师本人的反应维持了这些行为或为它们提供了先决条件,比如缺乏组织(见对班级控制一般因素的第15点),或与学生过于随便(第8点),或不准时(第6点)或过于严格或失去自我控制(分别为第4和第7点)。如果的确是这种情况,那么在某种程度上,也要改变教师自己的行为,因为它们的确使儿童感到学习是枯燥无味的,或使他们对某一课程或整个学校都产生失败的体验。

不论引起群体行为的原因是什么,不论教师改正它们时使用什么样的方法,人们发现了一些有用的普遍性的策略。

- 首先要确定群体中最有影响的人。在第十一章中我们讨论了领导和明星的作用,所提出的观点与此时的内容也是有关的。一旦这些个体被确认出来(他们有时被称为看门人),教师就能对他们集中注意力(比如,使用个体行为矫正技术),如果他们赢得了这些人的支持也就会影响到群体的其他人。

- 如果可能就将不良行为的群体分化出来。这意味着把他们安排在班级彼此间隔的座位上,使他们参加不同的课程和家庭活动,等等。我在第十一章已经强调儿童之间的频繁接触对形成友谊所起的作用;通过减弱群体成员间的接近程度,教师就能减弱群体的凝聚力而鼓励群体成员形成与外界的友好关系。当然,最理想的是不使儿童意识到这是教师有意的安排。

- 尽可能的与儿童保持个人之间的交往。这样就使儿童形成与教师的个人间关系,这也能破坏群体间的凝聚力,因为它破坏了教师的合作者的形象。

- 在教学情境之外,如校外活动中,尽可能地将儿童当做个个不同的人来对待,这也会减弱儿童总把教师与教学联系起来的倾向。

- 如果可能,要避免在其他人面前与群体成员产生直接的冲突。每个群体成员都有其他成员的眼中保持自己威信和地位的需求,因此教师当着别人的面处理他们的问题时会比单独面对他们时更困难。这意味着教师首先要尽力不使矛盾激化,并在以后再处理问题。假如教师没有使用正规的行为纠正技术来处理学生的问题,如在课堂上表现得无礼,那么教师就可以先表明他对这个学生的行为感到难过,但他会在课后予以具体的处理。没有完成家庭作业可能是儿童想要"看看教师将会对此怎样做",对这一问题也可以用上述方法,即要求学生在课后到办公室来谈这件事,并由此暗示学生他们现在有更好的事情做而没必要听学生的解释。最后要让学生知道家庭作业的完成只对儿童自己有好处而不是为教师而做(教师每周都要花许多小时来改作业),不要让儿童感到他们在没有完成作业时要向老师没完没了地解释。如果教师不愿意在下课后处理儿童的问题,那么他们也可以在下课铃响时当这个儿童与其他人一起走出教室时,将他叫到一边了解一些情况。

身体的对抗

偶尔,教师也不得不强行分开班上两个学生之间在身体上的冲突。这会产生特殊的问题(特别是当学生比教师强壮时!)但关键是教师要迅速坚定地做出身体上的动作来阻止儿童间的对抗,比如,教师要大步跨过去将儿童分开,并牢牢抓住看上去是攻击者的一方。在做出这种身体上的干预之前,任何言语上的阻止通常都是不起作用的,但是当局面被有所控制时,教师要使用平静的语言向双方表示他知道他们很生气,但是愿意听听具体是怎么一回事。教师在此时若表现得很愤怒是没有用的。除非教师能保证自己在身体上百分之百地强于两个儿童,否则教师的愤怒只能使事情变得更糟,而且如果被儿童摔倒在一边,则会使教师显得很尴尬。平静,并最好带有一些幽默,是更为适宜的。最重要的是,不要在这种情况下威胁他们要对他们做出严厉的惩罚。如果儿童感到自己因为打架而受到惩罚,他们可能仍继续打下去,直到分出胜负。一旦教师觉得局面有所缓和,他就应把刚抓住的那个学生松开,并且要在儿童都进一步平静下来时,耐心而富有同情地听取双方的解释。

关于认识和处理身体暴力上的进一步的指导,都由布瑞克维尔(1989)做了说明,它们也适用于任何与指导、帮助和关怀有关的职业。所幸的是有证据表明(DES,1989)直接朝向教师的身体暴力很少见。在2525名中学生样本中只有1.7%的报告指出在上学期间有此种行为。

逃　学

　　我们还要讨论的一个比较重要的问题行为就是逃学。那些没有任何理由而总是逃学的学生向我们清楚地表明了他们不上学的结果要好于上学的结果。与我们目前所讨论的所有问题一样,每次我们要提出的第一个问题都是为什么会是这种情况？其答案可能来自下面的某一种或多种原因。

- 儿童可能是受到其他学生的威吓。
- 儿童可能是害怕某一具体的教员或某种惩罚。
- 儿童可能在学校中遭受的失败太强烈,所以逃学是一种保护自尊的方法。
- 可能在家庭中存在让儿童不上学的因素。他可能必须照看年幼的弟妹,或帮忙做家务。或者儿童可能害怕父母之间的暴力冲突,或者有可能他们不在场父母中的某一方会离家出走。
- 儿童的父母可能会由于对社会有某种模糊不清的恶意而阻止子女上学。
- 儿童可以会由于饮酒或其他的毒品而处于不适宜上学的状态(这通常会对下午课有更大的影响)。
- 儿童可能被卷入犯法活动。
- 儿童可能只是由于感到太平淡而烦恼,并想去寻找一些更有刺激性的事做。

　　与考虑其他问题一样,逃学也不完全是儿童个人的问题。其他的儿童,教师,父母,学校组织或违法的小团体都可能被涉及到。当然,儿童一旦陷入这种状况他们的学业会越来越差(这使学校对他们更无吸引力),而且也会变得越来越撒谎和欺骗别人(这也使他们更难于信任人们并请求帮助)。

　　我们一旦确认了可能的逃学原因(这通常不是一件轻易的工作)我们就能采取适当的补救措施。通常对儿童惩罚是不公正的,因为我们已看到,这一问题通常不是他们自己造成的。更坏的是,惩罚会产生相反的作用,它使儿童将学校与不愉快的体验联系更紧,这使他们不愿意上学,还会为掩盖自己的行为而说谎。争取儿童上学不应被看做是儿童与不惜一切代价去获胜的学校之间的一场战斗。我们应使他们认识到学校能够理解和同情他们在自己生活中可能会体验到的恐惧和焦虑,并能够帮助他们。即使儿童完全是由于觉得无聊而逃学,也不要与他们产生面对面的冲突。通常,如果儿童决心已定并无视学校的任何约束,甚至他们的父母也很少关心此事,则他们最终会获胜并永远离开学校。一个更好的策略是试图发现为什么学校使儿童感到如此无聊和与他们的兴趣无关。那些愿意花力气专门为那些能力不足的儿童(通常在这些儿童中有较高的逃学率)开一些能吸引他们的课的学校通常都能在很大程度上降低儿童的逃学率。

要强调的一点是逃学问题是不适宜用行为矫正技术来处理的。我们非常愿意相信如果我们忽视儿童的逃学行为就会使他们认识到自己不能引起别人的注意,从而会改变逃学的做法,但不幸的是这一点在实际情况中并不存在!在某些情况下儿童的确会由于希望被别人注意而逃学,但即使在这种情况下,他们也可能会有更重要的原因(比如他们为什么非得走到逃学这一步才能引起别人的注意),因此学校必须在事情还没有恶化前,发现这些原因。一旦找到原因接下来就是处理它们,也可以引入一些行为契约的形式,它们通常是一些非常有用的辅助性策略,特别是对一些非常难处理的情况很有帮助。但我们必须记住的是学校是为儿童利益服务的,如果儿童选择了不接受这种服务,那么学校不仅要从儿童身上找问题,也要寻找自己在提供这种服务时的问题。

参考文献

Breakwell, G. (1989) *Facing Physical Violence.* London: Routledge and BPS Books (The British Psychological Society).

Burland, R. (1984) Behaviourism in the closed community. In D. Fontana (Ed.) *Behaviourism and Learning Theory in Education*. Edinburgh: Scottish Academic Press (*British Journal of Educational Psychology* Monograph Series Number 1.).

Cronk, K. (1987) *Teacher — Pupil Conflict in Secondary Schools*. London: Falmer Press.

DES (1989) *Discipline in Schools* (The Elton Report). London: HMSO.

Issacs, S. (1933) *Social Development in Young Children*. London: Routledge & Kegan Paul.

Molnar, A. and Lindquist, B. (1989) *Changing Problem Behavior in School*. San Francisco: Jossey Bass.

Rogers, C. (1951) *Client Centered Therapy*. Boston: Houghton—Mifflin.

Stuart, R. B. (1971) Behavioural contracting within the family of delinquents. *Journal of Behaviour and Experimental Psychiatry*, 2, 1—11.

Wheldall, K. and Merrett, F. (1989) *Positive Teaching in the Secondary School*. London: Paul Chapman.

Wragg, E. C. (1984) (Ed.) *Classroom Teaching Skills*. London: Croom Helm.

补充读物

Charlton, T. and David, K. (1989) *Managing Misbehaviour*. London: Macmillan.

A good general text, with a nice practical emphasis.

Fontana, D. (Ed.) (1984) *Behaviourism and Learning Theory*

in Education. Edinburgh: Scottish Academic Press.

Contains some highly relevant material on behaviour modification in both normal and special schools. (Also recommended for Chapter 7.)

Fontana, D. (1994) *Managing Classroom Behaviour.* Leicester: BPS Books (The British Psychological Society) (2nd edn of *Classroom Control*).

A close look at all aspects of class control problems and their management by the teacher.

Craham, J. (1988) *Schools, Disruptive Behaviour and Delinquency.* London: HMSO.

Good survey evidence of the incidence and nature of problem behaviour.

Gray, J. and Richter, J. (1988) *Classroom Responses to Disruptive Behaviour.* London: Macmillan.

Another helpful general text.

Laslett, R. and Smith, C. (1984) *Effective Classroom Management.* London: Croom Helm.

Sensible and informative text on how to organize and manage the successful classroom.

Lawrence, J., Steed, D. and Young, P. (1984) *Disruptive Children: Disruptive Schools?* London: Croom Helm.

A central text because it places behaviour problems within the context of the educational philosophy and practices of the whole school.

Walker, J. E. and Shea, T. M. (1980) *Behavior Modification: A practical approach for educators*, 2nd end. St. Louis, Missouri: Mosby.

Probably the best practical text on behaviour modification techniques for teachers.

Wheldall, K. and Merrett, F. (1984) *Positive Teaching: The behavioural approach.* London: Groom Helm.
Good practical text from the behaviourist angle.

一些问题

1. 为什么在控制班级时使用威胁是不明智的?
2. 为什么问题行为在某种程度上只在旁观者眼中是一种问题?
3. 为什么教师在思考引起儿童问题行为的原因时应先检查自己的行为?
4. 对于操作条件反射理论家来说,他们认为造成并维持儿童不良行为的原因是什么?
5. 描述教师在制定行为矫正程序时首要的策略。
6. 什么是"寻求注意行为",在教学中它具有什么形式?
7. 当我们说教师不应对不良行为强化而只对好的行为强化时,我们是什么意思?
8. 什么是生态行为观点?
9. 讨论"禁闭法"的意思。
10. 在使用"代币法"和"行为契约"时应注意的原则是什么?
11. 什么是"偶然强化物"并且为什么它们对维持儿童行为的良好变化很重要?
12. 说明为什么幽默感似乎是教师的一个重要品质。
13. 列出对儿童使用惩罚会产生的危险。
14. 操行报告的作用是什么?
15. 列出一些理由说明为什么父母会热衷于关心自己子女在学校中的进步和行为。

16. 什么是"自然结果律"?

17. 为什么在群体面前尽可能避免与群体成员的直接冲突是很重要的?

18. 提出一些在制止儿童间身体冲突时应注意的问题。

19. 列出逃学的一些理由。

20. 当处理逃学问题时为什么惩罚会产生相反效果?

第十四章　教师的人格、特征和应激

在本书中自始至终所强调的是我们如果希望对儿童的行为有所了解，我们就必须不仅要考虑儿童本身，还要考虑各种因素对他们的影响。在学校中，最重要的因素就是教师。对教师的人格的研究，我的意思是对所有影响到教师工作的个人特征的研究，在这一方面所做的工作还远不如对儿童的特征研究的那样系统，但目前也有相当多的研究成果值得我们重视。

教师的有效性

在我们了解这些事实之前，我应该说明的是任何对教师特征的讨论最终都要融于对教师的有效性的整体讨论中，这又使我回到什么是"好"教师的问题。有经验的培养教师的人员对这一问题是不可能有一致意见的。一个"好"教师是一个帮助儿童发展社会情感的人吗？或者是帮助儿童发展认知能力？或者只是对他们传授课程知识？或通过实验来认识他们？并且我们如何在这些方面来测量教师的工作是否让我们满意？就如同我们在充分理解儿童行为时不能不依靠对教师行为的认识一样，我们在对教师行为认识时也离不开对儿童行为的了解。比如，有一些教师在帮助某一特殊群体的儿童发展其社会情感方面非常成功，但换了不同的问题，虽然问题并没有变得更严重，但却没有什么好办法。甚至仅仅是在班上存在一个非常调皮的孩子，就会对教师对其他学生的行为产生重要影响。所以我们怎样并以哪种儿童群体为标准来评价教师的能力？

目前提倡对教师进行规范化的评价,因此,上述的问题也就非常实际。它也是培养教师的人所面临的一个问题,他们的主要任务就是决定谁应该进入教学工作中而谁不能从事教学职业。学生在教师教学实践过程的成绩是一个标准,但还没有可靠的研究证明教师在此时的成功与其5年或更长时期以后职业上的成功有很好的相关。人们也设计出了许多评定量表和评价系统试图对这一问题有所帮助,但似乎都存在较大的误差。使用交互作用分析技术(见第十一章),对教师的行为以及与其对应的儿童的反应进行长期而详细的纪录能够在未来在很大程度上帮助我们剖析出成功教师的形象,但必须指出的是,所有的教师、儿童和儿童的群体,他们都是以个体形式存在的,因此,我们不可能概括出一种适用于所有情境的具有普遍性的成功模式。所以,尽管存在相反的意见,但似乎我们不太可能总结出一种精确的教学"科学",使我们在所有的情况中都能正确预测谁可以成为好教师,而谁不能。

教师特征的评价

记住了这样的警告,我们现在就能去寻找有效的证据。最有影响的对教师人格和其与教师有效性关系的调查是30年前由美国的瑞安斯(1960)进行的。他设计了一个专门的教师特征评价量表,并发现成功的教师是友善的、理解的、温暖的、敏感的、系统的、有想象力的和热情的(一种不屈不挠的优秀类型),但这些品质的重要性似乎随着所教儿童年龄的增长而减弱。换句话说,中学生似乎比小学生能更好的适应那些在这些品质上较差的教师。这是可以理解的,因为儿童的年龄越大,他们对自己学习的责任性就越强,他们与成年人的关系就有更大的灵活性。这些发现,也被后来的一些研究所证实(Fontana,1986),它驳斥了那种认为对年幼儿童的教育比对年长儿童的教育更"容易"的观点,但我们也应该注意到瑞安斯并没有认识到教师所教的专业课程知识的重要性,它们可能在决定对中学生的教育成功上比对小学生的影响起到更大的作用（当然小学教师也会反驳说他们似乎比其中学的同事们了解更多学科的知识）。

尽管瑞安斯的研究有比较广泛的性质，但在这些品质和教师的成功之间的相关并不是很高。这意味着甚至在小学中一些在这些品质上表现不佳的教师也会产生满意的教育效果。正像我们前面提到的，这可能是由于他们的学生有较好的学习动机或较好的灵活性，或者也可能是（这也再一次说明了这一领域上研究的困难）他们对儿童的消极影响要经过一段时间才能表现出来，即这种影响在学生们换老师以前是不明显的。或者也可能还存在一些瑞安斯没有测量到的其他品质，这些品质在某种程度上可能会弥补他们在那些已鉴别出的品质上的不足。罗森谢恩（1970）和其他人对父母—子女关系与教师——学生关系的研究表明对儿童的学习采取一种不苛求的态度可能就是这些品质之一。我们已谈论了许多关于自尊和持续性失败对儿童的影响来说明为什么这种态度是必要的。一个总受到教师批评的儿童，尤其是如果他们已经倾向于有较低的自尊，将对自己的能力失去信心，并产生认输的结果。因此一个对工作认真负责但确信只有通过压力才能使儿童达到一定标准的老师，可能会比那些工作不太认真，但却更倾向让儿童根据个人的不同水平来发展的老师对儿童的长远发展有更不良的影响。

研究也证明（Bennett 对教师风格的讨论，1976）成功的教师也比那些不太成功的教师能更好的准备自己的课程，并在校外活动上花更多的时间，对自己的学生表现出更多的兴趣。但这最后一个品质并不意味着他们在情绪上与儿童紧密联系在一起。有些教师希望通过与儿童之间的关心来弥补他们在校外个人生活中情感上的不足，这种作法无论是对教师自己还是对儿童都造成不利的影响。它将使教师本人很难表现得具有明确的目标，并使儿童感到自己被强加了许多要求,这使他们感到不知所措。教师应该对儿童表现出喜爱等感情,但他们也应对此表现出相当的冷静和高度的责任感。

教师在情绪上的安全感

情绪上的成熟性应是成功的教师应具有的另一种品质,这意味着不仅要做到上一段所倡导的行为,也要避免与儿童个人或某一群体结下宿怨和争吵。这也意味着不要让儿童的行为扰乱了自己的情绪,即使有时这些行为的确看上去会对教师造成困扰,当然要做到这一点就更难了。儿童与教师交往时,特别是那些没有经验或在维持秩序方面缺乏能力的教师,经常表现得只考虑自己而不为对方考虑。这样说儿童实际上只是一种委婉的说法,将更强烈的语言应用到他们身上也许并不合适,因为儿童的经验还不足以使他们做到充分的共情,即设身处地地为教师着想。尽管是这样,如果教师表现出被儿童的行为所困扰,那么这只可能使事情变得更糟,而且会使那些故意找茬的儿童感到幸灾乐祸。另一方面,如果教师对儿童所使用的阴谋策略无动于衷,那么他们很快就会发现儿童对这些策略失去了兴趣,并且他们能很快并有效的处理任何偶尔产生的新的问题。

这种情绪上的安全感是与心理学上所说的自我力量相连的。自我力量是高度自尊与自信的结合,它也包含着镇静的内容,保证人们平静和客观的处理问题。对于教师来说,这种品质不仅有助于其处理日常教学的问题,也有利于他处理职业生活中许多其他方面的挑战,比如与学生家长和同事们的关系,在职业和提升问题上的决策,突然性的危机(可能是产生于运动场上的偶发事件或是检查者的突然造访),或是处理与校长或学校其他管理者的关系。更重要的是,自我力量可以使教师超越失败和失意,它们与成功和成就一样,都是其教育生涯中不可避免的。它使教师从失败中吸取教训,不因失败而产生自罪感和惩罚自己,同时也使他们体验到成功的乐趣,但不会因沾沾自喜而丧失正确判断事物重要性的能力。

让我们再回到标准的人格测验,我们发现并没有一致的证据表明成功的教师与外向或内向有显著性的相关。一般认为极端内向的人是做不好教学工作的,因为他们无法做到对他们在社会交往方面的要求,但是他们在一开始是否就会被教学活动所吸引也值得怀疑。如同在第八章指出的,儿童的人格也应该在这一点上加以认识,一个外向的儿童可能与一个外向的教师容易相处,而一个内向的儿童更倾向与一个内向的教师相处。

教师的态度

在上面所讨论的各种教师人格因素之外,还有证据表明成功的教师具备一种"良好的职业态度"。这意味着他们对责任感和勤奋工作有积极的态度,他们对自己角色的认识不仅仅只局限在所教的课程上,也不仅仅只局限在8小时工作时间内,而且他们对自己的专业和教师在社会上的地位也有积极的态度。

有许多量表被用于测量教师的态度,尤其是他们对儿童的态度。在英国最广泛使用的一个量表是奥立佛和巴彻尔(1968)设计的,这一量表评定针对自然主义、激进主义和温情主义三个维度对教师进行评定。研究表明教师在接受培训的过程中在这三个维度上他们的得分不断提高,而在他们一开始教学工作后得分就降低。这表明现实的职业生涯使教师逐渐降低了以儿童为中心的热情,更加保守,更加心肠硬。这可能并不是由于教师失去了自己的理想,更多的原因可能是他们发现自己不是工作在一个理想的环境中,这些环境不可避免的与他们理想中的有很大出入。比如,他们可能面对资金和设备的不足,班级人数太多,过于沉重的工作量,和一些有严重问题需要专家给予治疗的儿童,他们也可能发现自己的同事们在哲学观点和方法上与自己完全不同。

针对这些情况进行相应的协调的能力可能是一个成功教师的重要品质。科蒂斯(1985)在一项对教师最初二十年教学生涯的纵向研究中发现,那些对职业最满意并似乎在职业上进步最大的教师都能够将学校利益放在个人利益之上,并且为了在学校内部建立一些使儿童感到安全和自信的政策,他们会尽量减少与同事之间的分歧。相反,科蒂斯发现不成功的教师更倾向于自我取向,表现出更多的支配性、怀疑和攻击,这些品质决定了他们不能为大多数人的利益做出妥协和让步。

教师的风格

另一个研究较多的方向是了解教师偏好的教学技术(他们的"教学风格")。当人们对正规和非正规的教学方法以及它们各自对儿童学习产生的影响所进行的争论再一次成为人们关注的内容时,这些研究就显得尤为重要。一般来说,正规的方法强调所教的课程,教师的任务是引导儿童学习重要的课程内容,而在非正规方法中强调的是儿童,教师的任务是确认他们的需要并采取适合于这些需要的教学方法。在正规的方法中教师讲话的时间通常都比较长而且许多工作都是先由他们做给儿童看,然后再让儿童来做,而非正规的方法更强调儿童的主动性,它给儿童提供更多的发挥其创造性和体验责任感的机会。

这种区分当然是过于简单化了。一些教师会同时使用两种方法,他们有一个正规的课程目标,要求儿童必须学会的技能和技术也很明确,但儿童是通过非正规方法来学习这些技能的。这将包括给儿童提供必要的仪器和设备,给他们设置一定的问题,而对这些问题的解决则会导致那种被预先设置的学习的产生。在第七章曾讨论过这一点及有关的问题,在此提出来只是为说明"正规"和"非正规"的说法在事实上可能并不足以满足我们的目的。另一种方法是放弃这两个概念,而使用弗兰德斯在其教学相互交往分析工具中使用的间接性测量(第十一章)。弗兰德斯认为一个"间接性"的教师接受儿童的情感,使用表扬和鼓励的方法,采纳学生的建议。相反,"直接性"的教师倾向于说教,给予指导,批评学生。许多研究(Bennett,1976;Bennett etal.,1984)证明间接性与学生的成就获得和学生的积极态度有积极的关系,尤其是对那些更有能力的学生。但必须注意的是间接性并不是指要求教师在与学生交往时只能说很少的话(这是人们认为非正规教学的一个特征),一些研究证明教师较高频率的谈话能促进儿童在非言语方面的创造性。

另一种方法是采取高创造性—低创造性的教学风格,这是雷卡特和他的同事对年幼儿童研究中的一个内容(Brickman and Taylor,1991)。但它们绝不能与正规和非正规的教学风格产生混淆。一个高创造性的教师即可以在正规也可以在非正规的教学情境中发挥作用。其特征是他们能认识到各个儿童的需求,并有能力使学习任务与这些需求相匹配,他们也愿意从儿童身上学习并使他们充分利用自己的技能和能力。高创造性的教师能够以一种灵活和有刺激性的方法安排学习环境,并允许儿童利用自己所学的知识做出正确的选择,保持他们的兴趣,帮助他们发展与决策和问题解决密切相关的自信、独立性和责任感。高创造性的教师也会产生高创造性的儿童,甚至在主要以课程教学为主的学习环境中发现并安排高创造性的工作。

教师谈话的价值

教师的谈话也是教师特征的一个重要内容。尤其是在小学中,存在这样一种倾向,即强调儿童自身活动的重要性而不鼓励教师说太多的话。如同在第十三章指出的,教师的谈话不应该太长,但我们应该强调的是教师实际所说的内容而不是简单地判断它们是好是坏。如果教师的谈话充满趣味并与儿童学习的内容密切相关,而且也能激发儿童的想像和思维,那么他们对儿童的帮助就会远远胜过任何那些没有意义和杂乱无章的教学工作。此外,这样的教师还具有极大灵活性的优势。他们可以回答提问,或因为儿童突然产生的兴趣而引入一个的新的话题,并表现出幽默、兴奋、鼓励、敬畏和任何其他的情绪。的确,他们可以在教室中前后走动时与任何一个学生做这样的交谈,而不必在正规的"教师谈话"情境中对所有的学生谈论这些问题,但只有在面对全班时他们才能在更大范围内向学生表达自己的观点,并利用某个学生的提问而给全班学生一个学习的机会。

因此,我们可以再加上另一个品质来描述成功的教师:即他们应是一个很好的交谈者。在教学情境中,一个好的交谈者应是一个严谨的思想者,并有一种创造性的将一组相关的想法集中在一起而不使其脱离主题的能力。这也意味着对问题知道什么时候做出回答和什么时候不完全回答从而刺激儿童自己的探索。这也意味着要善于表达并流利的使用语言,并根据适合于自己所教学生的水平的形式来表达自己的思想。更重要的是这也意味着知道何时停止谈话,以使儿童在他们还想听到更多时能指导他们开始实际活动。这使他们从不会厌倦于教师的谈话,而且愉快地期待着这种谈话再次出现。

善于在教学中交谈对教师来说是一个非常高的要求,因为这和仅仅是交谈是完全不同的。那些不善于交谈的老师通常很难将自己的思想流利地表达出来,甚至会因这种交谈而感到紧张,因此他们就尽量使这种交谈保持在最低的程度。一些老师可能从来没有掌握良好的交谈的艺术,但他们没有理由不去掌握良好的倾听的艺术。每个教师都应该鼓励儿童交谈,并耐心的有兴趣的听他们说,并使他们认识到他们所说的是值得别人来仔细聆听的。即使是一些儿童因为特别能说或为了引起别人的注意而完全占据了班上讨论的时间但却又不得不结束其谈论时,好的教师通常能够做到即结束他们的谈话,又能保护他们的自尊心,并使他们下次仍能积极参与课堂讨论。

好的教师谈话也包括这样一种提问能力,即不仅能提出事实性的问题,也能提出那些能进一步激发其他问题的问题,并使这些问题与儿童的能力水平、兴趣和以前的知识相适应(第七章)。高尔登和他的同事(Galton and Simon, 1980)发现他们提出的"教学探求者"的教学风格能保证教学上的成功,尤其是在小学的教学中。这种风格特别强调教师使用那些与学习密切相关的合适的提问。

灵活使用不同的教学方法

不论使用什么教学方法教师都可以成为一个善于交谈和善于倾听的人。教师应根据自己所教的课程采取不同的方法。本耐特(1976)的研究表明至少在小学中,使用正规的方法会更有利于提高阅读、数学和英文(被称为基础学科)的成绩,而哈登和莱登(1971)的研究表明一般意义上的创造性(至少是以发散思维测验所测量的创造性,第六章)在非正规小学中比正规小学中表现得更明显,而且这种差异在进入中学后仍然存在。近几年的研究(Giaconna and Hedges, 1983)进一步表明不同的教学风格能带来不同的结果,他们发现正式的教学方法与数学和语文上的进步有关,而非正规的教学方法则与在动机和态度方面的进步有关。我们还缺少必要的证据说明儿童更长久的偏爱哪一种教学风格。但我们知道如果他们不能明确别人对自己有何种期望或者他们的学习经常被别人打断则他们就会对学习产生厌倦,尤其是对那些需要特别集中注意力和辐合思维的学习任务上。

这些发现使我清楚地认识到另一个我们必须注意到的教师的品质,这就是灵活性,即根据所教课程和所教儿童来调整教学方法的能力。如果教师过于僵化,或坚持认为自己的方法是最正确的而那些对此怀疑的人都是错的,那么他们就将剥夺儿童许多可能的学习经验,并造成不利的影响。大多数教师从不放弃学习新的方法,并将有价值的新观点和新技术应用到教学中。如果这些新观念看起来像是与以前被摒弃的旧观念有所相似,那么教师仍应去尝试它们。在教育上,如同人类心理本身一样,并不存在惟一的真理,如果一个人不善于听取相对立或别的观点,则他就会变得越来越无知。

教师的应激

对人类的应激有不同的定义方法,但根本上它是人的心理和生理上的适应能力的一种需求(Fontana,1989)。这一定义表明:

·应激本身无所谓好与坏;

·它是对应激源强度的间接反应并且是对心理/生理阻抗的直接反应。

因此,有的应激源具有很强的挑战性,一些则只具有一些激惹性,还有一些则会产生很大的压力。同样的,一些人能应付许多应激源,而有一些人则完全被其压倒。在所有的情况下,身体都会努力去适应这些应激源,并视个体的具体情况而产生或长或短的适应期,但如果应激非常强烈和时间过长,则最终会产生一种崩溃的反应。典型的,这一过程包括三个阶段,塞里(1976)发现了这一现象并称之为一般适应综合症:

1. 警觉阶段:引起机体的警觉反应和低水平的抵御,随后调动机体的防御机制进行进一步的抵抗;

2. 抵抗阶段:通过改变适应的程度进行抵抗;

3. 衰竭阶段:由于持续的适应性反应无效而造成衰竭并产生生理与心理上的崩溃。

如果应激水平适中,或者一个人有较强的抵抗力和较高的适应技能,就会避免第3阶段的出现。有些人可以长时期很成功的应付应激,甚至认为自己可以从中得到好处(但我们似乎不把这种情况看做是应激;一个人的应激对另一个人来说有可能是一种激励性的挑战)。但应激的确有它的信号,因此,如果我们想要尽量避免应激或在不能避免时成功地应付它,我们就要尽可能多地去了解应激,这一点是非常重要的。更重要的是要能够认识应激的早期阶段(第1和第2阶段),并在情况发生恶化之前采取补救措施。失眠、痛苦的打击、生活方式的突然变化、饮酒增多、烦躁、沮丧、易激动,所有这些都是应激产生的信号,因此在事情变糟前就应该对它们予以充分的注意。

从本质上看,教学是一个具有应激性的职业。近来的研究证明(Fontana and Abouserie,1993)在对英国小学和中学教师的一个样本调查中,有72%以上的人都体验到中度的应激,另有23%的人有严重的应激感。其原因并不难发现。教师要满足很广泛的需求,它们来自儿童、同事、学生家长以及政府和行政机构,并且这些需求中有一些是矛盾的,还有一些很难被满足。教师还需要不断的维持课堂秩序。他们常常要付出额外的时间来完成工作任务。有许多工作需要他们回家去完成,这就使他们在一整天里都难以做其他的事情。他们的工作还受到来自检查者、学生父母、学校管理者、新闻界等各方面的指责。他们也缺乏接受必要的再培训的机会。他们还必须不断适应新的教学大纲的更新和他们所教课程发展的要求。他们在学校管理和决策上也缺少发言权(决定于校长)。他们也会因自己的学生成功和失败而使自己的情绪受到影响。可能最重要的是他们还会有自己对职业标准的要求,并在这些标准得不到满足时产生挫折感。

面对这些应激源,教师只有自己去应付,通常很少或根本得不到外界的支持。由于整天与儿童在一起工作,与其他的成年人相对隔离,教师也缺少与同事一起讨论困难和寻求帮助的机会。这听起来似乎很奇怪,但从许多方面看教师的确是一个相当孤独的职业,每个教师都是在从一节课到另一节课的过程中独自面对自己的问题。如果在共同的工作中人们可以做到相互支持和鼓励理解彼此的困难那么这就会在很大程度上帮助人们适应应激。教师也可以从受过专业训练的专家那里得到帮助(如教育心理学家)。如果没有其他的帮助,这种相互间的支持来自专家的建议可以使教师感到不是那么孤立和痛苦。但在学校中,我们说缺乏资源是指教师在大多数时间里不得不自己保护自己。

对小学和中学教师的研究证明(Fontana and Abouserie, 1993)神经质(第八章)和高应激水平之间存在较强的相关,内向性和应激之间也存在较强的相关(尤其是男教师)。这些发现证明在像教学这样一个多因素的环境中,一种普遍存在的焦虑倾向使得个体特别的脆弱。这些研究也提示内向的教师比外向的教师更倾向于将教学环境中的交往活动、不断的变化、噪音和大量的刺激知觉为有应激性。但也要注意的是这不是说在神经质和内向性上得分较高的教师很难对自己的职业感到满意。其他的一些因素,像喜爱儿童,对自己职业的奉献感,对自己所教课程的喜爱,以及对儿童所获成就的喜悦,都将起到重要的作用。

其他的研究发现被我们称之为完美主义的因素也会给教师带来较高的应激(Kyriacou, 1982),并且认知风格(第八章)和对具体教室环境中的应激源过于敏感也有联系。伯格和瑞丁(1993)发现,一个以分析式方式为主导的教师(类同于威特金斯的场独立风格——第八章)认为学生的不良行为和不良的工作环境具有最大的应激性,而那些有整体风格的人(类同于场依赖性)更多的会因为同事之间较差的关系和时间压力而紧张。

对应激的更一般的研究证明敌意(愤怒、攻击、对别人的不耐烦)也会使个体遭受到更多的应激所带来的消极影响(Barefoot et al., 1989),并且很明显的在教学环境中经常出现的挫折和冲突特别能够激活具有这种人格特质的人将敌意表现出来。对A型人格(其特征是极端的竞争性、没耐心、自我怀疑、愤怒和不能放松)的研究证明高度敌意的人在教学环境中经常不得不压抑自己的愤怒,但这种压抑可能比将它发泄出来更有害(Wright,1988)。

如何控制应激

要控制应激首先是要了解你是否属于上面列出的对应激很敏感的几类人中的一种。如果你的确是,则这并不要求你放弃奉献精神和降低和工作负荷。所需要的是对日常的职业生活中的焦虑保持一种更好的认识,并对你的期望抱一种更现实的态度,对你所处的情境可能会发生什么及不可能发生什么做现实的判断。并且同样重要的是,当事情做错时,必须能做到自嘲。幽默的感觉不仅能很大的减少紧张,它似乎与自我接受也有关系。能够自嘲而不感到为难和自我拒绝的人似乎能证明他们了解自己并看重自己的价值(Fontana,1986)。他们没有那种由于人们的现状和他们心目中认为自己应属于哪类人之间的巨大差异造成的内部冲突。这种人通常在外部世界中也会表现出同等程度的现实主义和自我接受。他们并不总是要求事情如其所愿,当事情不是如其所愿时他们也不会生气和感到挫折。当然,在改变是可能的时候他们会努力使事物按照自己希望的方向发展。但他们首先去做的是了解事情是怎样的,然后在所提供的机会和条件的限制中去做出这种改变。

其次是要检查一个人自己的反应。在任何一个减少应激的训练中,一个人首先要做的就是了解一下为什么某些事情会使自己紧张或沮丧或易激怒。一个教师可能会说,"你们这个班使我很生气",或"戴维,你让我失去了耐心"或"我的同事让我感到自己不如他们"。这从表面上看的确是很有道理,但如果仔细想想,我们可以发现所有这些说法都不是事实。在我们的脸上并没有分别写着"愤怒"或"没耐心"或"不如他们"以使这个班或戴维或我们的同事分别引起这些反应。那种是他们使我们表现得这个样子的说法是没有任何实际意义的。我们的反应是我们自己的事。我们可能会发现很难处理这些反应,但不管怎样,我们不能把它们责怪于别人身上。搞清楚这些反应以及它们为什么会这样是我们自己的责任。

是什么造成我对这个班生气或我对戴维失去耐心或我看到同事们的杰出表现而感到自己不如他们呢？我感到自己的职业荣誉感正在受到打击吗？我感到我在自己的眼里正在变得渺小吗？我对周围世界，儿童学习的速度以及该如何与同事相处等都有自己的认识，那么这些认识是否也正在受到威胁呢？无论是什么原因，如果我的确有上述这些感觉，那么我就还没有做到更好地理解我自己以及认识到我应对自己的反应负责。如果我的职业荣誉感或价值感很轻易的就将自己引入一种消极的情绪状态，那么我就要对它们的价值提出疑问。它们都应该帮助我，而不是使我的生活变得更困难。在任何情况下，如果我的荣誉感和价值感很容易就被削弱，则它们是相当脆弱的，而这正表明它们是不现实的，以及我对自己实际的职业荣誉感和自我价值的认识是错误的。我也可能是过于简单地构造了一个好教师的假象（其学生应该总是温顺听话的，总能教育出有远大理想的聪明学生，总有一个毫无缺点的班级，从来不会觉得没有尊严，等等）或一个理想自我的假象（在一个每次辩论中都获胜，胜过周围的每一个人，知道每个问题的答案，无论走到哪里都能得到人们的赞美）。如果我的确具有这些认识，那么这就是造成我大多数问题的原因。我创造了许多这样的假象，像疯子一样的保护它们，如果别的人不像我一样的对待这些假象，把它们看得和真的似的，则我就会感到愤怒或挫折或沮丧。

除了上述两个建议外，我们要控制应激就要更加仔细的了解别人，而不要随便对他们下结论。这个班可能会造成一些麻烦，但不是因为他们有意与我作对，而是他们对学校和所学课程厌烦了，感到这些东西与自己无关。戴维可能是一个缓慢的学习者，但他并不是为了使我挫折，而是由于没有人能给他提供适当的学习机会，使他迅速掌握学习材料。我的同事做的比我好并不是为了让我感到自己无用，只是由于他们比我更有经验，知道更好的利用他们自己的技能与能力。一旦我认识到人们并不总是冲着自己来的,我就能在对自己的认识上具有更多的客观性。即使偶而事情是冲着自己来的,也要保持镇静。

最后,还要尽力保持以问题为中心。这意味着要把注意力集中于分析问题的性质上,权衡解决这一问题的不同方法,然后执行最适宜的。具有以问题为中心的人在面对应激情境时都能保持较低水平的忧郁(Nezu et al., 1989)。而那些以情绪为中心的人(那些更在意自己的感觉而不是关注于分析问题的人)通常都不能有效的处理问题。但对一些以情绪为中心的人来说,分心策略(通过参与像体育运动这类快乐的活动来转移注意力并提高自我控制的感觉)比沉默思考策略(不断的交谈或思考关于事情有多困难)或消极避免策略(参与一些比较危险的逃避现实的行为中,像酗酒和吸毒,或变得攻击他人)都更有效(Nolen-Hoeksma, 1991)。

上述这些建议适用于任何使个体对应激敏感的人格因素。对于我们所有的人来说,现实的生活态度以及对自己和别人更多的了解对减低应激都非常重要。简单的放松技术,即先使身体紧张,然后再放松,也起较重要的作用。冥想技术可以使身体和心理都变得平静,因此也是相当有效的(Fontana, 1989;1991)。放松和冥想能够使人保持一种镇定的状态,这使得他可以对应激情境进行充分的想像而不惊慌,并使他能在实际的应激情境有效地运用应付策略。

最后,在面对应激时人们不应产生无助感。我们已经指出了许多处理应激的策略。任何人都不应感到应激是个人的事。将问题讲给同事和校长听,并且引起别人的注意都是重要的。应激是一个严重的情况,应该在同事和朋友的帮助和同情下来处理它。

参考文献

Barefoot, J. C., Dodge, K. A., Peterson, B. L., Dahlstrom,

W. G. and Williams, R. B. (1989) The Cook—Medley hostility scale: item content and ability to predict survival. *Psychosomatic Medicine*, 45, 59—63.

Bennett, N. (1976) *Teaching Styles and Pupil Progress*. London: Open Books.

Bennett, N., Desforges, C., Cockburn, A. and Wilkinson, B. (1984) *The Quality of Pupil Learning Experiences*. London and New Jersey: Lawrence Erlbaum.

Borg, M. G. and Riding, R. J. (1993) Teacher stress and cognitive style. *British Journal of Educational Psychology*, 63, 271—86.

Brickman, N. A. and Taylor, L. S. (1991) *Supporting Young Learners*. Ypsilanti, Michigan: High/Scope Educational Research Foundation.

Cortis, G. A. (1985) Eighteen years on: how far can you go? *Educational Review*, 37.

Fontana, D. (1986) *Teaching and Personality*. Oxford: Basil Blackwell.

Fontana, D. (1989) *Managing Stress*. Leicester: BPS Books (The British Psychological Society) and Routledge.

Fontana, D. (1991) *The Elements of Meditation*. Shaftesbury: Element Books.

fontana, D. and Abouserie, R. (1993) Stress levels, gender and personality factors in teachers. *British Journal of Educational Psychology*, 63, 261—270.

Galton, M. and Simon, B. (1980) (Eds) *Progress and Performance in the Primary Classroom*. London: Routledge & Kegan Paul.

Giaconna, R. M. and Hedges, L. V. (1983) Identifying features of open effective education. *Review of Educational Research*, 52, 579—602.

Haddon, F. H. and Lytton, H. (1971) Primary education and divergent thinking abilities — four years on. *British Journal of Educational Psychology*, 41, 136—147.

Kyiacou, C. (1982) Reducing teacher stress. *Education Section Review*, 6:1, 13—15.

Nezu, A. M., Nezu, C. M. and Perri, M. G. (1989) *Problem—Solving Therapy for Depression: Theory, research and clinical guidelines*. New York: Wiley.

Nolen—Hoeksma, S. (1991) Responses to depression and their effect upon the duration of depressive episodes. *Journal of Abnormal Psychology*, 100, 569—582.

Oliver, R. A. and Butcher, H. J. (1968) Teachers' attitudes to education. *British Journal of Educational Psychology*, 38, 38—44.

Rosenshine, B. (1970) Evaluation of classroom instruction. *Review of Educational Research*, 40, 279—300.

Ryans, D. G. (1960) *Characteristics of Teachers*. Washington, DC: American Council on Education.

Selye, H. (1976) *The Stress of Life*, 2nd end. New York: McGraw Hill.

Wright, L. (1988) The type A behavior pattern and coronary artery disease, quest for the active ingredient and the elusive mechanism. *American Psychologist*, 43, 2—14.

补充读物

Bennett, S. N., Desforges, C. W., Cockburn, A., Wilkinson, B. (1984) *The Quality of Pupil Learning Experiences*. London: Erlbaum.

Focuses on pupil response to learning opportunities; a helpful and thoughful book.

Bennett, N. (1990) Teaching and learning in the primary school. In N. Entwistle (Ed.) *Handbook of Educational Ideas and Practices*. London: Routledge.

Good survey of research on teacher styles and approaches within the primary school, much of which generalizes effectively to aspects of secondary school work.

Fontana, D. (1986) *Teaching and Personality*. Oxford: Basil Blackwell.

Contains a more extensive examination of teacher personality, together with an examination of all aspects of personality development in children. (Also recommended for Chapter 7 and 8.)

Fontana, D. (1989) *Managing Stress*. London: Routledge and BPS Books (The British Psychological Society).

Examines the major causes of stress in professional life, and provides practical coping strategies.

Powell, T. J. and Enright, S. J. (1990) *Anxiety and Stress Management*. London: Routledge.

Good both on general techniques for dealing with over—anxiety and for coping with environmental stressors.

Wittrock, M. C. (1986) (Ed.) *Handbook of Research on Teaching*. New York: Macmillan.

Wide ranging examination of many of the relevant aspects of classroom teaching and learning.

Wragg, E. C. (Ed.) (1984) *Classroom Teaching Skills.* London: Croom Helm and New York: Nichols.

A research—based investigation of the skills teachers actually need in the classroom.

一些问题

1. 为什么定义和评价一个"好"教师很难?
2. 列出研究证实的"好"教师的品质。
3. 对教师来说"情绪成熟"意味着什么,为什么这是一个重要的特征?
4. 举例说明你认为良好的职业态度是什么。
5. 你如何区分"正规"和"非正规"教学方式的区别?
6. "教师交谈"是一个好事还是坏事?
7. 一个好的倾听者的品质是什么?
8. 为什么教师在职业生涯中表现出灵活性非常重要?
9. 讨论不同教师风格的性质和有效性。
10. 你认为什么因素在你的职业生活中给你带来最大的应激?你怎样计划去克服它们?